U0149174

《三國志通俗演義》
滿文譯本研究

莊吉發 編譯

滿 語 叢 刊
文史哲出版社印行

國家圖書館出版品預行編目資料

《三國志通俗演義》滿文譯本研究 / 莊吉發
編譯. -- 初版 -- 臺北市：
文史哲，民 107.06
頁； 公分（滿語叢刊；31）
ISBN 978-986-314-413-7（平裝）

1.滿語 2.讀本

802.918 107009179

滿語叢刊 31

《三國志通俗演義》滿文譯本研究

編譯者：莊吉發
出版者：文史哲出版社
http:// www.lapen.com.tw
e-mail:lapen@ms74.hinet.net
登記證字號：行政院新聞局版臺業字五三三七號
發行人：彭正雄
發行所：文史哲出版社
印刷者：文史哲出版社
臺北市羅斯福路一段七十二巷四號
郵政劃撥帳號：一六一八〇一七五
電話886-2-23511028・傳真886-2-23965656

實價新臺幣五六〇元

二〇一八年（民一〇七）七月初版二刷

著財權所有・侵權者必究

ISBN 978-986-314-413-7 65131

《三國志通俗演義》
滿文譯本研究

目　次

《三國志通俗演義》滿文譯本研究導讀

一、《三國志通俗演義》滿文譯本的由來

《三國志通俗演義》是一部膾炙人口的歷史小說，元末明初羅貫中撰。演魏、蜀、吳三國事，起自桃園結義，終於西晉統一。取材於陳壽撰《三國志》及裴松之注，並博採民間故事傳說，且雜以臆說，是集合宋以降「說三分」的「話本」演化成書。其書初刻於明孝宗弘治間（1488-1505）。現存較早的刊本為明世宗嘉靖（1522-1566）本。明季又有鍾惺（伯敬）、李贄（卓吾）評點本。清聖祖康熙年間（1662-1722），毛宗崗仿金聖嘆改《西廂記》、《水滸傳》例，增刪改削，定為第一才子書，簡稱《三國演義》。

《三國志通俗演義》除蒙文譯本外，還有滿文譯本。昭槤著《嘯亭續錄・翻書房》記載云：

> 崇德初，文皇帝患國人不識漢字，罔知治體，乃命達文成公海翻譯《國語》、《四書》及《三國志》各一部，頒賜耆舊，以為臨政規範。及定鼎後，設翻書房於太和門西廊下，揀擇旗員中諳習清文者充之，無定員。凡《資治通鑑》、《性理精義》、《古文淵鑒》諸書，皆翻譯清文以行。其深文奧義，無煩注釋，自能明晰，以為一時之盛。有戶曹郎中和素者翻譯絕精，其翻《西廂記》、《金瓶梅》諸書，疏櫛字句，咸中綮肯，人皆爭誦焉。

引文中《三國志》，即《三國志通俗演義》。「達文成公海」，即「達海」。達海（dahai,1595-1632），先世居覺爾察，以地為

氏，隸滿洲正藍旗。達海，九歲即通滿漢文義。及長，清太祖召直左右。天命年間（1616-1626），達海奉命將《明會典》、《素書》、《三略》等書譯出滿文。天聰初年，清太宗始置文館，命分兩直，達海等奉命繙譯漢字書籍。天聰六年（1632），達海奉命治國書，增為十二字頭，無圈點老滿文，在字旁加圈點。《清史稿・達海列傳》云：「**是年六月，達海病，逾月病亟。上聞，垂涕，遣侍臣往視，賜蟒緞，並諭當優恤其子。達海聞命感愴，已不能言，數日遂卒，年三十八。時方譯《通鑑》、《六韜》、《孟子》、《三國志》、《大乘經》，皆未竟。**」達海事蹟，《滿文原檔》紀載較詳，可節錄天聰六年（1632）六月、七月滿文內容影印如下，並轉寫羅馬拼音，譯出漢文。

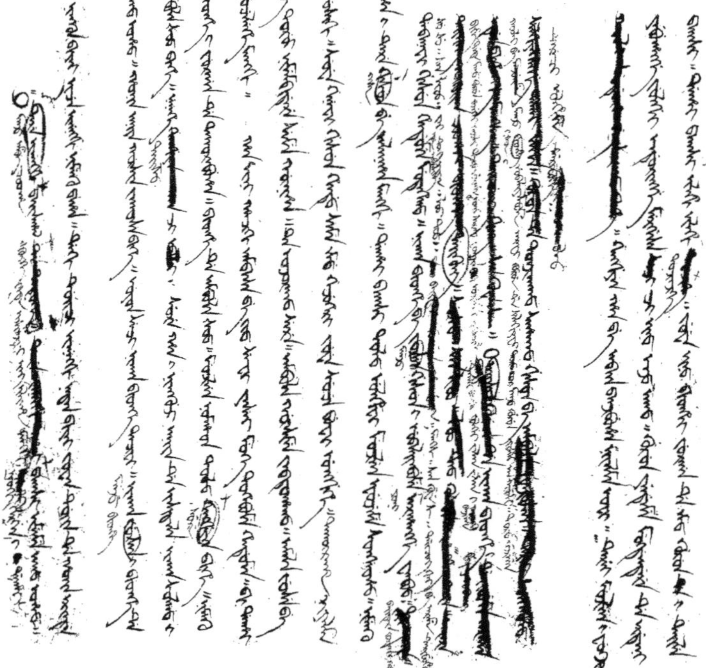

《滿文原檔》，天聰六年七月十四日

（1）**羅馬拼音：**

manju amba cooha baishal gebungge bade isinjifi ing iliha manggi, iogi hergen i dahai baksi nimeme ako oho. ninggun biyai ice inenggi nimeku baha. dehi duici inenggi nadan biyai juwan duin de honin erinde ako oho. honin aniya gūsin jakuse bihe uyun seci nikan bithe tacifi. manju bithe nikan bithe de ambula šoo bihe. nenehe taidzu ci, sure han i ningguci aniya de isitala, nikan solho i bithe i jurgan de takorabuha. bithe de ambula šoo. mujilen nomhon dolo sure bihe. nimeku ujelehe manggi. han ini hanciki ambasa be jio sefi yasai muke tohebume hendume. bi dahai be doroi nimembidere seme gūniha. te ojorako sere. ambula gosime jabduhako. amala juse be gosiki. suwe genefi gisun hendu seme emu gecuheri juwe suje bufi unggihe. takūraha niyalma han i tere hese be alanaha manggi, dahai baksi dolo ulhifi mujilen efujeme songgoho. nimeku dabanafi gisun hendume muteheko. nikan bithe be manju gisun i ubaliyabume yoni arahangge wanboo. beidere jurgan i būi□ .su šu. san lio. jai eden arahangge. tung jiyan. loo too. mengdz. san guwe dz. daicing ging be arame deribuhe bihe. dade manju gurun julgei kooli doro jurgan be umai sarkū. fukjin mujilen i yabumbihe. dahai baksi julgei jalan jalan i banjiha nikan bithe i kooli be manju gisun i ubaliyabume arafi gurun de selkiyefi, manju gurun julgei an kooli doro jurgan donjihako sahako gisun be tereci ulhime deribuhe. genggiyen han be abka banjibuha niyalma ofi. terei mujilen i fukjin yabuhangge julgei enduringge mergese ci inu encu ako. gurun yendeme mukdendere de erdeni baksi. dahai baksi. ilhi ilhi tucinjihe. juwe inu bithei jurgan de emu gurun i teile tucike mergese bihe.

（2）**滿文漢譯：**

滿洲大兵至擺斯哈兒地方駐營後，遊擊職銜達海巴克什病故。六月初一日，得病，越第四十四日，至七月十四日未時卒。未年生，享年三十八歲。自九歲習讀漢書，頗通曉滿漢文。自先前太祖至天聰六年，撰擬往來明朝及朝鮮書翰，文義通暢，居心敦厚聰明。病篤時，汗召侍臣垂淚曰：我原以達海為平常疾病，不意病篤至此，未及身寵任，後當優恤其子，爾等當以言往告之，因賜蟒緞一、緞二，令侍臣齎往。令使臣以汗言告之。達海巴克什心喻含淚，然病已危篤，口不能言矣。以其滿語所譯漢書，有《萬寶全書》、《刑部會典》、《素書》、《三略》，俱已成帙。時方譯《通鑑》、《六韜》、《孟子》、《三國志》、《大乘經》，未完而卒。初，滿洲國未諳典故，凡事皆揣摩而行，達海始用滿語繙譯歷代漢籍，頒行國中，滿洲國人未曾聞知之典故，始

> 由此而通曉。英明汗因係應天而生之人，故其創意所行，皆與古聖賢無異。國家興盛時，額爾德尼巴克什、達海巴克什相繼應運而生，二人亦通曉文義，乃一國僅見之賢人。

《清史稿》、《滿文原檔》記載的內容，雖然詳略不同，惟其文意彼此相近。在達海生前所譯《三國志》，「未完而卒」。《嘯亭續錄・翻書房》所謂達海奉命繙譯《三國志》等各一部，頒賜耆舊云云，確實不足採信。滿洲入關前，開始繙譯《三國志通俗演義》，滿洲入關後，繙譯告成，順治年間（1644-1661），正式頒行。俞正燮《癸巳存稿・演義小說》記載：「順治七年正月，頒行清字《三國演義》，此如明時文淵閣書有黃氏女書也，黃氏女書為念佛，《三國演義》為關聖。一時人心所向，不以書之真譌論。」清朝入關後，正式頒行《三國志通俗演義》滿文譯本的記載，是足以採信的。

清世祖順治七年（1650）正月頒行的《三國志通俗演義》是滿文刻本，其後又有據李卓吾原評《三國志》譯出滿文的滿漢合璧本。李卓吾，原名李贄（1527-1602），號卓吾，又號宏甫，別號溫陵居士龍湖師。據《明史・耿定向列傳》記載，李贄小有才，機辨，士大夫好禪者往往從李贄遊。李贄曾任雲南姚安知府，一日，李贄自去其髮，冠服坐堂皇，上官勒令解任。後居黃安，日引士人講學，雜以婦女，專崇釋氏，卑侮孔、孟。北遊通州時，為給事中張問達所劾，逮死獄中。吳郡綠蔭堂藏版李卓吾原評《三國志》，乃繡像古本。將滿漢合璧本原書封面，卷一目錄局部、首頁影印於後。

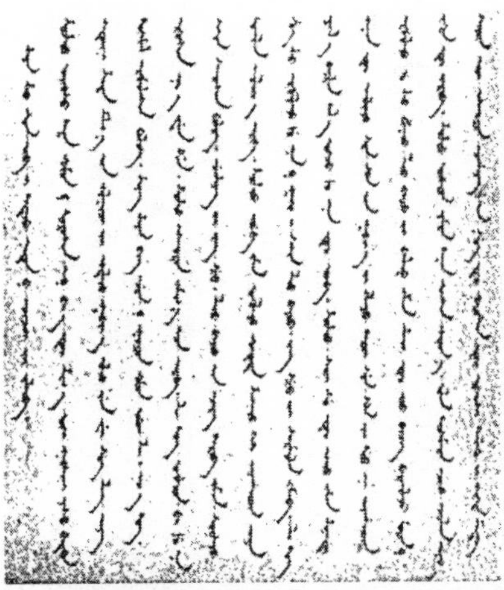	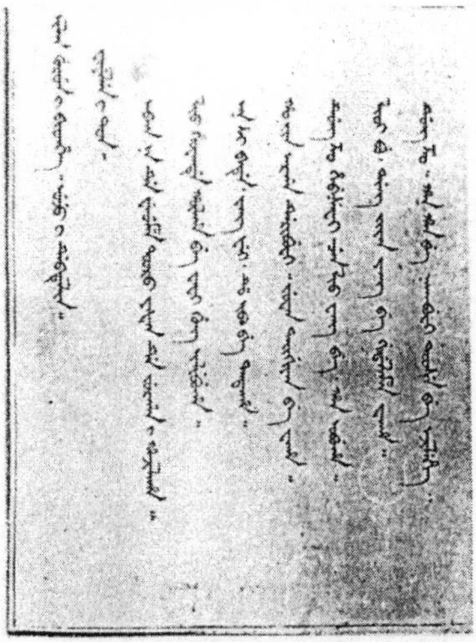
《三國志通俗演義》，清人抄蒙文本	《三國志通俗演義》，清順治七年（1650）頒行滿文刻本
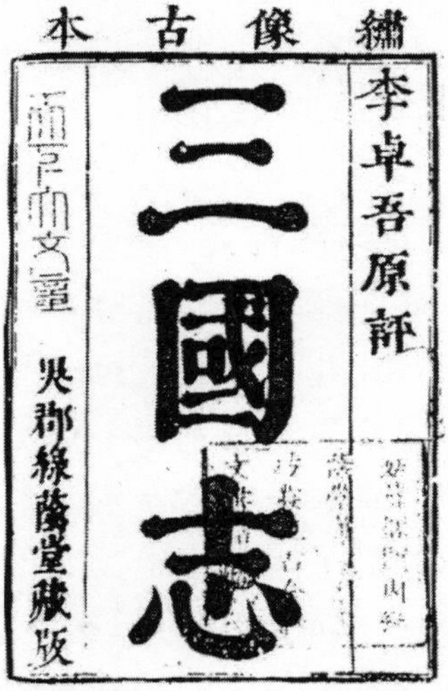	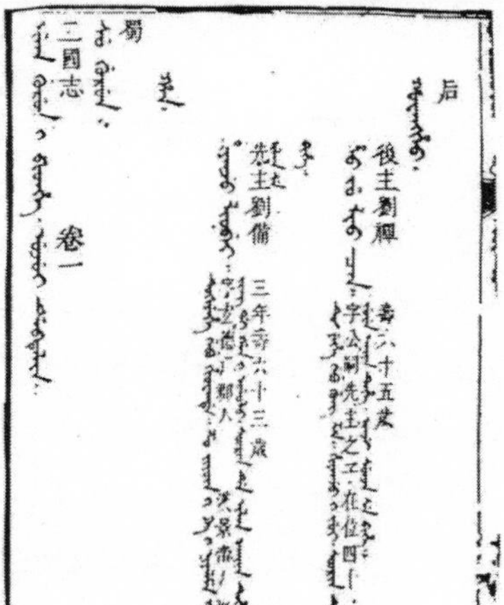
李卓吾原評《三國志》，封面	李卓吾原評《三國志》滿漢合璧本卷一，蜀國人物介紹（局部）

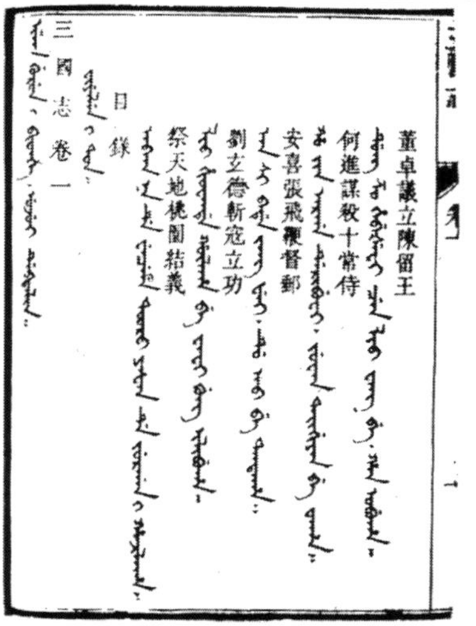
三國志 卷一
目錄
祭天地桃園結義
劉玄德斬寇立功
安喜張飛鞭督郵
何進謀殺十常侍
董卓議立陳留王

《三國志》滿漢合璧本卷一，目錄（局部）

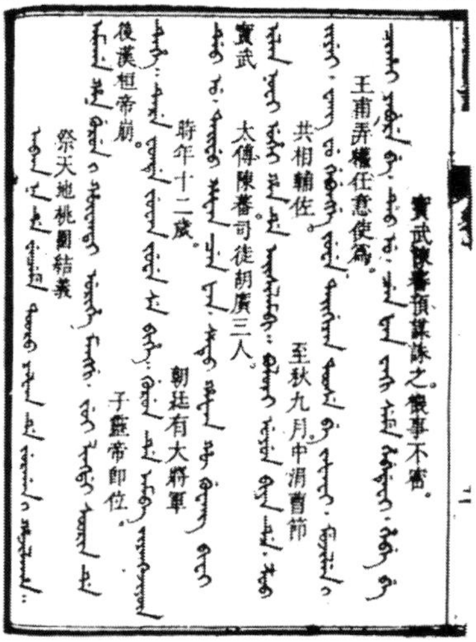
祭天地桃園結義
後漢桓帝崩。
子靈帝即位。
時年十二歲。
朝廷有大將軍
竇武
太傅陳蕃司徒胡廣三人。
共相輔佐。
至秋九月中涓曹節
王甫弄權任意使爲。
竇武陳蕃預謀誅之。機事不密。

《三國志》滿漢合璧本卷一，首頁

二、〈出師表〉滿漢文的詞彙對照

諸葛亮（181-234），字孔明，三國琅琊陽都人。隱居隆中，躬耕南陽，自比管仲、樂毅，人稱臥龍。劉備三訪其廬，始獲見。諸葛亮既出，輔佐劉備取荊州，定益州，與魏、吳成鼎足之勢。曹丕代漢，劉備稱帝於成都，以諸葛亮為丞相。劉備死後，諸葛亮輔佐後主劉禪，封武鄉侯，兼領益州牧。整官制，修法度，志復中原。蜀漢建興五年（227），諸葛亮出兵北伐曹魏，駐屯漢中，臨出發時，涕泣撰寫〈出師表〉，進呈後主劉禪。出師表樸實真摯，為後人所傳誦。為了便於比較說明，先將《三國志》滿漢合璧本卷十九〈孔明初上出師表〉的滿漢文影印於後，並轉寫羅馬拼音。

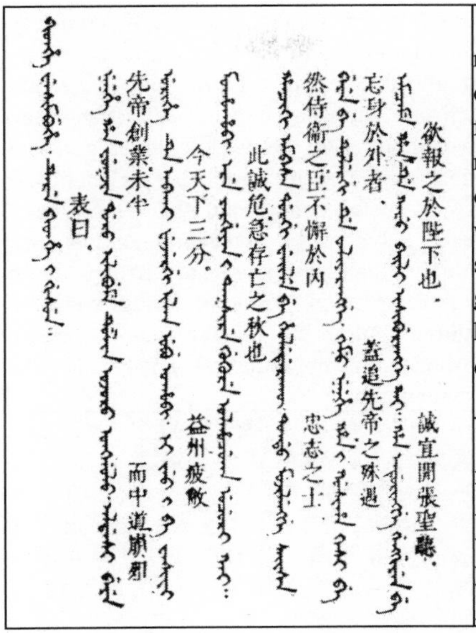
欲報之於陛下也。誠宜開張聖聽。
忘身於外者。蓋追先帝之殊遇
然侍衛之臣不懈於內　忠志之士
此誠危急存亡之秋也
今天下三分。益州疲敝
先帝創業未半　而中道崩殂
表曰。

bithe wesimbube, tere bithe i gisun.
nenehe han fukjin doro ilibume dulin ojoro onggolo, aldasi beye urihe, te abkai fejergi ilan ubu ohobi, i jeo i ba wasifi mohohobi, ere yargiyan i taksire gukure olhocuka ucuri kai. hanciki ambasa dorgi weile be heolederakū, tondo mujilengge saisa beye be tulergi de waliyarangge, gemu nenehe han i gosiha kesi be amcame han de karu baili isiburangge kai. han enduringge genggiyen be

表曰：
先帝創業未半，而中道崩殂。今天下三分，益州疲敝，此誠危急存亡之秋也。然侍衛之臣不懈於內，忠志之士忘身於外者，蓋追先帝之殊遇，欲報之於陛下也。誠宜開張聖聽，

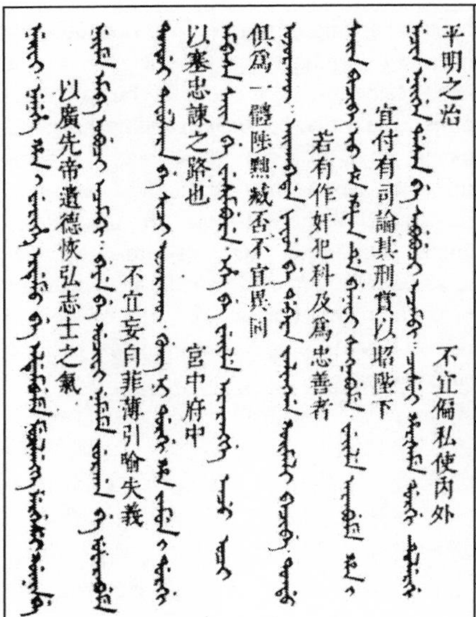
平明之治　不宜偏私使內外
宜付有司論其刑賞以昭陛下
若有作奸犯科及爲忠善者
俱爲一體陟黜臧否不宜異同
以塞忠諫之路也　宮中府中
不宜妄自菲薄引喻失義
以廣先帝遺德恢弘志士之氣

neifi, nenehe han i werihe erdemu be eldembume mujilengge mergesei gūnin be neime amba obuci acambi, beye be gocifi nememe jurgan be ufarabume tondoi tafulara be sici ojorakū, gung ni dorgi han yamun i dorgi ambasa sain be wesimbure, ehe be weile ararangge encu oci ojorakū, aikabade fafun be dabara jalingga koimali bicibe, tondo sain bicibe, io sy hafan de benefi šangnabume weile arabume han i necin neigen dasan be sabubuci acambi, cisui haršame dorgi tulergi

以廣先帝遺德，恢弘志士之氣，不宜妄自菲薄，引喻失義，以塞忠諫之路也。宮中府中俱為一體，陟黜臧否，不宜異同。若有作奸犯科及為忠善者，宜付有司論其刑賞，以昭陛下平明之治，不宜偏私，使內外

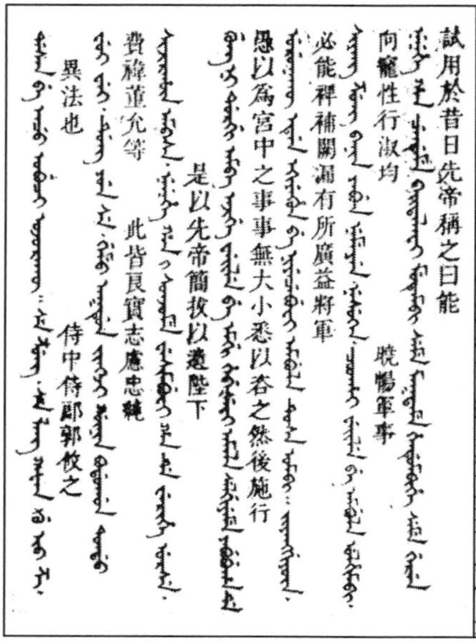

dasan be encu obuci ojorakū. sy dzung, sy lang hafan g'o io dz, fui wei, dung yun se, gemu akdun jingji gūnin bodogon tondo sijirhūn ambasa, nenehe han i sonjome wesimbufi han de werihe urse, gung ni dorgi amba ajige weile be emgi hebešefi amala selgiyeme yabubuha de urunakū eden ekiyehun be niyecebufi ambula tusa ombi. jiyanggiyūn, siyang dzung banin yabun nemeyen nesuken, coohai weile be ambula ulhimbi, nenehe han cendeme baitalafi mutembi seme maktame hendumbihe seme geren

異法也。侍中、侍郎郭攸之、費褘、董允等，此皆良實，志慮忠純，是以先帝簡拔，以遺陛下，愚以為宮中之事，事無大小，悉以咨之，然後施行，必能裨補闕漏，有所廣益。將軍向寵，性行淑均，曉暢軍事，試用於昔日，先帝稱之曰能，

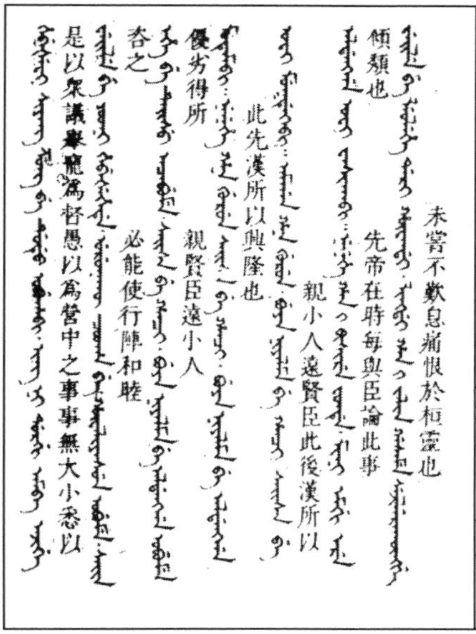

hebešefi siyang dzung be dudu obuhabi, ing ni dorgi amba ajige weile be yooni hebešehede, urunakū cooha be hūwaliyasun obume, sain ehe be teisu acabume, saisa be hanci, buya niyalma be aldangga obume mutembi. nenehe han̲ gurun saisa be hanci, buya niyalma be aldangga ofi mukdekebi. amaga han̲ gurun, buya niyalma be hanci saisa be aldangga ofi wasikabi. nenehe han i bisire fonde, mini emgi ere weile be leolehe dari hūwandi, lingdi han i jalin gasame sejilerakūngge

是以眾議舉寵為督，愚以為營中之事，事無大小，悉以咨之，必能使行陣和睦，優劣得所。親賢臣，遠小人，此先漢所以興隆也；親小人，遠賢臣，此後漢所以傾頹也。先帝在時，每與臣論此事，未嘗不歎息痛恨於桓、靈也。

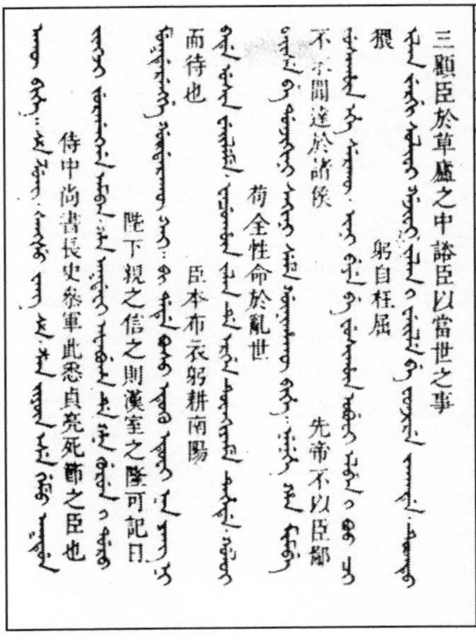
三顧臣於草廬之中諮臣以當世之事
猥　躬自枉屈
不求聞達於諸侯　先帝不以臣鄙
苟全性命於亂世
而待也　臣本布衣躬耕南陽
陛下親之信之則漢室之隆可計日
侍中尚書長史參軍此悉貞亮死節之臣也

akū bihe. sy dzung, šangšu, jang sy, ts'an jiyūn ese gemu akdun jingji jurgangga amban, han akdafi afabuha de han gurun i doro mukderengge goidarakū kai. bi dade boso etuku etufi nan yang ni bade usin weileme, facuhūn jalan de ergen tuwakiyame tehede, goloi beise be donjikini sakini seme gūnihakū bihe. nenehe han mimbe fusihūn ehe serakū, ini beye be fusihūn obufi elben i boo ci ilan jergi solifi gajifi, jalan i weile be fonjire jakade, tuttu

侍中、尚書、長史、參軍此悉貞亮死節之臣也，陛下親之信之，則漢室之隆可計日而待也。臣本布衣，躬耕南陽，苟全性命於亂世，不求聞達於諸侯。先帝不以臣鄙猥，躬自枉屈，三顧臣於草廬之中，諮臣以當世之事，

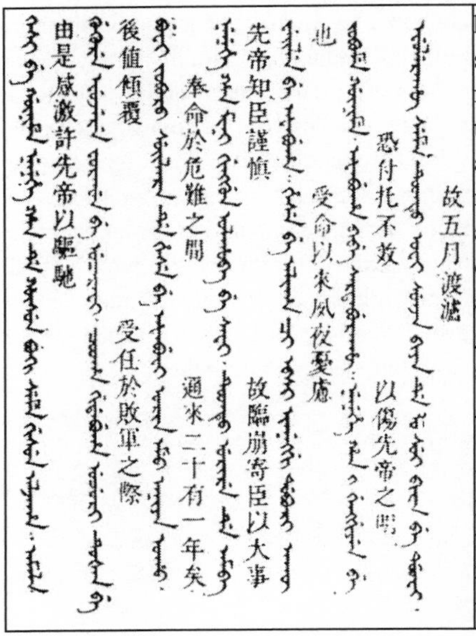
故五月渡瀘
恐付托不效　以傷先帝之明
也　受命以來夙夜憂慮
先帝知臣謹慎　故臨崩寄臣以大事
奉命於危難之間　遡來二十有一年矣
後值傾覆　受任於敗軍之際
由是感激許先帝以驅馳

kesi be gūnime nenehe han de hūsun buki seme gisun aljaha. amala gukure efujere forgon be ucarafi, cooha gidabuha ucuri tušan be bufi joboro suilara de hese be afabufi orin emu aniya oho, nenehe han mini ginggun olhoba be safi, tuttu urire de amba weile be afabuha. hese be aliha ci ebsi, inenggi dobori akū jobome gūnime, afabuha babe sartaburahū, nenehe han i genggiyen be efulerahū seme tuttu ofi sunja biya de lu sui bira be doofi

由是感激，許先帝以驅馳，後值傾覆，受任於敗軍之際，奉命於危難之間，遡來二十有一年矣。先帝知臣謹慎，故臨崩寄臣以大事也。受命以來，夙夜憂慮，恐付托不效，以傷先帝之明，故五月渡瀘，

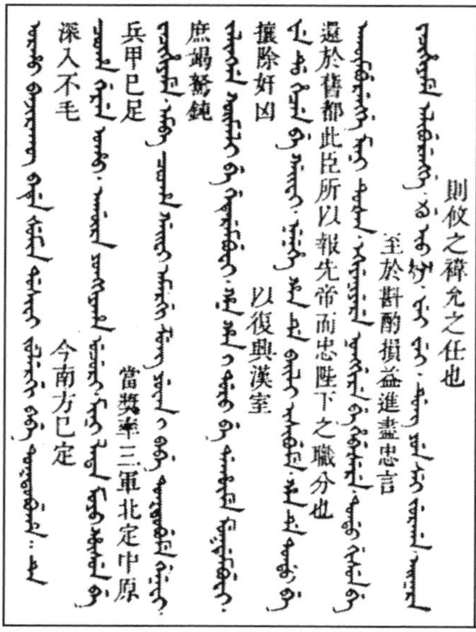
則攸之禕允之任也
至於斟酌損益進盡忠言
還於舊都此臣所以報先帝而忠陛下之職分也
攘除奸凶
以復興漢室
庶竭駑鈍
兵甲已足
當獎率三軍北定中原
深入不毛
今南方已定

orho banjirakū bade šumin dosifi julergi babe toktobuha. te cooha geren oho, agūra yongkiyha ucuri, mini lata moyo hūsun be wacihiyame, amba cooha gaifi amargi dzung yuwan i babe toktobume genefi, jalingga koimali be geterembufi, haṉ han i doro be dahūme mukdembufi, fe du hecen be gaifi, nenehe han de baili isibume, han de tondo be akūmburengge mini tušan, ekiyeniyere nonggire be hebešere, tondo gisun be wacihiyame aliburengge, g'o io dz, fei wei, dung yun sei jurgan. ainara

深入不毛。今南方已定，兵甲已足，當獎率三軍北定中原，庶竭駑鈍，攘除奸凶，以復興漢室，還於舊都，此臣所以報先帝而忠陛下之職分也。至於斟酌損益，進盡忠言，則攸之、禕、允之任也。

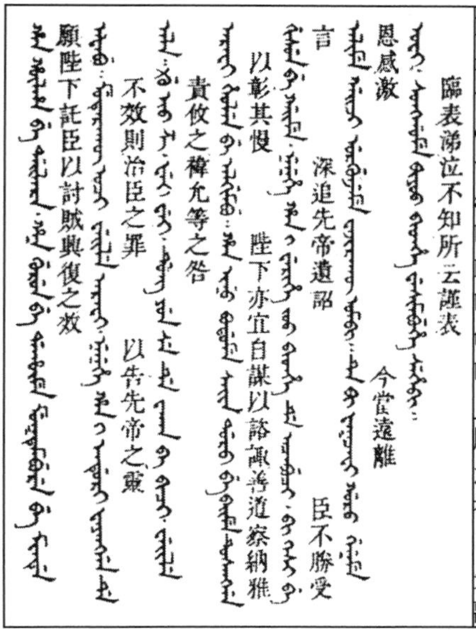
臨表涕泣不知所云謹表
恩感激
今當遠離
言
深追先帝遺詔
臣不勝受
以彰其慢
陛下亦宜自謀以諮諏善道察納雅
責攸之禕允等之咎
不效則治臣之罪
以告先帝之靈
願陛下託臣以討賊興復之效

han hūlha be dailara, haṉ gurun be dahūme muktembure be minde afabu. muterakū oci weile arafi, nenehe han i enduri fayangga de ala. g'o io dz, fei wei dung yun se de waka ba bici, weile arafi heolen be algimbu. han inu bodome sain doro be baime tusangga gisun be gaime, nenehe han i werihe joo bithe de acabuci, bi kesi be alime gaici urgunjeme wajirakū ombi. te bi fakcafi goro geneme ofi, songgome biyoo bithe wesimbuhe sehebi.

願陛下託臣以討賊興復之效。不效則治臣之罪，以告先帝之靈；責攸之、禕、允等之咎，以彰其慢。陛下亦宜自謀，以諮諏善道，察納雅言，深追先帝遺詔，臣不勝受恩感激。今當遠離，臨表涕泣，不知所云，謹表。

為了說明滿漢合璧本〈出師表〉的內容，可以對照《三國志・蜀書・諸葛亮傳》所載原疏。原疏中「以光先帝遺德」，合璧本作「以廣先帝遺德」；原疏中「陟罰臧否」，合璧本作「陟黜臧否」；原疏中「平明之理」，合璧本作「平明之治」；原疏中「愚以為營中之事，悉以咨之」，合璧本作「愚以為營中之事，事無大小，悉以咨之」；原疏中「此悉貞良死節之臣」，合璧本作「此悉貞亮死節之臣也」；原疏中「願陛下親之信之」，合璧本作「陛下親之信之」；原疏中「先帝不以臣卑鄙」，合璧本作「先帝不以臣鄙猥」；原疏中「躬耕於南陽」，合璧本作「躬耕南陽」；原疏中「猥自枉屈」，合璧本作「躬自枉屈」；原疏中「遂許先帝以驅馳」，合璧本作「許先帝以驅馳」；原疏中「爾來二十有一年矣」，合璧本作「邇來二十有一年矣」；原疏中「夙夜憂歎」，合璧本作「夙夜憂慮」；原疏中「恐託付不效」，合璧本作「恐付托不效」；原疏中「興復漢室」，合璧本作「以復興漢室」；原疏中「責攸之、禕、允等之慢，以彰其咎」，合璧本作「責攸之、禕、允等之咎，以彰其慢」；原疏中「臨表涕零，不知所言」，合璧本作「臨表涕泣，不知所云」。大致而言，合璧本漢文，與原疏的表文內容相近，出入不大。

合璧本中的滿文是依據合璧本中的漢文逐句對譯的，因滿文與漢文是兩種文字，語法不盡相同，通過繙譯滿文有助於了解漢文的詞義。譬如：「表曰」，滿文譯作“bithe wesimbube, tere bithe i gisun”，意即「上疏，其疏曰」；「蓋追先帝之殊遇」，句中「蓋」，滿文譯作“gemu”，意即「皆」；「開張聖聽」，滿文譯作“han enduringge genggiyen be neifi”，意即「陛下開張聖明」；「此皆良實志慮忠純」，滿文譯作“gemu akdun jingji gūnin bodogon tondo sijirhūn ambasa”，意即「皆老成志慮忠純大臣」;「愚以為宮中之事，事無大小，悉以咨之，然後施行」，滿文譯作“gung ni dorgi amba ajige weile be emgi hebešefi amala selgiyeme yabubuha de”，意即「宮中大小之事共同商議然後施行」;「此悉貞亮死節之臣也」，滿文譯作“ese gemu akdun jingji jurgangga amban”，意即「此輩皆老成有義氣之臣也」;「陛下親之信之」，滿文譯作“han akdafi afabuha de”，意即「陛下信之託付之」;「由是感激，許先帝以驅馳」，滿文譯作“kesi be gūnime nenehe han de hūsun buki seme gisun aljaha”，意即「由是感恩許諾先帝效力」;「恐付托不效」，滿文譯作“afabuha babe sartaburahū”，意即「恐貽誤付托」;「以傷先帝之明」，滿文譯作“nenehe han i genggiyen be efulerahū”，意即「恐損先帝之明」;「深入不毛」，滿文譯作“orho banjirakū bade šumin dosifi”，意即「深入不長草之處」;「還於舊都」，滿文譯作“fe du hecen be gaifi”，意即「拿回舊都」;「則攸之、禕、允之任也」，滿文譯作“g'o io dz, fei wei, dung yun sei jurgan”，意即「郭攸之、費禕、董允等之任也」;「興復之效」，滿文譯作“han gurun be dahūme muktembure”，意即「復興漢朝」;「責攸之、禕、允等之咎，以彰其慢」，滿文譯作“g'o io dz, fei wei, dung yun se de waka ba bici, weile arafi heolen be algimbu”，意即「郭攸之、費禕、董允等若有過失，即治罪，以彰其怠慢」;「臣不勝受恩感激」，滿文譯作“bi kesi be alime gaici urgunjeme wajirakū ombi”，意即「臣受恩不勝歡忭」;「臨表涕泣，不知所云，謹表」，滿文譯作“songgome biyoo bithe wesimbuhe”，意即「涕泣進呈表文」。對照滿漢合璧本的滿漢文，或文義不合，或詳略不同，頗有出入。

對照滿漢文的詞義，似可將漢文〈出師表〉，譯出語體文。「上疏說：先帝創立基業，不到一半之前，就半途駕崩了。現在天下分成三部分，益州地方，衰敗窮困，這真是到了危急存亡的時候。近臣不懈怠內務，忠志賢士棄身於外邊，都是追想先帝的恩眷，想報恩於陛下啊！陛下應當開張聖明，以光大先帝的遺德，擴大志士的志氣。不可自行退縮反而引喻失義，堵塞了忠諫的路。皇帝的宮中，丞相的府中，諸臣獎善懲惡，不可不一樣。要是有越法的奸宄，或是忠善的，應該交給主管獎賞治罪，這樣可以表示陛下平等的政治，不可偏私，使得內外有不同的政治。侍中侍郎郭攸之、費禕、董允等，都是老成志慮忠純的大臣，先帝選拔出來，留給陛下的人。宮裡的大小事，共同商議然後施行，必可補救殘缺，大有益處。將軍向寵性行溫良，曉暢軍事，先帝試用後，稱讚他能幹，所以大家商議，推舉向寵當都督。軍營裡的大小事都商議，必能使軍隊和睦，好壞都處理得當，能親近賢士，疏遠小人。先漢親近賢士，疏遠小人，所以興隆；後漢親近小人，疏遠賢士，所以衰敗。先帝在時，每次和我討論此事，無不為桓帝、靈帝而慨歎。侍中、尚書、長史、參軍此輩都是老成有義氣的臣子，陛下相信他們，託付他們，那麼漢室的興盛，就不久了。我本是一個普通老百姓，在南陽地方種田，在亂世保命活下去，不想認識聞名於諸侯。先帝對我不覺卑鄙，親自降低身分，從草廬三次邀請我詢問世事。由是感恩，許諾先帝效力。後來遭遇到覆敗的時候，在軍隊潰敗的時候接受職任，在危難的時候奉到旨令，到現在已經二十一年了。先帝知道我的謹慎，所以臨死的時候，交付大事。受命以來，日夜憂慮，深怕貽誤付託，恐怕有損先帝知人之明。所以在五月渡過瀘水，深入不長草的地方，平定南方。

現在兵已眾，器械充足之時，我當竭盡駑鈍之力，統率大軍北定中原，清除奸凶，復興漢室，收復舊都，這是我報答先帝之恩而盡忠於陛下的職分。至於商議損益，盡進忠言，則為郭攸之、費禕、董允等人的責任。希望陛下把討賊興復漢朝的任務託付給我，不成功就治罪，以告先帝的神靈。郭攸之、費禕、董允等若有過失，即治罪，以表明他們的怠慢。陛下也要想想尋求善道，採納有益的言語，仰副先帝遺詔。臣受恩不勝歡忭。現在我要遠離了，涕泣進呈表文。」《三國志通俗演義》滿漢合璧本對照滿文，有助於了解漢文的詞義。以諸葛亮〈出師表〉為例，對照滿文，譯出語體文，是可以嘗試的學習方法。

三、曹操納妾故事的滿文繙譯

張繡是武威祖厲人，驃騎將軍張濟族子。據《三國志・魏書・張繡傳》記載，「太祖南征，軍淯水，繡等舉眾降。太祖納濟妻，繡恨之。太祖聞其不悅，密有殺繡之計。」句中「太祖」，即曹操，追封魏太祖武皇帝。關於曹操納張濟妻故事，《三國志通俗演義》有一段記載，略謂，「一日操醉，退入寢所，私問左右曰：『此城中有妓女否？』操之兄子曹安民，知操意，乃密對曰：『昨晚小姪窺見館舍之側，有一婦人，生得十分美麗。問之，即繡叔張濟之妻也。』操聞言，便令安民領五十甲兵往取。須臾，取到軍中。操見之，果然美麗。問其姓名，婦答曰：『妾乃張濟之妻鄒氏也。』操曰：『夫人識吾否？』鄒氏曰：『久聞丞相威名，今夕幸得瞻拜。』操曰：『吾為夫人故，特納張繡之降；不然滅族矣。』鄒氏拜曰：『實感再生之恩。』操曰：『今日得見夫人，乃天幸也。今宵願同枕席，隨吾還都，安享富貴，何如？』鄒氏拜謝。是夜共宿於帳中。鄒氏曰：『久住城中，繡必生疑，亦恐外人議論。』操曰：『明日同夫人去寨中住。』次日，移於城外安歇，喚典韋就中軍帳房外宿衛。他人非奉呼喚，不許輒入，因此，內外不通。操每日與鄒氏取樂，不想歸期。」為了便於比較，並說明《三國志通俗演義》滿漢合璧本的譯文，可先將曹操納張濟之妻的滿漢文影印如後，並轉寫羅馬拼音，照錄漢文如下。

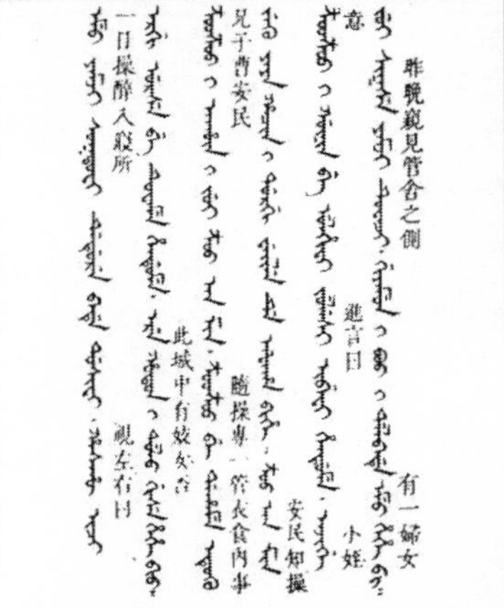	emu yamji soktofi dedure bade dosifi, hashū ici ergi urse be tuwame hendume, ere hoton i dolo gise hehe bio. ts'oots'oo i ahūn i jui ts'oo an min, ts'oots'oo be dahame etuku jeku yaya hacin i dorgi weile de afaha bihe. ts'oo an min ts'oots'oo i gūnin be ulhifi julesi ibefi hendume, ajige jui sikse yamji tuwaci, giyamun i boo i dalbade emu hehe bi.
	一日操醉，入寢所，視左右曰：此城中有妓女否？兄子曹安民隨操專一管衣食內事。安民知操意，進言曰：小姪昨晚窺見管舍之側，有一婦女，

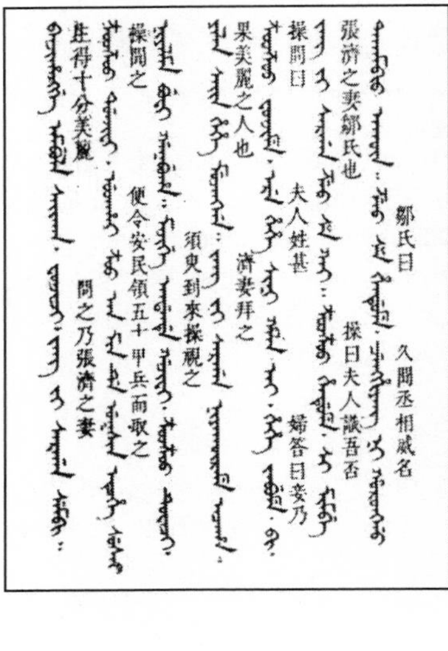	banjihangge ambula saikan, fonjici, jang ji sargan sembi. ts'oots'oo donjifi, uthai ts'oo an min de uksin etuhe susai niyalma bufi ganabuha. majige andande gajifi, ts'oots'oo tuwaci, yala sain hehe mujangga. jang ji sargan niyakūrame acaha. ts'oots'oo fonjime, ere hehe sini hala ai. hehe jabume, bi, jang ji sargan dzeo sy kai. ts'oots'oo hendume, si mimbe takambio akūn. dzeo sy hendume, cenghiyang ni horonggo
	生得十分美麗。問之，乃張濟之妻。操聞之，便令安民領五十甲兵而取之。須臾到來，操視之，果美麗之人也。濟妻拜之，操問曰：夫人姓甚？婦答曰：妾乃張濟之妻鄒氏也。操曰：夫人識吾否？鄒氏曰：久聞丞相威名，

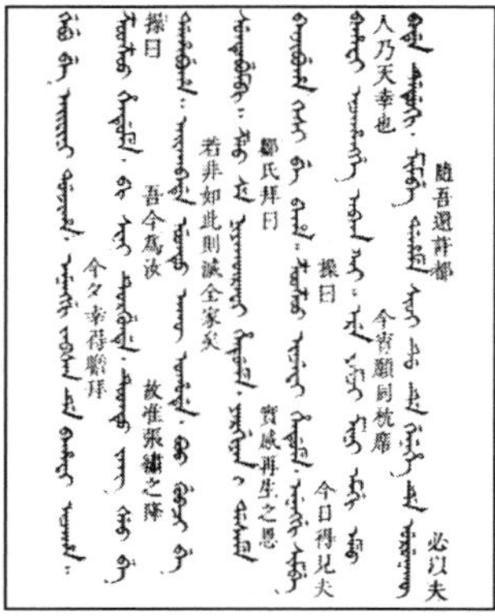	gebu be aifini donjiha, enenggi jabšan de bahafi acaha. ts'oots'oo hendume, bi sini turgunde, tuttu jang šeo be dahabuha. aikabade uttu akū ohode, boo gubci be suntebumbi. dzeo sy niyakūrafi hendume, yargiyan i dasame banjibuha kesi be baha. ts'oots'oo injefi hendume, enenggi simbe bahafi acahangge abka kai. ere yamji mini emgi emu bade deduki, mimbe dahame sioi du de genehe de urunakū
	今夕幸得瞻拜。操曰：吾今為汝，故准張繡之降，若非如此，則滅全家矣。鄒氏拜曰：實感再生之恩。操曰：今日得見夫人，乃天幸也，今宵願同枕席，隨吾還許都，必以夫

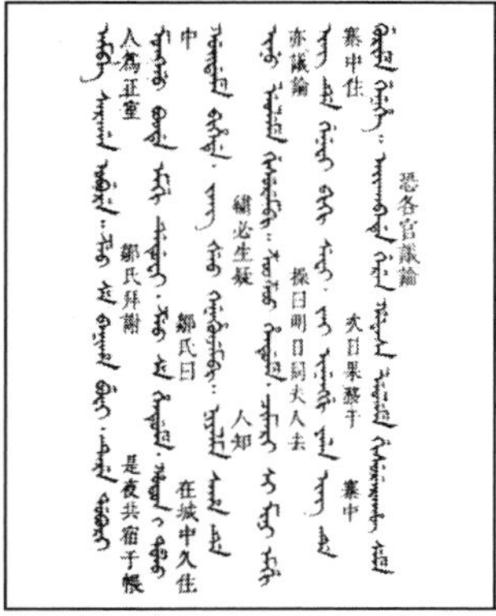	amba sargan obure. dzeo sy baniha bufi, tere dobori monggo boode emgi dedufi, dzeo sy hendume, hoton i dolo goidame bihede, jang šeo kenehunjembi. niyalma saha de inu leoleme gisurembi. ts'oots'oo hendume, cimari si mini emgi ing de genefi biki sefi, jai inenggi yala ing de gurime genehe. aikabade geren hafasa leoleme gisurerahū seme
	人為正室。鄒氏拜謝。是夜，共宿于帳中。鄒氏曰：在城中久住，繡必生疑，人知亦議論。操曰：明日同夫人去寨中住。次日，果移于寨中。恐各官議論，

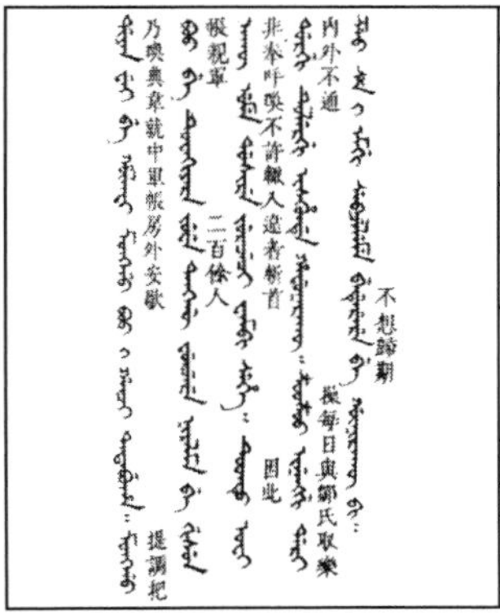	diyan wei be hūlafi monggo boo i hanci tatabuha. monggo boo be tuwakiyara juwe tanggū funcere niyalma be gisun akū ume dosire jurceci wambi sehe. tuttu ofi dorgi tulergi ishunde hafunarakū. ts'oots'oo inenggi dari dzeo sy i emgi sebjeleme bederere be gūnirakū bi.
	乃喚典韋就中軍帳房外安歇。提調把帳親軍二百餘人，非奉呼喚，不許輒入，違者斬首。因此，內外不通。操每日與鄒氏取樂，不想歸期。

《三國志通俗演義》滿漢合璧本因為滿漢兼書，對照漢文，可以知道滿文繙譯的詳略。「一日操醉」，句中「一日」，滿文譯作“emu yamji”，意即「一夕」，滿漢文義不合。侄兒，規範滿文讀作“jalahi jui”，滿漢合璧本中，「小姪」，滿文譯作“ajige jui”，意即「小兒」，滿漢文義不合。「操」，滿文讀作“ts'oots'oo”，意即「曹操」。「濟妻」，滿文讀作“jang ji sargan”，意即「張濟妻」。「夫人」，滿文讀作“hehe”，意即「婦人」。「今夕幸得瞻拜」，句中「今夕」，滿文譯作“enenggi”，意即「今日」。「正室」，滿文譯作“amba sargan”，意即「大太太」。大致而言，所譯滿文，淺顯易解。

四、曹叡不殺子鹿故事的滿文繙譯

《三國志魏書・魏書・明帝紀》記載：「明皇帝諱叡，字元仲，文帝太子也。生而太祖愛之，常令在左右。年十五，封武德侯，黃初二年為齊公，三年為平原王。以其母誅，故未建為嗣。七年夏五月，帝病篤，乃立為皇太子。丁巳，即皇帝位，大赦。尊皇太后曰太皇太后，皇后曰皇太后。諸臣封爵各有差。癸未，追諡母甄夫人曰文昭皇后。」黃初二年，相當西元 221 年。黃初七年（226），追諡生母甄夫人為文昭皇后。裴松之注引《魏末傳》曰：「帝常從文帝獵，見子母鹿。文帝射殺鹿母，使帝射鹿子，帝不從，曰：「陛下已殺其母，臣不忍復殺其子。因涕泣。文帝即放弓箭，以此深奇之，而樹立之意定。」據《三國志》滿漢合璧本記載，甄氏乃中山無極人，上蔡令甄逸之女，自三歲失父。建安中（196-219），袁紹知其美娶與子袁熙為婦。袁熙出鎮幽州，曹操攻破鄴城，曹丕見甄氏之美，遂納為妻，生子曹叡，自幼聰明，曹丕甚愛之。其後，曹丕又納安平廣宗人郭永之女為貴妃。郭女極美，號為女王。曹丕納郭女為妃，甄夫人失寵，被勒死於冷宮，立郭妃為后。因無出，養曹叡為己子，雖甚愛之，不立為嗣。曹叡十五歲時，曹丕帶曹叡出獵，見子母鹿，曹丕射殺母鹿，曹叡不忍心復殺其子，其仁德表現，後世傳為佳話。可將滿漢文內容照錄於後，並轉寫羅馬拼音。

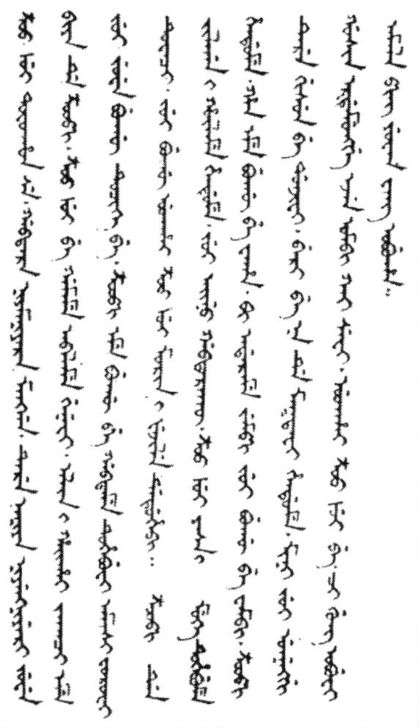	ts'oo žui tofohon se, gabtara niyamniyara mangga. tere aniya niyengniyeri juwe biya de ts'oopi, ts'oo žui be gamame abalame genefi, alin i haihai jakaci eme jui juwe bugū tucike be, ts'oopi eme bugū be gabtame tuhebufi amasi forofi tuwaci, jui bugū uthai ts'oo žui morin i fejile deduhebi. ts'oopi den jilgan i hūlame hendume, jui ainu gabtarakū, ts'oo žui yasa i muke tuhebume hendume, han eme bugū be waha, bi adarame jempi jui bugū be wambi, ts'oopi tere gisun be donjifi, beri be na de maktafi hendume, mini jui unenggi gosin erdemungge ejen ombi kai sefi, uthai ts'oo žui be ci gung obufi, amala ping yuwan wang obuha.
	叡年一十五歲，弓馬熟閑。當年春二月，丕帶叡出獵，行於山塢之間，趕出子母二鹿，丕一箭射倒母鹿，回視，小鹿臥於叡馬下。丕大呼曰：吾兒何不射之。叡泣告曰：「陛下已射其母，臣安忍復殺其子也。」丕聞之，擲弓於地曰：「吾兒真乃仁德之主也。」遂立叡為齊公，後改為平原王。

引文內容，滿漢文義相近，譯文生動。「弓馬熟閑」，規範滿文讀作 “gabtara niyamniyarangge fulu ureshūn” ，或作 “gabtara niyamniyara be emdubei urebumbi” ，此作 “gabtara niyamniyara mangga” ，亦即「善於馬步箭」。「山塢之間」，滿文譯作 “alin i haihai jakaci” ，意即「山腰之間」。「趕出子母二鹿」，滿文譯作 “eme jui juwe bugū tucike” ，意即「出現了母子二鹿」。「丕一箭射倒母鹿」，滿文譯作 “ts'oopi eme bugū be gabtame tuhebufi”，意即「曹丕射倒母鹿後」。「小鹿臥於叡馬下」，滿文譯作“jui bugū uthai ts'oo žui morin i fejile deduhebi”，意即「子鹿即臥於曹叡馬下」。「丕大呼曰」，滿文譯作“ts'oopi den jilgan i hūlame hendume”，意即「曹丕高聲呼曰」。「叡泣告曰」，滿文譯作“ts'oo žui yasa i muke tuhebume hendume”，意即「曹叡落淚曰」。可據譯文將引文內容譯出漢文：「曹叡十五歲，善於馬步箭。那年春二月，曹丕帶曹叡去打獵，在山腰間出現母子二鹿，曹丕射倒母鹿後回視，子鹿即臥於曹叡馬下。曹丕高聲呼曰：「孩兒為何不射？」曹叡落淚曰：「陛下已殺母鹿，我怎麼忍心殺子鹿？」曹丕聞其言後，擲弓於地曰：「我的孩兒真是仁德之主啊！」遂立曹叡為齊公，後改為平原王。譯文淺顯易解。

五、滿漢詞義的比較分析

滿漢詞義對照表

順次	漢文	滿文	羅馬字轉寫	詞義
1	中涓	ᡨᠠᡳᡤᡳᠶᠠᠨ	taigiyan	太監
2	十常侍	ᠵᡠᠸᠠᠨ ᡨᠠᡳᡤᡳᠶᠠᠨ	juwan taigiyan	十太監
3	黃巾	ᠰᡠᠸᠠᠶᠠᠨ ᠮᠠᡥᠠᠯᠠ	suwayan mahala	黃帽
4	雕琢大臣	ᡠᠵᡠᠯᠠᡥᠠ ᠠᠮᠪᠠᠨ	ujulaha amban	首輔大臣 宰相

順次	漢文	滿文	羅馬字轉寫	詞義
5	寢	ᠨᠠᡵᡥᡡᡧᠠᠮᡝ ᠰᠣᠮᡳ	narhūšame somi	密藏
6	青蛇	ᠰᠠᡥᠠᠯᡳᠶᠠᠨ ᠮᡝᡳᡥᡝ	sahaliyan meihe	黑蛇
7	災異	ᡤᠠᠨᡳᠣ ᠰᠠᠪᡳ	ganio sabi	災祥
8	碧眼	ᠶᠠᠰᠠ ᡳ ᡶᠠᡥᠠ ᠰᠠᡥᠠᠯᡳᠶᠠᠨ	yasa i faha sahaliyan	黑眼珠 黑睛
9	碧眼	ᠶᠠᠰᠠ ᠰᠠᡥᠠᡥᡡᠨ	yasa sahahūn	淺黑眼
10	青眼	ᠶᠠᠰᠠ ᠨᡳᠣᠸᠠᠩᡤᡳᠶᠠᠨ	yasa niowanggiyan	綠眼
11	青旗	ᠶᠠᠴᡳᠨ ᡨᡠ	yacin tu	青旗、黑旗
12	青山	ᠰᠠᡥᠠᠯᡳᠶᠠᠨ ᠠᠯᡳᠨ	sahaliyan alin	黑山

順次	漢文	滿文	羅馬字轉寫	詞義
13	青旗	ᠯᠠᠮᡠᠨ ᡨᡠ	lamun tu	藍旗
14	黑面	ᡩᡝᡵᡝ ᠰᠠᡥᠠᠯᡳᠶᠠᠨ	dere sahaliyan	黑面
15	紫髯	ᠰᠠᠯᡠ ᡶᡠᠯᠠᡥᡡᠨ	salu fulahūn	淡紅鬚
16	紫鬚	ᠰᠠᠯᡠ ᡶᡠᠯᡤᡳᠶᠠᠨ	salu fulgiyan	紅鬚
17	蒼天	ᠰᠠᡥᠠᠯᡳᠶᠠᠨ ᠠᠪᡴᠠ	sahaliyan abka	黑天
18	生受	ᠵᠣᠪᠣᡥᠣ	joboho	勞苦
19	粉墻	ᡧᠠᠩᡤᡳᠶᠠᠨ ᡶᠠᠵᡳᡵᠠᠨ	šanggiyan fajiran	白墻
20	遊藝	ᡩᠠᡳᡶᡠᡵᠠᠮᡝ ᠶᠠᠪᡠᡥᠠ	daifurame yabuha	行醫

順次	漢文	滿文	羅馬字轉寫	詞義
21	青氣	ᠶᠠᠴᡳᠨ ᠰᡠᡴᡩᡠᠨ	yacin sukdun	黑氣
22	黑氣	ᠰᠠᡥᠠᠯᡳᠶᠠᠨ ᠰᡠᡴᡩᡠᠨ	sahaliyan sukdun	黑氣
23	掖門	ᡩᠠᠯᠪᠠᡴᡳ ᡩᡠᡴᠠ	dalbaki duka	旁門
24	方丈	ᠮᡳᠶᠣᠣ ᡳ ᠪᠣᠣ	miyoo i boo	廟房
25	甥	ᡝᠶᡠᠨ ᡳ ᠵᡠᡳ	eyun i jui	姊之子
26	帳	ᠮᠣᠩᡤᠣ ᠪᠣᠣ	monggo boo	蒙古包
27	帳下	ᠴᠠᠴᠠᡵᡳ ᡶᡝᠵᡳᠯᡝ	cacari fejile	布棚下
28	夷狄	ᡨᡠᠯᡝᡵᡤᡳ ᡤᡠᡵᡠᠨ	tulergi gurun	外國

順次	漢文	滿文	羅馬字轉寫	詞義
29	戎狄	ᠮᠣᠩᡤᠣᡳ ᡤᡠᡵᡠᠨ	monggoi gurun	蒙古國
30	胡人	ᠮᠣᠩᡤᠣ ᡤᡠᡵᡠᠨ	monggo gurun	蒙古國
31	番	ᠮᠣᠩᡤᠣ ᡤᡠᡵᡠᠨ	monggo gurun	蒙古國
32	胡漢	ᠮᠣᠩᡤᠣ ᠨᡳᡴᠠᠨ	monggo nikan	蒙漢
33	蠻夷	ᠮᠠᠨ ᡳ ᡤᡠᡵᡠᠨ	man i gurun	蠻夷國
34	丘山	ᡩᡝᠨ ᠠᠯᡳᠨ	den alin	高山
35	虎踞	ᡨᠠᠰᡥᠠ, ᠪᡠᠶᠠ ᡤᡠᡵᡤᡠ ᠪᡝ ᠵᠠᡶᠠᡵᠠ	tasha, buya gurgu be jafara	虎捕小獸
36	鯨吞	ᠠᠮᠪᠠ ᠨᡳᠮᠠᡥᠠ, ᠪᡠᠶᠠ ᠨᡳᠰᡳᡥᠠ ᠪᡝ ᠨᡠᠩᡤᡝᡵᡝ	amba nimaha, buya nisiha be nunggere	大魚吞小魚

資料來源：李卓吾原評《三國志》滿漢合璧本

表中漢文「中涓」，內侍，滿文譯作“taigiyan”，是漢文

「太監」的音譯。「十常侍」，滿文譯作“juwan taigiyan”，意即「十太監」。東漢末，鉅鹿人張角率領黃巾賊殺人放火，以黃巾為標幟。句中「黃巾」，滿文譯作“suwayan mahala”，意即「黃帽」。「雕琢」，原指雕刻琢磨，比喻修飾文詞。表中「雕琢大臣」，滿文譯作“ujulaha amban”，意即「首輔大臣」，或「宰相」。漢文「事寢」，句中「寢」，意即「停止進行」。表中「寢」，滿文譯作“narhūšame somi”，意即「密藏」。

漢文「青」，滿文或譯作“sahaliyan”，或譯作“yacin”。表中「青蛇」，滿文譯作“sahaliyan meihe”，意即「黑蛇」。表中「災異」，滿文譯作“ganio sabi”，意即「災祥」。漢文「災異」，規範滿文讀作“ganio gashan”，此作“ganio sabi”，異。表中「青眼」，滿文譯作“yasa niowanggiyan”，意即「綠眼」。「青山」，滿文譯作“sahaliyan alin”，意即「黑山」。「青旗」，滿文譯作“yacin tu”，又譯作“lamun tu”，意即「藍旗」。「碧眼」，滿文譯作“yasa i faha sahaliyan”，意即「黑睛」，或「黑眼珠」。滿文又譯作“yasa sahahūn”，意即「淺黑眼」。滿文“sahaliyan”，意即「黑色」。表中「黑面」，滿文譯作“dere sahaliyan”。「黑氣」，滿文譯作“sahaliyan sukdun”，文義相合。表中「蒼天」，滿文譯作“sahaliyan abka”，意即「黑天」。

漢文中「紅」與「紫」，色彩不同，淺紫色，就是紅色，紫色則是青紅相合而成的顏色。表中「紫髯」，滿文譯作“salu fulahūn”，意即「淺紅鬚」。「紫鬚」，滿文譯作“salu fulgiyan”，意即「紅鬚」。「紅」與「紫」，色彩不分。

表中「生受」，滿文譯作“joboho”，意即「勞苦」。「粉墻」，滿文譯作“šanggiyan fajiran”，意即「白墻」。

漢文「藝術」，是指有審美價值的創作，如音樂、詩歌、雕刻、建築、繪畫、舞蹈、戲劇、電影，號稱八大藝術。古人認為醫生行醫，也是一種藝術。表中「遊藝」，滿文譯作“daifurame yabuha”，意即「行醫」。宮中后妃嬪貴人所居住的旁舍，俗稱掖庭。宮殿的邊垣，俗稱掖垣。表中「掖門」，滿文譯作“dalbaki duka”，意即「旁門」。佛寺住持，習稱方丈。表中「方丈」，滿文譯作“miyoo i boo”，意即「廟房」。佛寺中的廳堂，住持接待隨喜遊客的房間，亦稱方丈。

漢文「外甥」，規範滿文譯作“ina”。表中「甥」，滿文譯作“eyun i jui”，意即「姊姊之子」，姊妹之子，就是外甥。滿文“cacari”，是指涼棚，方形大天幕、尖頂大帳篷、大帷幄，都是“cacari”，表中「帳」，或譯作“monggo boo”，意即「蒙古包」；或譯作“cacari”，“cacari fejile”，意即「帳下」。地上高起的土堆，習稱小丘。表中「丘山」，滿文譯作“den alin”，意即「高山」。「虎踞」，句中「踞」，意即「蹲在物體上面」。表中「虎踞」，滿文譯作“tasha, buya gurgu be jafara”，意即「虎捕捉小獸」。「鯨吞」，滿文譯作“amba nimaha, buya nisiha be nunggere”，意即「大魚吞食小魚」。

滿、漢的種族意識，反映在遣詞用字上，南蠻北狄，東夷西戎，番胡，夷狄，漢族強調夷夏之防，歧視邊疆少數民族，滿族強調中華一體。表中「蠻夷」，滿文譯作“man i gurun”，意即「蠻夷國」。「夷狄」，滿文譯作“tulergi gurun”，意即「外國」。表中「夷狄」，又譯作“monggoi gurun”，意即「蒙古國」。「胡人」、「番」，滿文俱作“monggo gurun”。「胡漢」，滿文譯作“monggo nikan”，意即「蒙漢」。清朝的民族政策，強調大一統的概念，內外一體，所謂「南蠻北狄」，是魏晉南北朝偏安局勢下狹隘種族意識醜化少數族群的用詞。

六、滿漢詞彙的讀音對照

滿漢詞彙讀音對照表

順次	漢文	滿文	羅馬字轉寫	備註
1	郰城	ᠨᡳᠶᡝᡳ ᠴᡝᠩ	niyei ceng	
2	郰郡	ᠨᡳᠶᡝᡳ ᠵᡳᠶᡡᠨ	niyei jiyūn	
3	姓秦名宓	ᡥᠠᠯᠠ ᠴᡳᠨ ᡤᡝᠪᡠ ᠨᡳ	hala cin, gebu ni	
4	密州	ᠨᡳ ᠵᡝᠣ	ni jeo	
5	禰衡	ᠨᡳ ᡥᡝᠩ	ni heng	
6	冒頓	ᠮᡝ ᡨᡝ	me te	
7	桃花	ᡨᠣᠣᡵᠣ ᡳᠯᡤᠠ	tooro ilga	
8	會稽	ᡥᡡᡳ ᠵᡳ	hūi ji	
9	澠池	ᠮᡳᠶᠠᠨ ᠴᡟ	miyan cy	

順次	漢文	滿文	羅馬字轉寫	備註
10	劉璝	ᠯᡳᠣ ᡨᡠᡳ	lio tui	
11	解良	ᡥᡳᠶᡝᡳ ᠯᡳᠶᠠᠩ	hiyei liyang	
12	夏侯惇	ᡥᡳᠶᠠ ᡥᡝᠣ ᡨᡡᠨ	hiya heo tūn	
13	樂進	ᠶᠣ ᠵᡳᠨ	yo jin	
14	徐璆	ᠰᡳᠣᡳ ᠯᡳᠣ	sioi lio	
15	頓丘	ᡨᡡᠨ ᠴᡳᠣ	tūn cio	
16	解良	ᠰᡳᠶᡝᡳ ᠯᡳᠶᠠᠩ	siyei liyang	
17	劉辟	ᠯᡳᠣ ᡦᡳ	lio pi	
18	單福	ᡧᠠᠨ ᡶᡠ	šan fu	
19	張繡	ᠵᠠᠩ ᡧᡝᠣ	jang šeo	
20	烏戈國	ᡠᡤᠣ ᡤᡠᡵᡠᠨ	ug'o gurun	

順次	漢文	滿文	羅馬字轉寫	備註
21	費禕	ᡶᡝᡳ ᠸᡝᡳ	fei wei	
22	伏波將軍	ᡶᡠ ᡦᠣ ᠵᡳᠶᠠᠩᡤᡳᠶᡡᠨ	fu po jiyanggiyūn	
23	蔡瑁	ᡮᠠᡳ ᠮᠣᠣ	ts'ai moo	
24	的盧馬	ᡩᡳ ᠯᡠ ᠮᠣᡵᡳᠨ	di lu morin	
25	麥城	ᠮᡝ ᠴᡝᠩ	me ceng	
26	劉瑁	ᠯᡳᠣ ᠮᠣᠣ	lio moo	
27	沮授	ᡯᡠ ᡧᡝᠣ	dzu šeo	
28	馬日磾	ᠮᠠ ᠮᡳ ᡩᡳ	ma mi di	
29	樂毅	ᠶᠣ ᡳ	yo i	
30	麒麟	ᠴᡳᠯᡳᠨ	cilin	
31	臥龍岡	ᠣ ᠯᡠᠨ ᡬᠠᠩ	o lun g'ang	
32	曹參	ᡮᠣᠣ ᡯᠠᠨ	ts'oo dzan	

順次	漢文	滿文	羅馬字轉寫	備註
33	硭碭山	ᠮᠠᠩ ᠰᡝᠩ ᠰᠠᠨ ᠠᠯᡳᠨ	mang seng san alin	
34	夫差	ᡶᡠ ᠴᠠ	fu ca	
35	丁廙	ᡩᡳᠩ ᡳ	ding i	
36	丁儀	ᡩᡳᠩ ᡳᡳ	ding ii	
37	遁甲	ᡨᡡᠨ ᠵᡳᠶᠠ	tūn jiya	
38	鹿	ᠪᡠᡤᡡ	bugū	
39	臥牛山	ᠣ ᠨᡳᠣ ᠰᠠᠨ ᠠᠯᡳᠨ	o nio san alin	
40	豺狼	ᠨᡳᠣᡥᡝ ᠶᠠᡵᡤᡡ	niohe yargū	
41	牡丹花	ᠮᡠᡩᠠᠨ ᡳᠯᡤᠠ	mudan ilga	
42	昨	ᠰᡳᡴᠰᡝ	sikse	

順次	漢文	滿文	羅馬字轉寫	備註
43	青氣	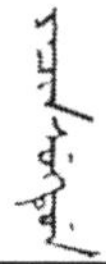	yacin sukdun	

資料來源：李卓吾原評《三國志》滿漢合璧本

《三國志通俗演義》滿漢合璧本，因為是對譯的，對照滿漢詞彙，有助於了解漢字的讀音。河南鄴郡，是舊縣名，「鄴」，漢字辭書讀音作「業」。表中「鄴城」，滿文讀作“niyei ceng”，句中「鄴」，滿文讀作“niyei”，音「捏」。表中「鄴郡」，滿文讀作“niyei jiyūn”。「鄴」，不讀「業」。漢字「宓」，讀「密」，意即「安靜」。讀「扶」，則指姓氏，如伏羲，又作「宓羲」。曹植〈洛神賦〉中云：「古人有言，斯水之神，名曰宓妃」。句中「宓」，讀作「扶」。伏羲氏之女宓妃，相傳溺死於洛水，遂為洛水之神。表中「姓秦名宓」，滿文讀作“hala cin, gebu ni”，句中“ni”，音「妮」，不讀「扶」。表中「密州」，滿文讀作“ni jeo”，句中“ni”，音「妮」，不讀「蜜」。「禰衡」，句中「禰」，姓氏音「迷」，禰衡，東漢平原人，性極剛傲，曾經裸身擊鼓，大罵曹操。表中「禰衡」，滿文讀作“ni heng”，句中“ni”，音「妮」，不讀「迷」。「冒頓」，是漢初匈奴單于，音「莫毒」，表中「冒頓」，滿文讀作“me te”，音「墨特」不讀「莫毒」。

桃花，滿文讀作“toro ilga”。表中「桃花」，滿文譯作“tooro ilga”，讀音不同。會稽，是浙江地方的古地名，音「貴雞」。表中「會稽」，滿文讀作“hūi ji”，音「惠雞」。漢字「澠」，地方音各地不同，源出山東臨淄的澠水，亦稱漢溱水。句中「澠」，音「繩」。源出河南廣陽山的澠河，句中「澠」，音「敏」。表中「澠池」，滿文讀作“miyan cy”，音「勉池」。表中「劉璝」，滿文讀作“lio tui”，句中“tui”，音「頹」。漢字「解」，姓氏，音「謝」。表中「解良」，滿文讀作“hiyei liyang”，句中“hiyei”，音「謝」。滿文又譯作“siyei liyang”，句中“siyei”，音「謝」。

漢字「惇」，音「蹲」。表中「夏侯惇」，滿文讀作“hiya heo tūn”，句中“tūn”，音「屯」。漢字「樂」，姓氏，音「越」。表中「樂進」、「樂毅」，滿文讀作“yo jin”、“yo i”，句中“yo”，音「右」。漢字「璆」，音「求」。表中「徐璆」，滿文讀作“sioi lio”，句中“lio”，音「劉」。漢字「辟」，音「必」，又音「闢」。表中「劉辟」，滿文讀作“lio pi”，句中“pi”，音「闢」。表中「單福」，滿文讀作“šan fu”，句中“šan”，音「善」。漢字「繡」，音「秀」。表中「張繡」，滿文讀作“jang šeo”，句中“šeo”，音「受」。漢字「戈」，音「哥」。表中「烏戈國」，滿文讀作“ug'o gurun”，句中“ug'o”，音「烏構」。漢字「褘」，音「依」。表中「費褘」，滿文讀作“fei wei”，句中“wei”，音「偉」。漢字「波」，音「剝」。表中「伏波將軍」，滿文讀作“fu po jiyanggiyūn”，句中“po”，音「剖」。漢字「瑁」，音「妹」。表中「蔡瑁」，滿文讀作“ts'ai moo”。「劉瑁」，滿文讀作“lio moo”。句中“moo”，音「帽」。劉備乘騎的馬，名「的盧馬」，傳說能妨害馬主。表中「的盧馬」，滿文讀作“di lu morin”，句中“di”，音「第」。

漢字「麥」，音「賣」。表中「麥城」，滿文讀作“me ceng”，句中“me”，音「末」。漢字「沮」，音「矩」。表中「沮授」，滿文讀作“dzu šeo”，句中“dzu”，音「阻」。表中「馬日磾」，滿文讀作“ma mi di”，句中“mi”，音「迷」。麒麟，滿文音譯作“kilin”，表中「麒麟」，滿文讀作“cilin”。漢文「臥」，音「窩」。表中「臥龍岡」，滿文音譯作“o lun g'ang”。「臥牛山」，滿文讀作“o nio san alin”。句中“o”，音「喔」。表中「曹參」，滿文讀作“ts'oo dzan”，句中“dzan”，疑誤。漢字「參」，音「餐」，或音「申」。表中“dzan”，似當作“ts'an”。漢字「碭」，音「宕」。

表中「崉碭山」，滿文讀作“mang seng san alin”，句中“seng”，音「僧」。春秋時的吳王「夫差」，讀音「膚釵」。表中「夫差」，滿文讀作“fu ca”，句中“ca”，音「插」。表中「丁廙」，滿文讀作“ding i”，「丁儀」，滿文讀作“ding ii”，“i”與“ii”的差異，不可忽略。漢字「遁」，音「鈍」。表中「遁甲」，滿文讀作“tūn jiya”，句中“tūn”，音「屯」。鹿，規範滿文讀作“buhū”，表中「鹿」，滿文讀作“bugū”。豺狼，規範滿文讀作“niohe yarhū”，表中「豺狼」，滿文讀作“niohe yargū”。牡丹花，規範滿文讀作“modan ilga”，表中「牡丹花」，滿文讀作“mudan ilga”。表中「昨」(sikse)、「青氣」(yacin sukdun)，句中“k”，當作陽性“k”。

七、滿文繙譯的規範問題

滿漢詞彙對照表

順次	漢文	滿文	羅馬字轉寫	備註
1	桃園	ᡨᠣᠣᡵᠣ ᠶᠠᡶᠠᠨ	tooro yafan	
2	桃園	ᡨᠣᡵᠣ ᠶᠠᡶᠠᠨ	toro yafan	
3	貂蟬	ᡩᡳᠶᠣᠣᠴᠠᠨ	diyoocan	
4	貂蟬	ᡩᡳᠶᠣᠣ ᠴᠠᠨ	diyoo can	
5	袁術	ᠶᡠᠸᠠᠨᡧᡠ	yuwanšu	

順次	漢文	滿文	羅馬字轉寫	備註
6	袁術	ᠶᡠᠸᠠᠨ ᡧᡠ	yuwan šu	
7	張繡	ᠵᠠᠩ ᡧᡝᠣ	jang šeo	
8	張繡	ᠵᠠᠩ ᠰᡳᠣ	jang sio	
9	百姓	ᡨᠠᠩᡤᡡ ᡥᠠᠯᠠ ᡳ ᡳᡵᡤᡝᠨ	tanggū hala i irgen	
10	百姓	ᡤᡝᡵᡝᠨ ᡳᡵᡤᡝᠨ	geren irgen	
11	百姓	ᡳᡵᡤᡝᠨ	irgen	
12	老母	ᠰᠠᡴᡩᠠ ᠠᠵᠠ	sakda aja	
13	老母	ᠰᠠᡴᡩᠠ ᡝᠨᡳᠶᡝ	sakda eniye	
14	老母	ᠰᠠᡴᡩᠠ ᡝᠮᡝ	sakda eme	
15	大丈夫	ᠠᠮᠪᠠ ᡥᠠᡥᠠ	amba haha	

順次	漢文	滿文	羅馬字轉寫	備註
16	大丈夫	ᠰᠠᡳᠨ ᡥᠠᡥᠠᠰᡳ	sain hahasi	
17	大丈夫	ᡥᠠᡥᠠ ᠨᡳᠶᠠᠯᠮᠠ	haha niyalma	
18	英雄	ᠮᠠᠩᡤᠠ ᠪᠠᡨᡠᡵᡠ	mangga baturu	
19	英雄	ᠪᠠᡨᡠᡵᡠ ᠮᠠᠩᡤᠠ	baturu mangga	
20	英雄	ᠪᠠᡨᡠᡵᡠ ᡴᡳᠶᠠᠩᡴᡳᠶᠠᠨ	baturu kiyangkiyan	
21	社稷	ᡧᡝ ᠵᡳ	še ji	
22	社稷	ᡤᡠᡵᡠᠨ ᡳ ᡩᠣᡵᠣ	gurun i doro	
23	社稷	ᡥᠠᠨ ᡳ ᡩᠣᡵᠣ	han i doro	

順次	漢文	滿文	羅馬字轉寫	備註
24	赤兔馬	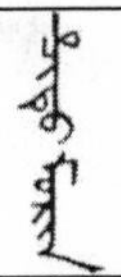	c'ytu morin	
25	赤兔	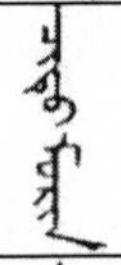	citu morin	
26	青牙旗	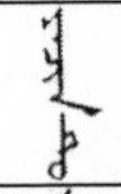	yacin tu	
27	青袍	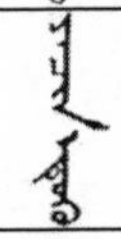	yacin etuku	
28	皂旗	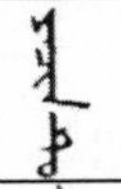	yacin tu	
29	青蛇	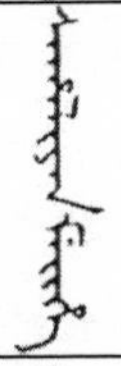	sahaliyan meihe	
30	青天	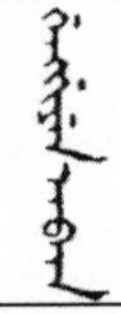	genggiyen abka	

資料來源：李卓吾原評《三國志》滿漢合璧本

從簡表所列滿漢詞彙，可以說明《三國志通俗演義》滿文譯本並不規範。譬如：桃園，或譯作“tooro yafan”，或譯作“toro yafan”，讀音不同。貂蟬，或譯作“diyoocan”，或譯作“diyoo can”。袁術，或譯作“yuwanšu”，或譯作“yuwan šu”。或連寫，或不連寫，並不一致。張繡，或譯作“jang šeo”，或譯作“jang sio”，讀音不同。百姓，滿文或譯作“tanggū hala i irgen”，意即「百姓之民」，或譯作“geren irgen”，意即「眾民」，或譯作“irgen”，意即「民人」。

老母，滿文或譯作“sakda aja”，意即「老娘」，或譯作“sakda eniye”，意即「老母親」，或譯作“sakda eme”，意即「老母」。大丈夫，滿文或譯作“amba haha”，意即「大男人」，或譯作“sain hahasi”，意即「好漢們」，或譯作“haha niyalma”，意即「男人」。

英雄，滿文或譯作“mangga baturu”，或譯作“baturu mangga”，意即「好漢勇士」，或「勇士好漢」。英雄，滿文又譯作“baturu kiyangkiyan”，意即「驍勇」。社稷，或按漢字讀音譯作“še ji”，或譯作“gurun i doro”，意即「國體」，或「國道」。滿文又譯作“han i doro”，意即「帝業」或「帝統」。赤兔即赤兔馬，滿文按漢字音譯，或作“c'ytu morin”，或作“citu morin”。滿文“yacin”，意即「黑的」，又作「青的」，與滿文“sahaliyan”（黑），不易區分。譬如皂旗即黑旗，滿文譯作“yacin tu”，簡表中青牙旗，是一種青色尖角旗，滿文譯作“yacin tu”。青袍，滿文譯作“yacin etuku”。至於青蛇，滿文譯作“sahaliyan meihe”，意即「黑蛇」。又如青天，滿文譯作“genggiyen abka”，意即「清天」。漢文「清天白日」，滿文當譯作“genggiyen abka gehun šun”，意即「光天化日」。《三國志通俗演義》滿文譯本雖然並不規範，但是，對照滿漢文詞彙，有助於進一步了解滿漢文的詞義。

八、民間諺語的滿文繙譯

諺語是流傳於民間的一種俗語，言簡意賅，通俗生動，富有啓發性和教育意義。它的內容，上涉天文，中關人事，下及地理。如果說春天是美麗的季節，諺語便是春天的花朵。滿漢諺語無論在語義內容上，還是在語言形式上，或是在語體風格上都有它的共同性。但因滿漢民族在形成、發展過程中的差異，逐漸創造出具有自己民族特色的語言藝術。滿族諺語生動地反映了早期騎射生活的特點，常以各種動物的習性構成諺語的基本題材，雖然語言樸素，但它蘊含的哲理，却十分深刻。

諺語是從長期的生活經驗中提煉出來的一種口頭語言，又稱俚語、俗言，說明了諺語的口語性及其通俗性。常用滿漢諺語，多冠以「俗諺」、「諺曰」、「俗語說」、「俗話說」、「常言道」、「古人云」、「聖人有云」等字樣。其中「俗諺」，滿文讀如"dekdeni gisun de henduhengge"；「諺曰」，滿文讀如"dekdeni henduhengge"；「俗話說」，滿文讀如"dekdeni gisun"；「俗語說」，滿文讀如"dekdeni henduhe gisun"，又讀如"dekdeni gisun de gisurehe"，又讀如"an i gisun de henduhengge"，「常言道」，滿文讀如"an i gisun"，又讀如"niyalma i henduhe gisun"，又讀如"dekdeni henduhengge"，又讀如"hendure balama"；「古人云」，滿文讀如"julgei niyalmai henduhe gisun"，滿漢文並不規範，可以說明諺語生動、形象、通俗的多元性文化的特點。我國滿漢諺語，資源豐富。滿漢文本《三國志通俗演義》含有豐富的諺語，對滿文的學習，提供了珍貴的教材。可舉例如後，先列滿文例句，然後轉寫羅馬拼音，並照錄漢文。

<table>
<tr>
<td>ᠵᡠᠯᡤᡝᡳ ᠨᡳᠶᠠᠯᠮᠠ ᡳ ᡥᡝᠨᡩᡠᡥᡝᠩᡤᡝ᠈ ᡤᡡᠯᠮᠠᡥᡡᠨ ᠪᡠᠴᡝᡥᡝ ᠮᠠᠩᡤᡳ᠈ ᡩᠣᠪᡳ ᡩᡠᠸᠠᠯᡳ ᡴᠣᡴᡳᡵᠠᡥᠠ ᠰᡝᠮᡝ ᠰᠣᠩᡤᠣᠮᠪᡳ ᠰᡝᡥᡝᠪᡳ᠉
ᡝᠨᡩᡠᡵᡳᠩᡤᡝ ᠨᡳᠶᠠᠯᠮᠠᡳ ᡥᡝᠨᡩᡠᡥᡝᠩᡤᡝ᠈ ᠵᠣᠪᠣᠯᠣᠨ ᡥᡡᡨᡠᡵᡳ ᡳᠰᡳᠨᠵᡳᡥᠠ ᡩᡝ ᡝᡥᡝ ᠰᠠᡳᠨ ᠪᡝ ᡠᡵᡠᠨᠠᡴᡡ ᡩᠣᡳᡤᠣᠨ ᡩᡝ ᠰᠠᠮᠪᡳ ᠰᡝᡥᡝᠪᡳ᠉
ᠵᡠᠯᡤᡝ ᠨᡳᠶᠠᠯᠮᠠᡳ ᡥᡝᠨᡩᡠᡥᡝᠩᡤᡝ᠈ ᠠᠪᡴᠠᡳ ᡶᡝᠵᡝᡵᡤᡳ ᠰᡝᡵᡝᠩᡤᡝ᠈ ᡝᠮᡠ ᠨᡳᠶᠠᠯᠮᠠᡳ ᠠᠪᡴᠠᡳ ᡶᡝᠵᡝᡵᡤᡳ ᠸᠠᡴᠠ᠈ ᠠᠪᡴᠠᡳ ᡶᡝᠵᡝᡵᡤᡳ ᠨᡳᠶᠠᠯᠮᠠᡳ ᠠᠪᡴᠠᡳ ᡶᡝᠵᡝᡵᡤᡳ ᠰᡝᡥᡝᠪᡳ᠉
ᡝᠨᡩᡠᡵᡳᠩᡤᡝ ᠨᡳᠶᠠᠯᠮᠠᡳ ᡥᡝᠨᡩᡠᡥᡝᠩᡤᡝ᠈ ᡤᠠᠰᡥᠠ ᠪᡠᠴᡝᠮᡝ ᡥᠠᠮᡳᡴᠠ ᡩᡝ ᡨᡝᡵᡝ ᡳ ᡤᡠᠸᡝᠨᡩᡝᡵᡝᠩᡤᡝ ᡠᠰᠠᠴᡠᡴᠠ᠈ ᠨᡳᠶᠠᠯᠮᠠ ᠪᡠᠴᡝᠮᡝ ᡥᠠᠮᡳᡴᠠ ᡩᡝ ᡨᡝᡵᡝ ᡳ ᡤᡳᠰᡠᠨ ᠵᡳᠯᠠᡴᠠ ᠰᡝᡥᡝᠪᡳ᠉
ᠵᡠᠯᡤᡝ ᡳ ᠨᡳᠶᠠᠯᠮᠠ ᡥᡝᠨᡩᡠᡥᡝᠩᡤᡝ᠈ ᠰᠠᡳᠨ ᠮᠣᡵᡳᠨ᠈ ᠪᡝᠯᠣ ᠪᡝ ᠰᠠᡥᠠ ᡩᡝ ᡳᠨᠴᠠᠮᠪᡳ᠈ ᠨᡳᠶᠠᠯᠮᠠ ᠪᡝᠶᡝ ᠪᡝ ᠰᠠᡵᠠ ᡝᠵᡝᠨ ᠪᡝ ᡠᠴᠠᡵᠠᡥᠠ ᡩᡝ ᠪᡠᠴᡝᠮᠪᡳ᠉</td>
<td>古人云:「兔死狐悲,物傷其類。」
聖人有云:「禍福將至,善必先知之,不善必先知之。」
古人云:「天下者,非一人之天下,乃天下人之天下也。」
聖人云:「鳥之將死,其鳴也哀;人之將死,其言也善。」
蓋聞馬逢伯樂而嘶,人遇知己而死。</td>
</tr>
<tr>
<td colspan="2">julgei niyalma i henduhengge, gūlmahūn bucehe manggi, dobi duwali kokiraha seme songgombi sehebi.
enduringge niyalmai henduhengge, jobolon hūturi isinjiha de ehe sain be urunakū doigon de sambi sehebi.
julge niyalmai henduhengge, abkai fejergi serengge, emu niyalmai abkai fejergi waka, abkai fejergi niyalmai abkai fejergi sehebi.
enduringge niyalmai henduhengge, gasha buceme hamika de tere i guwenderengge usacuka, niyalma buceme hamika de tere i gisun jilaka sehebi.
julge i niyalma henduhengge, sain morin, belo be saha de incambi, niyalma beye be sara ejen be ucaraha de bucembi.</td>
</tr>
</table>

前引諺語中「古人云:兔死狐悲,物傷其類。」,滿文讀作“julgei niyalma i henduhengge, gūlmahūn bucehe manggi, dobi duwali kokiraha seme songgombi sehebi.”,意即「古人云:兔死後,狐傷其類而哭泣。」「聖人有云:禍福將至,善必先知之,不善必先知

之。」，滿文讀作“enduringge niyalmai henduhengge, jobolon hūturi isinjiha de ehe sain be urunakū doigon de sambi sehebi.”，意即「福禍到來時，善惡必預先知道。」文義稍有出入。「古人云：天下者，非一人之天下，乃天下人之天下也。」滿文讀作“julge niyalma henduhengge, abkai fejergi serengge, emu niyalmai abkai fejergi waka, abkai fejergi niyalmai abkai fejergi sehebi.”，意即「天下者，非一人之天下，乃天下人之天下也。」滿漢文義相合，惟句中“julge niyalma”，當作“julgei niyalma”，或作“julge i niyalma”，句中脫落“i”。「聖人云：鳥之將死，其鳴也哀；人之將死，其言也善。」滿文讀作“enduringge niyalmai henduhengge, gasha buceme hamika de tere i guwenderengge usacuka, niyalma buceme hamika de tere i gisun jilaka sehebi.”，意即「聖人云：鳥之將死，其鳴也哀；人之將死，其言也可憐。」，句中“jilaka”，意即「可憐」，或作「可憫」。「蓋聞馬逢伯樂而嘶，人遇知己而死。」，滿文譯作“julge i niyalma henduhengge, sain morin, belo be saha de incambi, niyalma beye be sara ejen be ucaraha de bucembi.”，意即「古人云：好馬逢伯樂而嘶，人遇知己之主而死。」滿漢文義，稍有出入。句中「蓋聞」，滿文讀作“julge i niyalma henduhengge”，意即「古人云」。句中“niyalma”，當作“niyalmai”。

九、《三國志通俗演義》滿文譯本的頒行與清朝關帝崇拜的普及

三國時期的蜀國名將關公，從唐代以來，中原內地對他的崇拜，已經很盛行，而且逐漸成為佛教和道教共同崇拜的神祇。佛教寺院尊關公為伽藍神之一。唐高宗儀鳳年間（676-678），佛教禪宗北派六祖神秀在玉泉山建造佛寺時，即以關公為伽藍神。宋哲宗紹聖三年（1096），賜關公玉泉寺廟

額為「顯烈廟」。宋徽宗崇寧元年（1102），因關公神力破除解州鹽池蚩尤禍患，加封關公為崇寧眞君，追贈「忠惠公」。大觀二年（1108），加封關公為「武安王」。宋高宗建炎三年（1129），封為「壯繆義勇王」。

基於政治的考量，元、明兩代對關公也大加勅封。明世宗嘉靖十年（1531），勅封關公為「漢關帝壽亭侯」，開始稱關公為「帝」。明神宗萬曆年間（1573-1620），明廷勅封關公為「協天護國忠義大帝」，道教尊關公為「三界伏魔大帝神威遠震天尊關聖帝君」，簡稱關聖帝，或關帝，尊號顯赫。

關帝崇拜傳入遼東後，很快地被女眞人或滿族等少數民族所接受。這位由英勇善戰的忠義名將演化而來的神祇，對崇尚武功，恪守信義的邊疆民族，具有特殊的吸引力。蒙古、女眞部落首領與明朝邊將盟誓時，照例要請出雙方都篤信的關帝神像。例如明思宗崇禎九年（1636）十二月，宣大總督盧象昇奏報，是月初八日，山西大同署殺胡堡守備高鸞，與蒙古台吉議定邊約，宰殺黑牛一隻，烏雞一隻，請來關聖帝神像，傍立大刀二口，下立腰刀四十餘口，擺設香案祀奠，用黃表寫立台吉、頭目年庚誓狀一通，歃血盟誓，將血酒抛天徧飲，宣誓恭順明朝，出力報効。

《三國志通俗演義》是一部膾炙人口的章回小說，書中描寫關公的神武忠義，既生動，又感人。清太祖努爾哈齊好看《三國志通俗演義》，從中吸取政治、軍事謀略，關公的勇武形象，也成了努爾哈齊心目中的楷模。清太宗皇太極也非常喜愛閱讀《三國志通俗演義》，這部小說幾乎成為努爾哈齊、皇太極父子制訂內外國策、作戰方略，甚至為人處世所不可或缺的依據。

皇太極在位期間（1627-1643），曾命達海等人將《三國志通俗演義》繙譯成滿文，多爾袞攝政期間，又命滿族學士查布海等人繼續繙譯，校訂刊刻，頒給八旗將領，成為他們學習兵法的秘籍。滿族社會普遍的崇奉關公，確實是受《三國志通俗演義》滿文譯本的重大影響。清人王嵩儒就說過，「本朝未入關之先，以繙譯《三國志演義》為兵略，故極崇拜關羽。其後有託為關神顯靈衛駕之說，屢加封號，廟祀遂徧天下。」《三國志通俗演義》滿文譯本在滿洲社會的廣泛流傳，對關公的神武忠義故事，可謂家喻戶曉，關公就這樣以戰神的形象進入了滿、蒙等少數民族的社會，為各少數民族所頂禮膜拜。

《三國志通俗演義》滿文譯本附有關公本傳譯文，譯出羅馬拼音，並附錄漢文如下：

> juwan bithe de henduhengge, guwan gung ni bisire fonde, saisa be gingguleme daifu hafasa be kunduleme, fejergi be gosime, ishunde becunure urse, guwan gung de habšanjiha de, guwan gung nure omibume acabumbi. niyalma temšendume becunumbihe de habšara be jenderakū ofi, kemuni hendurengge mafa aikabade joborahū seme, tere fon i niyalma sirkedeme habšahakūbi. tuttu ofi julge te i urse gemu tukiyeme guwan mafa seme hedumbihebi. jang i de banjitai hatan furu, udu dergi urse be kundulecibe, fejergi niyalma be gosirakū, yaya niyalma becunufi habšaha de uru waka be fonjirakū gemu wame ofi, amala niyalma wara de geleme habšanarakū bihebi, tuttu ofi guwan gung de irgen habšara be jenderakū, i de de irgen geleme habšarakū. terei wesihun ujen ningge tuttu kai.
>
> 傳曰：關公在生之時，敬重士大夫，撫恤下人，有互相毆罵者，告於公前，公以酒和之，後人爭鬥，不忍告理。常曰：恐犯爺爺也。時人為此不忍繁瀆焉，故自古訖今，皆稱曰：關爺爺也。張翼德平生性躁，雖敬上士，而不恤下人。凡有士卒爭鬥，告於飛前，不問曲直，並皆斬之。後人為此，不敢告理，但恐斬之，所以關公為人民不忍犯，翼德為人民不敢犯，其貴重也如此。

引文中敍述關公「敬重士大夫，撫恤下人」，張飛「雖敬上士，而不恤下人」。天聰七年（1633）六月，明將孔有德、耿仲明等率領部眾歸順滿洲，皇太極欲行抱見禮，以示隆重，諸貝勒反對抱見，請以一般禮儀相見。皇太極即引用關公敬上愛下的故事，對降將行抱見禮。他說：

> 昔張飛尊上而陵下，關公敬上而愛下，今以恩遇下，豈不善乎？元帥、總兵曾取登州，攻城略地，正當強盛，而納款輸誠，遣使者三，率其兵民，航海衝敵，來歸於我，功孰大焉？朕意當行抱見禮，以示優隆之意。

相見禮儀議定行抱見禮，孔有德等降將向皇太極叩頭後，抱膝相見，諸貝勒俱行抱見禮。

天聰九年（1635）三月，皇太極遣朝鮮使臣李俊回國，並致書朝鮮國王，《滿文原檔》詳載國書內容，書中記載皇太極曾引黃忠落馬，關公不殺的一段故事來指責朝鮮國王的背信棄義。《滿文原檔》有一段記載說：

> julge huwangdzung, guwan gung ni emgi afara de morin ci tuheke manggi, guwan gung wahakū morin yalubufi dasame afahangge uthai waci ton akū sehengge kai, guwan gung jiyangjiūn bime jurgan be dele arafi yargiyan akdun be jurcehe akū bi, wang emu gurun i ejen kooli be ambula hafuka bi, akdun jurgan be jurcehe doro bio, bi inu kenehunjerakū ofi donjiha babe wang de gidarakū hendumbi.

引文內容，譯出漢文如下：

> 從前黃忠與關公交戰時，從馬上落地後，關公未殺，令乘馬再戰，即使乘危殺之，也不算英勇啊？關公只是將軍，而以義為尚，不違背誠信。王乃一國之主，博通規章，豈有違背信義的道理呢？我也因為深信不疑，故將所聞直言於王而無隱。

在皇太極心目中，關公是一位講信義的英雄，黃忠馬失前蹄，關公並不乘危殺人，國與國之間，必須誠信相孚，然後和議方能永久遵守。皇太極把《三國志通俗演義》作為治國、治軍的方略，特別推崇關公，所以常舉關公的故事來教育、訓導大臣。

清太祖天命年間（1616-1626），除了設堂子祭祀外，還在興京赫圖阿拉東山頂上興建了佛寺、玉皇廟、十王殿等廟宇。在寧古塔建造佛教、道教寺觀七座，分別供奉觀音、龍王、關帝駙馬等神。清太宗崇德年間（1636-1643），民間長期頂禮膜拜的釋迦牟尼佛、觀音菩薩、關帝等已先後躋身於薩滿信仰的神祇行列，成為滿洲宮廷及民間供奉的三大神祇，反映佛教和道教的神祇及禮儀，也開始與薩滿信仰合流。崇德八年（1643），在瀋陽地載門外，敕建關帝廟，賜額「義高千古」。滿洲入關之初，即在北京興建關帝廟。清世祖順治九年（1652），敕封關帝為「忠義神武關聖大帝」。清世宗雍正三年（1725），加封關帝三代公爵，春秋祭祀。《關聖桃園明聖經》一書所載「關聖帝君世系圖」謂關帝生於東漢桓帝延熹三年（160）六月二十四日，歿於獻帝建安二十四年（219）十二月初七日，享年六十歲。民間則以五月十三日為關帝聖誕，又稱雨節，如遇亢旱，即於是日祈雨。關帝聖誕，皇帝欽派皇子等人致祭。在錫伯族聚居的村屯中流傳著一種民俗，每逢大旱，全村男女老幼，每人身背柳條一束，赤著腳，捲起褲腿，對著天呼喚求雨，然後齊集關帝廟，宰羊祭祀。

清朝崇奉關帝，將關帝與孔子並列，以孔子為文聖，而以關帝為武聖。《奉化縣志》有一段記載說：「世俗所以崇關帝者，或目為福祿之神，或惑於《三國志演義》小說。」關帝傳說，忠義感人，清朝崇奉關帝，確實是受到《三國志通俗演義》這部小說的影響。清朝皇帝提倡關帝崇拜，確實有其政治目的，雍正八年（1830）七月十一日，《起居注冊》記載一段諭旨，雍正皇帝命內閣在京城白馬關帝廟旁選擇吉地，為開國以來盡忠報國，完名全節的滿漢文武大臣修建賢良祠，春秋祭祀。雍正皇帝在京城關帝廟旁建造賢良祠，將已故忠君愛國的滿漢文武大臣入祀祠內，其目的就是令當時及後世的臣民見賢思齊，為清朝効命。

乾隆皇帝提倡關帝崇拜，更是不遺餘力。乾隆四十一年（1776），詔改關羽本傳謚號「壯繆」為「忠義」。乾隆四十三年（1778），奉旨重修承德府麗正門右關帝廟，改用黃瓦。明清帝王，崇尚黃色，黃色物件，皇帝之外，禁止使用，關帝廟改用黃瓦，是提高關帝地位的具體表現。漢大臣之中曾以「關帝」字樣隱寓把皇帝關起來，或拘禁皇帝之意，語涉違礙，奏請改名。乾隆皇帝以關帝崇拜由來已久，可以聽其自然。乾隆皇帝崇奉關帝，稱關帝為關西夫子。

有清一代，對關帝的崇奉，可以說是達到登峰造極的地步，關帝變成了天神，成為滿族等北方少數民族的保護神，屢次顯靈，每度過一次重大的災難，清廷都要加封關帝，感謝關帝在冥冥之中暗加護佑。關帝廟與禹王廟、淮神廟、顯王廟、風神廟並列，每當暴風雨侵襲，地方水患，河工保護無虞，認為就是關帝等神祇的默佑，方能化險為夷。因此，水災過後，清廷照例發下藏香，在關帝廟、禹王廟、淮神廟、顯王廟、風神廟上香致謝。當天地會首領林爽文率眾起事以後，臺灣府城安然無恙，據地方官奏報，是因為府城東門城樓上關帝顯靈賜佑。大學士福康安率領大軍安穩渡過臺灣海峽，迅速平定亂事，相信也是關帝暗加護佑。乾隆五十三年（1787）七月十九日，乾隆皇帝頒降諭旨，臺灣府城改建城垣時，即重修關帝廟，將殿宇擴建，使其輪奐一新，但不可換塑關帝聖像。咸豐八年

（1858）十二月間，太平軍數千人圍攻福建寧洋縣城，城內兵勇單薄，眾寡懸殊，縣城危急，但是太平軍卻屢攻不下。據知縣稟稱，寧洋地方崇奉關帝君已經二百餘年，太平軍攻城時，眾人見城上旗幟人馬甚多，鎗刀挑列，礮聲震地，關聖帝穿著綠袍，狀貌魁偉，往來指揮，太平軍驚駭退散。閩浙總督慶端認為縣城轉危為安，實出關聖帝君神靈顯應，護國佑民，因此，奏請欽頒匾額。

滿洲稱「爺爺」為“mafa”，漢字音譯作「瑪法」。《三國志通俗演義》中「關爺爺」，滿文譯本作“guwan mafa”。關帝被滿族親切地恭稱「關瑪法」，在滿族長篇說部中，「關瑪法傳奇」佔有重要一席。用滿洲語講述，邊講邊唱，唱念相合，滿族老幼多喜聞樂聽。在滿族社會中講述的關瑪法故事，內容豐富，包括關瑪法出世於東海，盜馬、比武等情節，其飲食用具、穿著服飾及禮儀等都已滿族化，在中國北方少數民族社會中，關帝就是一位頗具北方民族個性的神話人物。在北方少數民族心目中，關帝和岳飛不同，岳飛飢餐胡虜肉，渴飲匈奴血，直搗黃龍的民族意識，引起北方各少數民族的深惡痛絕。在關帝的傳說中，種族意識，並不濃厚，滿洲化的關瑪法，頗能為蒙古、達呼爾、錫伯等族所接納。在明代，岳飛與關公可以說是平起平坐的，兩人同被供奉在關岳廟中，左關公，右岳飛，兩人都居正位，後來關岳廟改稱武廟，關公是三界伏魔大帝，岳飛是三界靖魔大帝。但是到了清朝，關公的地位不斷提高，清朝皇帝褒揚關公的忠義神武，不僅藉崇奉關帝來籠絡蒙古諸部，也為明末遼東降將及關內漢族提供強有力的理論根據，希望天下臣民效法關公的既忠且義，共同為清朝効力，以關公為榜樣。到了雍正年間，岳飛的靖魔大帝匾額已被下令從武廟中搬了出來。乾隆皇帝提倡忠君，更是不遺餘力，崇奉關帝就是忠君思想下的具體表現。

清代遼東地區，關帝廟到處林立，反映中國東北各少數民族的社會中關帝崇拜的普及。根據文淵閣寫本《欽定盛京通志》一書的記載，可將乾隆四十七年（1782）以前盛京各屬的關帝廟數目列出簡表如下：

清代前期盛京各屬關帝廟統計表

府	州	縣（城）	廟數	合計
奉天府		承德縣	3	
	遼陽州		2	
		海城縣	2	
		蓋平縣	3	
		開原縣	3	
		鐵嶺縣	2	
	復州		7	
		寧海縣	1	
		岫巖城	2	
		鳳凰城	1	26
錦州府		錦縣	16	
	寧遠州		16	
		廣寧縣	6	
	義州		6	44
吉林		吉林	3	
		寧古塔	3	
		伯都訥	1	
		三姓	2	
		阿勒楚喀	2	
		打牲烏拉	2	
		拉林	1	14

府	州	縣（城）	廟數	合計
黑龍江		齊齊哈爾	2	
		墨爾根	1	
		黑龍江	1	
		呼倫布爾	1	
		呼蘭	1	6
總計			90	90

由前列簡表可知乾隆四十七年（1782)以前，盛京各屬關帝廟多達九十座，可以說明遼東地區關帝崇拜的普及。根據光緒十三年（1887)刊印《承德府志》的記載，可將承德府境內各關帝廟的分佈及其建造年代，列出簡表如下：

順次	分佈地點	建造年分
1	承德府糧食街	康熙五十年（1711）
2	喀喇河屯營西	康熙五十四年（1715）
3	北二道河	康熙五十五年（1716）
4	金沙灘	康熙五十七年（1718）
5	喀喇河屯東南	康熙年間（1662-1722）
6	扎薩克旗茶棚	雍正五年（1727）
7	小子溝	雍正八年（1730）
8	承德府西南街	雍正十年（1732）
9	土城子西	雍正十年（1732）
10	黃姑屯	
11	郭家屯五十里湯泉	
12	大閣兒東南七十里鑲黃旗營	
13	大閣兒東南七十里頭道營	
14	大閣兒北八十里上黃旗	
15	大閣兒北一百二十里件圈子	

順次	分佈地點	建造年分
16	大閣兒西北一百四十里四岔山	
17	土城子東距治一百六十里官道側	
18	黃姑屯北八里阿拉營	
19	黃姑屯東北九里興隆嶺	
20	八溝河南	雍正十二年（1734）
21	北二道河	乾隆二年（1737）
22	七家茶棚	乾隆二年（1737）
23	八溝南	乾隆三年（1738）
24	塔子溝東街	乾隆七年（1742）
25	大鹿溝	
26	五道溝東南	
27	莊頭營	
28	三座塔城內東塔右	乾隆十三年（1748）
29	縣城東南隅	乾隆十四年（1749）
30	獅子溝	乾隆二十年（1755）
31	二道河	乾隆二十年（1755）
32	靳家溝	乾隆二十三年（1758）
33	青石梁官道側	乾隆二十三年（1758）
34	巴克什營	
35	河東	乾隆二十五年（1760）
36	三道河	

由前列簡表可知承德府境內關帝廟共計三十六座，其建造時間，主要在康熙末年至乾隆中葉。雍正十年（1732），承德府西南街建造的關帝廟，由雍正皇帝親自題寫廟額為「忠義伏魔」。此外，

據《遼陽縣志》記載，遼陽縣境內關帝廟，共計二十九座。東北地區，關帝廟林立，確實有其政治意義。

佛教、道教思想盛行以後，北方少數民族多喜歡以佛、道神祇來為新生的嬰兒命名，逐漸形成一種風氣。以乾隆朝《起居注冊》為例，常見的佛、道神祇名字包括：佛保、神保、佛會保、三神保、七星保、千佛保、諸神保、眾神保、那摩佛、福神保、文殊保、菩薩保、觀音保、釋迦保、彌勒保、韋陀保、地藏保、關聖保、關帝保、關音保、伏魔保、武神保等等不勝枚舉。關帝崇拜普及以後，關帝不僅進入了薩滿信仰的神祇行列，同時也進入了東北少數民族的日常社會生活裡，其具體的表現，就是有不少人喜歡以關帝命名，目的是祈求關帝的默佑，以求平安。

乾隆二十八年（1763）四月初四日，《起居注冊》有一段記載說：「鑲黃旗滿洲都統奏請補授防禦員缺，帶領保送人員引見，奉諭旨，著關音保補授防禦。」關音保，讀音近似觀音保，但以「關」字取代「觀」，目的是祈求關帝和觀音菩薩的共同保佑。伏魔保一名，是因關帝又稱三界伏魔大帝而得名。達呼爾族受漢族的影響，對關帝的崇奉，也很普遍。黑龍江璦琿地區的一些達呼爾族村屯，每屯都有一座小型關帝廟，祠廟的規模不大，多為木板結構，廟內供有關帝畫像，兩側還供奉龍王、娘娘等神。傳說關帝神是由達呼爾族出外當兵的人帶回來的，認為關帝是武神，能保佑出征的達呼爾人打勝仗，並且平安返回。滿族或達呼爾族社會中所常見的武神保這個名字，就是因關帝被尊奉為武神而得名，武神保就是關帝保。《清史稿》記載道光二十年（1840），關聖保補授禮部侍郎。據清代傳記資料記載，關聖保是滿洲鑲藍旗人，伊爾根覺羅氏，關聖保就是因關帝又稱關聖帝君而得名。東北各少數民族喜歡以關帝命名，分別取名為關帝保、關聖保、武神保、伏魔保、關音保等等，都是關帝崇拜的具體例證，相信關帝是保護神，為了祈求關帝的保佑，而以關帝命名，取名關帝保、關聖保等名字，相信冥冥之中，可以得到關帝的默佑。

薩滿信仰是北亞草原社會的共同信仰，相信萬物有靈，是屬於多神崇拜。中國北方各少數民族長期接觸佛教及道教以後，使薩滿信仰的神祇體系產生了很大的變化，佛教、道教的神祇，相繼進入了薩滿信仰的行列，中原漢族崇奉的關帝，也以忠義武神的形象登上了薩滿信仰的神壇，成為一位頗具北方民族個性的關瑪法（guwan mafa），而為滿洲、蒙古、達呼爾、錫伯等族所接納。由於《三國志通俗演義》滿文譯本的刊印，清朝皇帝的提倡忠君思想，關帝的地位遂不斷提高，超過了皇帝，與孔子並列為聖人，也成了天神，是清朝的保護神。從遼東地區關帝廟到處林立，廟祀遍及東北的事實，可以說明北方少數民族對關帝的頂禮膜拜，已經超越了民族情感，打破了種族界限。關帝不僅進入了北方民族的精神生活，同時也進入了他們的社會生活，有不少的家庭喜歡以關帝命名。從薩滿信仰神祇體系的演化，可以反映關帝崇拜的普及；由於薩滿信仰的盛行，則有助於關帝崇拜的普及。北方少數民族關帝崇拜的日益普及，有助於滿漢文化的同化及民族的融合。神話中的關帝，在中國文化及中國民族的發展演進過程中確實扮演了重要角色。

十、《三譯總解》滿文與滿漢合璧本滿文的比較—以〈鳳儀亭呂布戲貂蟬〉爲中心

西元一九五六年，韓國延禧大學東方學研究所出版《國故叢刊》第九，景印《八歲兒》，一卷，《小兒論》，一卷，《三譯總解》，十卷，《同文類解》，二卷，合輯出版。其中《三譯總解》於清聖祖康熙四十二年（1703）九月開刊。清高宗乾隆三十九年（1774），改刊。原書選譯《三國志通俗演義》十篇，卷一，即第一，篇名為：〈鳳儀亭呂布戲貂蟬〉（fung i ting de lioi bu diyocan i baru efihe）。卷二，即第二，篇名為：〈關雲長千里獨行〉（guwan yūn cang minggan babe emhun yabuha）。卷三，即第三，篇名為：〈諸葛亮智激孫權〉（jug'oliyang argai sun cuwan be jili banjiha）。卷四，即第四，篇名為：〈諸葛亮計伏周瑜〉（jug'oliyang arga i jeo ioi be gidaha）。卷五，即第五，篇名為：〈黃蓋獻計破曹操〉（hūwang g'ai arga deribufi ts'oots'oo be efulehe）。卷六，即第六，篇名為：〈闞澤密獻詐降書〉（g'an dze holtome dahara bithe daldame benehe）。卷七，即第七，篇名為：〈龐統進獻連環計〉（pangtung cuwan holboro arga deribuhe）。卷八，即第八，篇名為：〈曹孟德橫槊賦詩〉（ts'oo meng de gida be hetu jafafi uculehe）。卷九，即第九，篇名為：〈關雲長義釋曹操〉（guwan yūn cang jurgan i ts'oots'oo be sindaha）。卷十，即第十，篇名為：〈錦囊計趙雲救主〉（fadu i arga i joo yūn ejen be tucibuhe）。為了說明《三譯總解》的滿文與滿漢合璧本的滿文，彼此的異同，可以《三譯總解》第一〈鳳儀亭呂布戲貂蟬〉為例，據滿文譯出羅馬拼音及漢文，並作校注如後。

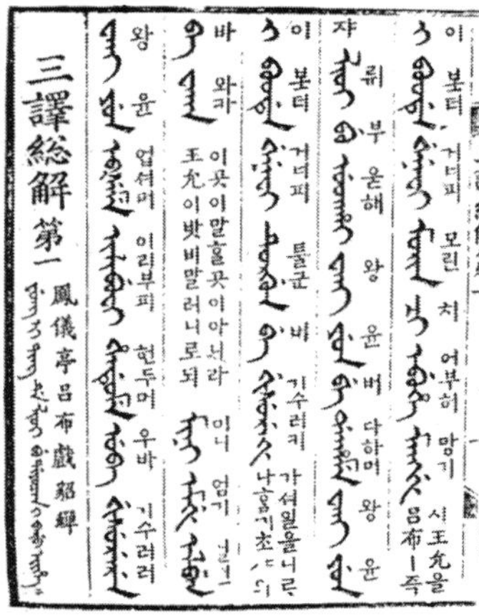	fung i ting de lioi bu diyocan i baru efihe. wang yun ebšeme ilibufi hendume uba gisurere ba waka, mini emgi elben i boode genefi turgun be gisureki, lioi bu uthai wang yun be dahame wang yun i boode genefi morin ci ebuhe manggi,
	鳳儀亭呂布戲貂蟬[1] 王允急止之曰：「此非說話處，請同我到草舍去，訴說其緣故。」呂布即隨王允到王允家，下馬後

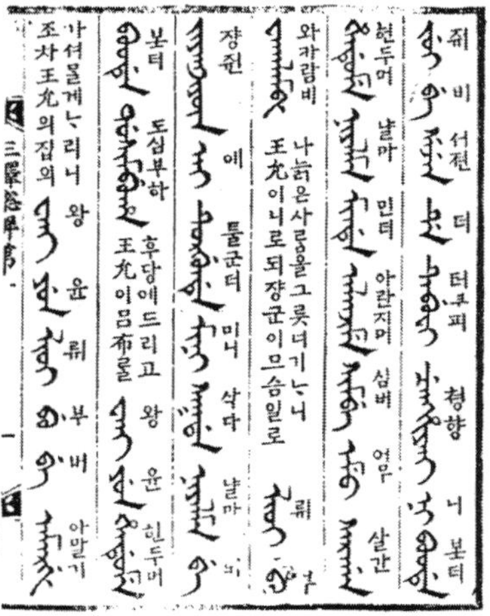	wang yun lioi bu be amargi boode dosimbuha. wang yun hendume, jiyangjiyūn ai turgunde mini sakda niyalma be wakalambi. lioi bu hendume, niyalma minde alanjime simbe emu sargan jui be sejen de tebufi cenghiyang ni boode
	王允請呂布進入後堂。王允曰：「將軍何故怪老夫[2]？」呂布曰：「有人來報我，說你把氈車送一女入相府，

1 鳳儀亭呂布戲貂蟬，滿漢合璧本滿文讀作“fung i ting ni boo de, lioi bu diyoocan be efihe”，句中“fung i ting ni boo”，《三譯總解》滿文作“fung i ting”；“diyoocan be efihe”，《三譯總解》滿文作“diyocan i baru efihe”。

2 將軍何故怪老夫，句中「將軍」，滿文讀作“jiyangjiyūn”，滿漢合璧本滿文作“jiyanggiyūn”，或“jiyangjiyūn”。句中「何故」，滿漢合璧本滿文作“turgun de”，此連寫作“turgunde”，異。

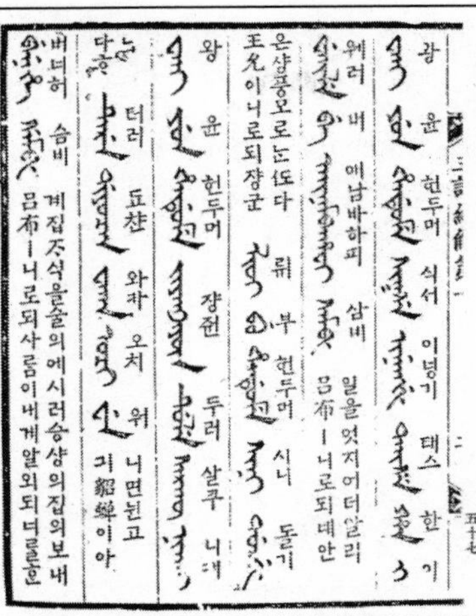

benehe sembi, tere diyocan waka oci we. wang yun hendume, jiyangjiyūn dule sarkū nikai. lioi bu hendume, sini dorgi weile be ainambahafi sambi. wang yun hendume, sikse inenggi taisy han i

那不是貂蟬[3]，是誰？」王允曰：「將軍原來不知啊！」呂布曰：「怎能得知你內裡的事？」王允曰：「昨日太師

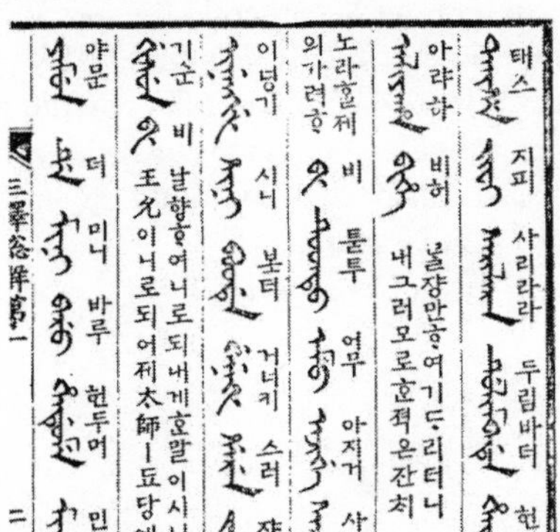

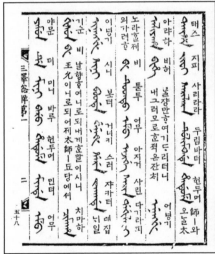

yamun de mini baru hendume, minde emu gisun bi, cimaha inenggi sini boode geneki sere jakade, bi tuttu emu ajige sarin dagilafi aliyaha bihe, enenggi taisy jifi sarilara dulimbade hendume,

在朝堂上，對我說：『我有一事，明日要到你家。』我因此準備小宴等候。今日太師來，飲宴中間，說：『

3 貂蟬，滿文讀作“diyocan”，滿漢合璧本滿文讀作“diyoocan”。

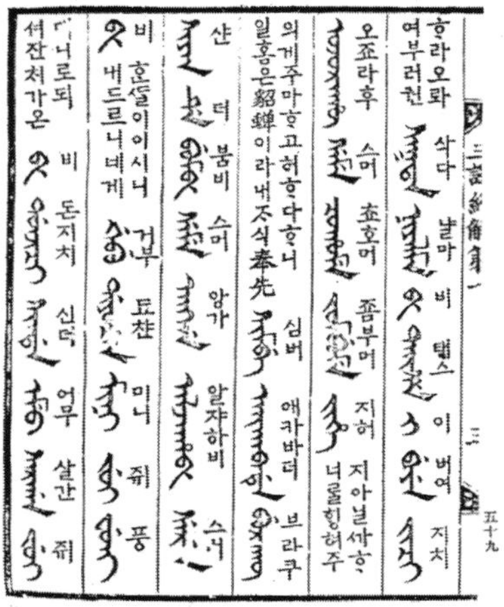	bi donjici sinde emu sargan jui bi, gebu diyocan mini jui fung siyan de bumbi seme angga aljahabi sere, simbe aikabade burakū ojorahū seme cohome jombume jihe, sakda niyalma bi taisy i beye jici
	我聞你有一女，名喚貂蟬，已許我兒奉先，恐你不給，特來提醒。』老夫我見太師親自到來，

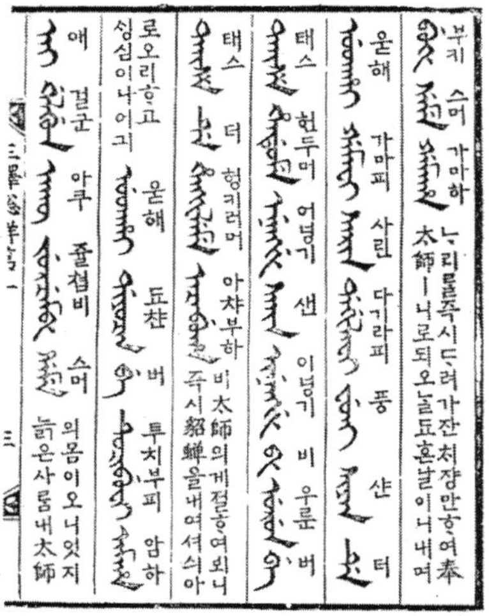	ai gelgun akū jurcembi seme, uthai diyocan be tucibufi amha taisy de hengkileme acabuha. taisy hendume, enenggi sain inenggi bi urun be uthai gamafi sarin dagilafi fung siyan de buki seme gamaha.
	不敢有違[4]，隨引貂蟬出來拜見公公太師。太師曰：『今日良辰，我就將媳婦帶去[5]，備辦酒宴，配與奉先。』

4 不敢有違，句中「敢」，規範滿文讀作“gelhun”，此作“gelgun”，誤。

5 我就將媳婦帶去，滿文讀作“bi urun be uthai gamafi”，滿漢合璧本滿文讀作“bi urun be gamafi”，句中脫落“uthai”。

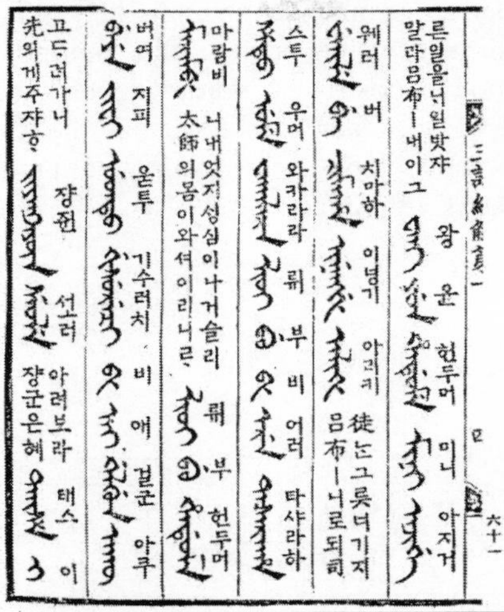	jiyangjiyūn seole, taisy i beye jifi uttu gisureci bi ai gelgun akū marambi. lioi bu hendume, sytu ume wakalara, lioi bu bi ere tašaraha weile be cimaha inenggi aliki, wang yun hendume, mini ajige
	將軍試思，太師親臨如此言語，我焉敢推阻？」呂布曰：「司徒不要怪罪，呂布我一時錯見，來日負荊請罪。」王允曰：「我的小

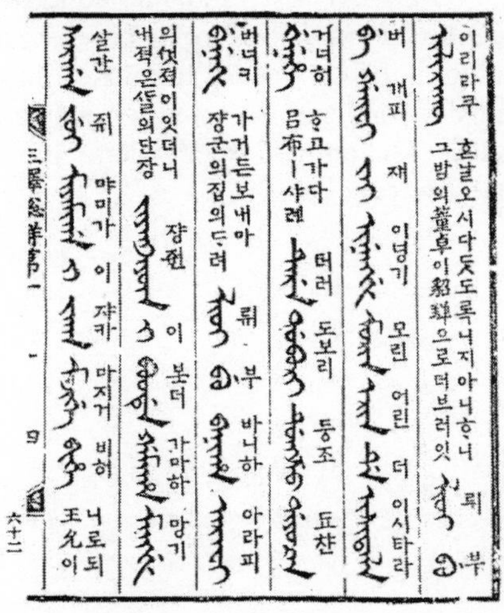	sargan jui miyamiga i jaka majige bihe, jiyangjiyūn i boode gamaha manggi beneki. lioi bu baniha arafi genehe. tere dobori dungdzo diyocan be gaifi jai inenggi morin erin de isitala ilirakū. lioi bu
	女頗有些粧奩首飾[6]，待過將軍府下，便當送來。」呂布致謝而去。當夜董卓召幸貂蟬，次日，直至午時未起。呂布

6 粧奩首飾，規範滿文讀作“miyamigan”，《三譯總解》滿文讀作“miyamiga”，滿漢合璧本滿文讀作“miyamihan”。

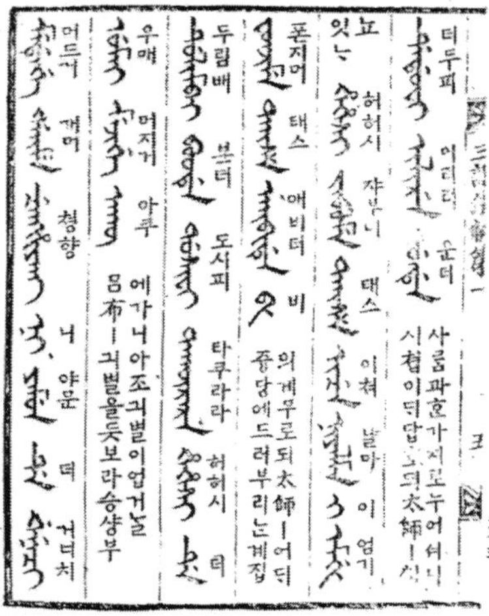

medege gaime cenghiyang ni yamun de geneci umai mejige akū, dulimbai boode dosifi takūrara hehesi de fonjime, taisy aibide bi, hehesi jabume, taisy ice niyalma i emgi dedufi ilire unde,

去丞相府中打聽信息，並無音耗，逕入中堂尋問侍妾太師何在？侍妾答曰：「太師與新人共寢未起。」

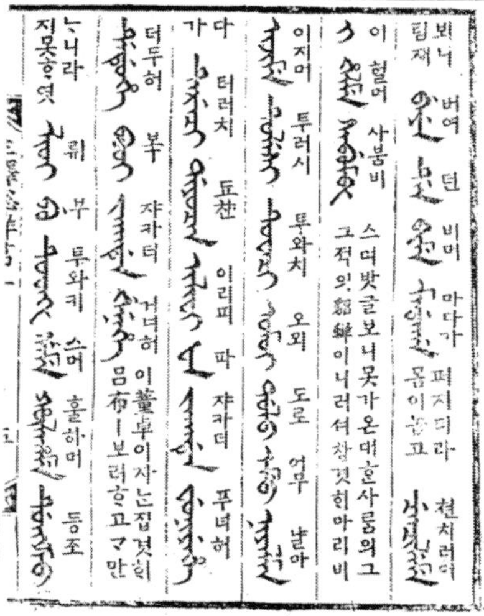

lioi bu tuwaki seme hūlhame dungdzo deduhe booi jakade genehe. tereci diyocan ilifi fa jakade funiyehe ijime tulesi tuwaci omoi dolo emu niyalma i helme sabumbi, beye den bime madaga, cencileme

呂布想要窺探，而潛入董卓臥房近前。其時貂蟬起床於窗下梳頭，向外看見池中有一人影[7]，身材又高又大，

7 池中有一人影，句中「影」，滿文讀作“helme”，滿漢合璧本滿文讀作“helmen”。

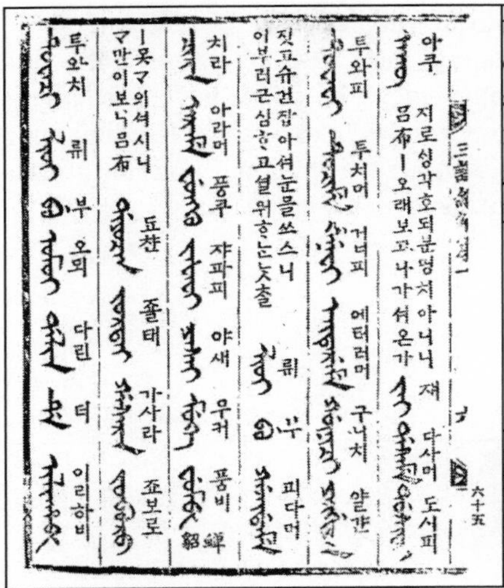	tuwaci lioi bu omoi dalin de ilihabi, diyocan jortai gasara joboro cira arame, fungku jafafi yasai muke fumbi. lioi bu goidame tuwafi tucime genefi eitereme gūnici yargiyan akū, jai dasame dosifi
	偷眼視之，呂布立於池畔，貂蟬故做憂愁之態，復以手巾擦拭眼淚。呂布窺視良久，乃出，沉吟思忖，未得真實，少頃又入，

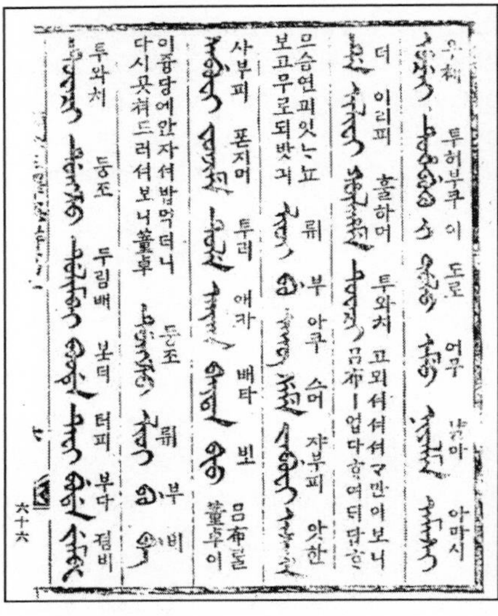	tuwaci dungdzo dulimbai boode tefi buda jembi. dungdzo lioi bu be sabufi fonjime, tule aika baita bio. lioi bu akū seme jabufi ashan de ilifi hūlhame tuwaci, ucei tuhebuku i dolo emu niyalma amasi
	見董卓坐於中堂吃飯。董卓見呂布，問曰：「外面有什麼事嗎？」呂布對以無事，侍立於側，偷目窺視，見房門繡簾內一人

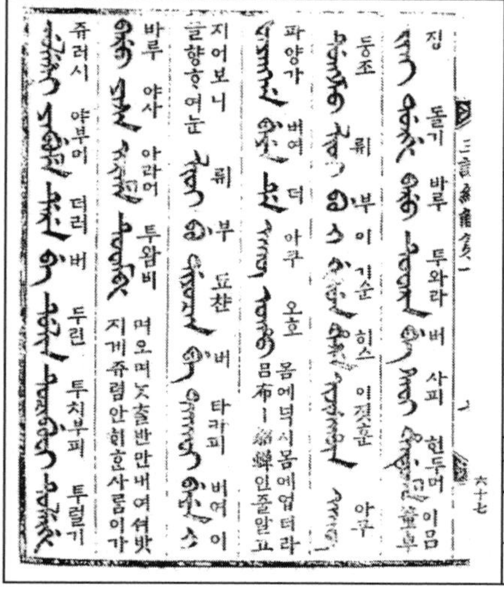	julesi yabume dere be dulin tucibufi tulergi baru yasa arame tuwambi. lioi bu diyocan be takafi beye i fayangga beye de akū oho. dungdzo lioi bu i gisun hese ijishūn akū jing dorgi baru tuwara be safi hendume, 往來行走，露出半面向外，以目送情。呂布知是貂蟬，神魂飄蕩，董卓見呂布語言不順，正向裏面窺視，曰：
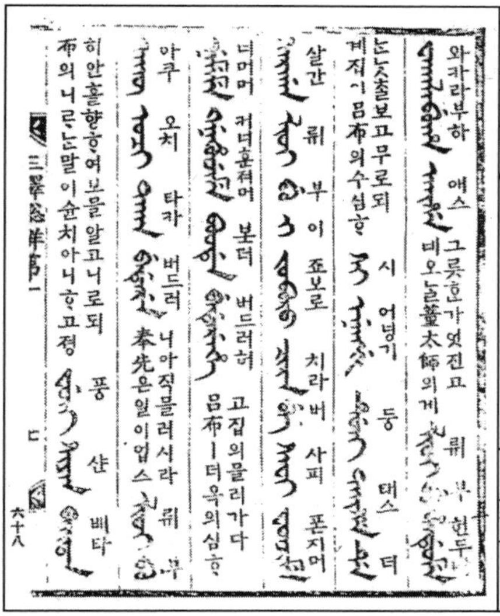	fung siyan baita akū oci taka bedere. lioi bu nememe kenehunjeme boode bederehe. sargan lioi bu i joboro cira be safi fonjime, si enenggi dung taisy de wakalabuha aise. lioi bu hendume, 「奉先無事且退。」呂布愈疑回到家，妻見呂布滿臉愁容，問曰：「汝今日莫非被董太師見責來？」呂布曰：

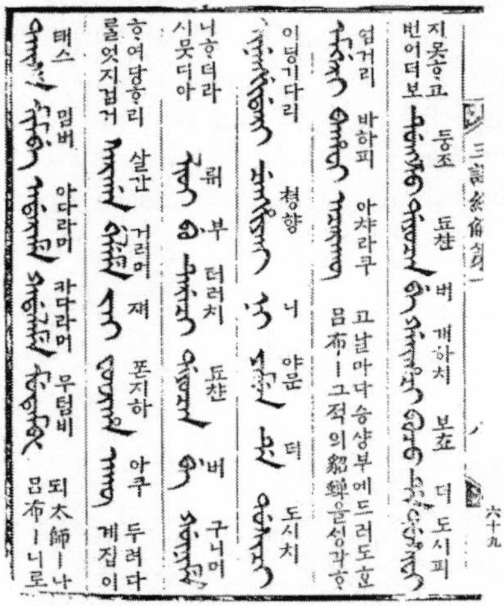	taisy mimbe adarame kadalame mutembi, sargan geleme jai fonjiha akū. lioi bu tereci diyocan be gūnime inenggidari cenghiyang ni yamun de dosici emgeri bahafi acarakū. dungdzo diyocan be gaihaci boco de dosifi
	「太師安能制我哉！」妻害怕沒再問。呂布從此思念貂蟬，每日進入丞相府中，不得一見。董卓自納貂蟬後，為色所迷，

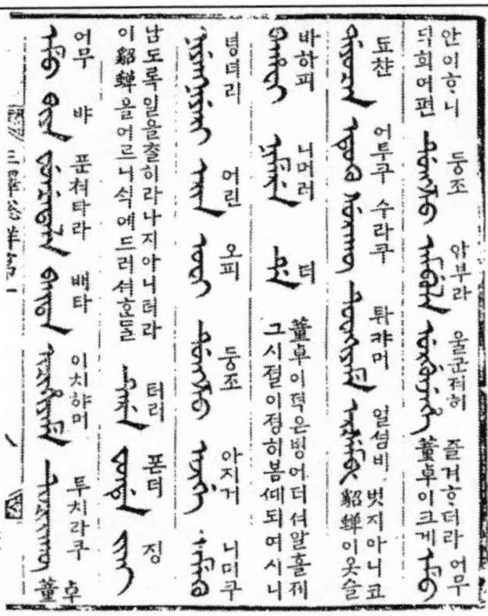	emu biya funcetala baita icihiyame tucirakū. tere fonde jing niyengniyeri erin ofi, dungdzo ajige nimeku bahafi nimere de, diyocan etuku surakū tuwakiyame eršembi. dungdzo ambula urgunjehe. emu
	月餘不出理事[8]。時值春季，董卓偶染小疾，貂蟬衣不解帶，看護服侍，董卓愈喜

8 月餘不出理事，句中「月餘」，滿文讀作“emu biya funcetala”，滿漢合璧本滿文讀作“emu biya funcetele”。

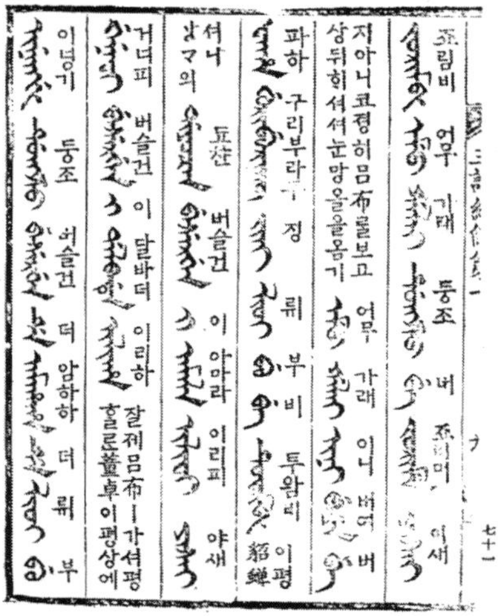

ineenggi dungdzo bersergen de amhaha de lioi bu genefi besergen i dalbade iliha, diyocan besergen i amala ilifi yasai faha guriburakū jing lioi bu be tuwambi, emu galai ini beye be jorimbi, emu galai dungdzo be jorime, yasai

一日，董卓睡在床上，呂布進去站在床邊，貂蟬站在床後，目不轉睛地正望著呂布，以一手指她自己，以一手指著董卓，

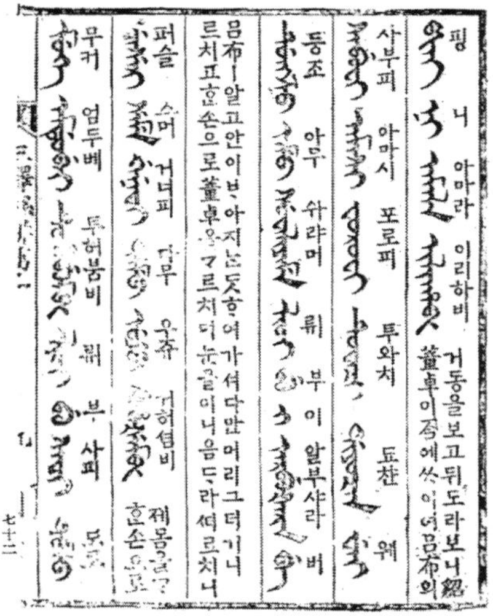

muke emdubei tuhebumbi, lioi bu safi dolo feser seme genefi damu uju gehešembi. dungdzo amu suwaliyame lioi bu i arbušara be sabufi, amasi forofi tuwaci diyocan wei ping ni amala ilihabi.

眼淚頻落，呂布見了心碎，只是點頭[9]。董卓睡意朦朧，看見呂布的動作，回身一看，見貂蟬立於圍屏後，

9 只是點頭，滿文讀作“damu uju gehešembi”，句中“damu”，滿漢合璧本滿文作“emu”，誤。

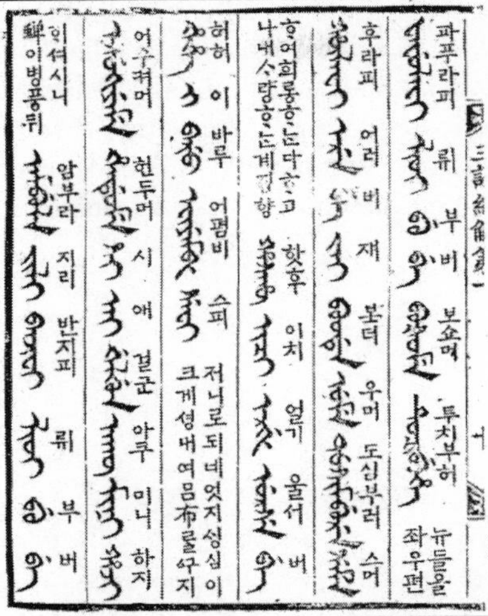

ambula jili banjifi, lioi bu be esukiyeme hendume, si ai gelgun akū mini haji hehe i baru efiyembi sefi, hashū ici ergi urse be hūlafi, ere be jai boode ume dosimbure seme fafulafi, lioi bu be bošome tucibuhe.

大怒，呵斥呂布曰：「汝敢戲我愛姬耶！」喚左右將呂布逐出，傳令不許這廝再入堂中。

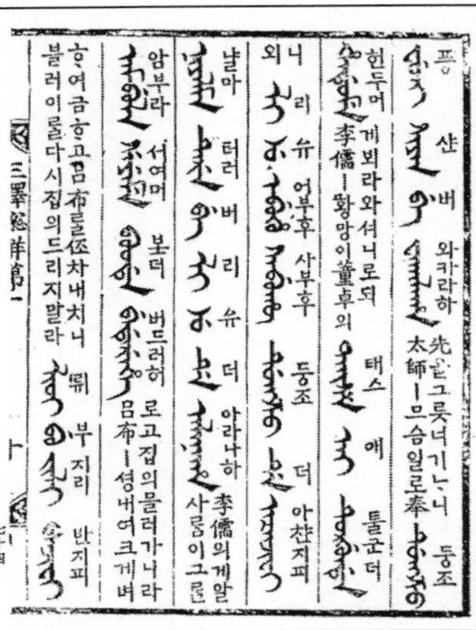

lioi bu jili banjifi, ambula seyeme boode bederehe. niyalma tere be li žu de alanaha. li žu ebuhu sabuhū dungdzo de acanjifi hendume, taisy ai turgunde fung siyan be wakalaha. dungdzo

呂布大怒，懷恨而歸。有人將其事告知李儒，李儒急忙來見董卓曰：「太師何故斥奉先？」董卓

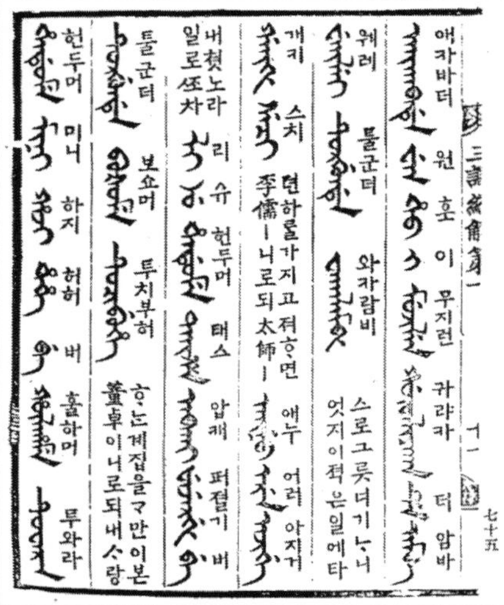	hendume, mini haji hehe be hūlhame tuwara turgunde bošome tucibuhe. li žu hendume, taisy abkai fejergi be gaiki seci, ainu ere ajige weilei turgunde wakalambi. aikabade wen heo i mujilen gūwaliyaka de amba 曰:「因偷窺我愛姬,故逐出[10]。」李儒曰:「太師欲取天下,何故以此小事而斥責,倘若溫侯心變,
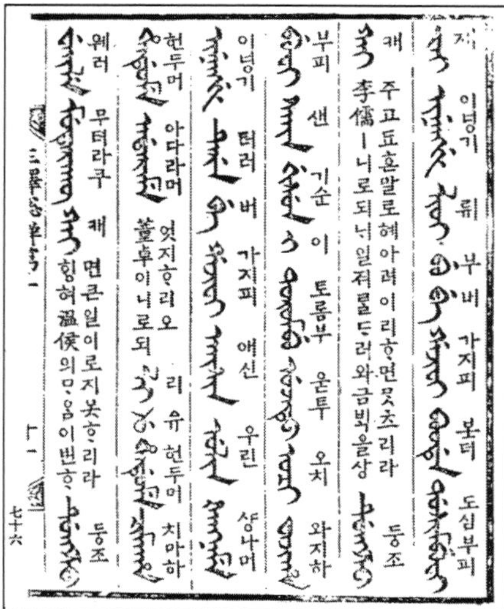	weile muterakū kai. dungdzo hendume, adarame. li žu hendume, cimaha inenggi tere be gajifi aisin ulin šangname bufi sain gisun i torombu uttu oci wajiha kai. dungdzo jai inenggi lioi bu be gajifi boode dosimbufi 大事去矣。」董卓曰:「奈何?」李儒曰:「來日喚他來,賞賜金帛,以好言勸慰,如此則無事矣。」董卓次日喚呂布入堂,

10 因偷窺我愛姬,故逐出,滿文讀作 “mini haji hehe be hūlhame tuwara turgunde bošome tucibuhe”,句中“turgunde”,滿漢合璧本滿文讀作“turgun de”。

<table>
<tr><td rowspan="2">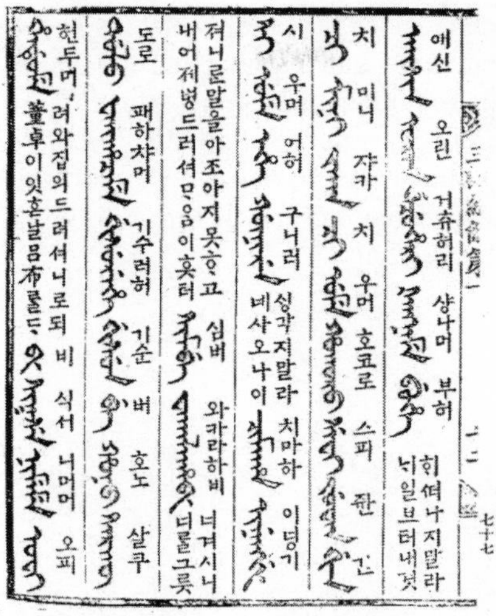</td><td>hendume, bi sikse nimeme ofi dolo faihacame gisurehe gisun be hono sarkū, simbe wakalahabi, si ume ehe gūnire, cimaha inenggi ci mini jaka ci ume hokoro sefi, juwan gin aisin orin gecuheri šangname buhe.</td></tr>
<tr><td>曰：「我昨日因病，心中煩悶，不知所言，責備了你，你不要記心[11]，來日勿離左右[12]。」隨賜金十斤，錦二十疋。</td></tr>
</table>

<table>
<tr><td rowspan="2">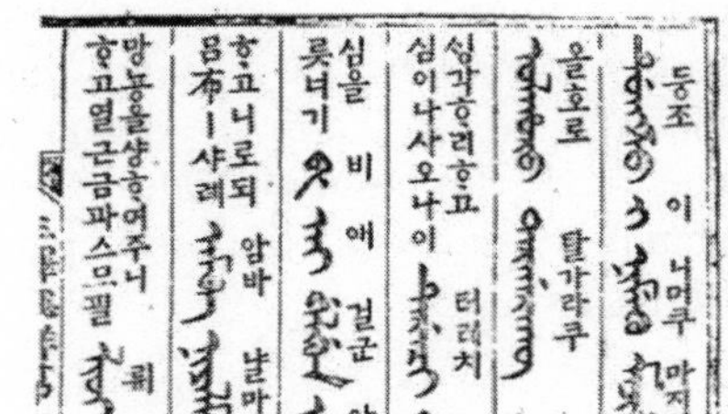</td><td>lioi bu baniha arafi hendume, amba niyalma mimbe wakalaha be, bi ai gelgun akū ehe gūnimbi sefi, tereci dolo dosime yabume umai olhoro targarakū. dungdzo i nimeku majige yebe ofi diyocan be</td></tr>
<tr><td>呂布致謝曰：「大人見怪，我何敢記心。」自此再入堂中行走，並無忌憚。董卓的疾病稍癒，</td></tr>
</table>

11 不要記心，滿文讀作“ume ehe gūnire”，意即「不要念惡」。

12 來日勿離左右，滿文讀作“cimaha inenggi ci mini jaka ci ume hokoro”，句中“inenggi ci”、“jaka ci”，滿漢合璧本滿文作“inenggici”、“jakaci”。

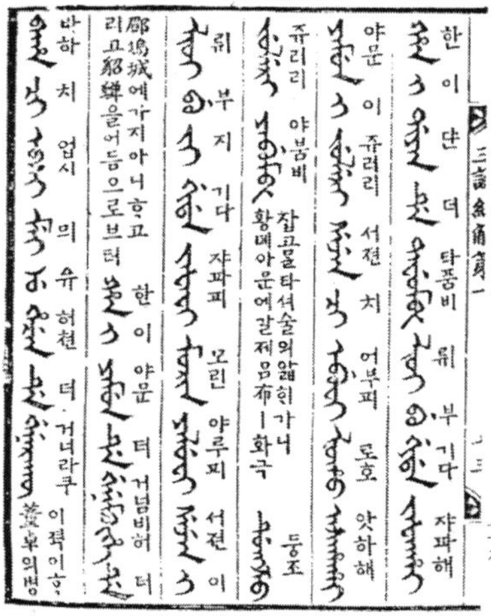	baha ci ebsi mei žu hecen de generakū. han i yamun de genembihe de lioi bu ji gida jafafi morin yalufi sejen i juleri yabumbi. dungdzo yamun i juleri sejen ci ebufi loho ashahai han i diyan de tafumbi, lioi bu gida jafahai 自從有了貂蟬以來[13]，已不去郿塢城。每入朝[14]，呂布手執畫戟乘馬走在車前。董卓在殿前下車帶劍上殿，呂布執戟

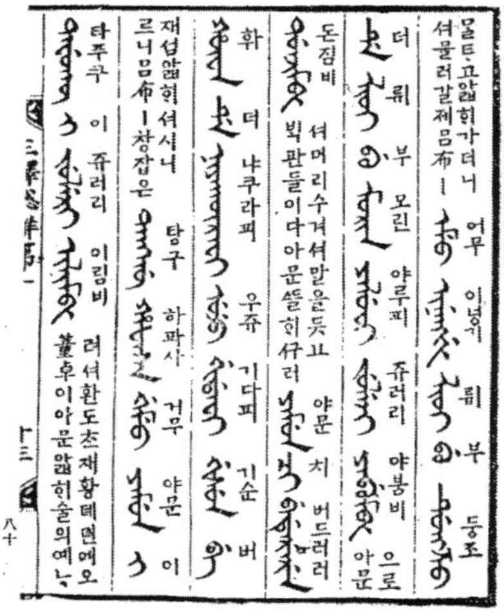	tafukū i juleri ilimbi, tanggū hafasa gemu yamun i hūwa de niyakūrafi uju gidafi gisun be donjimbi, yamun ci bederere de lioi bu morin yalufi juleri yabumbi. emu inenggi lioi bu dungdzo 立於階前，百官拜伏於丹墀垂首聽命。退朝時，呂布乘馬於前引導。一日，呂布

13 自從有了貂蟬以來，滿文讀作“diyocan be baha ci ebsi”，句中“baha ci”，滿漢合璧本滿文作“bahaci”。

14 每入朝，滿文讀作“han i yamun de genembihe de”，句中“genembihe de”，滿漢合璧本連寫作“genembihede”。

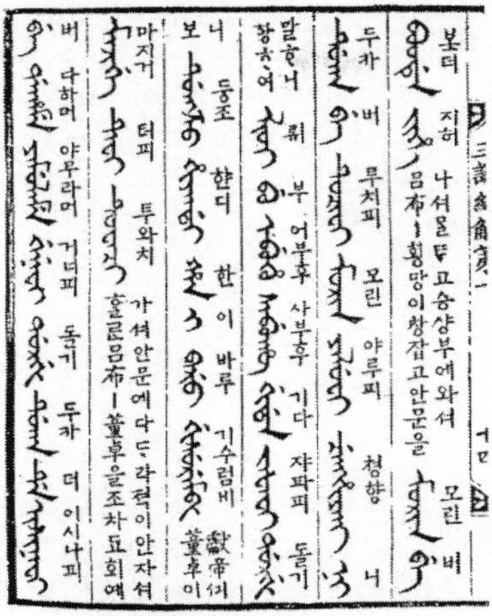	be dahame yamulame genefi dorgi duka de isinafi majige tefi tuwaci, dungdzo hiyandi han i baru gisurembi, lioi bu ebuhu sabuhū gida jafafi dorgi duka be tucifi morin yalufi cenghiyang ni boode jihe, morin be
	隨董卓上朝到內門略坐，見董卓與獻帝談論，呂布慌忙提戟出內門乘馬來到丞相府[15]，

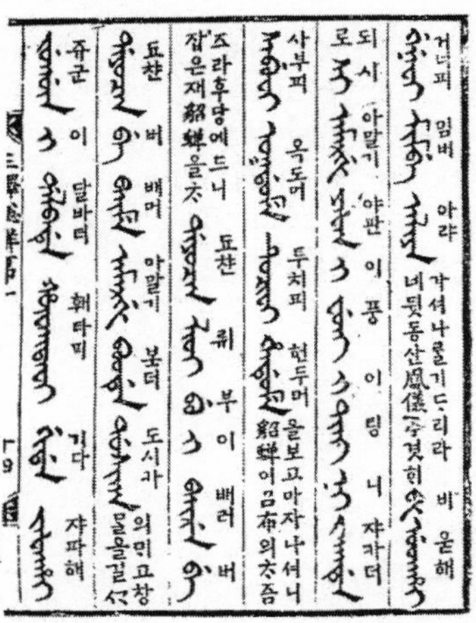	jugūn i dalbade hūwaitafi gida jafahai diyocan be baime amargi boode dosika. diyocan lioi bu i baire be sabufi okdome tucifi hendume, si amargi yafan i fung i ting ni jakade genefi mimbe aliya, bi uthai
	繫馬於道傍，提戟進入後堂[16]，尋覓貂蟬，貂蟬見呂布尋覓出迎曰：「汝可去後園中鳳儀亭邊等我[17]，我便

15 來到丞相府，滿文讀作“cenghiyang ni boode jihe”，句中“boode”，滿漢合璧本滿文作“boo de”。

16 後堂，滿文讀作“amargi boode”，句中“boode”，滿漢合璧本滿文作“boo de”。

17 鳳儀亭，句中「儀」，滿文字形當作「[illegible]」，此作「[illegible]」，誤。

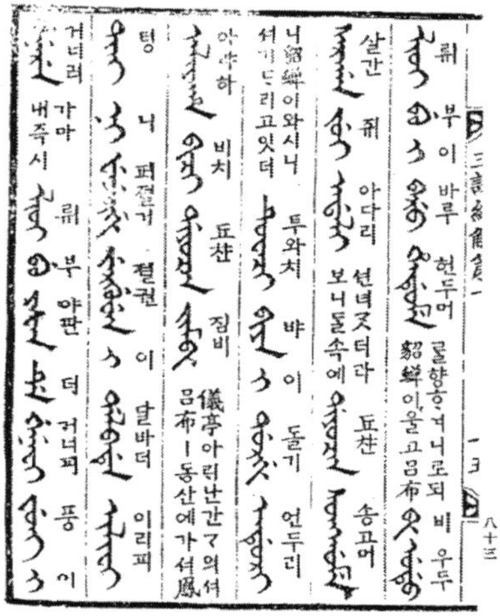	Genere. lioi bu yafan de genefi fung i ting ni fejergi jerguwen i dalbade ilifi aliyaha bici diyocan jimbi. tuwaci biya i dorgi enduri sargan jui adali, diyocan songgome lioi bu i baru hendume, bi udu
	來。」呂布逕往鳳儀亭，立於亭下曲欄之傍，等候貂蟬來，一見果如月宮仙子，貂蟬泣謂呂布曰：「我雖

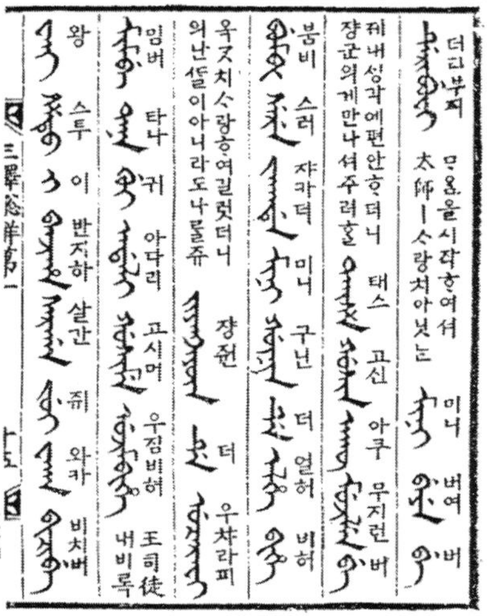	wang sytu i banjiha sargan jui waka bicibe mimbe tana gui adali gosime ujimbihe, jiyangjiyūn de ucarafi bumbi sere jakade, mini gūnin de elhe bihe. taisy gosin akū mujilen be deribufi, mini beye be
	非王司徒親生之女，然待妾愛養如珠玉[18]，遇將軍許侍後，妾意已安。誰想太師起不仁之心，

18 珠玉，滿文讀作“tana gu”，意即「東珠玉」，滿漢合璧本漢文作「神珠玉顆」。

<table>
<tr><td rowspan="2">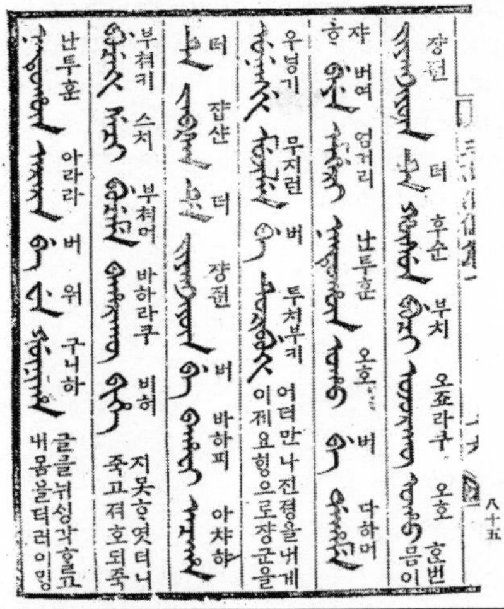</td><td>nantuhūn arara be we gūniha, buceki seci buceme baharakū bihe, te jabšan de jiyangjiyūn be bahafi acaha, unenggi mujilen be tucibuki, beye emgeri nantuhūn oho be dahame, jiyangjiyūn te hūsun buci ojorakū oho,</td></tr>
<tr><td>淫污妾身，欲死不得死，今幸得見將軍表明誠心，因身已污，不得侍將軍矣[19]。</td></tr>
</table>

<table>
<tr><td rowspan="2">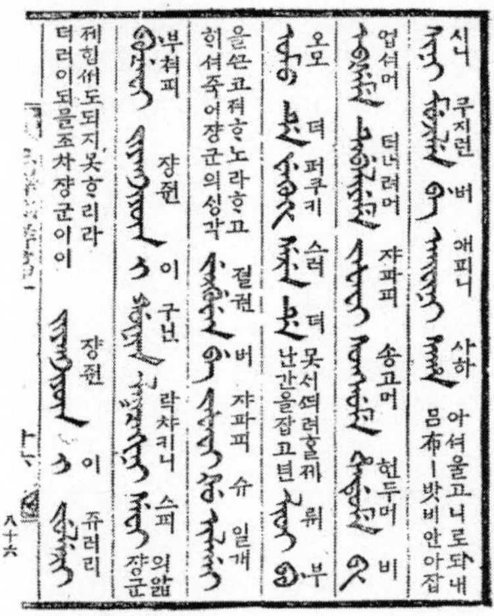</td><td>jiyangjiyūn i juleri bucefi, jiyangjiyūn i gūnin lakcakini sefi, jerguwen be jafafi šu ilgai omo de fekuki sere de, lioi bu ebšeme tebeliyeme jafafi songgome hendume, bi sini mujilen be aifini saha,</td></tr>
<tr><td>願死於將軍前，以絕將軍之念。言畢，手攀曲欄，欲跳荷花池時[20]，呂布急忙抱住，泣曰：「我早知汝心，</td></tr>
</table>

19 不得侍將軍矣，滿文讀作“jiyangjiyūn te hūsun buci ojorakū oho”，句中“te”，滿漢合璧本滿文作“de”，此“te”，誤，當作“de”。

20 欲跳荷花池時，滿文讀作“šu ilgai omo de fekuki sere de”，句中“omo de”，滿漢合璧本滿文連寫作“omode”。

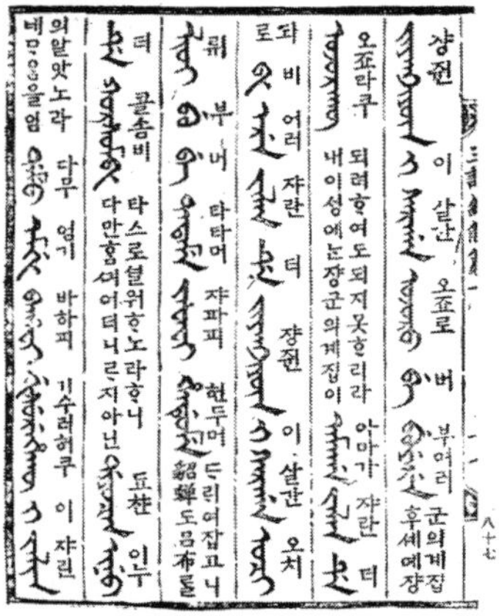	damu emgi bahafi gisurehekū i jalin de korsombi. diyocan inu lioi bu be tatame jafafi hendume, bi ere jalan de jiyangjiyūn i sargan oci ojorakū, amaga jalan de jiyangjiyūn i sargan ojoro be buyere.
	只恨不能夠共語[21]！」貂蟬亦拉扯呂布曰：「妾今生若不能夠與將軍為妻，願後世能夠與將軍為妻[22]。」

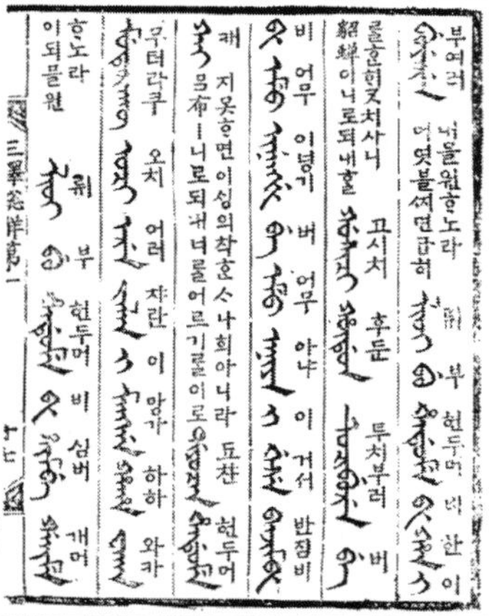	lioi bu hendume, bi simbe gaime muterakū oci, ere jalan i mangga haha waka kai. diyocan hendume, bi emu inenggi be emu aniya i gese banjimbi, gosici hūdun tucibure be buyere. ioi bu hendume, bi han i
	呂布曰：「我若不能夠娶汝，非今世之英雄也！」貂蟬曰：「妾度日如年[23]，願憐憫而速救之。」呂布曰：「我從內廷

21 只恨不能夠共語，滿文讀作“damu emgi bahafi gisurehekū i jalin de korsombi”，句中“jalin de”，滿漢合璧本滿文連寫作“jalinde”。

22 願後世能夠與將軍為妻，滿文讀作“amaga jalan de jiyangjiyūn i sargan ojoro be buyere”，滿漢合璧本滿文相合，漢文作「願相期于後世」。

23 妾度日如年，滿文讀作“bi emu inenggi be emu aniya i gese banjimbi”，意即「我過一日如一年」。

<table>
<tr><td rowspan="2">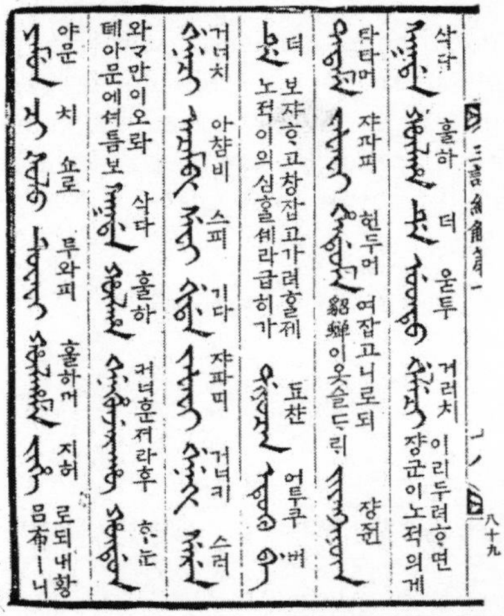</td><td>yamun ci šolo tuwafi hūlhame jihe, sakada hūlha kenehunjerahū hūdun geneci acambi sefi. gida jafafi geneki sere de, diyocan etuku be tatame jafafi hendume, jiyangjiyūn sakda hūlha de uttu geleci,</td></tr>
<tr><td>偷空而來，恐老賊見疑，應當速去。」提戟欲去時，貂蟬拉扯衣服曰：「將軍如此懼怕老賊，</td></tr>
</table>

<table>
<tr><td rowspan="2">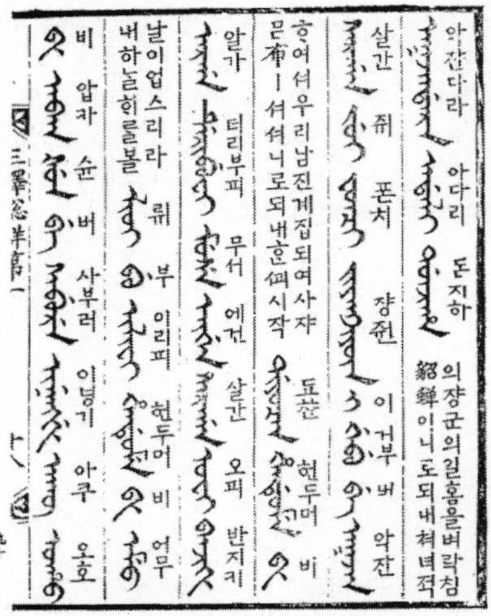</td><td>bi abka šun be sabure inenggi akū oho. lioi bu ilifi hendume, bi emu arga deribufi muse eigen sargan ofi banjiki, diyocan hendume, bi sargan jui fonci jiyangjiyūn i gebu be akjan akjandara adali donjiha,</td></tr>
<tr><td>妾無見天日之期矣！」呂布立住曰：「容我思忖一計，咱們夫妻共同度日。」貂蟬曰：「妾在深閨聞將軍之名[24]，如雷灌耳，</td></tr>
</table>

24　妾在深閨聞將軍之名，句中「深閨」，滿文讀作“sargan jui fonci”，意即「從閨女之時起」。

<table>
<tr><td rowspan="2">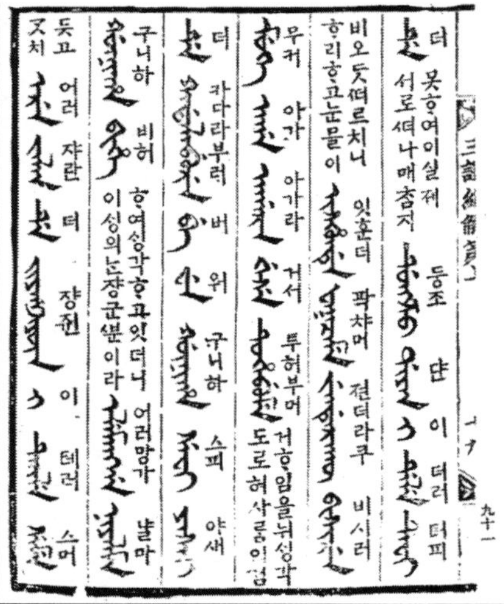</td><td>ere jalan de jiyangjiyūn i teile seme gūniha bihe, elemangga niyalma de kadalabure be we gūniha sefi. yasai muke aga agara gese tuhebume, ishunde fakcame jenderakū bisire de, dungdzo diyan i dele tefi</td></tr>
<tr><td>以為當世將軍而已，誰想反受制於人？」言訖淚下如雨，兩人不忍相離。董卓坐在殿上，</td></tr>
</table>

<table>
<tr><td rowspan="2">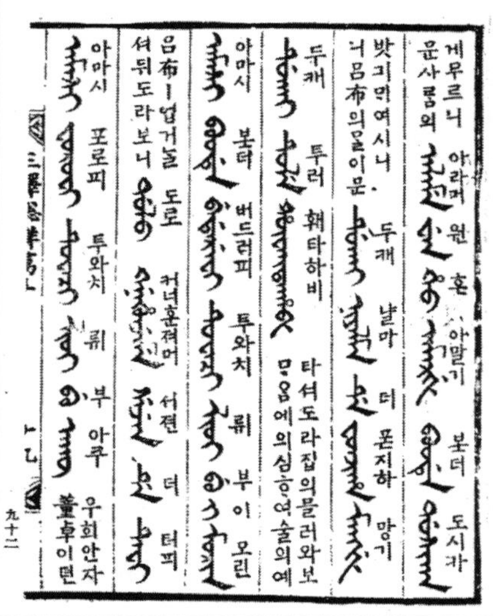</td><td>amasi forofi tuwaci lioi bu akū. dolo kenehunjeme sejen de tefi amasi boode bederefi tuwaci, lioi bu i morin dukai tule hūwaitahabi. dukai niyalma de fonjiha manggi, alame wen heo amargi boode dosika.</td></tr>
<tr><td>回頭時，不見呂布。心中懷疑，登車回府，見呂布之馬拴於門外。問門人，告訴說：「溫侯進入後堂去了。」</td></tr>
</table>

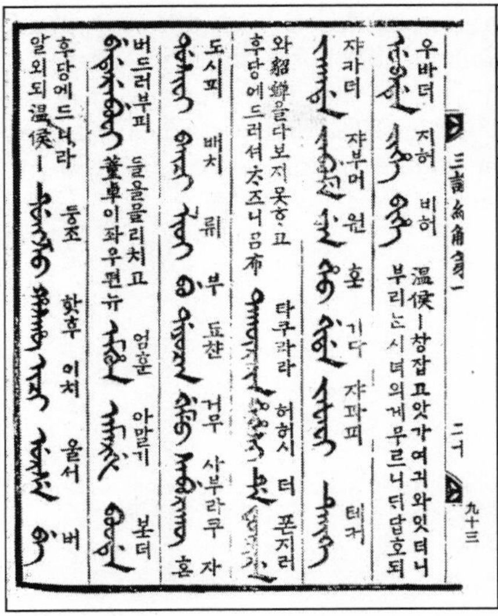	dungdzo hashū ici urse be bederebufi, emhun amargi boode dosifi baici, lioi bu diyocan gemu saburakū. takūrara hehesi de fonjire jakade jabume, wen heo gida jafafi teike ubade jihe bihe,
	董卓叱退左右，獨自進入後堂尋覓，呂布、貂蟬俱不見[25]，問侍妾。答曰：「溫侯方纔執畫戟來此，

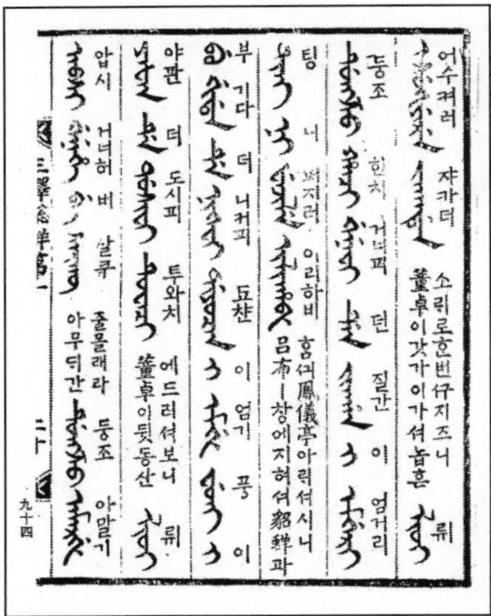	absi genehe be sarkū. dungdzo amargi yafan de dosifi tuwaci, lioi bu gida de nikefi diyocan i emgi fung i ting ni fejile ilihabi. dungdzo hanci genefi den jilgan i emgeri esukiyere jakade, lioi
	不知何往？」董卓進入後園，見呂布倚戟與貂蟬立於鳳儀亭下。董卓走近，大喝一聲，

25 貂蟬，滿漢合璧本滿文讀作“diyoocan”，此作“diyocan”，異。

<table>
<tr><td rowspan="2">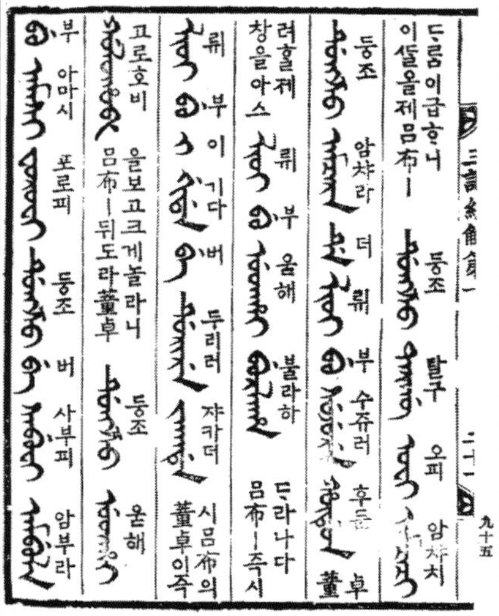</td><td>bu amasi forofi dungdzo be sabufi ambula golohobi, dungdzo uthai lioi bu i gida be durire jakade, lioi bu uthai burlaha, dungdzo amcara de lioi bu sujure hūdun, dungdzo targū ofi amcaci</td></tr>
<tr><td>呂布回頭見董卓大驚，董卓即奪下呂布的畫戟，呂布便走，董卓追趕時，呂布走得快，董卓因肥胖，</td></tr>
</table>

<table>
<tr><td rowspan="2">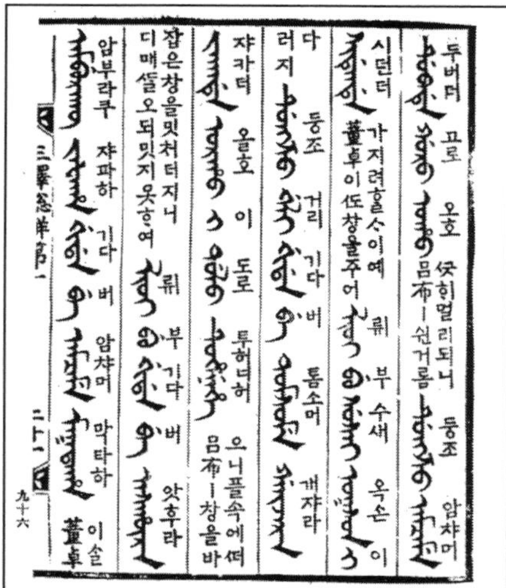</td><td>amburakū jafaha gida be amcame maktaha. lioi bu gida be ashūra jakade, orho i dolo tuhenehe. dungdzo geli gida be tomsome gaijara sidende, lioi bu susai okson i dubede goro oho, dungdzo amcame</td></tr>
<tr><td>所以追趕不上[26]，投擲所執畫戟，呂布手打畫戟落于草中，董卓又拾起畫戟之間，呂布已走五十步遠了。</td></tr>
</table>

26 董卓因肥胖，句中「胖」，規範滿文讀作“tarhūn”，此作“targū”，滿漢合璧本滿文作“tarhū”。追趕不上，規範滿文讀作“amcaci amcaburakū”，此作“amcaci amburakū”，誤。

<table>
<tr><td rowspan="2">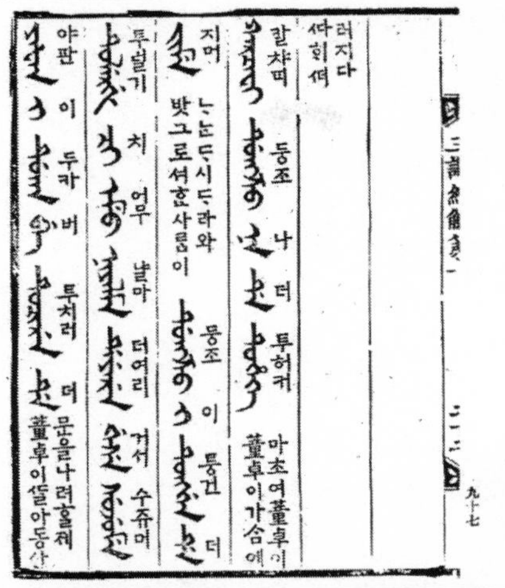</td><td>yafan i duka be tucire de, tulergi ci emu niyalma deyere gese sujume jime, dungdzo i tunggen de karcafi, dungdzo na de tuheke.</td></tr>
<tr><td>董卓趕出園門，有一人從外邊飛也似地跑過來，碰撞董卓胸膛，董卓倒在地上。</td></tr>
</table>

將《三譯總解》的滿文，與滿漢合璧本的滿文相互對照後，發現其滿文大致相同，可將彼此的出入，舉例說明。《三譯總解・第一》〈鳳儀亭呂布戲貂蟬〉滿文讀作“fung i ting de lioi bu diyocan i baru efihe”，滿漢合璧本滿文讀作“fung i ting ni boo de, lioi bu diyoocan be efihe”，句中“fung i ting ni boo”，意即「鳳儀亭的房屋」,《三譯總解》滿文讀作“fung i ting”，是漢文「鳳儀亭」的滿文音譯;「呂布戲貂蟬」,滿漢合璧本滿文譯作“lioi bu diyoocan be efihe”，意即「呂布戲耍貂蟬」，滿漢文義相合。《三譯總解》滿文譯作“lioi bu diyocan i baru efihe”，意即「呂布跟貂蟬戲耍」，滿漢文義稍有出入。句中「貂蟬」，滿漢合璧本滿文讀作“diyoocan”，《三譯總解》滿文讀作“diyocan”。

「我就將媳婦帶去」,《三譯總解》滿文讀作“bi urun be uthai gamafi”，滿漢合璧本滿文讀作“bi urun be gamafi”，句中脫落“uthai”。「粧奩首飾」，規範滿文讀作“miyamigan”，《三譯總解》滿文讀作“miyamiga”，滿漢合璧本滿文讀作“miyamihan”。「池中有一人影」，句中「影」，滿漢合璧本滿文讀作“helmen”，《三譯總解》滿文讀作“helme”。「月餘不出理事」，句中「月餘」，滿漢合璧本滿文讀作“emu biya funcetele”，《三譯總解》滿文讀作“emu biya funcetala”。「只是點頭」，《三譯總解》滿文讀作

“damu uju gehešembi”，句中“damu”，滿漢合璧本滿文讀作“emu”，誤，當作“damu”。「汝可去後園中鳳儀亭邊等我」，句中「鳳儀亭」之「儀」，滿文字形當作「」，《三譯總解》滿文作「」，誤。「不得侍將軍矣」，滿漢合璧本滿文讀作“jiyangjiyūn de hūsun buci ojorakū oho”，句中“de”，《三譯總解》滿文讀作“te”，誤，當作“de”。「妾在深閨聞將軍之名」，句中「深閨」，滿文讀作“sargan jui fonci”，意即「從閨女之時起」。「董卓因肥胖」，句中「胖」，規範滿文讀作“tarhūn”，滿漢合璧本滿文本作“tarhū”，《三譯總解》滿文讀作“targū”，讀音稍異。

格助詞連寫，或不連寫，因人而異，對研究版本異同，提供了參考價值。「將軍何故怪老夫」、「故逐出」，句中「故」，滿漢合璧本滿文作“turgun de”，《三譯總解》滿文連寫“turgunde”。「來日勿離左右」，滿漢合璧本滿文讀作“cimaha inenggici mini jakaci ume hokoro”，句中“inenggici”，《三譯總解》滿文作“inenggi ci”；“jakaci”，《三譯總解》滿文作“jaka ci”，俱不連寫。「自從有了貂蟬以來」，滿漢合璧本滿文讀作“diyoocan be bahaci ebsi”，句中“diyoocan”，《三譯總解》滿文作“diyocan”；“bahaci”，《三譯總解》滿文作“baha ci”。「每入朝」，滿漢合璧本滿文讀作“han i yamun de genembihede”，句中“genembihede”，《三譯總解》滿文作“genembihe de”。「來到丞相府」，滿漢合璧本滿文讀作“cenghiyang ni boo de jihe”，句中“boo de”，《三譯總解》滿文作“boode”。「提戟進入後堂」，句中「後堂」，滿漢合璧本滿文作“amargi boo de”，句中“boo de”，《三譯總解》滿文作“boode”。「欲跳荷花池時」，滿漢合璧本滿文讀作“šu ilgai omode fekuki sere de”，句中“omode”，《三譯總解》滿文作“omo de”。「只恨不能夠共語」，滿漢合璧本滿文讀作“damu emgi bahafi gisurehekū i jalinde korsombi”，句中“jalinde”，《三譯總解》滿文讀作“jalin de”。大致而言，《三譯總解》的滿文內容，與滿漢合璧本的滿文相近。《三譯總解》的滿文，以韓文逐字標明讀音，並逐句譯出韓文，為朝鮮人學習滿文提供了重要的文獻。

《三國志通俗演義》滿文譯本選編

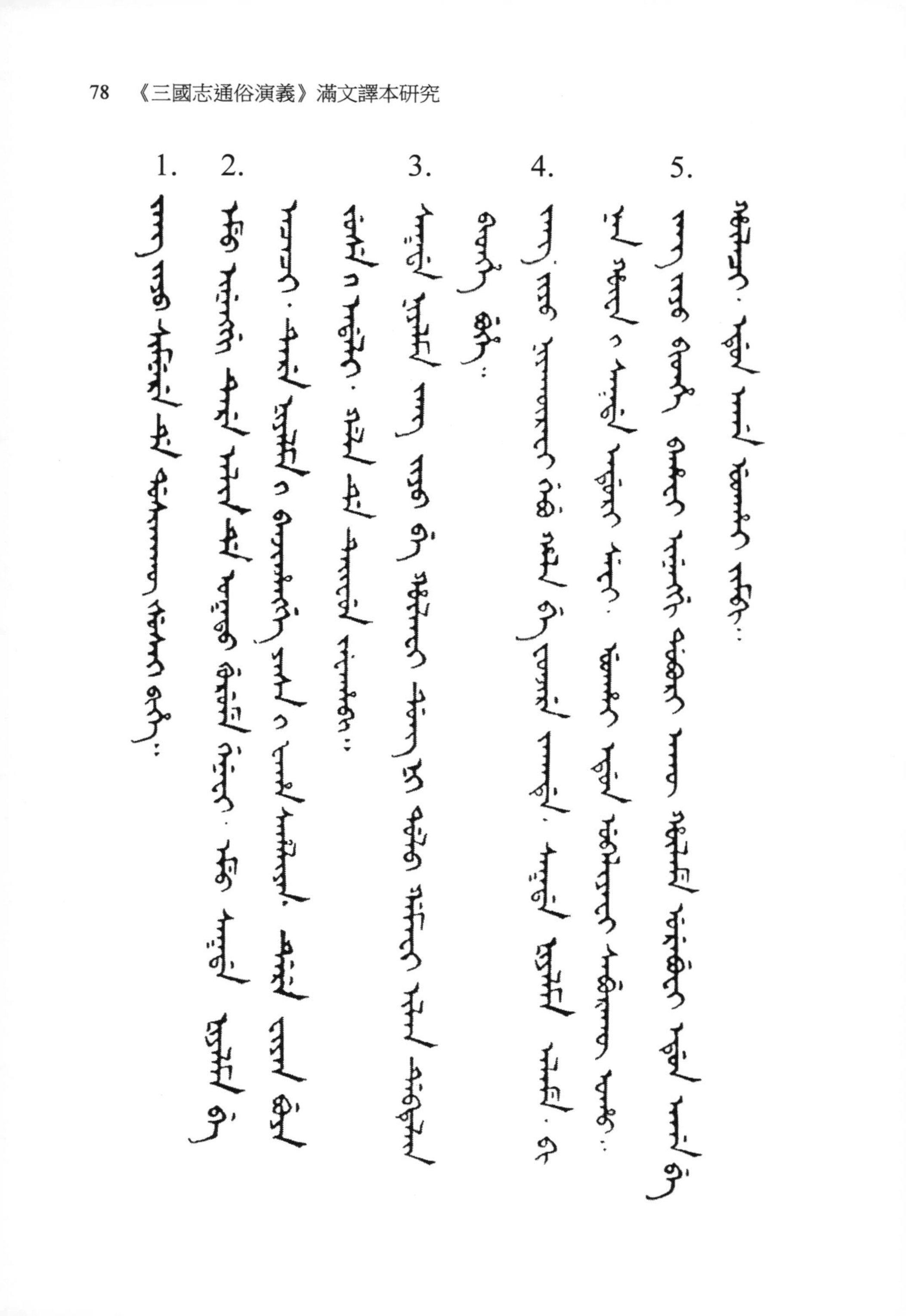

1. [illegible]

2. [illegible]

3. [illegible]

4. [illegible]

5. [illegible]

一、桃園結義

1. jang jiyo simnere de dosikakū šusai bihe.
2. emu inenggi tere alin de okto gurume genefi, emu sakda niyalma be acaci, tere niyalma i banjihangge yasa i faha sahaliyan, dere fiyan buya juse i adali, gala de teifun jafahabi.
3. sakda niyalma jang jiyo be hūlafi dung ni dolo gamafi ilan debtelin bithe buhe.
4. jang jiyo niyakūrafi gebu hala be fonjire jakade, sakda niyalma alame, bi nan hūwa i sakda enduri sefi, uthai edun ubaliyafi saburakū oho.
5. jang jiyo bithe bahafi inenggi dobori akū hūlame urebufi edun aga be hūlaci, edun aga uthai jimbi.

1.張角是個不第秀才。
2.一日因往山中採藥，遇一老人，那人生的碧眼童顏，手執藜杖。
3.老人喚張角至洞中，授書三卷。
4.張角拜求姓名。老人曰：「我乃南華老仙」。遂化陣清風不見了。
5.張角得此書，曉夜攻習，能呼風喚雨。

1.张角是个不第秀才。
2.一日因往山中采药，遇一老人，那人生的碧眼童颜，手执藜杖。
3.老人唤张角至洞中，授书三卷。
4.张角拜求姓名。老人曰：「我乃南华老仙」。遂化阵清风不见了。
5.张角得此书，晓夜攻习，能呼风唤雨。

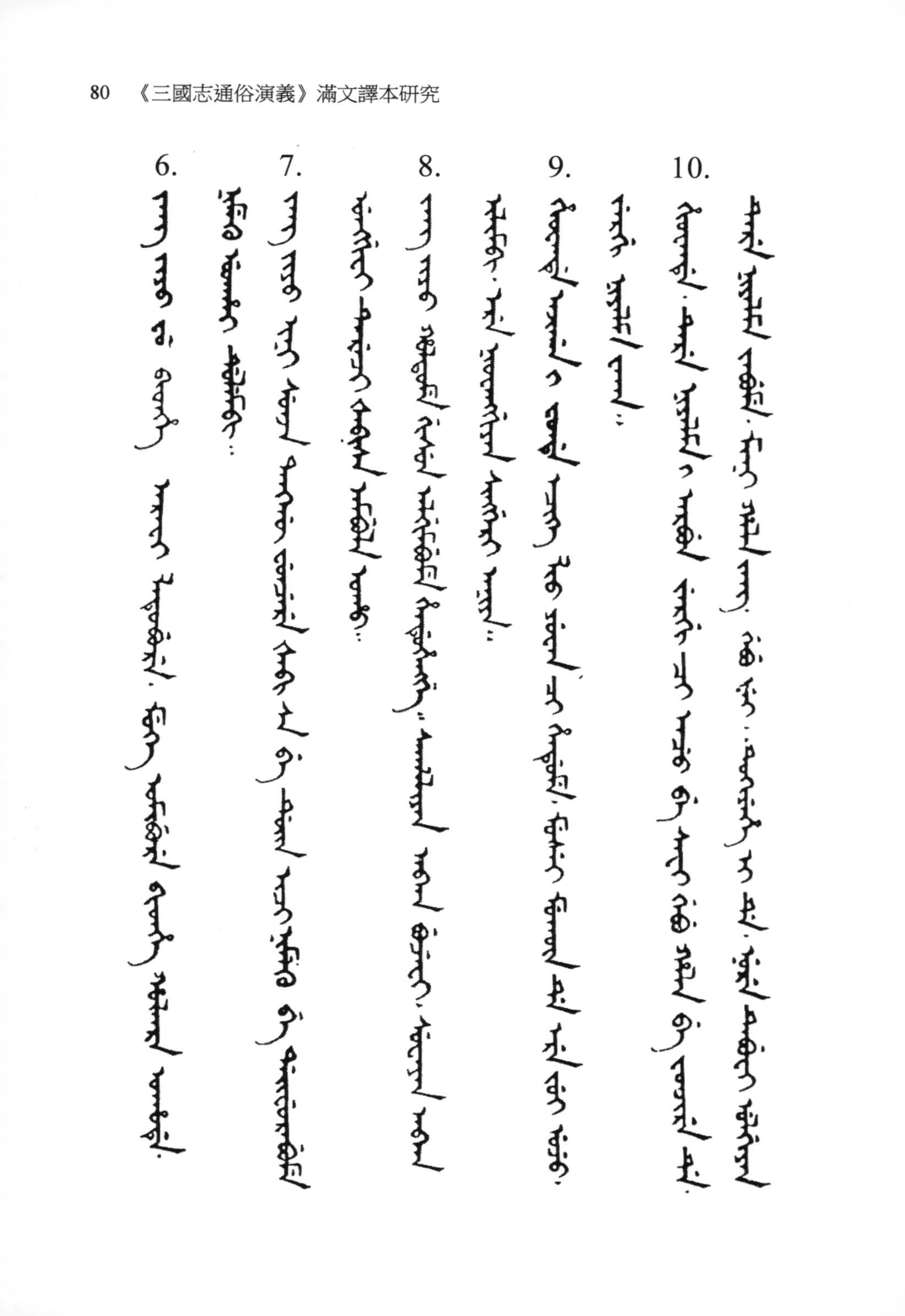

6. jang jiyo fu bithe arafi latubure, muke omibure bithe hūlara ohode, nimeku uthai dulembi.
7. jang jiyo ini sunja tanggū funcere šabi sa be duin ici nimeku be daifurabume unggifi tereci šabisa ambula oho.
8. jang jiyo holtome gisun algimbume henduhengge, sahaliyan abka bucefi, suwayan abka ilimbi, ere niowanggiyan singgeri aniya.
9. hiowande ajigan i fonde ecike lio yuwan ci hendume, musei mukūn de ere jui uju, jergi niyalma waka.
10. hiowande, tere niyalma i arbun jergi ci encu be safi, gebu hala be fonjire de, tere niyalma jabume, mini hala jang, gebu fei, tukiyehe i de, nure tebufi ulgiyan

---

6. 張角散施符水，病就退了。
7. 張角遣徒弟五百餘人雲遊四方救病，次後徒眾極多。
8. 張角訛言：「蒼天已死，黃天當立，歲在甲子。」
9. 玄德年幼時，叔父劉元起曰：「我宗中有此兒，非常人也。」
10. 玄德見此人形貌異常，問其姓名，其人曰：「某姓張，名飛，字翼德，賣酒屠猪。」

---

6. 张角散施符水，病就退了。
7. 张角遣徒弟五百余人云游四方救病，次后徒众极多。
8. 张角讹言：「苍天已死，黄天当立，岁在甲子。」
9. 玄德年幼时，叔父刘元起曰：「我宗中有此儿，非常人也。」
10. 玄德见此人形貌异常，问其姓名，其人曰：「某姓张，名飞，字翼德，卖酒屠猪。」

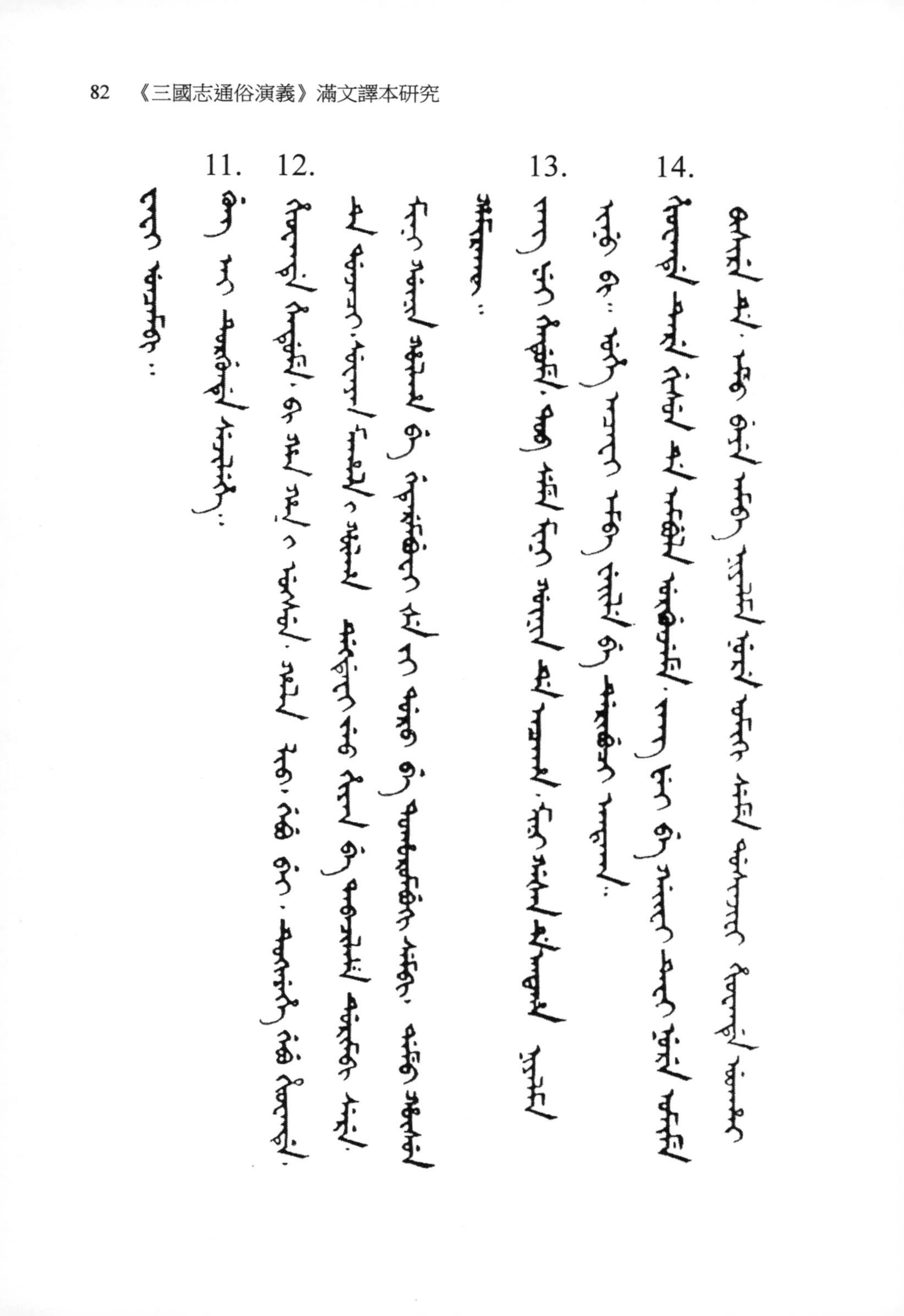

[illegible]

11. [illegible]

12. [illegible]

13. [illegible]

14. [illegible]

wafi uncambi.

11. gung ai turgunde sejilehe.

12. hiowande hendume, bi han haṉ i uksun, hala lio, gebu bei, tukiyehe gebu hiowande. te donjici, suwayan mahala i hūlha dekdefi jeo hiyan be tabcilame durimbi sere, mini gūnin hūlha be geterembufi še ji doro be tohorombuki sembi, damu hūsun hamirakū.

13. jang fei hendume, tob seme mini gūnin de acaha, mini gašan de antaha niyalma inu bi, uhe acafi amba weile be deribuci antaka.

14. hiowande tere gisun de ambula urgunjeme, jang fei be gaifi tefi nure omime bisire de, emu beye amba niyalma nure omiki seme dosinjifi hiowande uthai

---

11.「公何故長嘆？」

12.玄德曰：「我本漢室宗親[27]，姓劉，名備，字玄德。今聞黃巾賊起，劫掠州縣，有心待掃蕩中原，匡復社稷，恨力不能耳！」

13.張飛曰：「正合我機[28]，我有莊客，同舉大事若何？」

14.玄德甚喜，留飲酒間，見一大漢入來飲酒，玄德

11.「公何故长叹？」

12.玄德曰：「我本汉室宗亲，姓刘，名备，字玄德。今闻黄巾贼起，劫掠州县，有心待扫荡中原，匡复社稷，恨力不能耳！」

13.张飞曰：「正合我机，我有庄客，同举大事若何？」

14.玄德甚喜，留饮酒间，见一大汉入来饮酒，玄德

---

27 宗親，滿文作「ᡠᡴᠰᡠᠨ」（uksun），詞中“k”，當作陽性“k”，“uksun”，滿文字形當作「ᡠᡴᠰᡠᠨ」。

28 正合我機，滿文讀作“tob seme mini gūnin de acaha”，意即「正合我意」。

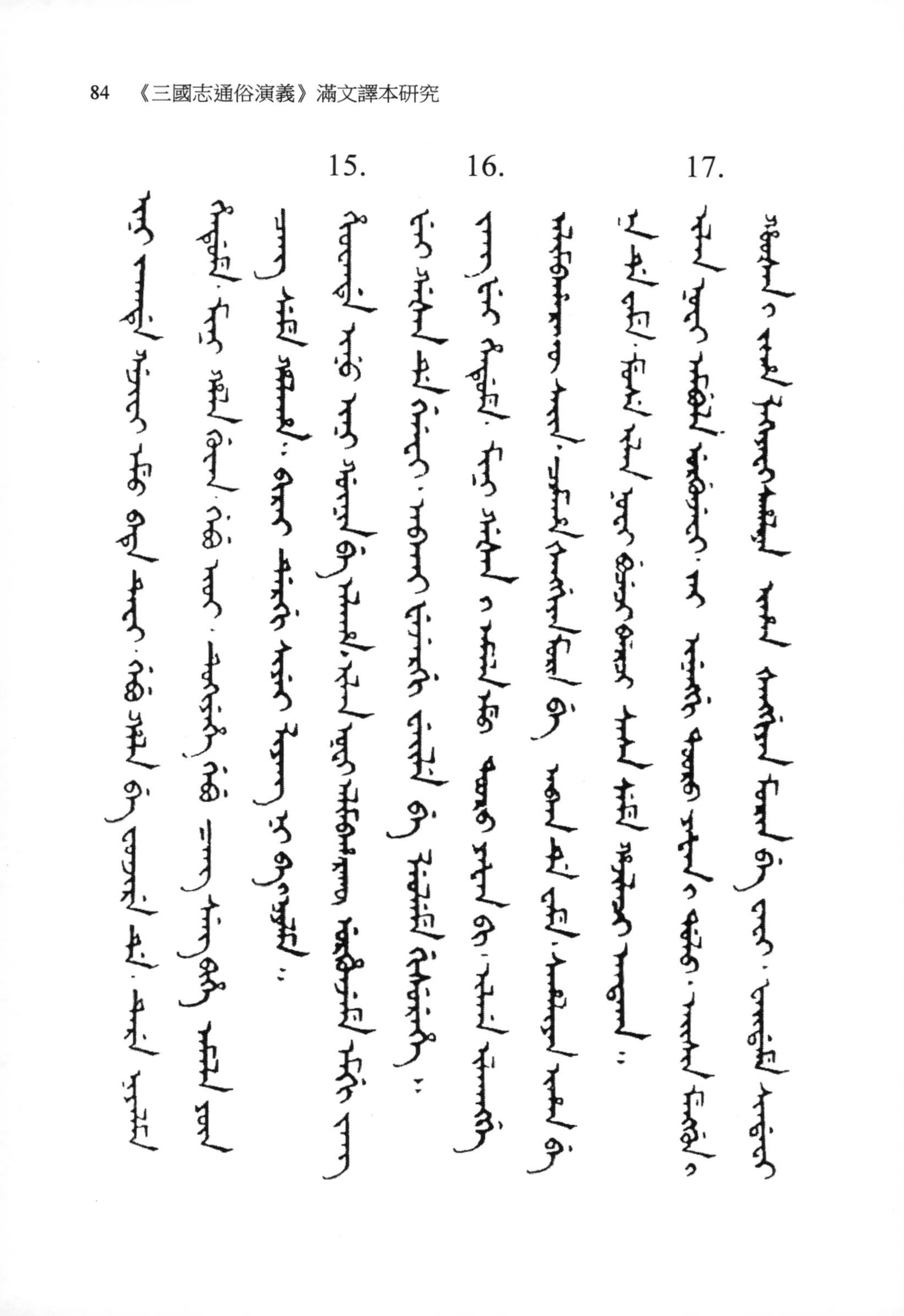

15.

16.

17.

ini jakade gajifi emu bade tefi, gebu hala be fonjire de, tere niyalma hendume, mini hala guwan, gebu ioi, tukiyehe gebu cang seng bihe, amala yūn cang seme halaha. birai dergi siyei liyang ni ba i niyalma.

15. hiowande inu ini gūnin be alaha, ilan nofi alimbaharakū urhunjeme emgi jang fei gašan de genefi, abkai fejergi weile be leoleme gisurehe.

16. jang fei hendume, mini gašan i amala emu tooro yafan bi, ilga ilakangge alimbaharakū sain, cimaha šanggiyan morin be abka de wame, sahaliyan ihan be na de wame, muse ilan nofi buceci banjici sasa seme hajilaci antaka.

17. ilan nofi ambula urgunjefi, jai inenggi tooro yafan i dolo, aisin menggun i hoošan i jiha lakiyafi sahaliyan ihan šanggiyan morin be wafi, faidame sindafi

---

就邀同坐，問及姓名。其人言曰：「我姓關，名羽，字長生，其後改為雲長，河東解良人。」

15.玄德遂以己志告之，三人大喜[29]，同到張飛莊上，共論天下之事。

16.張飛曰：「我莊後一小桃園[30]，開花茂盛，明日可宰白馬祭天，殺烏牛祭地，俺兄弟三人結生死之交如何？」

17.三人大喜，次日於桃園中，列下金紙銀錢[31]，宰殺烏牛白馬，

就邀同坐，问及姓名。其人言曰：「我姓关，名羽，字长生，其后改为云长，河东解良人。」

15.玄德遂以己志告之，三人大喜，同到张飞庄上，共论天下之事。

16.张飞曰：「我庄后一小桃园，开花茂盛，明日可宰白马祭天，杀乌牛祭地，俺兄弟三人结生死之交如何？」

17.三人大喜，次日于桃园中，列下金纸银钱，宰杀乌牛白马，

---

29 大喜，句中「喜」，規範滿文讀作“urgunjeme”，此作“urhunjeme”，異。

30 小桃園，句中「桃」，規範滿文讀作“toro”，此作“tooro”，異。

31 列下金紙銀錢，滿文讀作“aisin menggun i hoošan i jiha lakiyafi”，意即「懸掛金銀紙錢」。

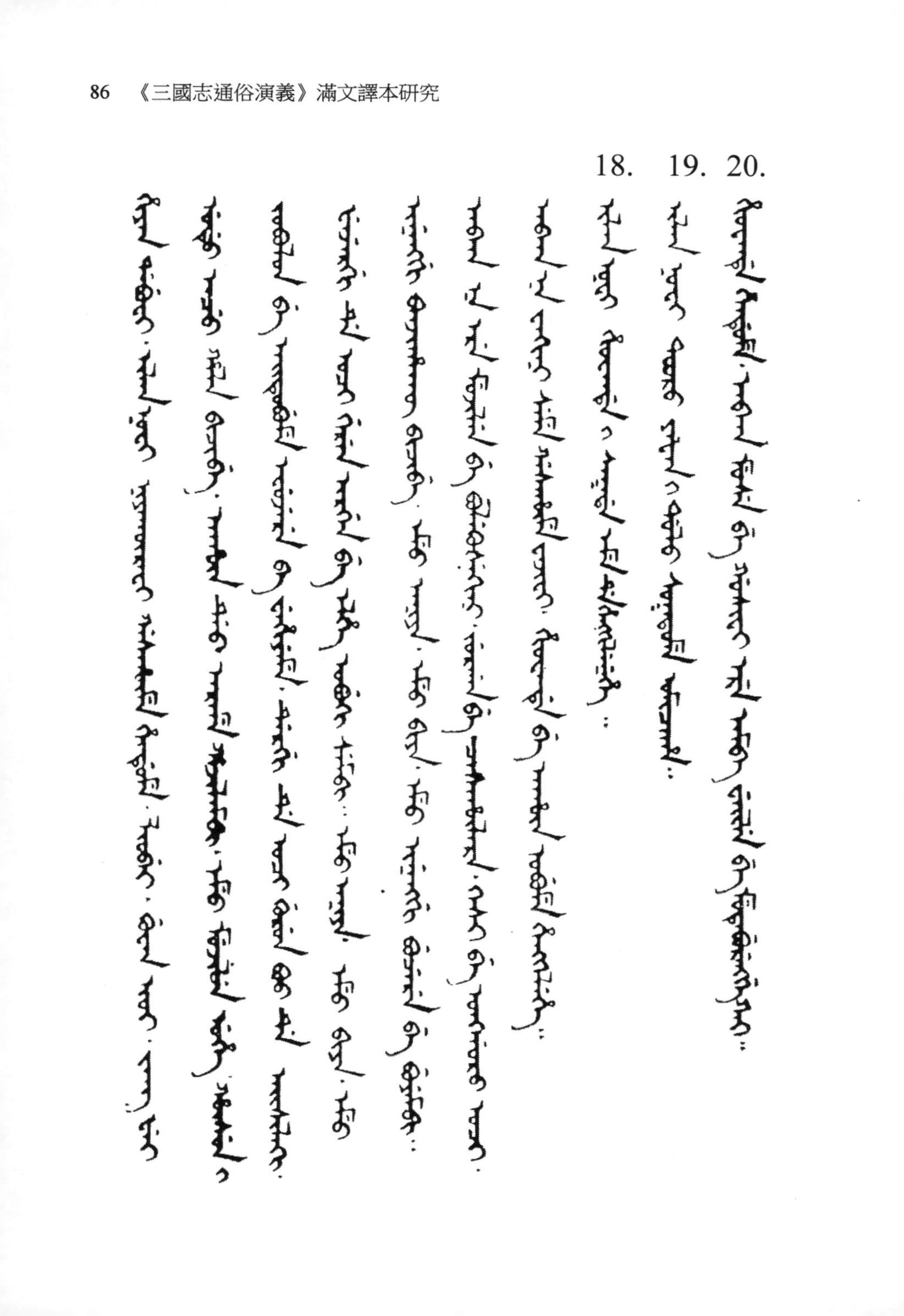

18. [illegible]

19. [illegible]

20. [illegible]

[illegible]

[illegible]

[illegible]

[illegible]

[illegible]

[illegible]

[illegible]

[illegible]

hiyan dabufi, ilan nofi niyakūrafi gashūme hendume, liobei, guwan ioi, jang fei udu encu hala bicibe, ahūn deo arame hajilambi. emu mujilen uhe hūsun i jobolon be aitubume efujere ba wehiyeme, dergi de oci gurun boo de aisilaki, fejergi de oci geren irgen be elhe obuki sembi. emu aniya, emu biya, emu inenggi banjihakū bicibe, emu aniya, emu biya, emu inenggi bucere be buyembi. abka na ere mujilen be bulekušekini, jurgan be cashūlara, kesi be onggoro oci, abka na wakini seme gashūme wajifi, hiowande be ahūn obume hengkilehe.

18. ilan nofi hiowande i sakda eme de hengkilenehe.
19. ilan nofi tooro yafan i dolo soktome omicaha.
20. hiowande hendume, abka muse be gosifi ere amba weile be muteburengge kai.

列於地上，三人焚香，再拜而說誓曰：「念劉備、關羽、張飛雖然異姓，結為兄弟，同心協力，救困扶危，上報國家，下安黎庶。雖不同年同月同日生，只願同年同月同日死，皇天后土，以鑒此心。背義忘恩，天人共戮。」誓畢，共拜玄德為兄。

18.三人同拜玄德老母。
19.三人就桃園中痛飲一醉。
20.玄德曰：「此天祐我等，當成大事。」

列于地上，三人焚香，再拜而说誓曰：「念刘备、关羽、张飞虽然异姓，结为兄弟，同心协力，救困扶危，上报国家，下安黎庶。虽不同年同月同日生，只愿同年同月同日死，皇天后土，以鉴此心。背义忘恩，天人共戮。」誓毕，共拜玄德为兄。

18.三人同拜玄德老母。
19.三人就桃园中痛饮一醉。
20.玄德曰：「此天佑我等，当成大事。」

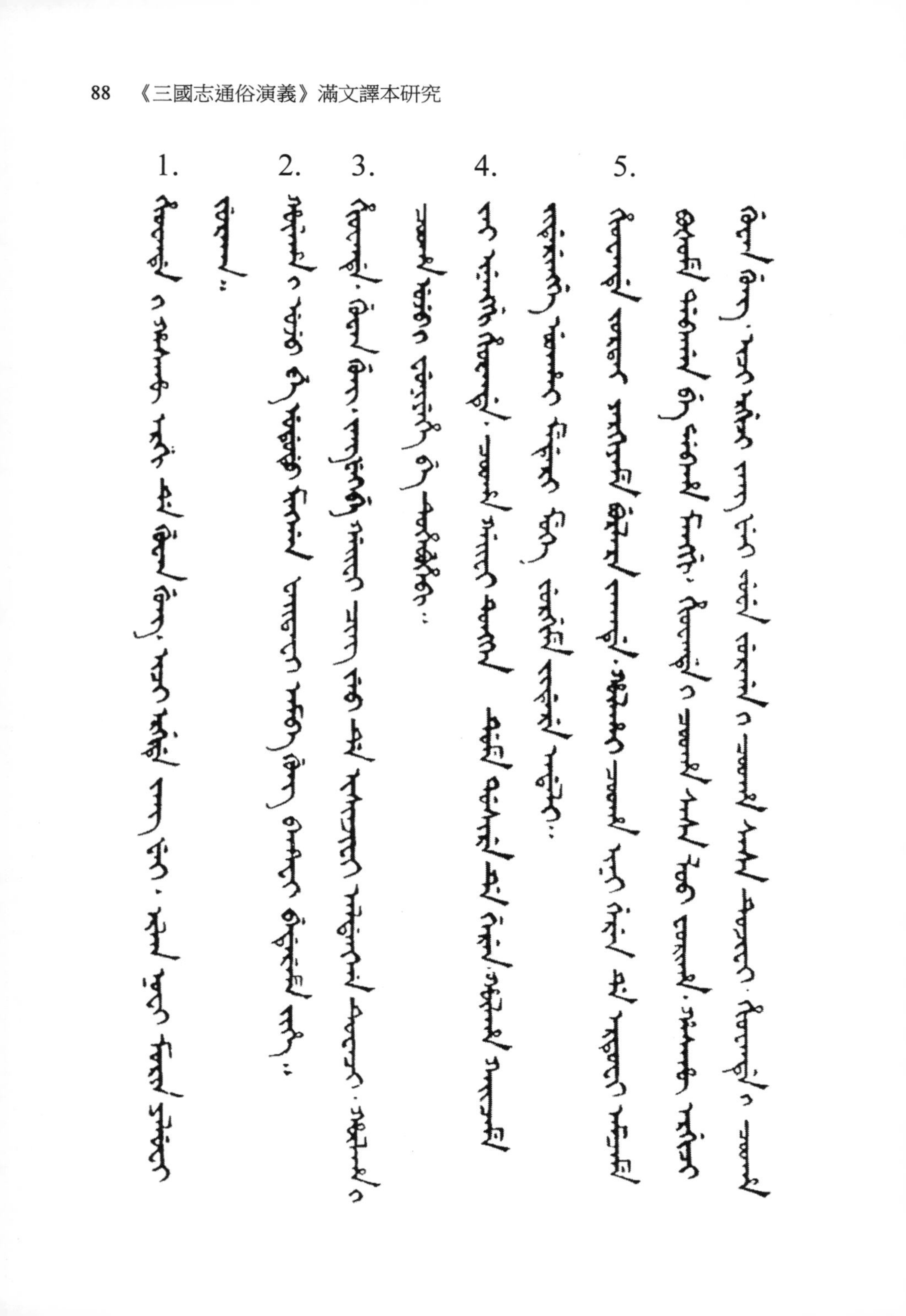

二、斬寇立功

1. hiowande i hashū ergi de guwan gung, ici ergide jang fei , ilan nofi morin yalufi juraka.
2. hūlha i uju be ududu minggan faitafi amba gung bahafi bedereme jihe.
3. hiowande, guwan gung, jang fei be gaifi cing jeo de isinjifi aldangga tuwaci, hūlha i cooha uju i funiyehe be tuhebuhebi.
4. jai inenggi hiowande, cooha gaifi tungken dume dosire de geren hūlha kaicame jiderengge uthai mederi muke furgime jidere adali.
5. hiowande jortai yarkiyame burlara jakade, hūlhai cooha ini geren de ertufi amcame bošome dabagan be dabaha manggi, hiowande i cooha sasa loo foriha. hashū ergici guwan gung, ici ergici jang fei juwe jurgan i cooha sasa tucifi, hiowande i cooha

---

1.玄德左有關公，右有張飛，三人騎馬出發。
2.斬賊首數千級，大獲功而回。
3.玄德引關公、張飛投青州來遙望，見賊人皆披髮。
4.次日，玄德引軍鼓譟而進，賊眾大喊，如潮湧到。
5.玄德便退，賊眾乘勢追趕過山嶺，玄德軍一齊鳴金。左關公，右張飛，兩軍齊出，玄德軍回，

1.玄德左有关公，右有张飞，三人骑马出发。
2.斩贼首数千级，大获功而回。
3.玄德引关公、张飞投青州来遥望，见贼人皆披髮。
4.次日，玄德引军鼓噪而进，贼众大喊，如潮涌到。
5.玄德便退，贼众乘势追赶过山岭，玄德军一齐鸣金。左关公，右张飞，两军齐出，玄德军回，

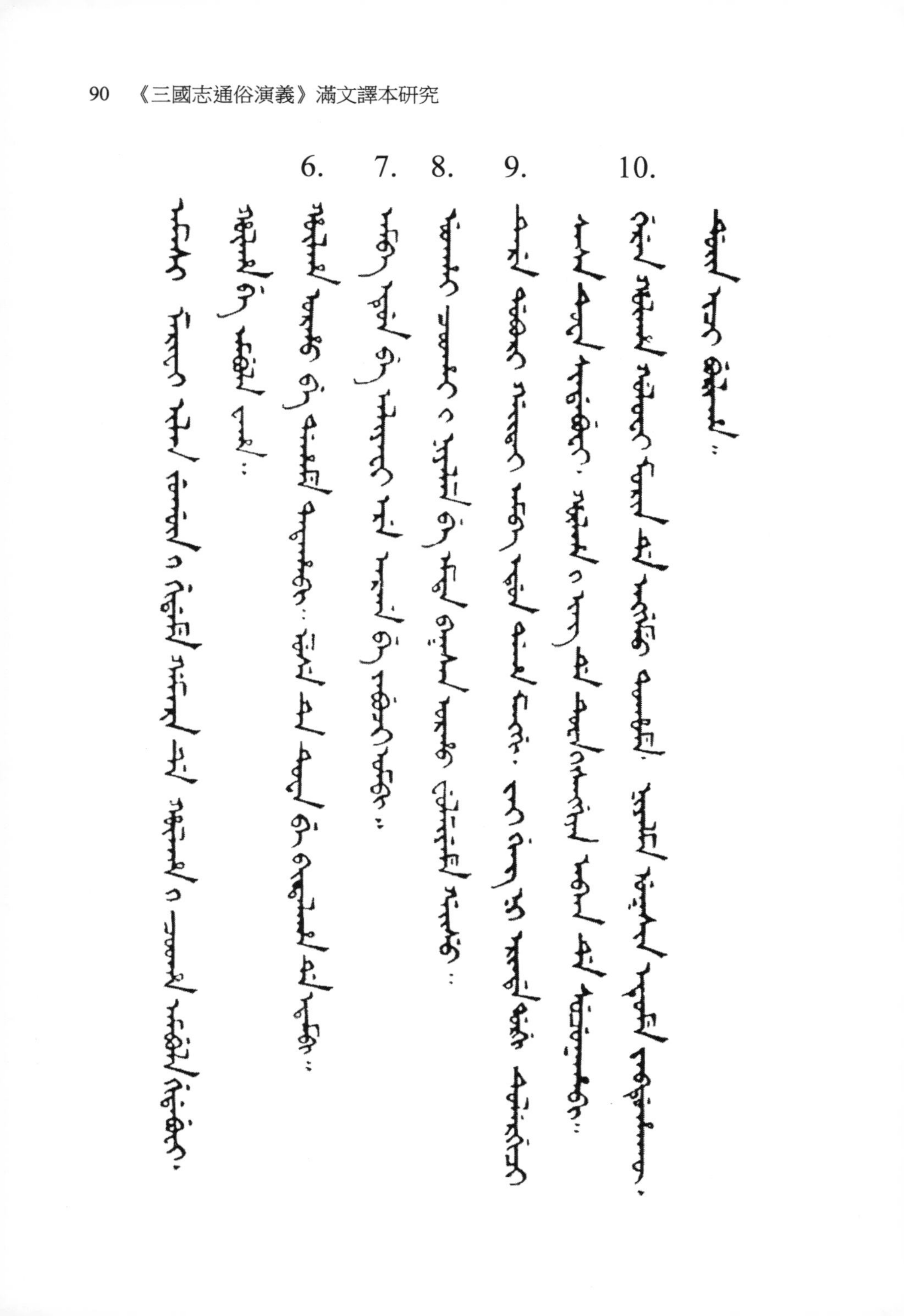

[illegible]

6. [illegible]

7. [illegible]

8. [illegible]

9. [illegible]

10. [illegible]

amasi marifi ilan jugūn i gidame gamara de, hūlha i cooha ambula gidabufi, hūlha be ambula waha.

6. hūlha orho be dahame tatahabi. muse te tuwa be baitalaha de etembi.
7. amba edun be aliyafi ere arga be yabuci ombi.
8. uthai coohai i niyalma be emte baksan orho fulmiyeme gaisu.
9. tere dobori gaitai amba edun daha manggi, jai ging ni erinde dorgi tulergici sasa tuwa sindabufi, hūlha i ing de tuwa i šanggiyan abka de sucunahabi.
10. geren hūlha golofi morin de enggemu tohome, niyalma uksin etume jabduhakū, duin ici burlaha.

三路掩殺，賊軍大敗，勦戮極多。

6.「賊在此依草結營，我等如今用火攻可勝。」

7.「候大風起，可施此計。」

8.即令軍士每人束草一把[32]。

9.其夜大風驟起。是夜二更內外一齊縱火，賊寨火焰張天。

10.賊眾驚慌，馬不及鞍，人不及甲，四散奔走。

三路掩杀，贼军大败，剿戮极多。

6.「贼在此依草结营，我等如今用火攻可胜。」

7.「候大风起，可施此计。」

8.即令军士每人束草一把。

9.其夜大风骤起。是夜二更内外一齐纵火，贼寨火焰张天。

10.贼众惊慌，马不及鞍，人不及甲，四散奔走。

---

32 軍士，滿文當讀作“cooha i niyalma”，此作“coohai i niyalma”，誤。

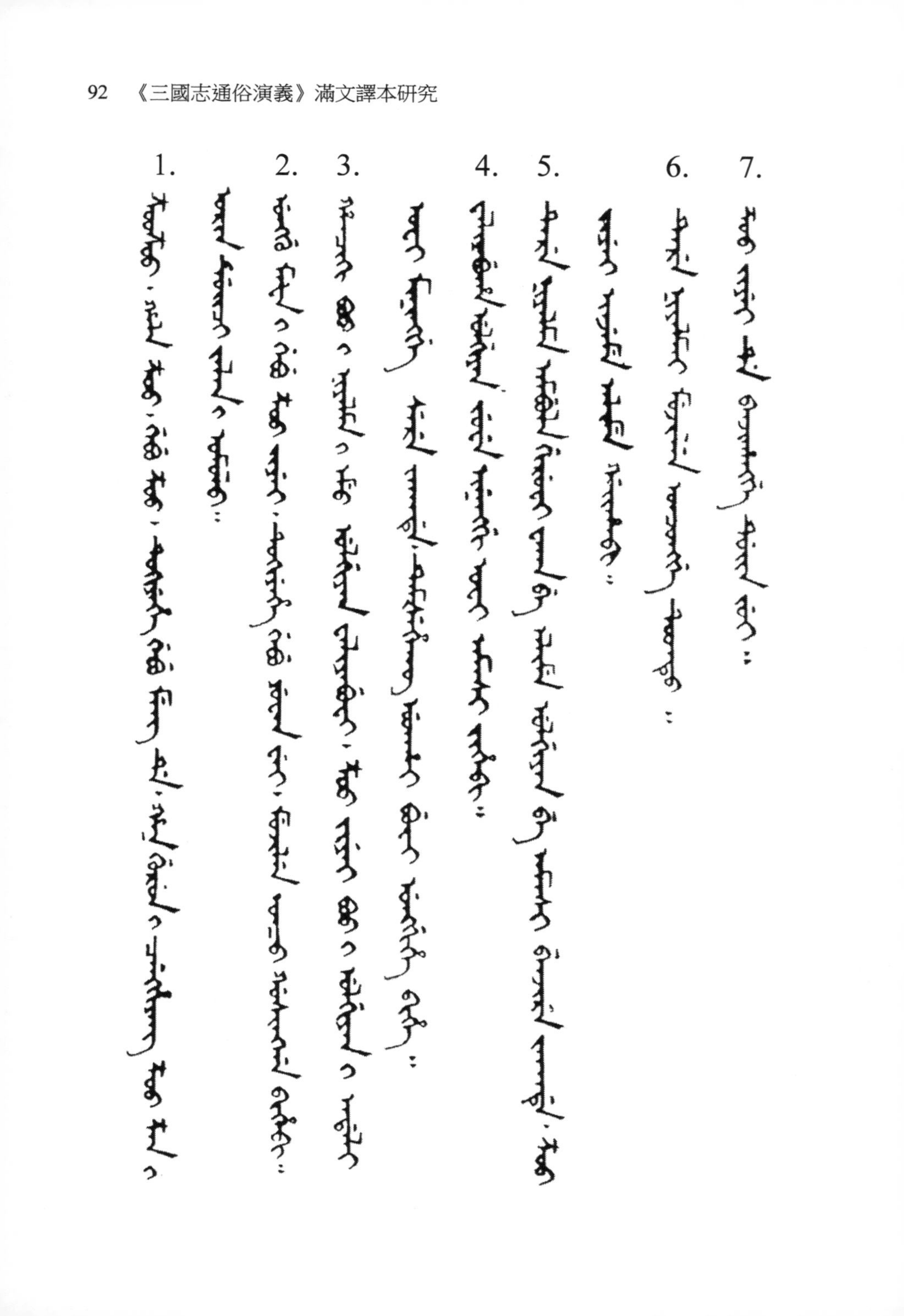

1. [illegible]

2. [illegible]

3. [illegible]

4. [illegible]

5. [illegible]

6. [illegible]

7. [illegible]

三、亂世奸雄

1. ts'oots'oo, hala ts'oo, gebu ts'oo, tukiyehe gebu meng de, han̠ gurun i cenghiyang ts'oo ts'an i orin duici jalan i omolo.
2. unggu mafa i gebu ts'oo jiyei, tukiyehe gebu yuwan wei, mujilen onco gosingga bihebi.
3. hanciki boo i niyalma i emu ulgiyan waliyabufi, ts'oo jiyei boo i ulgiyan i adali ofi miningge sere jakade, temšehekū uthai bufi unggihe bihe.
4. waliyabuha ulgiyan juwe inenggi ofi amasi jihebi.
5. tere niyalma ambula girufi waka be alime ulgiyan be amasi benjire jakade, ts'oo jiyei injeme alime gaihabi.
6. tere niyalmai mujilen oncongge tuttu.
7. ts'oo jiyei de banjihangge duin jui.

1.曹操，姓曹，名操，字孟德，乃漢相曹參二十四代孫。
2.曾祖名曹節，字元偉，仁慈寬厚。
3.有鄰人失去一豬，與曹節家豬相類，登門認之。曹節不與爭，使驅之去。
4.後二日，失去之豬返回。
5.其人大慙，送還豬，曹節笑而納之。
6.其人寬厚如此。
7.曹節生四子。

1.曹操，姓曹，名操，字孟德，乃汉相曹参二十四代孙。
2.曾祖名曹节，字元伟，仁慈宽厚。
3.有邻人失去一猪，与曹节家猪相类，登门认之。曹节不与争，使驱之去。
4.后二日，失去之猪返回。
5.其人大惭，送还猪，曹节笑而纳之。
6.其人宽厚如此。
7.曹节生四子。

8. ᡮᠣᠣ [illegible] ᡮᠣᠣᡮᠣᠣ, [illegible]᠉

9. ᡮᠣᠣᡮᠣᠣ [illegible] ᠪᡳ᠉

10. [illegible] ᡮᠣᠣ [illegible]᠉

11. ᡮᠣᠣᡮᠣᠣ [illegible]᠉

12. [illegible], ᡮᠣᠣᡮᠣᠣ [illegible]᠉

8. ts'oo sung de banjihangge ts'oots'oo, ajigan de hūlaha gebu oo man, jai emu gebu jili, ts'oots'oo ajigan i fonde giyahūn maktara, indahūn dahabure, uculere maksire, fithere ficara efiyen de amuran.
9. ts'oots'oo ajigan ci faksikan serebe, forgošoro arga bi.
10. ini cihalahai balai yabure be, eshen wakalame ini ama ts'oo sung de alafi, ts'oo sung kemuni tantambihe.
11. ts'oots'oo arga deribufi emu inenggi eshen i jidere be sabufi. gaitai na de tuhenefi cira gūwaliyafi angga waiku ohobi.
12. eshen golofi fonjime, si ainahabi, ts'oots'oo hendume, holkonde edun de uttu oho.

8.曹嵩生曹操，小字阿瞞[33]，一名吉利。曹操年幼時，好飛鷹走犬，喜歌舞吹彈。
9.曹操少機警有權術。
10.其遊蕩無度，叔父怪之，言於曹嵩，曹嵩常鞭韃曹操。
11.曹操心生一計，一日見叔父來，詐倒於地，敗面喎口。
12.叔父驚問之：「汝如何？」曹操曰：「猝然中風耳！」

8.曹嵩生曹操，小字阿瞒，一名吉利。曹操年幼时，好飞鹰走犬，喜歌舞吹弹。
9.曹操少机警有权术。
10.其游荡无度，叔父怪之，言于曹嵩，曹嵩常鞭鞑曹操。
11.曹操心生一计，一日见叔父来，诈倒于地，败面喎口。
12.叔父惊问之：「汝如何？」曹操曰：「猝然中风耳！」

---

33 小字阿瞞，滿文讀作“ajigan de hūlaha gebu oo man”，意即「小時候呼喚之名阿瞞」。

13. ᠠᠮᠠᠰᡳ ᠪᡝᡩᡝᡵᡝᠮᡝ᠈ ᠴᠣᠣᡥᠠ ᡳ ᠠᠮᠠᠯᠠ ᡨᠣᠪᠣ ᡤᡝᡵᡝᠨ ᠠᠮᠪᠠᠰᠠ ᠴᠣᠣᡥᠠ ᡳ ᠠᠮᠠᠯᠠ ᡨᠣᠪᠣ ᡤᡝᡵᡝᠨ ᠠᠮᠪᠠᠰᠠ᠈ ᠴᠣᠣᡥᠠ ᠨᡳᠶᠠᠯᠮᠠ ᠪᡝ ᠠᡳ
ᡝᠨᡳᠶᡝ ᡤᡝᠨᡝᡥᡝ᠈ ᠠᠮᠪᠠ ᠰᡝᠣᠯᡝᠮᡝ ᡨᡠᠸᠠᠴᡳ ᠪᡝ ᠨᡝᠩᡤᡝ ᠪᡝᠴᡳᠨᡝᠮᡝ ᠰᠠᡵᡤᠠᠨ ᠪᡝᠰᡝ ᠪᡝᠨᡝᡥᡝᡴᡠ᠉

14. ᠴᠣᠣᡥᠠ ᠰᠣᡵᡤᠣᠨ᠈ ᡤᡝᡵᡝᠨ ᠠᠮᠪᠠᠰᠠ ᠨᡝ ᡳᠰᡳ ᡤᡝᡵᡝᠨ ᡝᠯᡝᠪᡝ ᠠᠨᠠᠮᡝ᠉ ᡝᡵᡝᠮᡝ ᡳ ᠨᡳᠶᠠᠯᠮᠠ ᡳᠰᡳ ᠪᠣᠣᡳᠪᡝ
ᠪᡝᠨᡝᡥᡝᡴᡠ᠉

15. ᠴᠣᠣᡥᠠ ᡤᡝᠨᡝᡥᡝ ᡨᡠᡳᡨᡝᡵᡝ ᡨᡝᡵᡝ ᡤᡝᠯᡝᡥᡝ ᠪᡝ ᠠᠮᠪᠠᠰᠠ᠈ ᠠᠮᠠᠰᡳ ᠴᠣᠣᡥᠠ ᡳ ᠠᡳᠰᡳ ᡨᡠᠸᠠᡥᠠ ᠪᡝ ᡤᡝᠨᡝ ᠠᠮᠠᠰᡳᠨ
ᡤᡝᠯᡝᡥᡝ ᠴᠣᠣᡥᠠ᠈ ᡤᡝᠨᡝᡥᡝ ᡤᡝᠯᡝᡥᡝ ᠪᡝᠨᡝᠮᠪᡳ᠉

16. ᠪᡝᠨᡝᠮᠪᡳ ᠴᠣᠣᡥᠠ ᡤᡝᠨᡝ ᡤᡝᡵᡝᠨ ᡳ ᠠᠮᠪᠠᠨ ᠪᡳᡥᡝ ᠪᠣᠣᡳ ᠪᡝᠯᡝᡥᡝ᠈ ᡨᡝᡵᡝ ᡳ ᠠᠮᠪᠠᠯᡳ ᠪᡝ ᡤᡝᠨᡝᠮᠪᡳ᠈ ᡨᡠᠸᠠᠮᠪᡳ
ᡥᡝᡵᡝᠮᠪᡳ ᡤᡝᠰᡝᠨᡝᠮᡝ ᠪᡳᡥᡝ᠉

17. ᡩᡝᡵᡤᡳ ᡥᡳᠶᠠᠨ᠈ ᠵᡝᠴᡝᠨ ᠴᡳ ᠵᡠᠯᡝᠰᡳ ᡳ ᠪᡝ ᠰᠣᠨᡳᠶᠣᠯᡳᠮᡝ ᠵᡳᡥᡝᡳ᠉ ᠨᡳᠶᠠᠯᠮᠠ ᠪᠠᡥᠠᠨᠠᡵᠠᡴᡡ ᠪᡝ ᠨᡝᠩᡤᡝᡵᡝ
ᠪᠣᠣᡳ ᡥᠠᠴᡳᠨ ᠵᡝᡴᡠ ᠪᡝ ᡨᡠᡥᡝᡵᡝ ᠶᠠᠪᡠᠮᡝ᠈ ᠴᠣᠣᡥᠠ ᠪᡝ ᡤᠠᡳᡶᡳ ᠠᡳᠰᡳᠯᠠᠮᡝ ᠵᡝᡴᡠ ᠪᡝ ᠣᠯᡥᠣᡥᠣ᠈ ᠨᡳᠶᠠᠯᠮᠠ ᡤᡝᡵᡝᠨ

13. eshen bederefi ts'oots'oo i ama ts'oo sung de alanaha amala, ts'oots'oo jenduken ilifi boo de jihe manggi, ama sesulefi fonjime, simbe teni edulehebi sehengge sain ohoo?
14. ts'oots'oo hendume, minde ajigan ci ere gese nimeku akū. ecike i gosirakū de uttu deribuhe.
15. ts'oo sung tereci jui gisun be gaifi, eshen ts'oots'oo i ehe waka be safi alaha seme ts'oo sung gisun gaijarakū.
16. tereci ts'oots'oo ini gūnin i cihai balai dabašame, an i yabun be kicerakū, niyalma inu hihalarakū bihe.
17. damu ciyoo hiowan gebungge niyalma, ts'oots'oo be safi simhun jorime hendume, abkai fejergi oome hamika, facuhūn jalan be dasame toktoburengge. abkai jorime banjibuha

---

13.叔父歸告於曹操之父曹嵩，曹操潛地歸家，父親驚而問曰：「汝中風已瘥乎？」
14.曹操曰：「自來無此疾病[34]，但失愛於叔父，故見罔耳[35]！」
15.曹嵩乃信其言，後叔父但言曹操過失，曹嵩並不聽。
16.因此曹操得恣意放蕩，不務行業，時人未之奇也。
17.惟有橋玄之人，一見曹操，指而言曰：「天下將亂，治安亂世者，

13.叔父归告于曹操之父曹嵩，曹操潜地归家，父亲惊而问曰：「汝中风已瘥乎？」
14.曹操曰：「自来无此疾病，但失爱于叔父，故见罔耳！」
15.曹嵩乃信其言，后叔父但言曹操过失，曹嵩并不听。
16.因此曹操得恣意放荡，不务行业，时人未之奇也。
17.惟有桥玄之人，一见曹操，指而言曰：「天下将乱，治安乱世者，

---

34 自來無此疾病，滿文讀作“minde ajigan ci ere gese nimeku akū”，意即「我從小無似此疾病」。
35 故見罔耳，滿文讀作“uttu deribuhe”，意即「故引起了」。

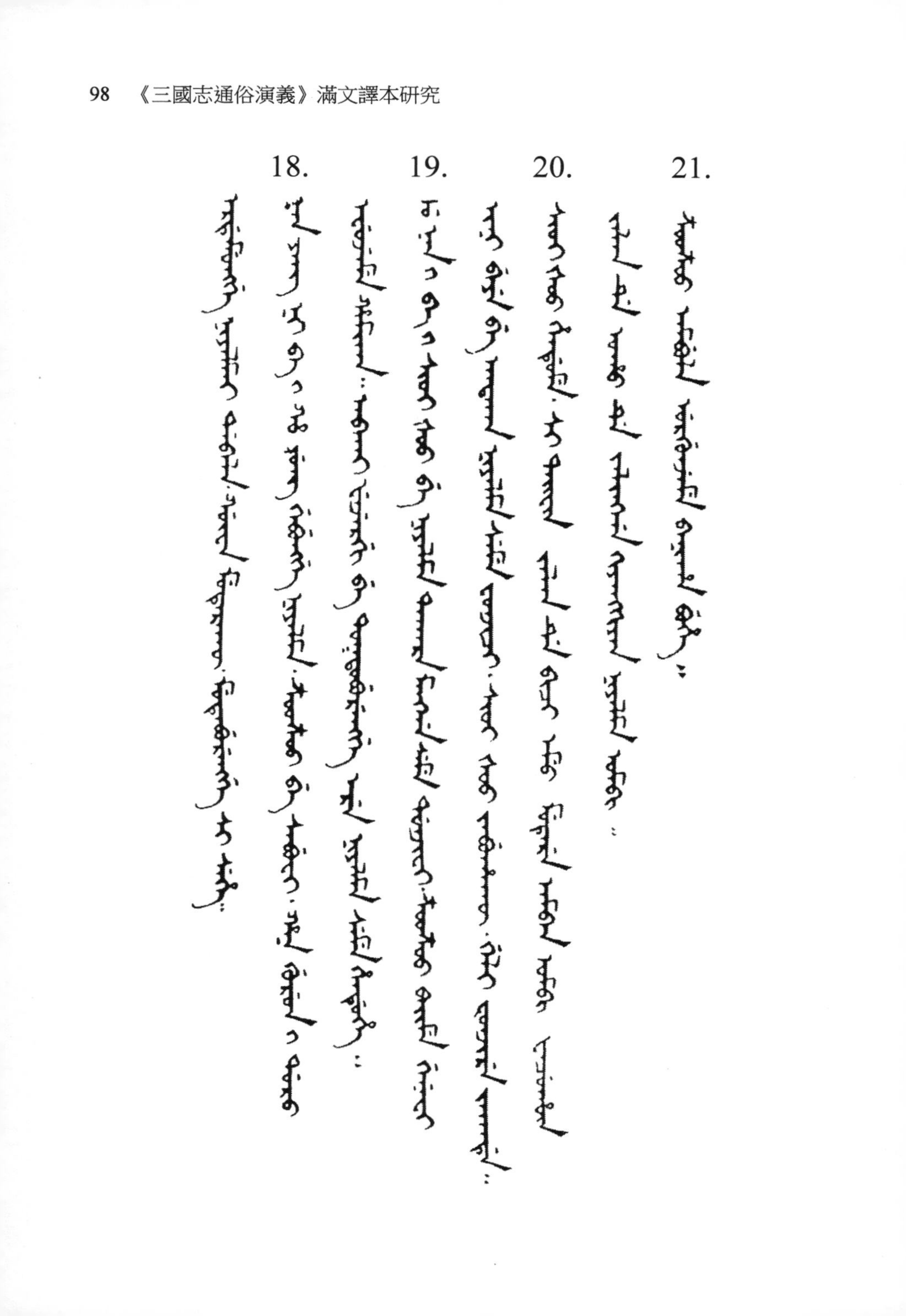

[illegible]

18. [illegible]

19. [illegible]

20. [illegible]

21. [illegible]

erdemungge niyalmai dabala, gūwa muterakū, muteburengge si sehe.

18. nan yang ni ba i ho yung gebungge niyalma, ts'oots'oo be sabufi, han gurun i doro efujeme hamika, abkai fejergi be toktoburengge ere niyalma seme henduhe.
19. žu nan i ba i sioi šoo be niyalma takara mangga seme donjifi, ts'oots'oo baime genefi ini beye be antaka niyalma seme fonjici, sioi šoo jabuhakū, geli fonjire jakade.
20. sioi šoo hendume, si taifin jalan de bici emu mutere amban ombi, facuhūn jalan de oho de jalingga kiyangkiyan niyalma ombi.
21. ts'oots'oo ambula urgunjeme baniha buhe.

非命世之才不能濟也。能安之者，其在君乎？」
18.南陽何顒見曹操，言：「漢室將亡，安天下者，必是此人也。」
19.汝南許劭有高名，曹操往見之。問曰：「我何如人也？」許劭不答。又問。
20.許劭曰：「子治世之能臣，亂世之奸雄也。」
21.曹操大喜而謝。

非命世之才不能济也。能安之者，其在君乎？」
18.南阳何颙见曹操，言：「汉室将亡，安天下者，必是此人也。」
19.汝南许劭有高名，曹操往见之。问曰：「我何如人也？」许劭不答。又问。
20.许劭曰：「子治世之能臣，乱世之奸雄也。」
21.曹操大喜而谢。

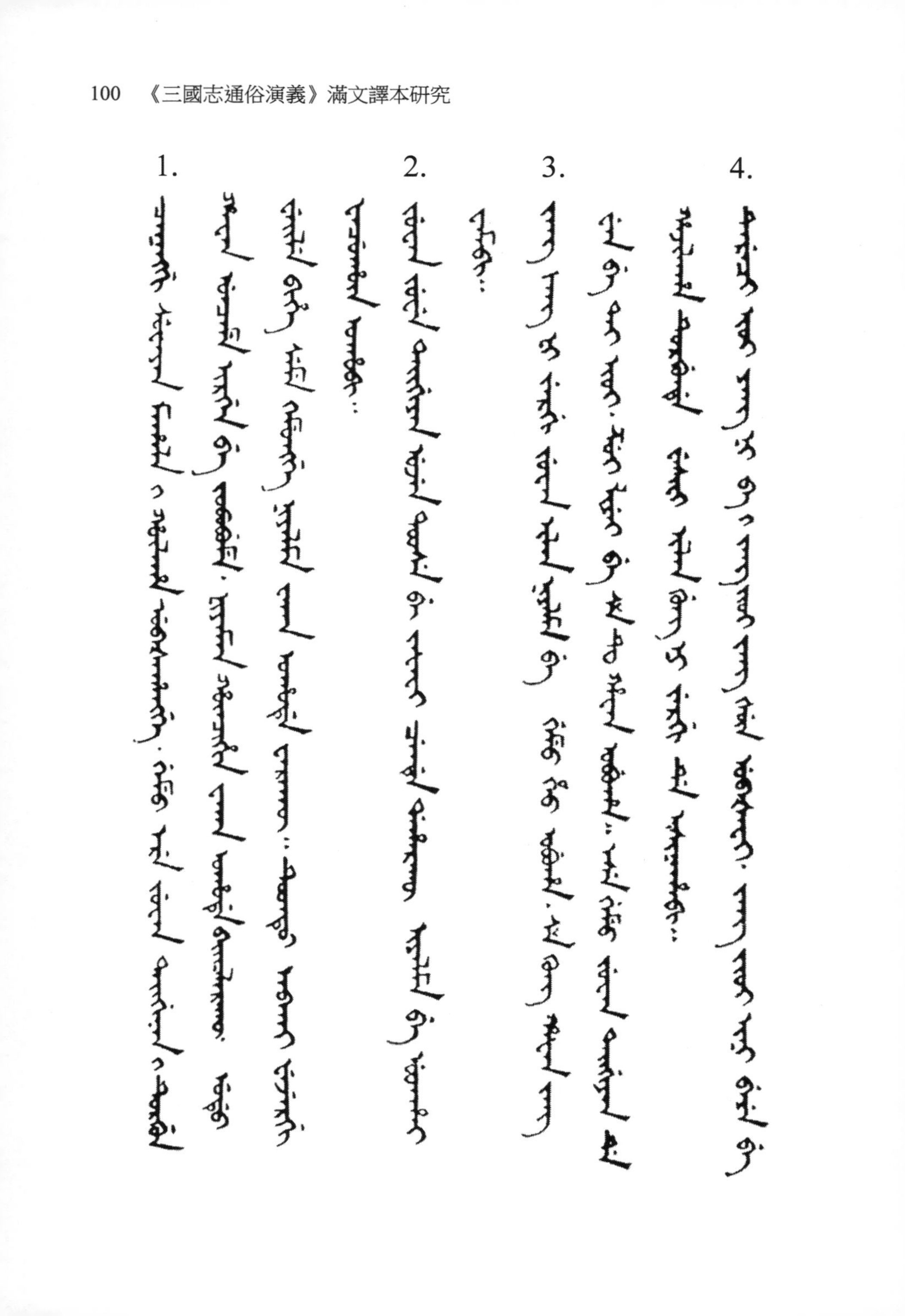

1. [illegible]

2. [illegible]

3. [illegible]

4. [illegible]

四、禍國殃民

1. cananggi suwayan mahala i hūlha ubašahangge, gemu ere juwan taigiyan i turgun hafan uncame irgen be jobobume, niyaman hūncihin waka ohode baitalarakū, udu weile bihe seme kemungge niyalma waka ohode warakū. tuttu abkai fejergi facuhūn ohobi.
2. juwan juwe taigiyan ujen toose be jafafi, cende daharakū niyalma be uthai wambi.
3. jang žang ni jergi juwan ilan niyalma be gemu heo obuha, sy kung hafan jang wen be tai ioi, ts'ui liyei be sy tu hafan obuha. ese gemu juwan taigiyan de hajilaha turgunde wesifi ilan gung ni jergi de isinahabi.
4. tereci ioi yang ni ba i jang jioi, jang šūn ubašafi, jang jioi ini beye be

---

1.昔黃巾造反，其原皆由十常侍賣官害民，非親不用，非讐不誅，以致天下大亂。
2.十常侍既握重權[36]，但有不從己者，乃誅之。
3.張讓等十三人皆封列侯，司空張溫為太尉，崔烈為司徒，此皆是結好十常侍，故得為三公。
4.因此漁陽張舉、張純造反，張舉

1.昔黄巾造反，其原皆由十常侍卖官害民，非亲不用，非雠不诛，以致天下大乱。
2.十常侍既握重权，但有不从己者，乃诛之。
3.张让等十三人皆封列侯，司空张温为太尉，崔烈为司徒，此皆是结好十常侍，故得为三公。
4.因此渔阳张举、张纯造反，张举

---

36 十常侍，滿文讀作“juwan juwe taigiyan”，句中“juwe”，係衍詞。

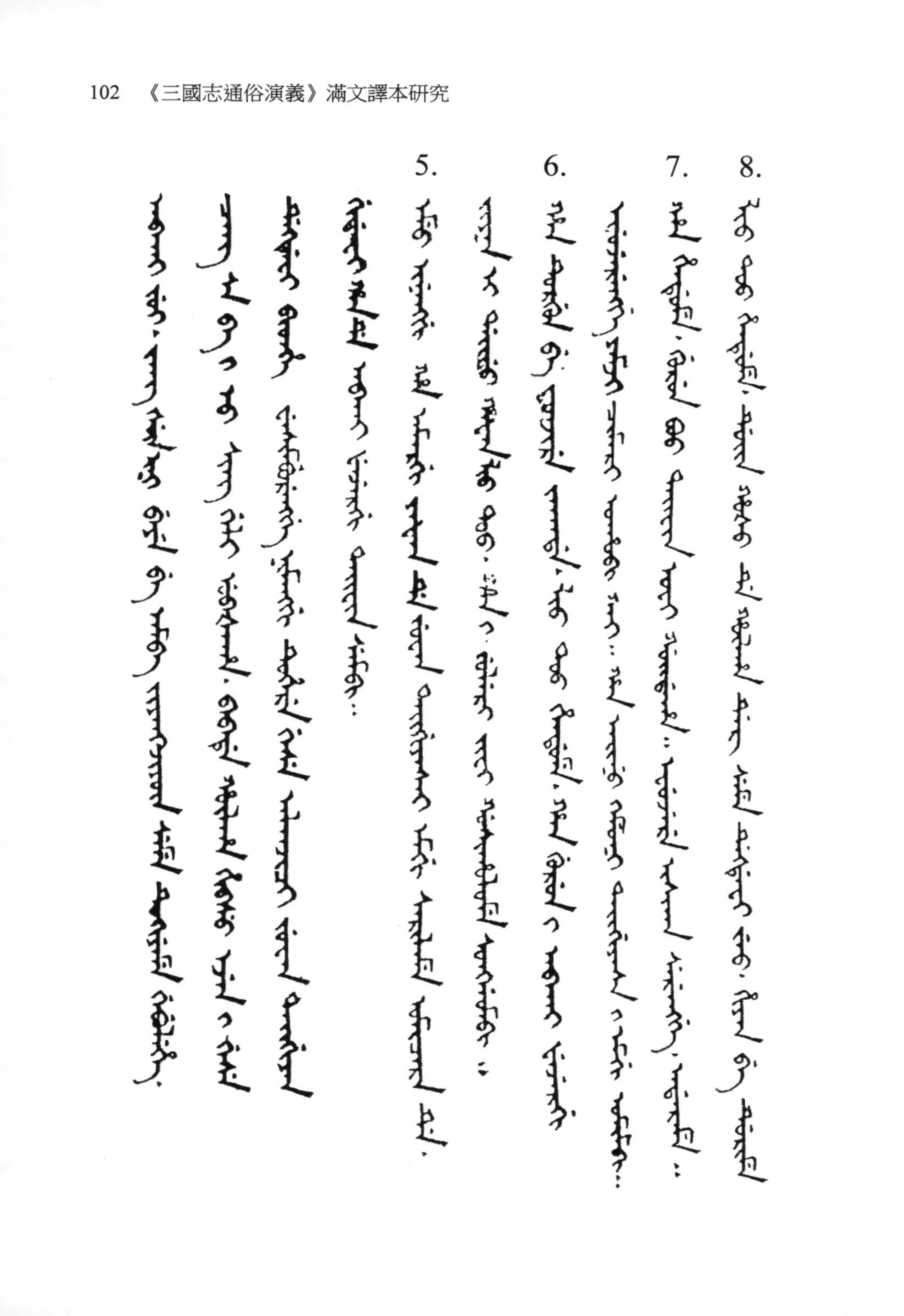

8. [illegible]

7. [illegible]

6. [illegible]

5. [illegible]

abkai jui, jang šūn ini beye be amba jiyangjiyūn seme tukiyeme gebulehe, cang sa ba i eo sing geli ubašaha, babade hūlha hibsu ejen i gese dekdefi, bithe wesimburengge nimanggi tuhere gese alanjici, juwan taigiyan gidafi han de abkai fejergi taifin sembi.

5. emu inenggi han amargi yafan de juwan taigiyasai emgi sarilame omicara de, jiyan̲ i daifu hafan lio too, han i juleri jifi gosiholome songgombi.
6. han turgun be fonjire jakade, lio too hendume, han〔han̲〕gurun i abkai fejergi efujerengge yamji cimari ohobi kai. han ainu kemuni taigiyasa i emgi omimbi.
7. han hendume, gurun boo taifin ofi goidaha, efujere isika serengge, adarame.
8. lio too hendume, duin hošo de hūlha der seme dekdefi jeo, hiyan be durime

---

稱天子，張純稱大將軍。長沙歐星又反，各處蜂起。表章雪片告急，十常侍皆藏匿，只奏天下無事。
5.一日，帝在後園與十常侍飲宴。諫議大夫劉陶，逕到帝前大慟。
6.帝問其故，劉陶曰：「漢天下危在旦夕，陛下尚自與宦官共飲耶？」
7.帝問：「國家承平之日久矣，有何危急？」
8.劉陶曰：「四方盜賊並起，侵掠州郡，

称天子，张纯称大将军。长沙欧星又反，各处蜂起。表章雪片告急，十常侍皆藏匿，只奏天下无事。
5.一日，帝在后园与十常侍饮宴。谏议大夫刘陶，径到帝前大恸。
6.帝问其故，刘陶曰：「汉天下危在旦夕，陛下尚自与宦官共饮耶？」
7.帝问：「国家承平之日久矣，有何危急？」
8.刘陶曰：「四方盗贼并起，侵掠州郡，

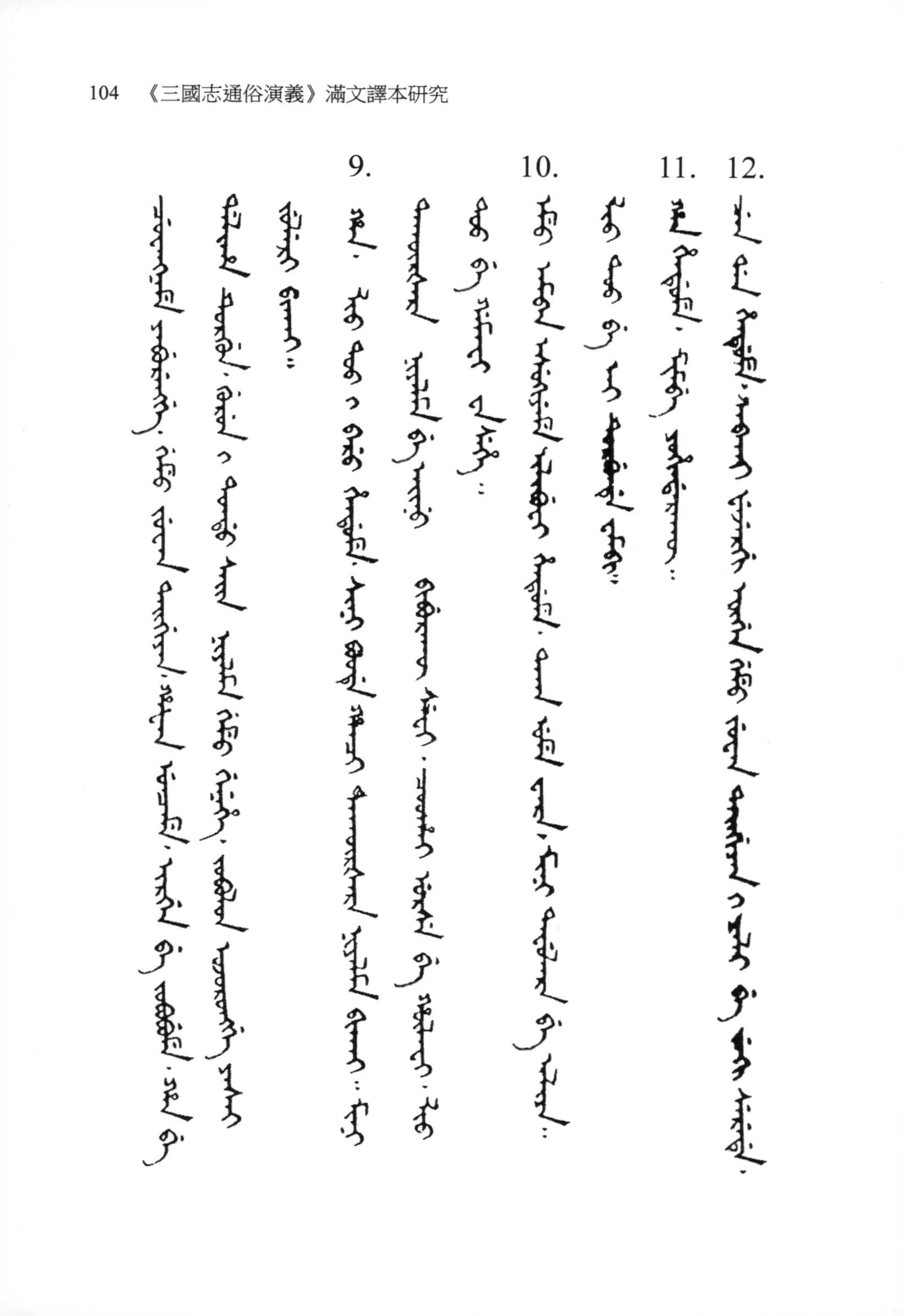

12. [illegible]

11. [illegible]

10. [illegible]

9. [illegible]

cuwangname yaburengge, gemu juwan taigiyan, hafan uncame, irgen be jobobume, han be daliha turgun, gurun i tondo sain niyalma gemu genehe, jobolon ojorongge yasai juleri bikai.

9. han, lio too i baru hendume, sini boode hanci takūršara niyalma bikai. mini takūršara niyalma be ainu biburakū sefi, coohai urse be hūlafi, lio too be gamafi wa sehe.
10. emu amban esukiyeme ilibufi hendume, taka ume wara, mini tafulara be aliya. lio too be ai turgunde wambi.
11. han hendume, mimbe yohindarakū.
12. cen dan hendume, abkai fejergi irgen gemu juwan taigiyan i yali be jeki serede,

---

皆由十常侍，賣官害民，欺君罔上，朝廷正人皆去，禍在目前矣。」

9.帝與劉陶曰：「汝家亦有近侍之人，何不容寡人耶？」呼武士推出劉陶斬之。
10.一大臣喝住：「勿得下手，待吾諫去。何故斬劉陶？」
11.帝曰：「冒瀆朕躬。」
12.陳躭曰：「天下人民欲食十常侍之肉，

皆由十常侍，卖官害民，欺君罔上，朝廷正人皆去，祸在目前矣。」

9.帝与刘陶曰：「汝家亦有近侍之人，何不容寡人耶？」呼武士推出刘陶斩之。
10.一大臣喝住：「勿得下手，待吾谏去。何故斩刘陶？」
11.帝曰：「冒渎朕躬。」
12.陈躭曰：「天下人民欲食十常侍之肉，

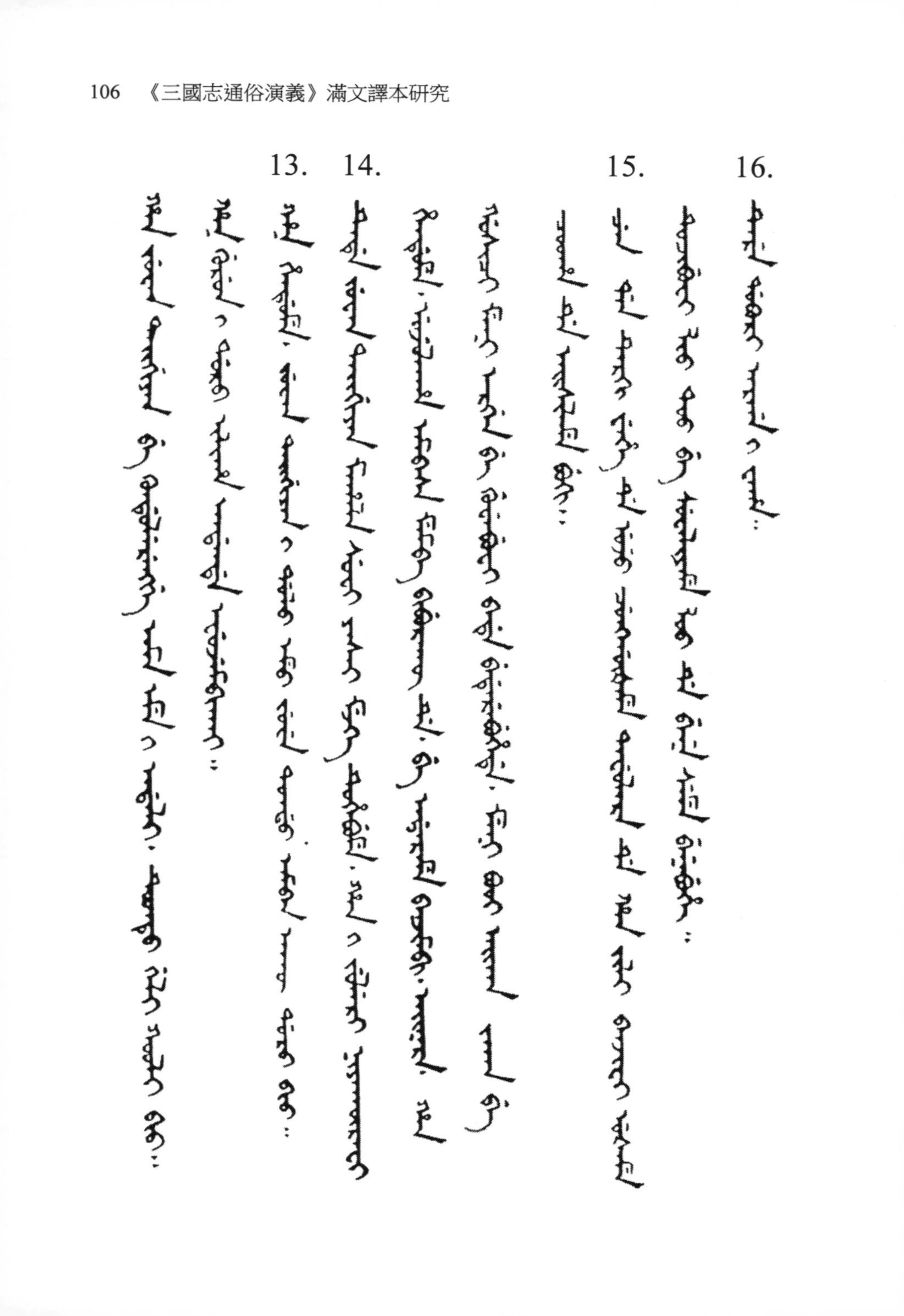

[illegible]

13. [illegible]

14. [illegible]

15. [illegible]

16. [illegible]

han juwan taigiyan be kundulerengge ama eme i adali, tuttu geli kooli bio. han̲ gurun i doro iliha andande efujembikai.

13. han hendume, juwan taigiyan i dolo emu juwe tondo amban akū doro bio.

14. tede juwan taigiyan mahala sufi yasai muke tuhebume, han i juleri niyakūrafi hendume, ujulaha ambasa membe biburakū de, be adarame banjimbi. ainara, han gosici meni ergen be guwebufi bade bederebuhede, meni booi aika jaka be cooha de aisilame buki.

15. cen dan terki wehe de uju cunggūšame tafulara de han jili banjifi ušame tucibufi lio too be suwaliyame loo de bene seme benebuhe.

16. tere dobori arga i waha.

陛下敬十常侍如父母，豈有此理？漢社稷立見崩摧矣。」
13.帝曰：「十常侍中豈無一二忠臣？」
14.十常侍皆免冠流涕，跪於帝前曰：「大臣不容臣等，臣等不能活矣，願乞性命歸田里，盡將財產，以助軍資。」
15.陳躭以頭撞階而諫，帝怒，命牽出，與劉陶皆下獄中。
16.是夜，俱謀殺之。

陛下敬十常侍如父母，岂有此理？汉社稷立见崩摧矣。」
13.帝曰：「十常侍中岂无一二忠臣？」
14.十常侍皆免冠流涕，跪于帝前曰：「大臣不容臣等，臣等不能活矣，愿乞性命归田里，尽将财产，以助军资。」
15.陈躭以头撞阶而谏，帝怒，命牵出，与刘陶皆下狱中。
16.是夜，俱谋杀之。

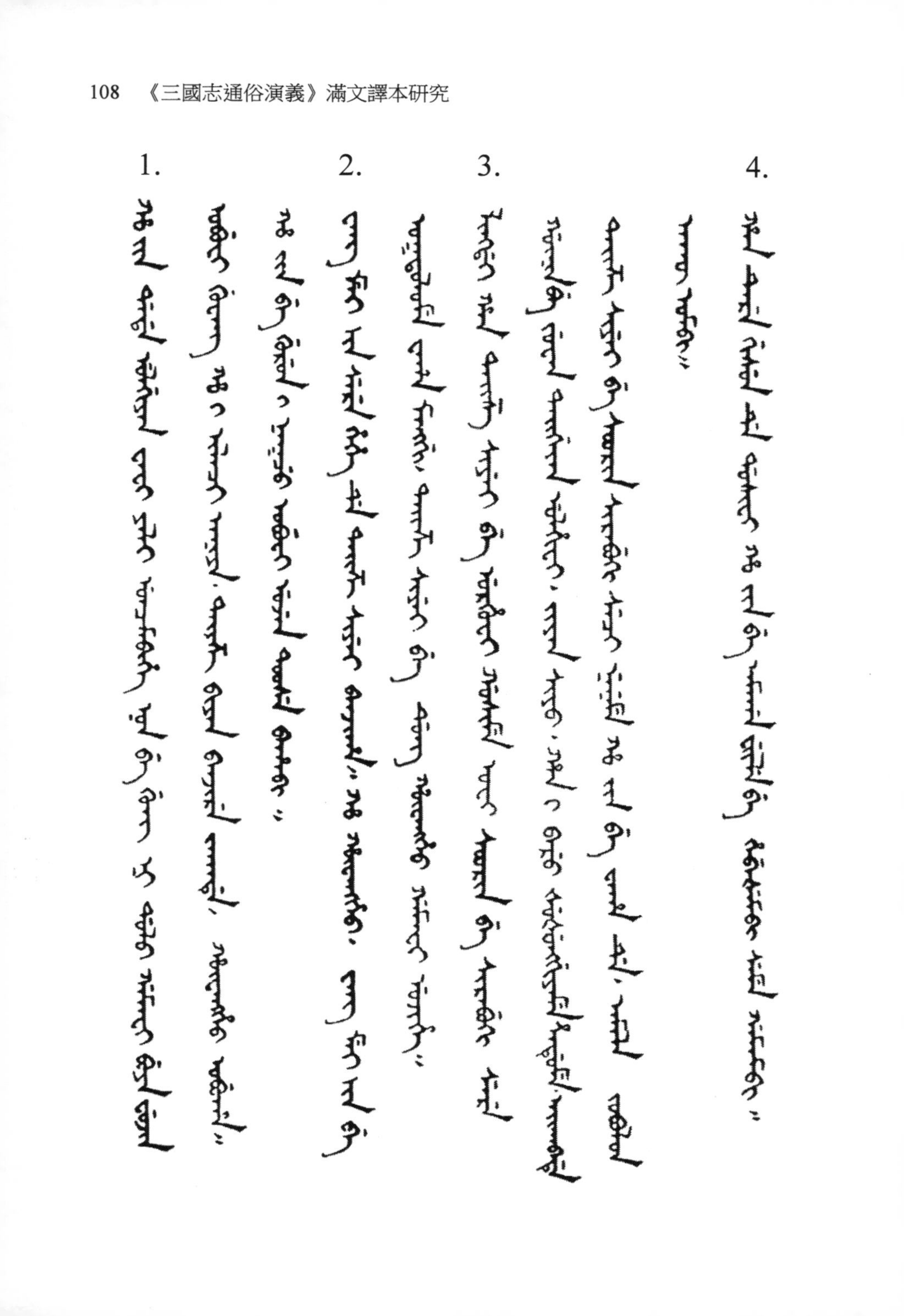

1. [illegible]

2. [illegible]

3. [illegible]

4. [illegible]

五、後宮爭寵

1. ho jin dade ulgiyan wafi yali uncambihe, non be gung ni dolo gamafi buya fujin obufi, guwang ho i ilaci aniya, taidz biyan banjire jakade, hūwangheo obuha. ho jin be gurun i nakcu obufi, ujen toose bahabi.
2. wang mei žin sere hehe de taidz siyei banjiha. ho hūwangheo, wang mei žin be oktolome waha manggi, taidz siyei be dung hūwangheo gamafi ujihe.
3. lingdi han taidz siyei be urhufi gosime ofi, soorin be sirabuki sere gūnin be juwan taigiyan ulhifi, jiyan siyo, han i baru šušunggiyame hendume, aikabade taidz siyei be soorin sirabuki seci, neneme ho jin be waha de, amala jobolon akū ombi.
4. han tere gisun de dosifi, ho jin be amaga weile be hebešembi seme gamambi.

1.何進起身屠家，因妹入宮為貴人，光和三年，生太子辨，故立為皇后，進為國舅，得權重任。
2.王美人生太子協，何皇后酖殺王美人，太子協得董皇后恩養。
3.靈帝偏愛太子協，欲立之。十常侍知天子意，蹇碩乃暗奏曰：「若欲立太子協，必先誅何進，以絕後患。」
4.帝從之，宣何進，託以後事。

1.何进起身屠家，因妹入宫为贵人，光和三年，生太子辨，故立为皇后，进为国舅，得权重任。
2.王美人生太子协，何皇后酖杀王美人，太子协得董皇后恩养。
3.灵帝偏爱太子协，欲立之。十常侍知天子意，蹇硕乃暗奏曰：「若欲立太子协，必先诛何进，以绝后患。」
4.帝从之，宣何进，托以后事。

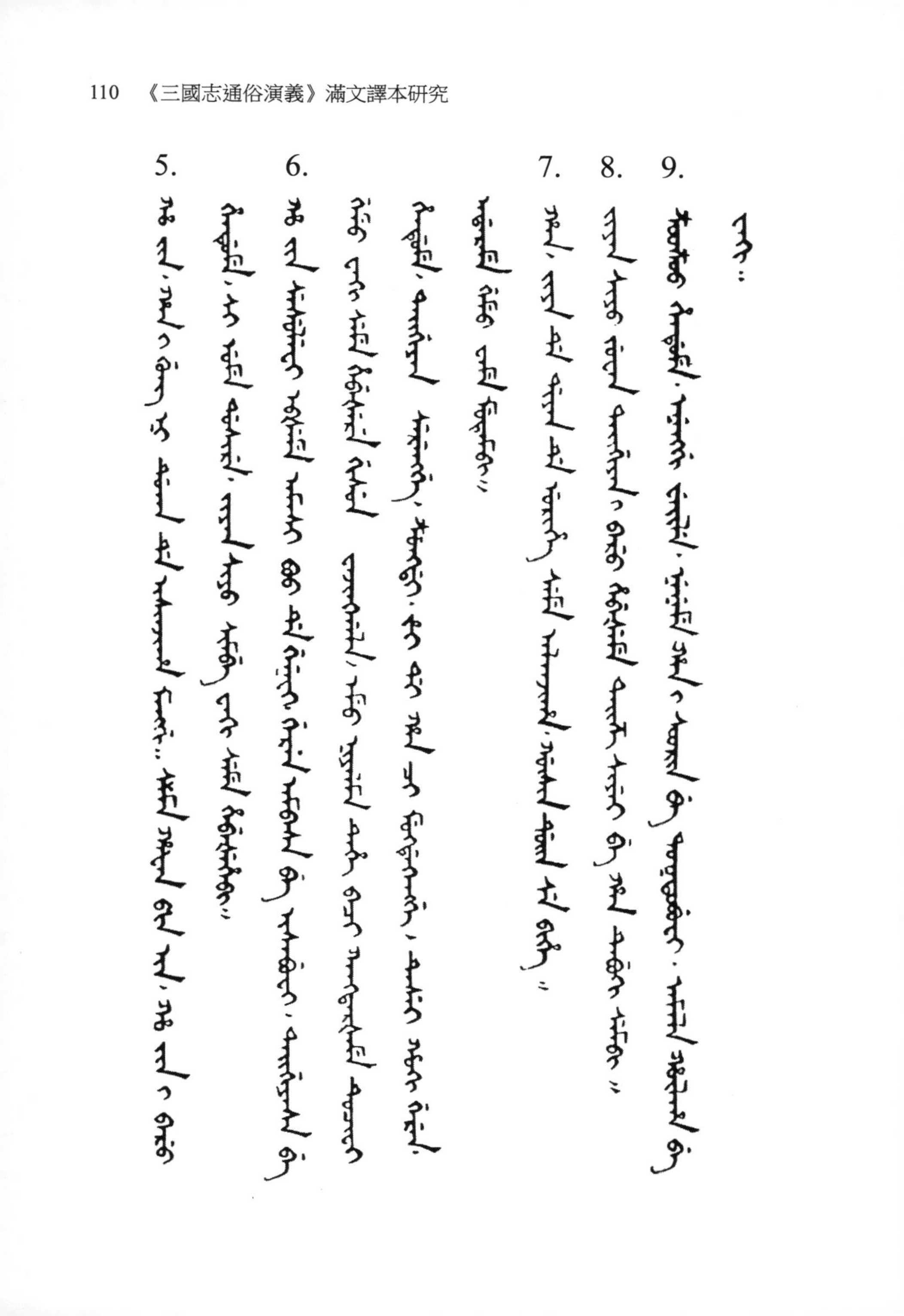

5. ho jin, han i gung ni duka de isinjiha manggi, syma hafan pan in, ho jin i baru hendume, si ume dosire, jiyan siyo simbe waki seme hebešehebi.
6. ho jin sesulefi ebšeme amasi boo de genefi, geren ambasa be isabufi, taigiyasa be gemu waki seme hebešere gisun wajinggala, emu niyalma tehe baci kangtaršame tucifi hendume, taigiyan serengge, ts'ungdi, jy di han ci mukdekengge, tesei hoki geren, adarame gemu wame mutembi.
7. han, jiya de diyan de urihe seme alanjiha, gūsin duin se bihe.
8. jiyan siyo juwan taigiyan i baru hebešeme taidz siyei be han tebuki sembi.
9. ts'oots'oo hendume, enenggi weile, neneme han i soorin be toktobufi, amala hūlha be waki.

5.何進到宮門，司馬潘隱與何進曰：「不可入宮，蹇碩欲謀殺汝。」
6.何進大驚，急歸私宅，召諸大臣，欲盡誅宦官。言未盡，一人挺身出曰：「宦官起自沖、質之時[37]，滋蔓極廣，安能盡誅？」
7.來報帝崩於嘉德殿，時年三十四歲。
8.蹇碩與十常侍商議，冊立太子協為帝。
9.曹操曰：「今日之計，先正君位，然後圖賊。」

5.何进到宫门，司马潘隐与何进曰：「不可入宫，蹇硕欲谋杀汝。」
6.何进大惊，急归私宅，召诸大臣，欲尽诛宦官。言未尽，一人挺身出曰：「宦官起自冲、质之时，滋蔓极广，安能尽诛？」
7.来报帝崩于嘉德殿，时年三十四岁。
8.蹇硕与十常侍商议，册立太子协为帝。
9.曹操曰：「今日之计，先正君位，然后图贼。」

---

37 沖、質之時，滿文讀作“ts'ungdi, jy di han”，意即「沖帝、質帝」。

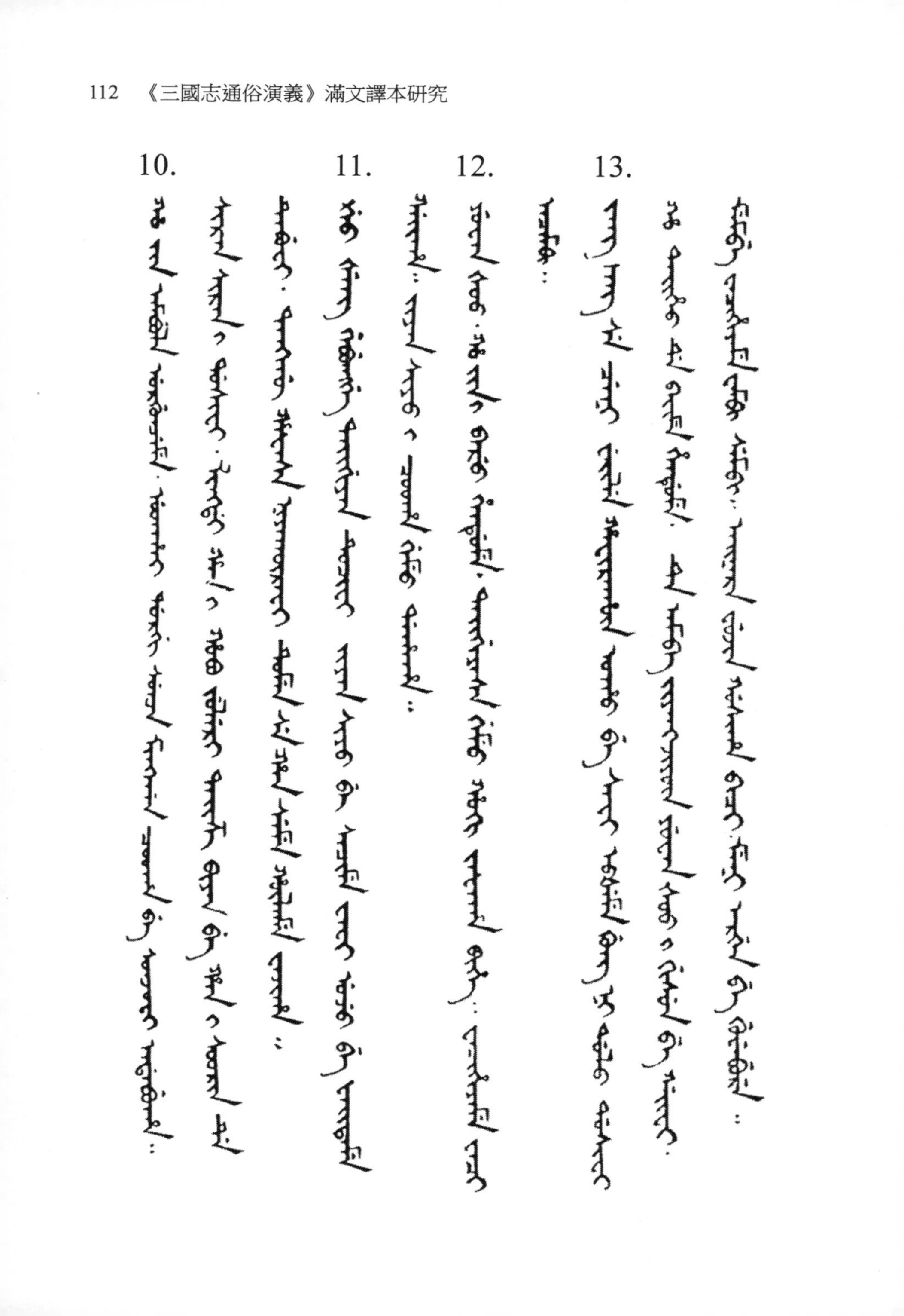

10. [illegible]

11. [illegible]

12. [illegible]

13. [illegible]

10. ho jin ambula urgunjeme, uthai dorgi sunja minggan cooha be sonjofi adabuha. siran siran i dosifi, lingdi han i hobo juleri taidz biyan be han i soorin de tebufi, tanggū hafasa niyakūrafi tumen se han seme hūlame wajiha.
11. g'eo šeng gebungge taigiyan tucifi, jiyan siyo be sacime wafi uju be faitame gaiha. jiyan siyo i cooha gemu dahaha.
12. yuwan šoo, ho jin i baru hendume, taigiyasa gemu hoki jafaha bihe. wacihiyame waci acambi.
13. jang žang se ceni weile hafirahūn oho be safi, ebšeme gung ni dolo dosifi, ho taiheo de baime hendume, te amba jiyangjiyūn yuwan šoo i gisun be gaifi, membe wacihiyame wambi sembi. ainara fujin gosiha bici, meni ergen be guwebure.

10.何進大喜，遂點御林軍五千，相繼而入，就靈帝柩前，扶立太子辨即皇帝位，百官呼譟畢。
11.常侍郭勝一刀把蹇碩砍翻，割頭而去，蹇碩所領禁軍皆降。
12.袁紹與何進曰：「中官結黨，可盡誅之。」
13.張讓等知事急，慌入宮，求告何太后曰：「今大將軍信袁紹之言，盡欲誅臣等，乞娘娘憐憫[38]。」

10.何进大喜，遂点御林军五千，相继而入，就灵帝柩前，扶立太子辨即皇帝位，百官呼噪毕。
11.常侍郭胜一刀把蹇硕砍翻，割头而去，蹇硕所领禁军皆降。
12.袁绍与何进曰：「中官结党，可尽诛之。」
13.张让等知事急，慌入宫，求告何太后曰：「今大将军信袁绍之言，尽欲诛臣等，乞娘娘怜悯。」

---

38 乞娘娘憐憫，滿文讀作“ainara fujin gosiha bici, meni ergen be guwebure”，意即「乞娘娘憐憫，赦免臣等性命」。

1. ᠪᠣᡩᠣᠴᡳ ᠶᠠᠪᡠᡵᡝ ᡤᡡᠨᡳᠴᡳ᠈ ᠪᡳ ᠠᠮᠪᠠᡴᠠᠯᠠᠮᡝ ᡳᠯᡳᠪᡠᡥᡝ᠈ ᡤᡝᠨᡝᡥᡝ ᡨᡝᡵᡝ ᠶᠠᠪᡠᡵᡝ ᡳᠯᡳᠪᡠᡥᡝ ᠪᠣᡩᠣᠮᠪᡳ᠉

2. ᡤᠣᡩᠣᠪᡠᡥᡝ ᡩᡝ ᡳᠰᡳ ᡨᡝᡵᡝ ᠪᡝ ᡤᡝᠨᡝᡥᡝ ᠣᠮᡝ ᡳᠯᡳᡥᠠ ᡤᡝᡵᡝᠨ ᡨᡠᠴᡳᠪᡠᡥᡝ᠉ ᠮᡠᠰᡝ ᡝᠵᡝᡥᡝ ᡨᡝᡵᡝ ᡩᡝ ᡤᡝᠮᡠ ᠪᡠᠶᡝ ᠪᠣᠣᡳ ᠪᡝᡳᠯᡝᠮᡝ ᡤᡝᡵᡝᠨ ᠪᠣᡥᠣᡨᡠᠮᡝ ᡤᡝᡵᡝᠨᡳ᠈ ᡝᠮᡠ

3. ᡨᡝᡵᡝ ᡩᡝ ᡝᠮᡠ ᡳᠯᡳᡥᠠ ᡤᠣᡩᠣᠪᡠᡥᡝ ᡝᡵᡝ ᠪᠣᠣ ᡨᡠᡨᡠᠪᡠᡥᡝ ᡤᡝᠨᡝᡥᡝ ᡤᡝᡵᡝᠨ ᡳᠯᡳᡥᠠ ᡩᡝ ᡤᠣᡩᠣᠪᡠᡥᡝ᠈ ᠮᡠᠰᡝ ᡩᡝ ᡤᡝᠮᡠ ᡤᡝᡵᡝᠨ ᡝᡵᡝ ᡳᠯᡳᡥᠠ ᡤᡝᠨᡝᡥᡝ ᡩᡝ ᡤᠣᡩᠣᠪᡠᡥᡝ᠈ ᡨᡝᡵᡝ ᡝᠵᡝᡥᡝ᠈ ᠮᡠᠰᡝ ᡳ ᡤᡝᡵᡝᠨ ᡨᡝᡵᡝ ᡩᡝ ᡤᡝᠨᡝᡥᡝ ᡳ ᡤᡝᠮᡠ ᡨᡠᡨᡠᠪᡠᡥᡝ ᡤᡝᡵᡝᠨ ᡨᡝᡵᡝ ᡤᡝᠨᡝᡥᡝ ᡩᡝ ᠪᡝᡳᠯᡝᠮᡝ᠉

4. ᠮᡠᠰᡝ ᡝᡵᡝ ᠪᠣᠣᡳ ᡤᡝᡵᡝᠨ ᡤᡝᠨᡝᡥᡝ ᡳᠯᡳᡥᠠ᠉ ᡤᡝᡵᡝᠨ ᡳᠯᡳᡥᠠ ᠪᡝ ᡨᡝᡵᡝ ᡝᠵᡝᡥᡝ ᡤᡝᠨᡝᡥᡝ ᠪᡳ ᡳᠯᡳᡥᠠ ᡨᡠᡨᡠᠪᡠᡥᡝ

5. ᡨᡝᡵᡝ ᡩᡝ ᡤᡝᠨᡝᡥᡝ᠈ ᡤᡝᡵᡝᠨ ᡝᠮᡠ ᡤᡝᠮᡠᠪᡠᡥᡝ ᡳᠯᡳᡥᠠ ᠪᠣᡥᠣ ᡤᡝᡵᡝᠨ ᠪᠣᠣᡳ ᡨᡠᡨᡠᠪᡠᡥᡝ ᡤᠣᡩᠣᠪᡠᡥᡝ ᡩᡝᡵᡤᡳ ᡳᠯᡳᡥᠠ ᡤᡝᠨᡝᡥᡝ ᡳᠯᡳᠪᡠᡥᡝ᠉

六、貂蟬呂布

1. dungdzo injefi hendume, bi abkai gosire niyalma, mimbe waki sere niyalma urunakū wabumbi.
2. sytu hafan wang yun abkai baru tuwame yasai muke tuhebume bisirede, gaitai donjici mu dan ting ni dalbade emu niyalma golmin sejilembi.
3. wang yun jendu genefi tuwaci, ini booi uculeme maksime efire sargan jui diyoocan, tere sargan jui be ajigen ci efiyen de dosimbuhabihe, wang yun, diyoo can i sure genggiyen be safi, uculere maksire fithere ficara efiyen be tacibuha.
4. diyoo can boco fiyan jergi akū. juwan jakūn se, wang yun beyei jui adali gosimbi.
5. wang yun hendume, sinde encu mujilen akū oci, farhūn dobori ubade jifi ainu golmin sejilembi.

1.董卓笑曰:「吾天祐之人,害吾者必敗[39]。」
2.司徒王允仰天垂淚沉吟,忽聞有人在牡丹亭畔長吁短歎[40]。
3.王允潛步窺之,乃府中歌舞美人貂蟬女也,其女自幼選入充樂女。王允見其聰明,教以歌舞吹彈。
4.貂蟬顏色傾城,當年十八,王允以親女待之。
5.王允曰:「汝不有私情,何夜深于此長歎?」

1.董卓笑曰:「吾天佑之人,害吾者必败。」
2.司徒王允仰天垂泪沉吟,忽闻有人在牡丹亭畔长吁短叹。
3.王允潜步窥之,乃府中歌舞美人貂蝉女也,其女自幼选入充乐女。王允见其聪明,教以歌舞吹弹。
4.貂蝉颜色倾城,当年十八,王允以亲女待之。
5.王允曰:「汝不有私情,何夜深于此长叹?」

---

39 害吾者必敗,句中「必敗」,滿文讀作"urunakū wabumbi",意即「必被殺」。
40 牡丹亭畔,句中「牡丹」,規範滿文讀作"modan",此作"mu dan",異。

6. 7.　　　8.　　　　　　　9.　10.　11.

[Manchu script text in vertical columns, read right-to-left]

6. diyoo can hendume, amba niyalma ai turgunde mini fusihūn beye de hengkilembi.
7. wang yun hendume, tanggū halai irgen fudasihūn lakiyaha gese jobolon ohobi, haṉ gurun i han amban umhan sahara gese suilambi. sini dabala, gūwa aitubume muterakū.
8. wang yun hendume, bi te simbe neneme lioi bu de bure seme angga aljafi, amala simbe dungdzo de buhe, terei ama jui be šusihiyeme ehe obufi, lioi bu dungdzo be wara, amba jobolon be lashalafi, haṉ han i doro be dasame tohorombure oci, gemu sini gung kai, sini dolo ai sembi.
9. diyoo can hendume, bi inu mararakū.
10. wang yun hendume, ere weile be aikabade firgembuhede, mini uksun gubci suntembikai.
11. diyoo can hendume, amba niyalma ume joboro.

---

6. 貂蟬曰:「大人何故下拜賤妾？」
7. 王允曰:「百姓有倒懸之危，漢家君臣有壘卵之急，非汝不能救也。」
8. 王允曰:「吾今欲先將汝許嫁呂布，然後獻與董卓，汝于中取便，諜間他父子分類，令呂布殺董卓，以絕大惡，重扶社稷，再立江山，皆汝之力也。不知汝意若何？」
9. 貂蟬曰:「妾亦不辭。」
10.王允曰:「事若泄漏，我當滅門矣。」
11.貂蟬曰:「大人勿憂。」

6.貂蝉曰：「大人何故下拜贱妾？」
7.王允曰：「百姓有倒悬之危，汉家君臣有垒卵之急，非汝不能救也。」
8.王允曰：「吾今欲先将汝许嫁吕布，然后献与董卓，汝于中取便，谍间他父子分类，令吕布杀董卓，以绝大恶，重扶社稷，再立江山，皆汝之力也。不知汝意若何？」
9.貂蝉曰：「妾亦不辞。」
10.王允曰：「事若泄漏，我当灭门矣。」
11.貂蝉曰：「大人勿忧。」

12. ᠴᠣᠣᡥᠠ ᠪᡝ [illegible]

13. [illegible]

14. [illegible]

15. ᠴᠣᠣᡥᠠ ᠪᡝ [illegible]

16. [illegible]

17. ᠴᠣᠣᡥᠠ ᠪᡝ [illegible]

18. ᠴᠣᠣᡥᠠ ᠪᡝ [illegible]

12. lioi bu fonjime, ere ainaha sargan jui.
13. wang yun hendume, mini jui, gebu diyoocan.
14. diyoocan be hūntaha〔hūntahan〕jafabuha, lioi bu yasai faha guriburakū tuwambi.
15. lioi bu diyoocan te sere jakade, diyoocan ojorakū bedereki serede, wang yun hendume, lioi jiyangjiyūn mini balingga niyalma majige tere de ainambi.
16. wang yun hendume, mini ere ajigen sargan jui be jiyangjiyūn de benefi asihan sargan obuki sembi. jiyangjiyūn alime gaimbio.
17. lioi bu baniha arafi hendume, unenggi uttu ohode, bi indahūn morin i adali hūsun bume baili isibure be buyere.
18. lioi bu urgunjeme wajirakū, diyoocan i baru yasa hadahai tuwambi.

12.呂布問：「何人？」
13.王允曰：「小女貂蟬也。」
14.貂蟬與呂布把盞，目不轉睛。
15.呂布請貂蟬坐，貂蟬要回。王允曰：「呂將軍吾之恩人也[41]，孩兒便坐坐何妨？」
16.王允曰：「吾欲將小女送與將軍為妾，將軍肯納否？」
17.呂布謝曰：「果如此，吾願當犬馬之報。」
18.呂布欣喜無限，頻以目視貂蟬。

12.吕布问：「何人？」
13.王允曰：「小女貂蝉也。」
14.貂蝉与吕布把盏，目不转睛。
15.吕布请貂蝉坐，貂蝉要回。王允曰：「吕将军吾之恩人也，孩儿便坐坐何妨？」
16.王允曰：「吾欲将小女送与将军为妾，将军肯纳否？」
17.吕布谢曰：「果如此，吾愿当犬马之报。」
18.吕布欣喜无限，频以目视貂蝉。

---

41 恩人，規範滿文讀作“bailingga niyalma”，此作“balingga niyalma”，誤。

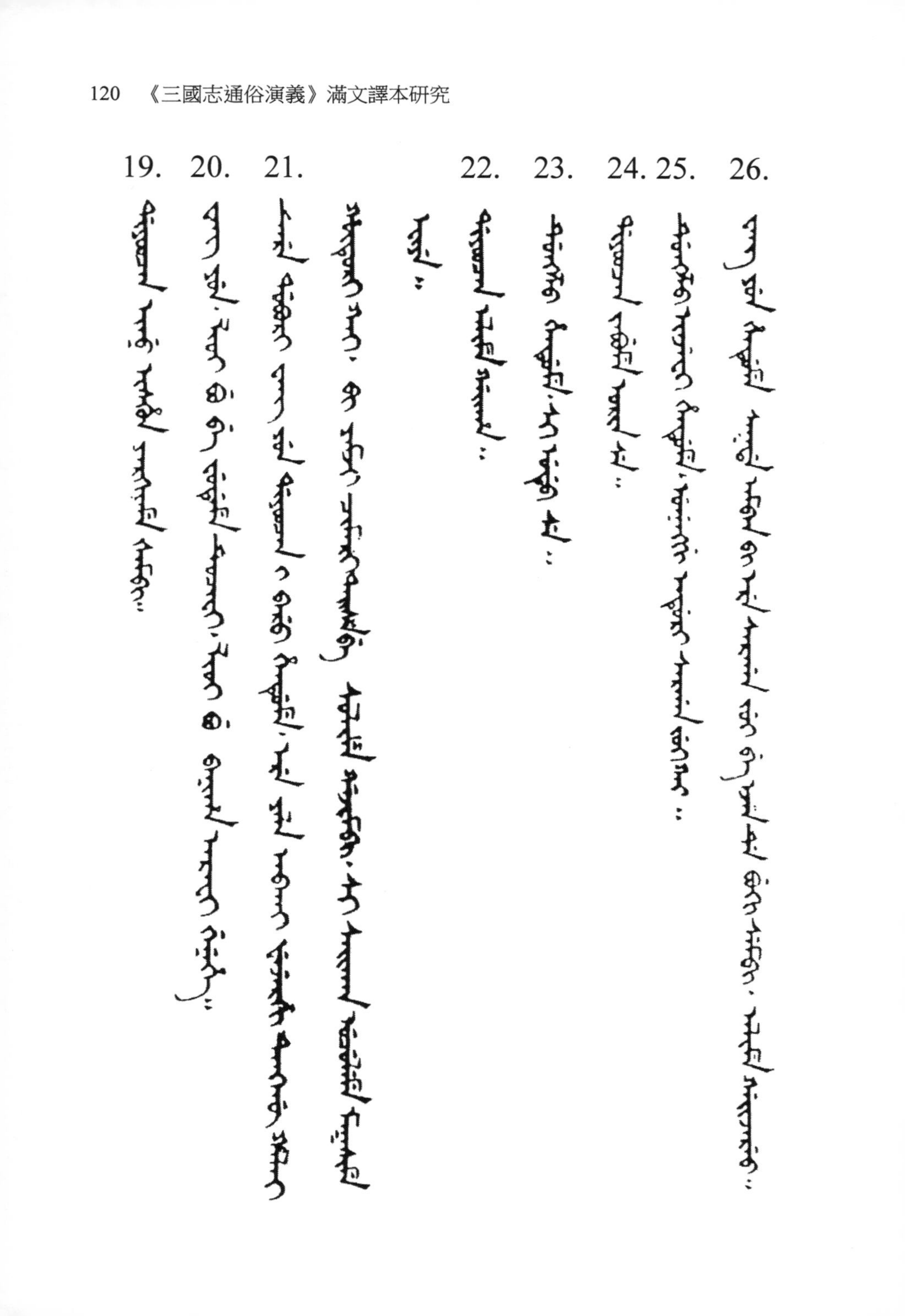

19. [illegible]

20. [illegible]

21. [illegible]

22. [illegible]

23. [illegible]

24. [illegible]

25. [illegible]

26. [illegible]

19. diyoocan inu ishun yarkiyame šambi.
20. wang yun, lioi bu be fudeme tucifi, lioi bu baniha arafi genehe.
21. tere dobori wang yun diyoocan i baru hendume, ere yala abkai fejergi tanggū halai hūturi kai, bi yamji cimari taisy be solime gajimbi, si saikan uculeme maksime efiye.
22. diyoocan alime gaiha.
23. dungdzo hendume, si udu se.
24. diyoocan jabume orin se.
25. dungdzo injefi hendume, unenggi enduri sargan jui kai.
26. wang yun hendume, sakda amban bi ere sargan jui be ejen de buki sembi, alime gaijareo.

19.貂蟬亦以秋波送情。
20.王允送呂布上馬，呂布謝而去。
21.王允是夜與貂蟬曰：「天下百姓之福也。早晚請太師，汝却以歌舞侍之。」
22.貂蟬應諾。
23.董卓曰：「春色幾何[42]？」
24.貂蟬曰：「年整二旬[43]。」
25.董卓笑曰：「真神仙中人也。」
26.王允曰：「老臣欲將此女獻主人，未審肯容納否？」

19.貂蝉亦以秋波送情。
20.王允送吕布上马，吕布谢而去。
21.王允是夜与貂蝉曰：「天下百姓之福也。早晚请太师，汝却以歌舞侍之。」
22.貂蝉应诺。
23.董卓曰：「春色几何？」
24.貂蝉曰：「年整二旬。」
25.董卓笑曰：「真神仙中人也。」
26.王允曰：「老臣欲将此女献主人，未审肯容纳否？」

---

42 春色幾何，滿文讀作“si udu se”，意即「你幾歲」。
43 年整二旬，滿文讀作“orin se”，意即「二十歲」。

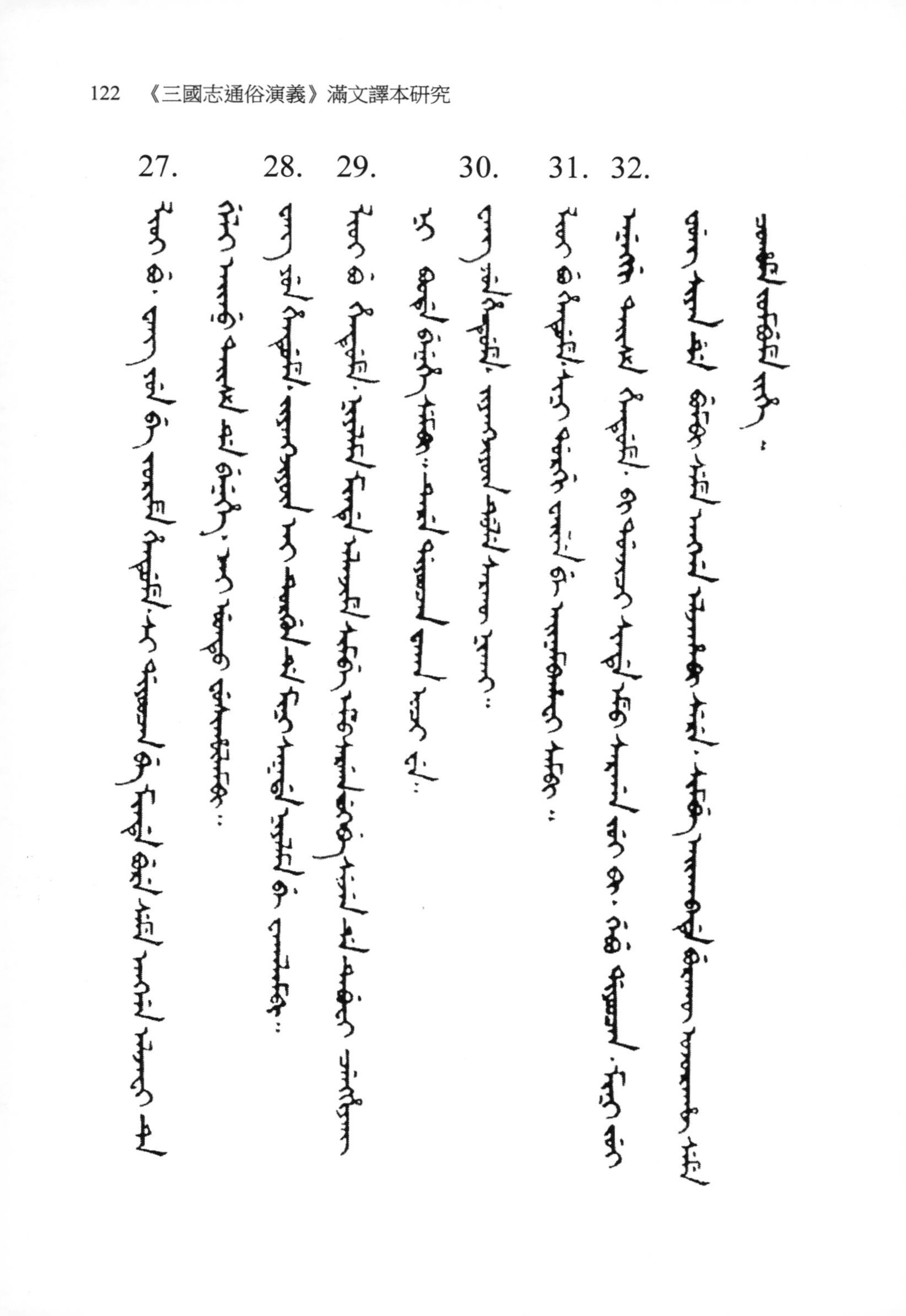

27. [illegible]

28. [illegible]

29. [illegible]

30. [illegible]

31. [illegible]

32. [illegible]

27. lioi bu, wang yun be jorime hendume, si diyoocan be minde bure seme angga aljafi, te geli ainu taisy de benehe, ai uttu fusihūlambi.
28. wang yun hendume, jiyangjiyūn ai turgun de mini sakda niyalma be wakalambi.
29. lioi bu hendume, niyalma minde alanjime simbe emu sargan jui be sejen de tebufi cenghiyang ni boode benehe sembi. tere diyoocan waka oci we.
30. wang yun hendume, jiyangjiyūn dule sarkū nikai.
31. lioi bu hendume, sini dorgi weile be ainambahafi sambi.
32. enenggi taisy hendume, bi donjici sinde emu sargan jui bi, gebu diyoocan, mini jui fung siyan de bumbi seme angga aljahabi sere, simbe aikabade burakū ojorahū seme cohome jombume jihe.

27.呂布指王允言曰：「汝既以貂蟬許我，今又送與太師，何相戲耶？」
28.王允曰：「將軍何故反怪老夫耶？」
29.呂布曰：「有人報我說你把氈車送一女人入相府，非貂蟬而何？」
30.王允曰：「將軍原來不知。」
31.呂布曰：「我豈知就裏？」
32.今天太師曰：「聞你有一女子，名喚貂蟬，已許我兒奉先，恐你不准誠[44]，特來上門告肯。」

27.吕布指王允言曰：「汝既以貂蝉许我，今又送与太师，何相戏耶？」
28.王允曰：「将军何故反怪老夫耶？」
29.吕布曰：「有人报我说你把毡车送一女人入相府，非貂蝉而何？」
30.王允曰：「将军原来不知。」
31.吕布曰：「我岂知就里？」
32.今天太师曰：「闻你有一女子，名唤貂蝉，已许我儿奉先，恐你不准诚，特来上门告肯。」

---

44 恐你不准誠，滿文讀作“simbe aikabade burakū ojorahū”，意即「恐你不給」。

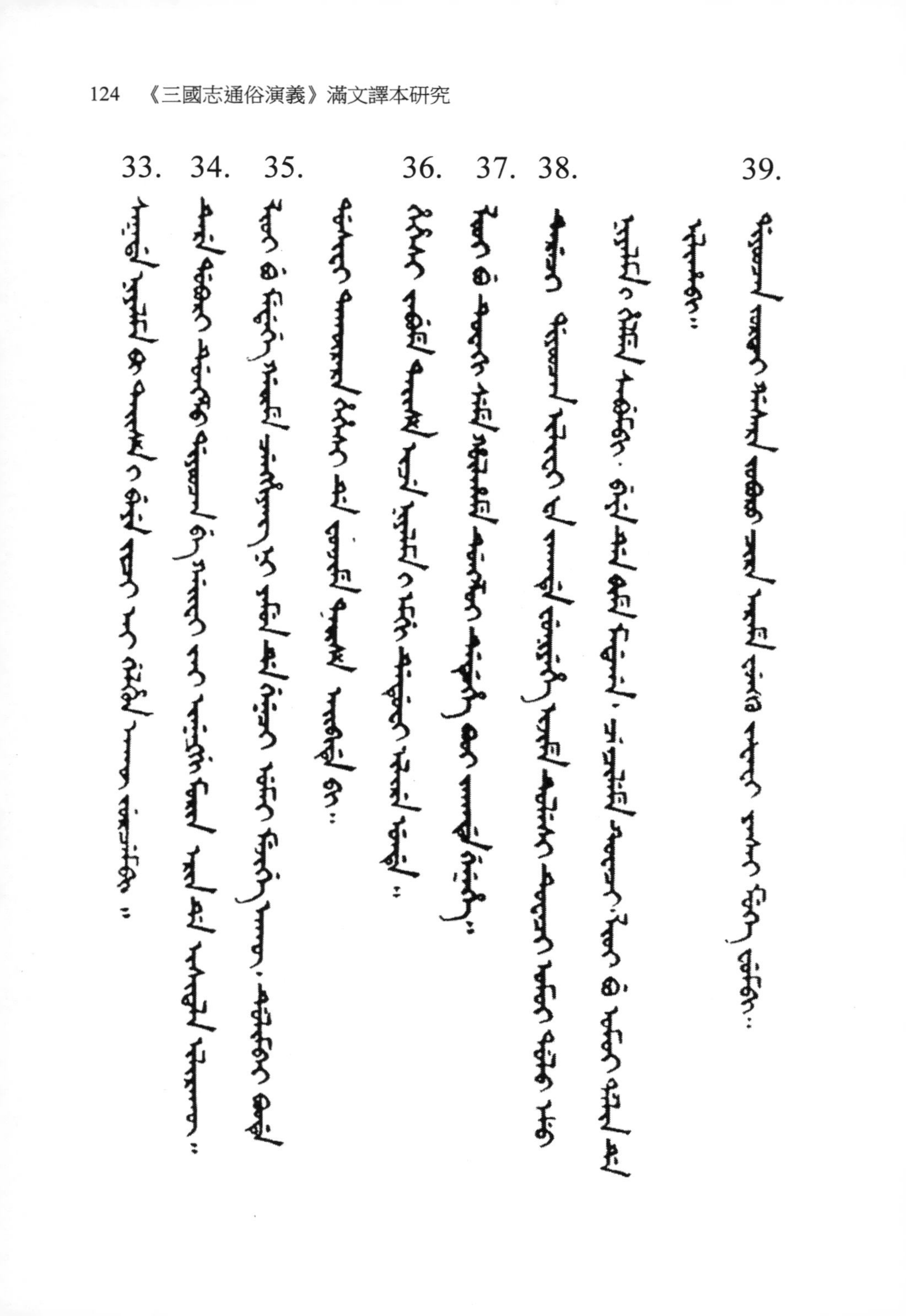

33. [illegible]

34. [illegible]

35. [illegible]

36. [illegible]

37. [illegible]

38. [illegible]

39. [illegible]

33. sakda niyalma bi taisy i beye jici ai gelhun akū jurcembi.
34. tere dobori dungdzo diyoocan be gaifi jai inenggi morin erin de isitala ilirakū.
35. lioi bu medege gaime cenghiyang ni yamun de geneci umai mejige akū, dulimbai boode dosifi takūrara hehesi de fonjime, taisy aibide bi.
36. hehesi jabume, taisy ice niyalma i emgi dedufi ilire unde.
37. lioi bu tuwaki seme hūlhame dungdzo deduhe booi jakade genehe.
38. tereci diyoocan ilifi fa jakade funiyehe ijime tulesi tuwaci omoi dolo emu niyalma i helmen sabumbi, beye den bime madaga, cencileme tuwaci, lioi bu omoi dalin de ilihabi.
39. diyoocan jortai gasara joboro cira arame fungku jafafi yasai muke fumbi.

---

33. 「老夫見太師自到，安敢少違。」
34.當夜，董卓幸貂蟬，次日午牌未起。
35.呂布在丞相府下打聽，絕不聞音耗，逕入堂中尋問侍妾：「太師何在？」
36.侍妾對曰：「太師與新人共寢，至今未起。」
37.呂布潛入董卓臥房後窺之。
38.貂蟬起于窓下梳頭，忽見窓外池中照一人影，極長大，偷睛視之，見呂布潛立于池畔。
39.貂蟬做憂愁不安之態，復以香羅頻掩淚眼[45]。

---

33. 「老夫见太师自到，安敢少违。」
34.当夜，董卓幸貂蝉，次日午牌未起。
35.吕布在丞相府下打听，绝不闻音耗，径入堂中寻问侍妾：「太师何在？」
36.侍妾对曰：「太师与新人共寝，至今未起。」
37.吕布潜入董卓卧房后窥之。
38.貂蝉起于窓下梳头，忽见窓外池中照一人影，极长大，偷睛视之，见吕布潜立于池畔。
39.貂蝉做忧愁不安之态，复以香罗频掩泪眼。

---

45 復以香羅頻掩淚眼，滿文讀作“fungku jafafi yasai muke fumbi”，意即「拿手帕擦拭眼淚」。

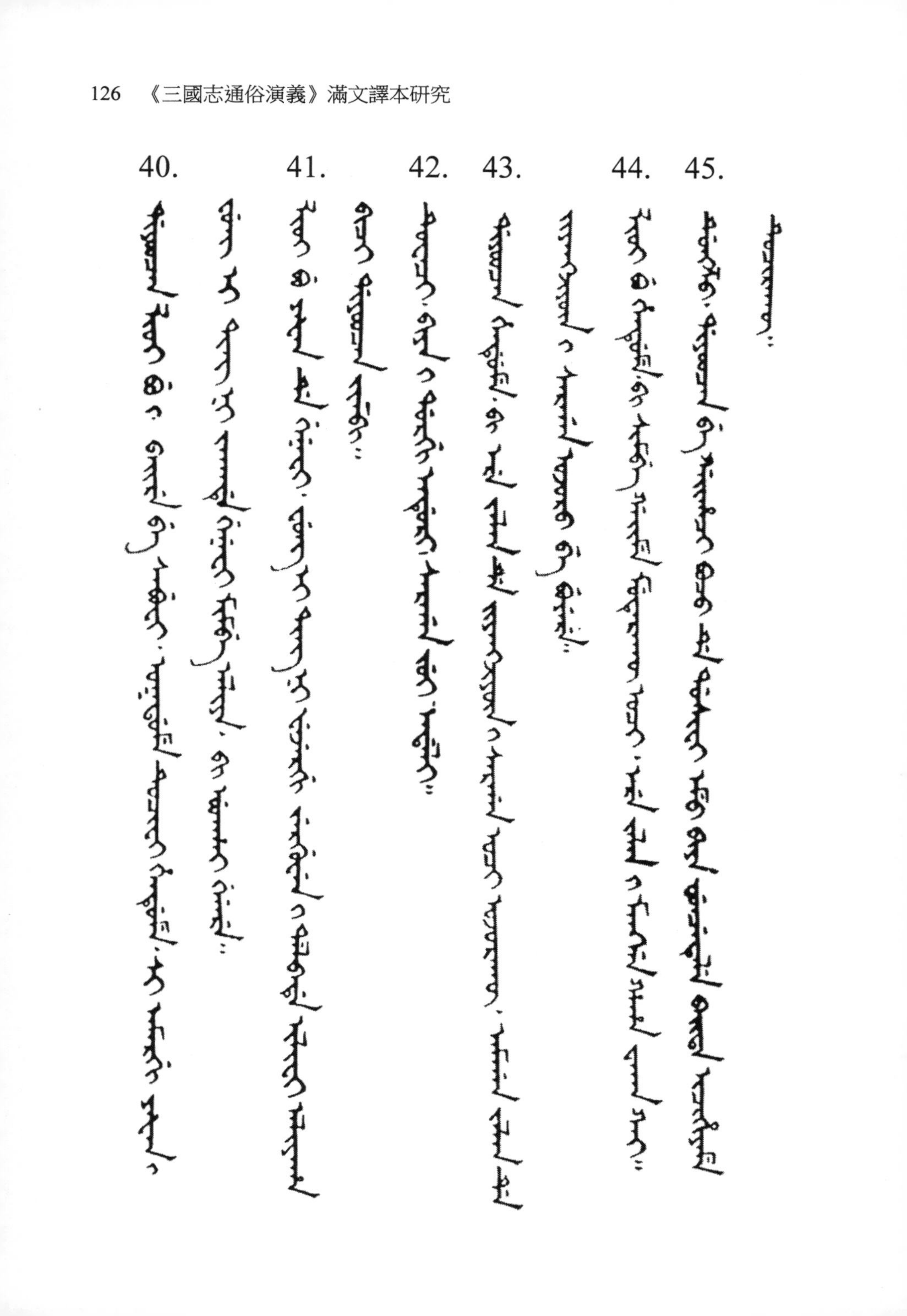

40. [illegible]

41. [illegible]

42. [illegible]

43. [illegible]

44. [illegible]

45. [illegible]

40. diyoocan lioi bu i baire be sabufi, okdome tucifi hendume, si amargi yafan i fung i ting ni jakade genefi mimbe aliya, bi uthai genere.
41. lioi bu yafan de genefi, fung i ting ni fejergi jerguwen i dalbade ilifi aliyaha bici diyoocan jimbi.
42. tuwaci, biya i dorgi enduri sargan jui adali.
43. diyoocan hendume, bi ere jalan de jiyangjiyūn i sargan oci ojorakū, amaga jalan de jiyangjiūn i sargan ojoro be buyere.
44. lioi bu hendume, bi simbe gaime muterakū oci, ere jalan i mangga haha waka kai.
45. dungdzo, diyoocan be gaihaci boco de dosifi emu biya funcetele baita icihiyame tucirakū.

40.貂蟬見呂布尋覓，慌忙出曰[46]:「汝可去後園中鳳儀亭邊等我，我便來。」
41.呂布逕往鳳儀亭，立于亭下曲欄之傍良久，見貂蟬來。
42.果如月宮仙子。
43.貂蟬曰:「妾今生不能够與君為妻，願相期于後世。」
44.呂布曰:「我今不能够以汝為妻，非今世之英雄也。」
45.董卓自納貂蟬後為情色所迷，月餘不出理事。

40.貂蝉见吕布寻觅，慌忙出曰:「汝可去后园中凤仪亭边等我，我便来。」
41.吕布径往凤仪亭，立于亭下曲栏之傍良久，见貂蝉来。
42.果如月宫仙子。
43.貂蝉曰:「妾今生不能够与君为妻，愿相期于后世。」
44.吕布曰:「我今不能够以汝为妻，非今世之英雄也。」
45.董卓自纳貂蝉后为情色所迷，月余不出理事。

---

46 慌忙出曰，滿文讀作“okdome tucifi hendume”，意即「迎著出曰」，滿漢文義不合。

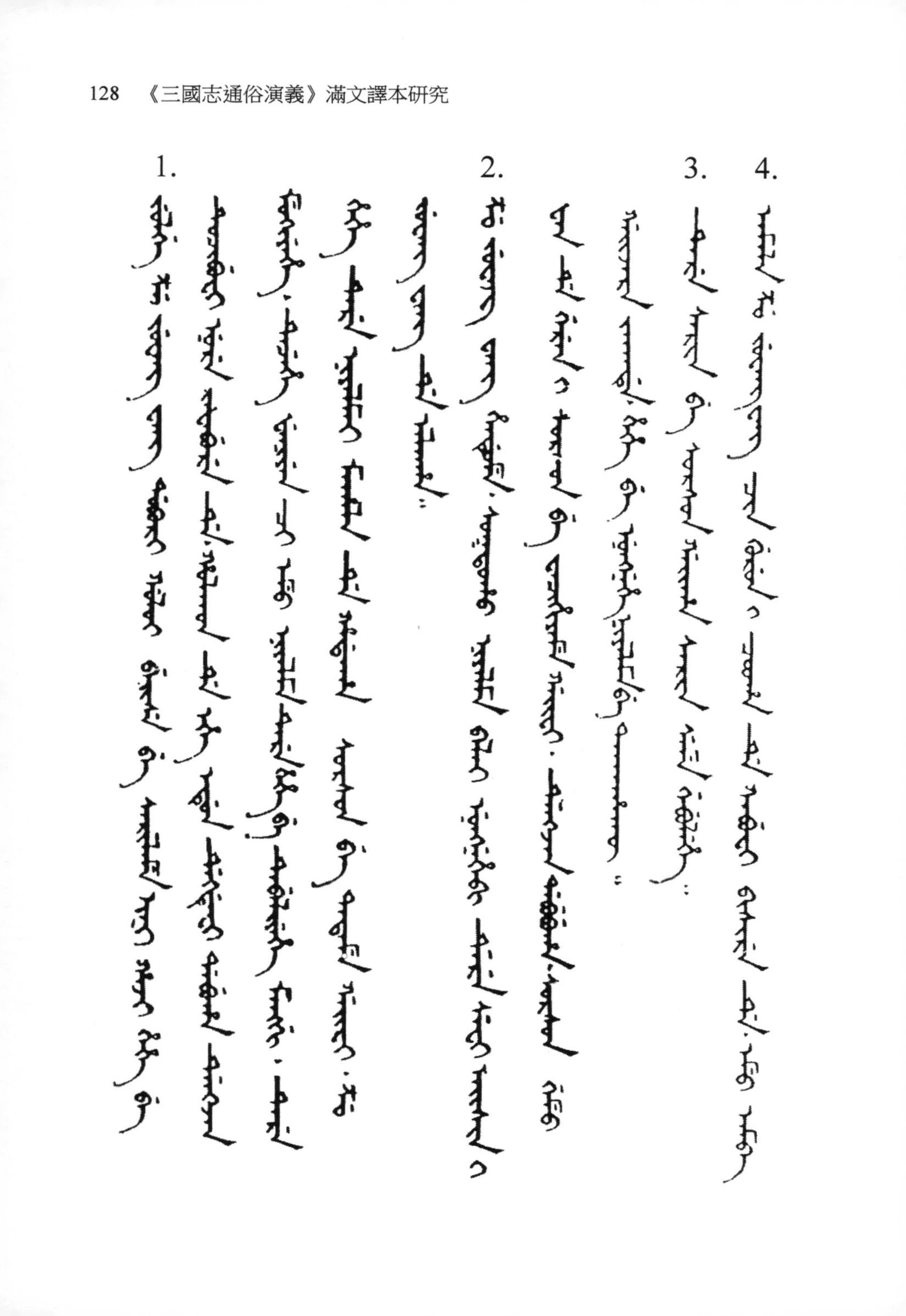

1. [illegible]

2. [illegible]

3. [illegible]

4. [illegible]

七、撚纓宴會

1. julge ts'u juwang wang dobori goloi beise be sarilame, ini haji hehe be tucibufi nure jafabure de, holkon de ehe edun dekdefi dabuha dengjan mukiyehe, tecehe feniyen ci emu niyalma tere hehe be tebeliyehe manggi, tere hehe tere niyalmai mahala de hadaha sorson be tatame gaifi, ts'u juwang wang de alahan〔alaha〕.
2. ts'u juwang wang hendume, soktoho niyalma balai nungnehebi dere sefi, aisin i fan de geren i sorson be wacihiyame gaifi, dengjan dabubuha, sorson gemu gaijara jakade, hehe be nungnehe niyalma be takahakū.
3. tere sarin be sorson gaiha sarin seme gebulehe.
4. amala ts'u juwang wang cin gurun i cooha de kabufi bisire de, emu amba

---

1.昔日楚莊王夜宴諸侯，令愛姬勸酒[47]。忽狂風驟起，盡滅其燭。坐上一人抱愛姬，姬手揪冠上纓，告知楚莊王。
2.楚莊王曰：「酒後亂戲耳。」命取金盤一面，盡撚其纓，然後秉燭，撚其纓，不知戲姬者何人也。
3.其會曰撚纓會。
4.後楚莊王被秦兵圍住，見一大

1.昔日楚庄王夜宴诸侯，令爱姬劝酒。忽狂风骤起，尽灭其烛。坐上一人抱爱姬，姬手揪冠上缨，告知楚庄王。
2.楚庄王曰：「酒后乱戏耳。」命取金盘一面，尽撚其缨，然后秉烛，撚其缨，不知戏姬者何人也。
3.其会曰撚缨会。
4.后楚庄王被秦兵围住，见一大

---

47 勸酒，滿文讀作“nure jafabure”，意即「敬酒」，或「獻酒」。

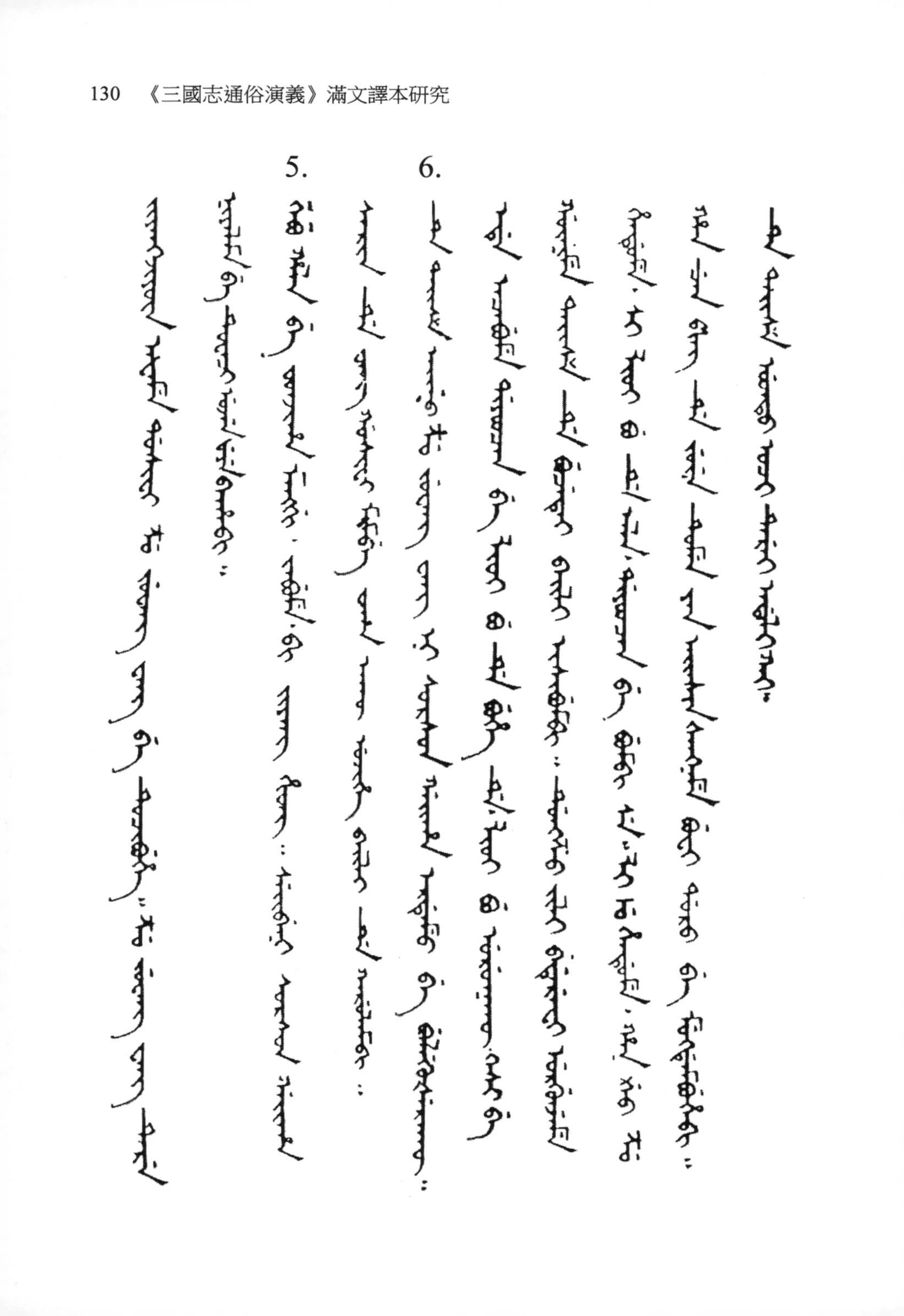

5.

6.

jiyangjiyūn afame dosifi ts'u juwang wang be tucibuhe. ts'u juwang wang tere niyalma be tuwaci ujen feye bahabi.

5. gebu hala be fonjiha manggi, jabume, bi jiyang hiong. seibeni sorson gaiha sarin de wang gosifi mimbe waha akū ujihe baili de karulambi.

6. te taisy ainu ts'u juwang wang ni sorson gaiha erdemu be belekušerakū. ede acabume diyoocan be lioi bu de buhe de, lioi bu urunakū kesi be gūnime taisy de bucetei baili isibumbi. dungdzo jili bederefi urgunjeme hendume, si lioi bu de ala, diyoocan be bumbi se. li žu hendume, haṉ g'ao dzu han cen ping de juwe tumen yan aisin šangname bufi doro be mukdembuhebi. te taisy uttu oci terei adali kai.

將，殺入陣中，救出楚莊王：「王見其人身帶重傷。」

5.問姓名，答曰：「臣乃蔣雄也，昔日擲纓會上，蒙大王不殺之恩，故來報答。」

6. 「今太師何不鑒楚莊王擲纓之德，就此機會，以貂蟬賜呂布。呂布感大恩，必以死報太師也」。董卓方回嗔作喜曰：「汝可說與呂布，吾以貂蟬賜之。」李儒曰：「漢祖以黃金二萬賜陳平[48]，遂興大業，今日太師之所為正類此。」

将，杀入阵中，救出楚庄王，王见其人身带重伤。

5.问姓名，答曰：「臣乃蒋雄也，昔日擲缨会上，蒙大王不杀之恩，故来报答。」

6. 「今太师何不鉴楚庄王擲缨之德，就此机会，以貂蝉赐吕布。吕布感大恩，必以死报太师也」。董卓方回嗔作喜曰：「汝可说与吕布，吾以貂蝉赐之。」李儒曰：「汉祖以黄金二万赐陈平，遂兴大业，今日太师之所为正类此。」

---

48 漢祖，滿文讀作"haṉ g'ao dzu han"，意即「漢高祖帝」。

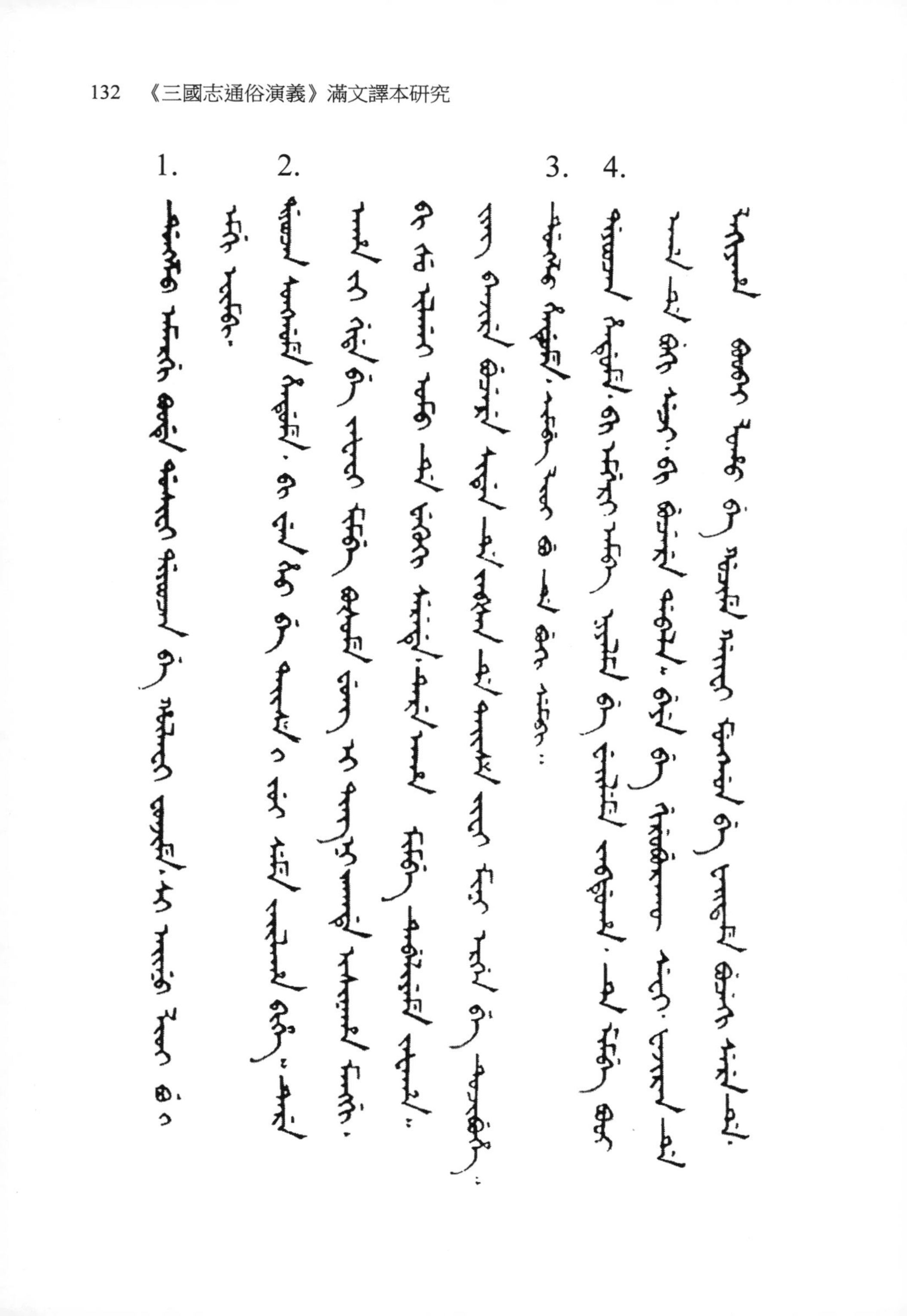

1. [illegible]

2. [illegible]

3. [illegible]

4. [illegible]

八、甜蜜謊言

1. dungdzo amargi boode dosifi diyoocan be hūlafi fonjime, si ainu lioi bu i emgi efimbi.
2. diyoocan songgome hendume, bi wen heo be taisy i jui seme jailaha bihe. tere aha ji gida be jafafi mimbe bošome fung i ting ni jakade isinaha manggi, bi šu ilgai omo de fekuki serede, tere aha mimbe tebeliyeme jafaha. jing banjire bucere siden de jabšan de taisy jifi mini ergen be tucibuhe.
3. dungdzo hendume, simbe lioi bu de buki sembi.
4. diyoocan hendume, bi emgeri amba niyalma be weileme jabduha, te mimbe booi aha de buki seci, bi bucere dabala. beye be giruburakū sefi, fajiran de lakiyaha boobai loho be gocime gaifi munggon〔monggon〕 be faitame buceki sere de,

---

1.董卓入堂後，喚貂蟬問之：「汝何與呂布私通耶？」
2.貂蟬泣曰：「妾將謂溫侯是太師之子迴避之。這廝提戟趕來到鳳儀亭邊，妾欲投荷花池，這廝抱住：「正在生死間，得太師來救了性命。」
3.董卓曰：「我欲將汝賜與呂布。」
4.貂蟬曰：「妾身已侍大人，今欲與家奴，妾寧死不辱。」遂掣壁間寶劍，欲自刎，

1.董卓入堂后，唤貂蝉问之：「汝何与吕布私通耶？」
2.貂蝉泣曰：「妾将谓温侯是太师之子回避之。这厮提戟赶来到凤仪亭边，妾欲投荷花池，这厮抱住：「正在生死间，得太师来救了性命。」
3.董卓曰：「我欲将汝赐与吕布。」
4.貂蝉曰：「妾身已侍大人，今欲与家奴，妾宁死不辱。」遂掣壁间宝剑，欲自刎，

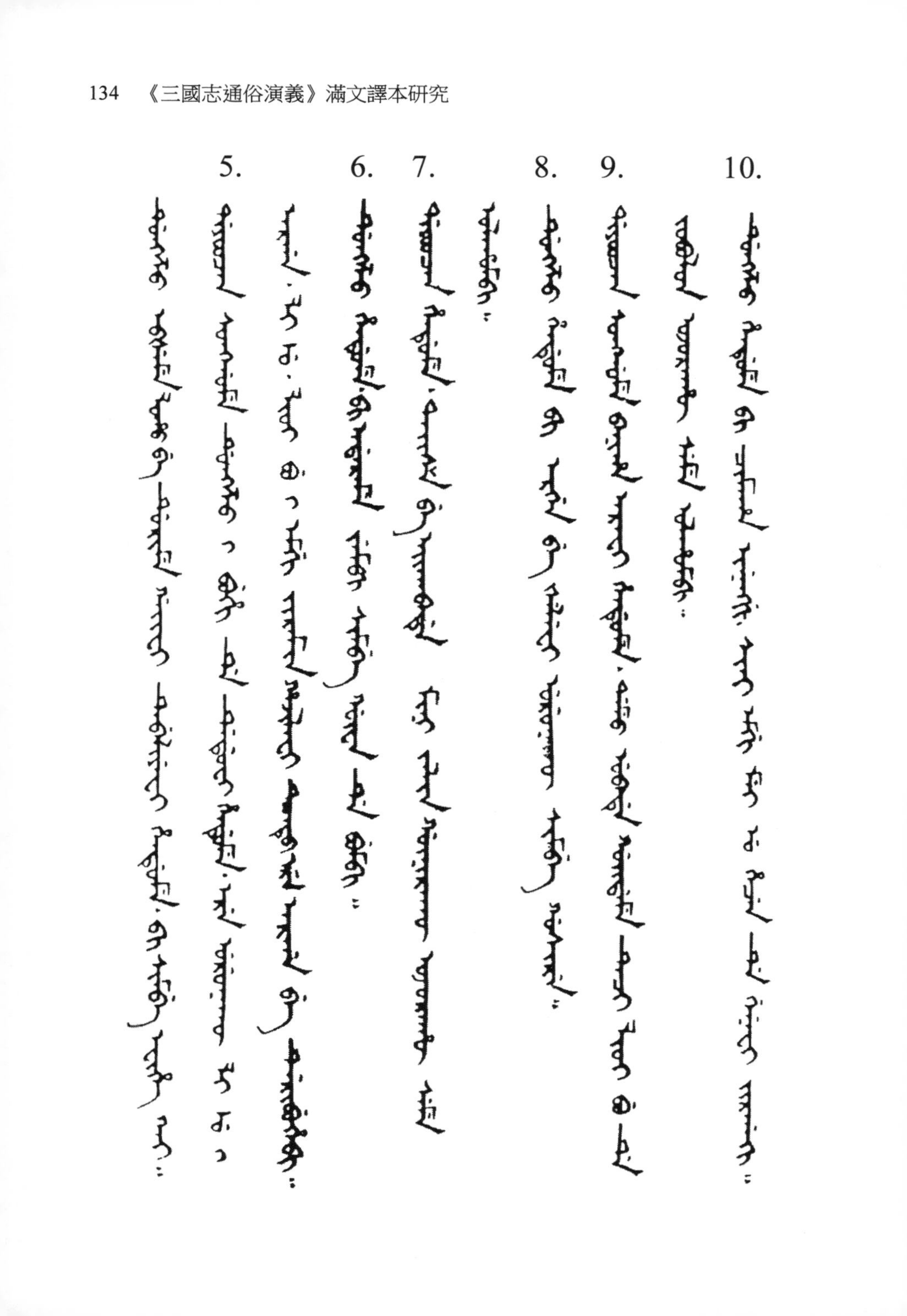

[illegible]

5. [illegible]

6. [illegible]

7. [illegible]

8. [illegible]

9. [illegible]

10. [illegible]

dungdzo ebšeme loho be durime gaifi tebeliyefi hendume, bi simbe efihe kai.

5. diyoocan songgome dungdzo i buhi de dedufi hendume, ere urunakū li žu i arga, li žu, lioi bu i emgi jiramin hajilafi tuttu ere arga be deribuhebi.
6. dungdzo hendume, bi adarame jempi simbe gūwa de bumbi.
7. diyoocan hendume, taisy be aikabade mini jalin gūnirakū ojorahū seme olhombi.
8. dungdzo hendume, bi ergen be šelefi urunakū simbe gosire.
9. diyoocan songgome baniha arafi hendume, damu ubade goidame teci lioi bu de jobolon ojorahū seme olhombi.
10. dungdzo hendume, bi cimaha inenggi sini emgi mei u hecen de genefi jirgaki.

董卓慌奪劍而擁抱曰：「吾戲汝。」
5.貂蟬哭倒于董卓懷曰：「此必是李儒之計也。李儒、呂布厚交，故設此計。」
6.董卓曰：「我安能捨汝耶？」
7.貂蟬曰：「只恐太師不與妾為主。」
8.董卓曰：「吾寧捨性命，必當保汝。」
9.貂蟬泣謝曰：「但恐此處不宜久居，必被呂布之害。」
10.董卓曰：「吾明日和你歸郿塢去受快樂。」

董卓慌夺剑而拥抱曰：「吾戏汝。」
5.貂蝉哭倒于董卓怀曰：「此必是李儒之计也。李儒、吕布厚交，故设此计。」
6.董卓曰：「我安能舍汝耶？」
7.貂蝉曰：「只恐太师不与妾为主。」
8.董卓曰：「吾宁舍性命，必当保汝。」
9.貂蝉泣谢曰：「但恐此处不宜久居，必被吕布之害。」
10.董卓曰：「吾明日和你归郿坞去受快乐。」

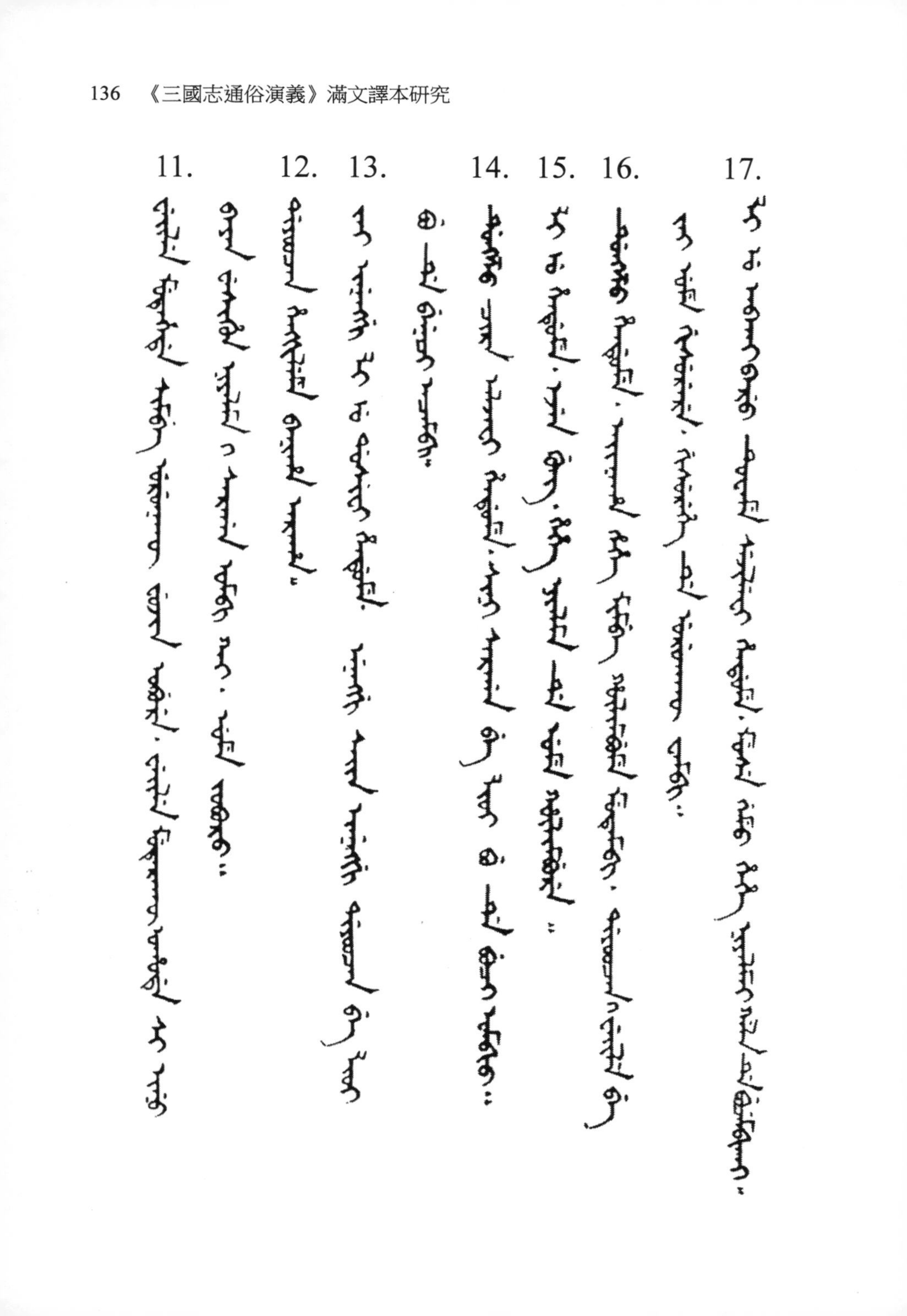

11. [illegible]

12. [illegible]

13. [illegible]

14. [illegible]

15. [illegible]

16. [illegible]

17. [illegible]

11. weile mutehede simbe urunakū fujin obure, weile muterakū ohode si inu bayan wesihun niyalma i sargan ombi kai, ume joboro.
12. diyoocan hengkileme baniha araha.
13. jai inenggi li žu dosifi hendume, enenggi sain inenggi diyoocan be lioi bu de beneci acambi.
14. dungdzo cira aljafi hendume, sini sargan be lioi bu de buci ombio.
15. li žu hendume, ejen gung, hehe niyalma de ume hūlimbure.
16. dungdzo hendume, ainaha hehe mimbe hūlimbume mutembi, diyoocan i weile be jai ume gisurere, gisurehe de urunakū wambi.
17. li žu abkai baru tuwame sejilefi hendume, muse gemu hehe niyalmai gala de bucembikai.

11.「成事，則你為貴妃。不成事，則你亦為富貴之妻也，甚勿憂慮。」
12.貂蟬拜謝。
13.次日，李儒入見曰:「今日良辰，可將貂蟬送與呂布。」
14.董卓變色曰:「汝之妻肯與呂布麼？」
15.李儒曰:「主公不可被婦人所惑。」
16.董卓曰:「甚麼婦人能惑我心，貂蟬之事，再勿多言。言則必斬。」
17.李儒仰天嘆曰:「吾等皆死于婦人之手矣。」

11.「成事，则你为贵妃。不成事，则你亦为富贵之妻也，甚勿忧虑。」
12.貂蝉拜谢。
13.次日，李儒入见曰：「今日良辰，可将貂蝉送与吕布。」
14.董卓变色曰：「汝之妻肯与吕布么？」
15.李儒曰：「主公不可被妇人所惑。」
16.董卓曰：「甚么妇人能惑我心，貂蝉之事，再勿多言。言则必斩。」
17.李儒仰天叹曰：「吾等皆死于妇人之手矣。」

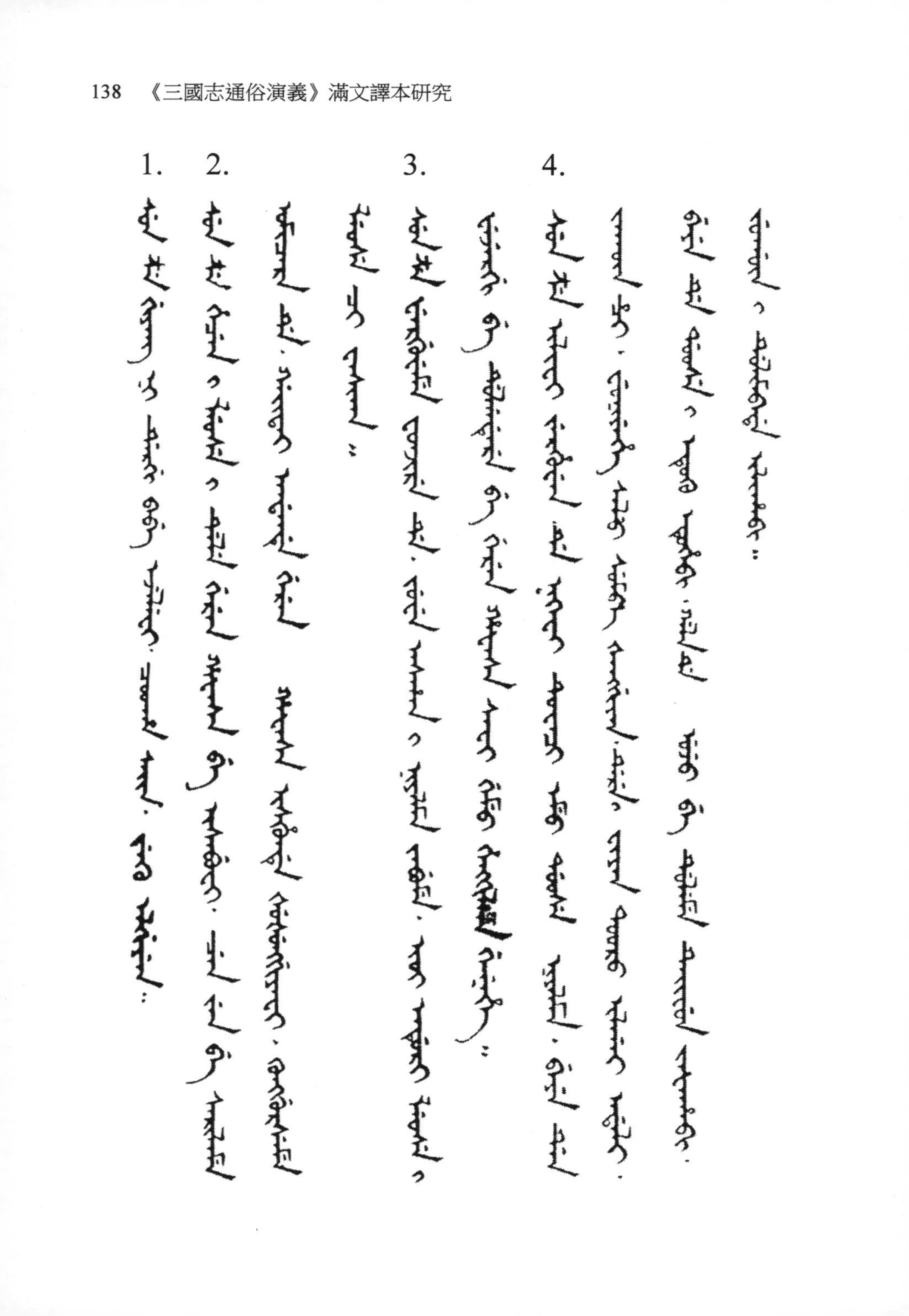

九、怒斬神仙

1. sun ts'e giyang ni dergi babe ejelefi, cooha sain, jeku elgiyen.
2. sun ts'e hecen i leose i dele geren hafasa be isabufi, cen jen be sarilame omicara de, gaitai andande geren hafasa ishunde šušunggiyafi, kunggurseme leose ci wasika.
3. sun ts'e ferguweme fonjire de, juwe ashan i niyalma jabume, ioi enduri leose i fejergi be dulendere be geren hafasa safi gemu hengkileme genehe.
4. sun ts'e ilifi jerhuwen de nikefi tuwaci emu doose niyalma, beye den jakūn c'y, funiyehe salu sumpa šanggiyan, dere i fiyan tooro ilgai adali, beye de doose i etuku etuhebi, gala de uju be duleme teifun jafahabi, jugūn i dulimbade ilihabi.

1.孫策自霸江東，兵精糧足。
2.孫策于城樓上會集諸將，管待陳震，正飲酒之間。忽見諸將互相偶語，紛紛下樓。
3.孫策怪而問之，左右答曰：「于神仙今從樓下而過，諸將皆往拜之。」
4.孫策起身凭欄觀之，見一道人，身長八尺，鬚髮蒼白，面似桃花，身披飛雲鶴氅[49]，手執過頭藜杖，立於當道[50]。

1.孙策自霸江东，兵精粮足。
2.孙策于城楼上会集诸将，管待陈震，正饮酒之间。忽见诸将互相偶语，纷纷下楼。
3.孙策怪而问之，左右答曰：「于神仙今从楼下而过，诸将皆往拜之。」
4.孙策起身凭栏观之，见一道人，身长八尺，须发苍白，面似桃花，身披飞云鹤氅，手执过头藜杖，立于当道。

---

49 身披飛雲鶴氅，滿文讀作“beye de doose i etuku etuhebi”，意即「身穿道士服」。
50 立於當道，滿文讀作“jugūn i dulimbade ilihabi”，意即「立於路中」。

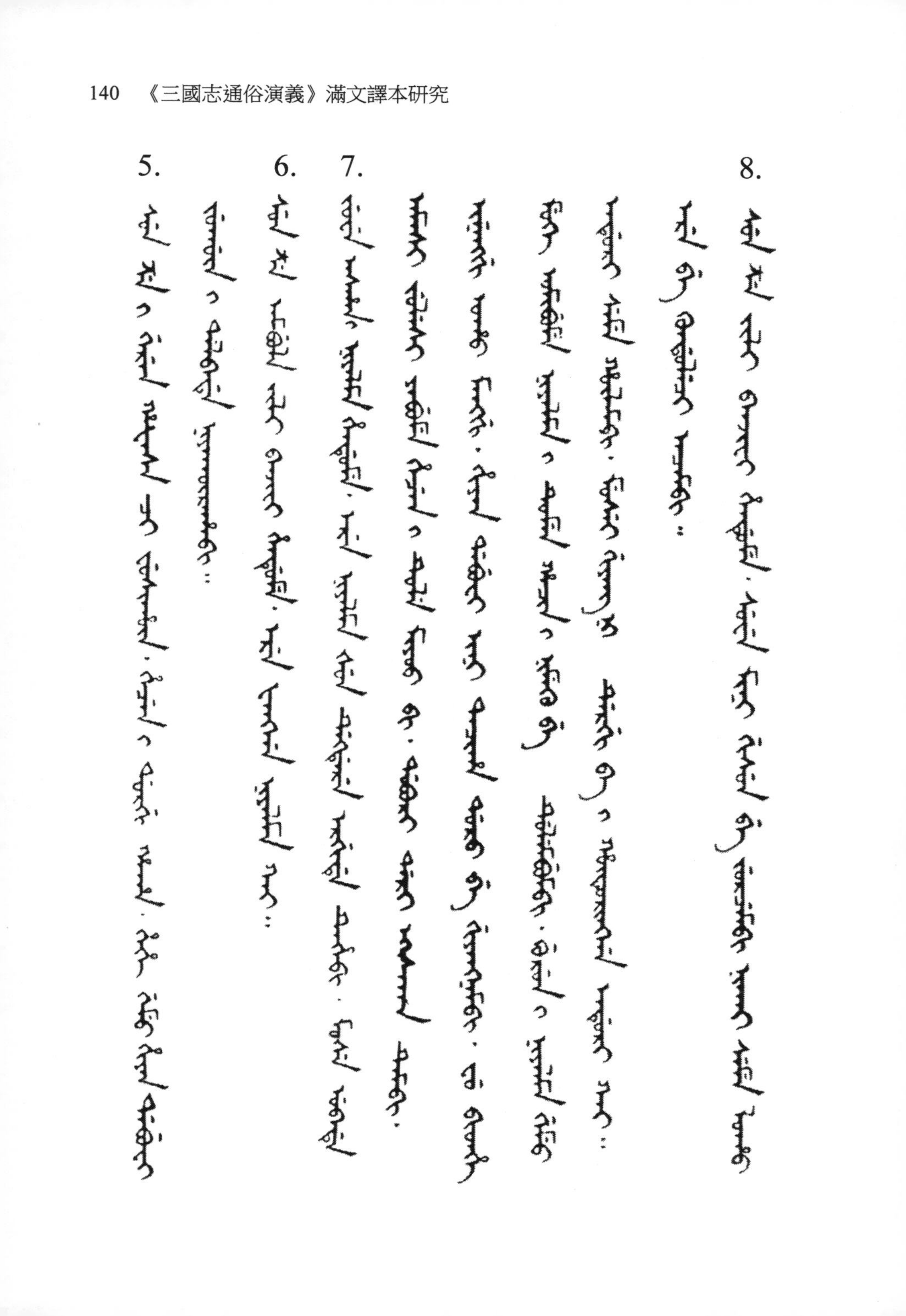

5. [illegible]

6. [illegible]

7. [illegible]

8. [illegible]

5. sun ts'e i geren hafasa ci fusihūn, hecen i dorgi haha, hehe gemu hiyan dabufi jugūn i dalbade niyakūrahabi.
6. sun ts'e ambula jili banjifi hendume, ere fangga niyalma kai.
7. juwe ashan i niyalma hendume, ere niyalma šun dekdere ergide tehebi, muse ubade amasi julesi yabume hecen i tule miyoo bi, dobori dari ekisaka tembi, inenggi oho manggi, hiyan dabufi ini taciha doro be giyangnambi, fu bithe muke omibume niyalma i tumen hacin i nimeku be dulembumbi, gurun i niyalma gemu enduri seme hūlambi, musei giyang ni dergi ba i hūturingga enduri kai. ere be kunduleci acambi.
8. sun ts'e jili banjifi hendume, suwe mini gisun be jurcembi nikai seme, loho

---

5.上至孫策部下諸將，下至城中男女皆焚香，伏道而拜之。
6.孫策大怒曰：「此妖人也。」
7.左右告曰：「此人寓居東方，往來吳會[51]，有道院在城外，每夜靜坐，日則焚香講道，普施符水救人萬病，無不有驗。當世呼為神仙，乃江東之福神也，當致敬之。」
8.孫策怒曰：「汝等敢違吾令。」

5.上至孙策部下诸将，下至城中男女皆焚香，伏道而拜之。
6.孙策大怒曰：「此妖人也。」
7.左右告曰：「此人寓居东方，往来吴会，有道院在城外，每夜静坐，日则焚香讲道，普施符水救人万病，无不有验。当世呼为神仙，乃江东之福神也，当致敬之。」
8.孙策怒曰：「汝等敢违吾令。」

---

51 往來吳會，滿文讀作“muse ubade amasi julesi yabume”，意即「往來咱們這裡」。

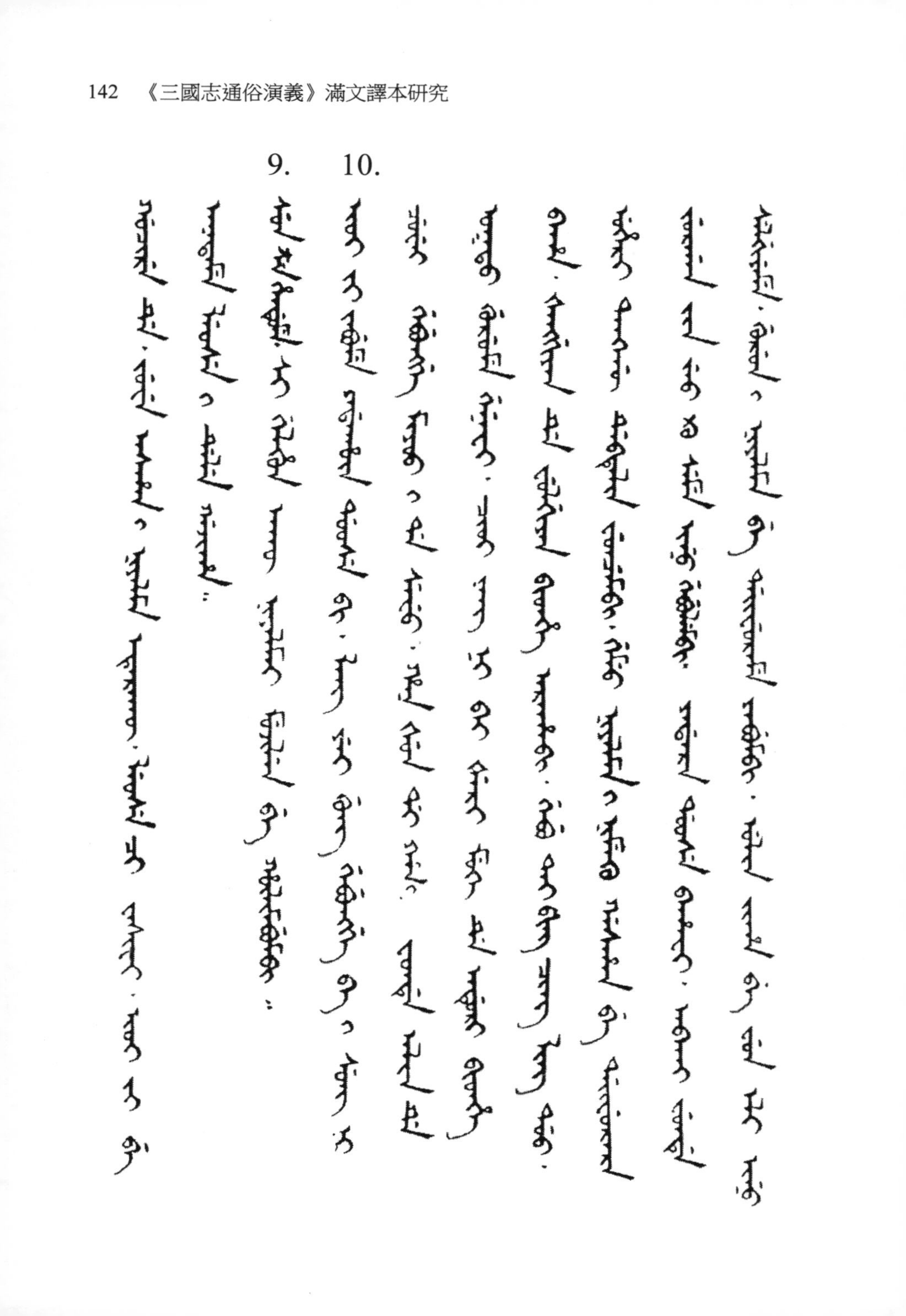

gocire de, juwe ashan i niyalma eterakū, leose ci wasifi, ioi ji be anatame leose i dele gajiha.

9. sun ts'e hendume, si gelhun akū niyalmai mujilen be hūlimbumbi.

10. ioi ji jabume, yadahūn doose bi, lang yei gung gebungge ba i sung ni cuwei gebungge miyoo i da sefu, han̠ šun di han i fonde alin de okto gurume genefi, cioi yang ni bai šeri muke de enduri bithe baha, šanggiyan de fulgiyan bithe arahabi, gebu tai ping cing ling doo, uheri tanggū debtelin funcembi, gemu niyalma i nimeku gashan be daifurara jurgan jin jeo k'o seme inu gebulembi, yadara doose bahafi, abkai funde selgiyeme, gurun i niyalma be daifurame yabumbi, ulin jiha be fun eli inu

---

便欲掣劍，左右不得已走下樓去，推于吉上樓。

9. 孫策曰：「怎敢煽惑人心耶？」

10.于吉答曰：「貧道瑯琊宮崇詣闕上師，漢順帝朝曾入山中採藥，得神書于曲陽泉水上，皆白素朱書號曰太平青領道，凡百餘卷，皆治人疾病方術，名之曰：禁咒科。貧道得之，惟務代天宣化，普救國人，未曾取毫釐錢財，

便欲掣剑，左右不得已走下楼去，推于吉上楼。

9. 孙策曰：「怎敢煽惑人心耶？」

10.于吉答曰：「贫道琅琊宫崇诣阙上师，汉顺帝朝曾入山中采药，得神书于曲阳泉水上，皆白素朱书号曰太平青领道，凡百余卷，皆治人疾病方术，名之曰：禁咒科。贫道得之，惟务代天宣化，普救国人，未曾取毫厘钱财，

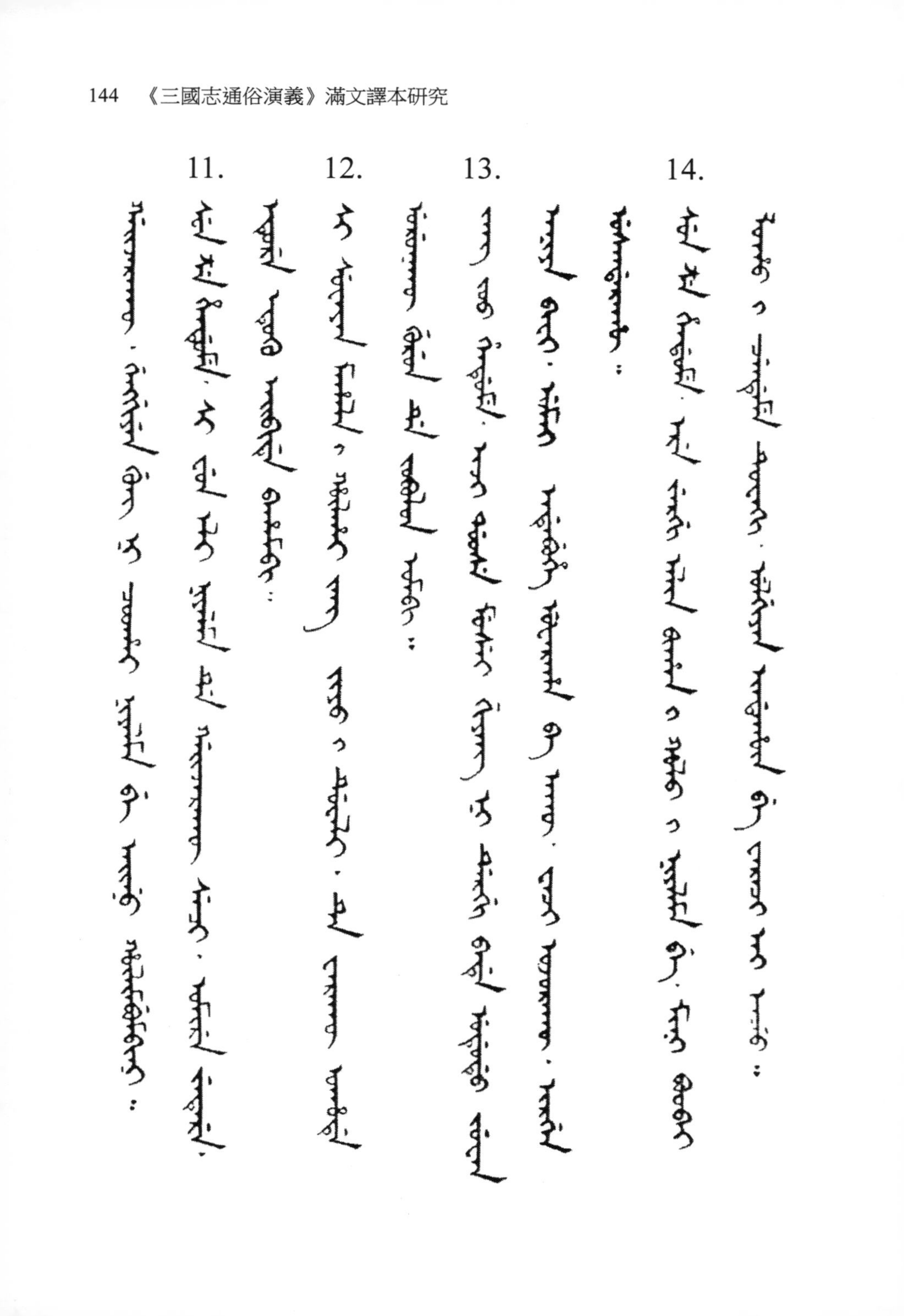

[illegible]

11. [illegible]

12. [illegible]

13. [illegible]

14. [illegible]

gaijarakū, genggiyen gung ni coohai niyalma be ainu hūlimbumbini.

11. sun ts'e hendume, si fun eli niyalma de gaijarakū seci, omire jetere, eture etuku aibide bahambi.

12. si suwayan mahala i hūlhai jang jiyoo i duwali, te warakū ohode urunakū gurun de jobolon ombi.

13. jang joo hendume, ioi doose musei giyang ni dergi bade ududu juwan aniya bifi, umai endebuhe ufaraha ba akū, waci ojorakū, irgen usandarahū.

14. sun ts'e hendume, ere jergi alin bihan i holo i niyalma be, mini boobai loho i cendeme tuwaki, ulgiyan indahūn be waraci ai encu.

安得煽惑明公之軍心？」

11.孫策曰：「汝毫釐不敢取于人，飲食、衣服，從何而得？」

12. 「汝即黃巾賊張角之徒，今不誅，必為國患。」

13.張昭曰：「于道人在江東數十年，並無過失，不可殺之，恐失民望。」

14.孫策曰：「此等山野村夫，吾試寶劍何異屠猪狗耳！」

安得煽惑明公之军心？」

11.孙策曰：「汝毫厘不敢取于人，饮食、衣服，从何而得？」

12. 「汝即黄巾贼张角之徒，今不诛，必为国患。」

13.张昭曰：「于道人在江东数十年，并无过失，不可杀之，恐失民望。」

14.孙策曰：「此等山野村夫，吾试宝剑何异屠猪狗耳！」

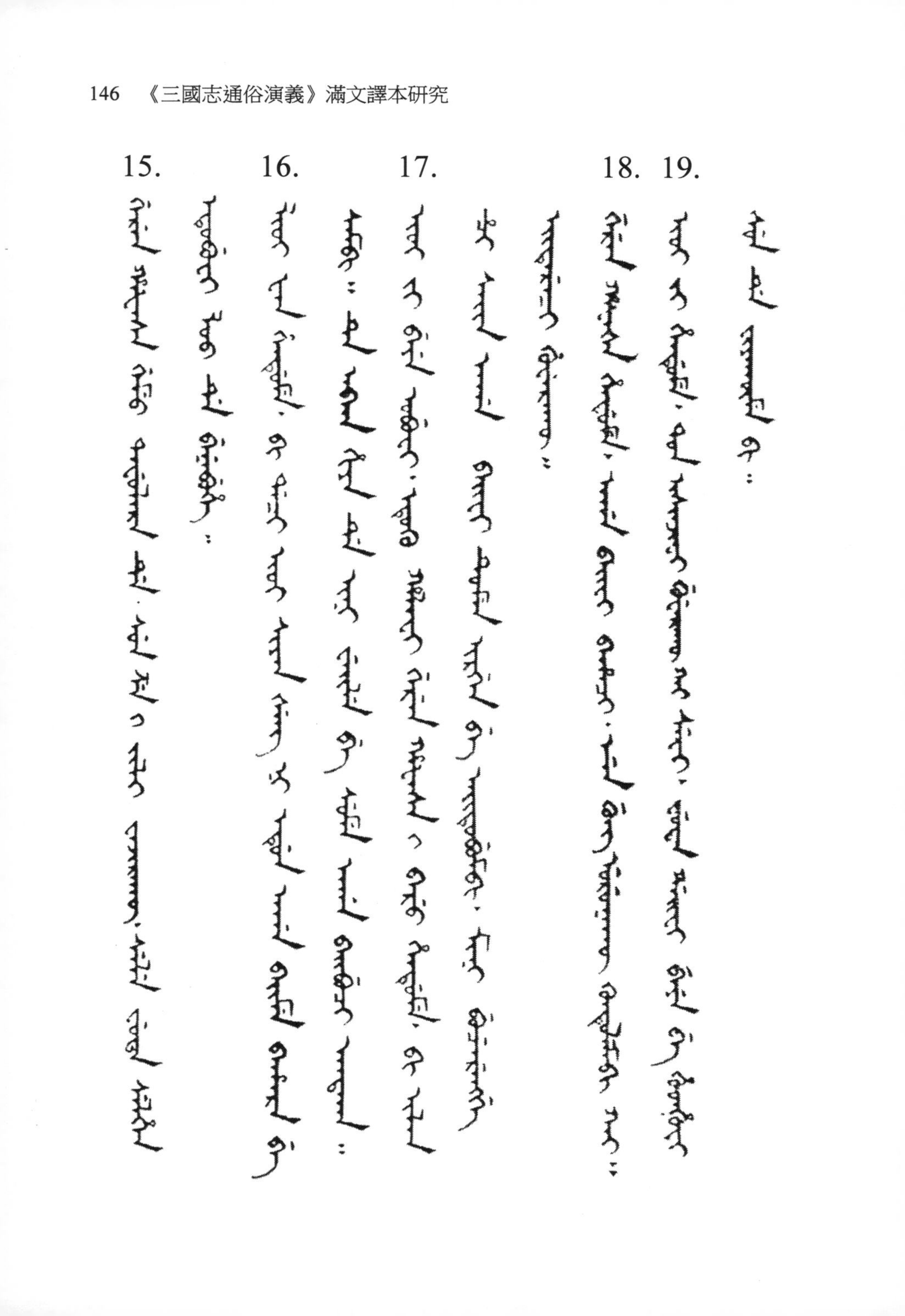

19.

18.

17.

16.

15.

15. geren hafasa gemu tafulara de, sun ts'e i jili wajirakū, sele futa selhen etubufi loo de benebuhe.
16. lioi fan hendume, bi daci ioi siyan šeng ni edun aga baime bahara be sambi. te abka hiya de ini weile be sume aga baibuci antaka.
17. ioi ji beye obufi, etuku halafi geren hafasa i baru hendume, bi ilan c'y sain aga baifi tumen irgen be aitubumbi, mini bucerengge eitereci guwerakū.
18. geren hafasa hendume, aga baifi bahaci, ejen gung urunakū kuntulembi kai.
19. ioi ji hendume, ton isinjifi guwerakū kai sefi, futa gaifi beye be huthufi šun de fiyakūme bi.

15.眾官皆諫，孫策恨未消，命枷鎖下獄囚之。
16.呂範曰：「某素知于先生能祈風禱雨，方今天旱，何不令祈雨，以贖其罪。」
17.于吉即沐浴更衣辭眾將曰[52]：「吾求三尺甘雨，以救萬民，吾終不免一死。」
18.諸將曰：「若祈雨有驗，主公必敬也。」
19.于吉曰：「氣數至此，恐不能逃之[53]。」乃取繩自縛曝于日中。

15.众官皆谏，孙策恨未消，命枷锁下狱囚之。
16.吕范曰：「某素知于先生能祈风祷雨，方今天旱，何不令祈雨，以赎其罪。」
17.于吉即沐浴更衣辞众将曰：「吾求三尺甘雨，以救万民，吾终不免一死。」
18.诸将曰：「若祈雨有验，主公必敬也。」
19.于吉曰：「气数至此，恐不能逃之。」乃取绳自缚曝于日中。

---

52 沐浴更衣，句中「沐浴」，滿文當讀作“beye obofi”，此作“beye obufi”，誤。
53 恐不能逃之，滿文當讀作“guwerahū”，此作“guwerakū”，意即「不寬免」，滿漢文義略有出入。

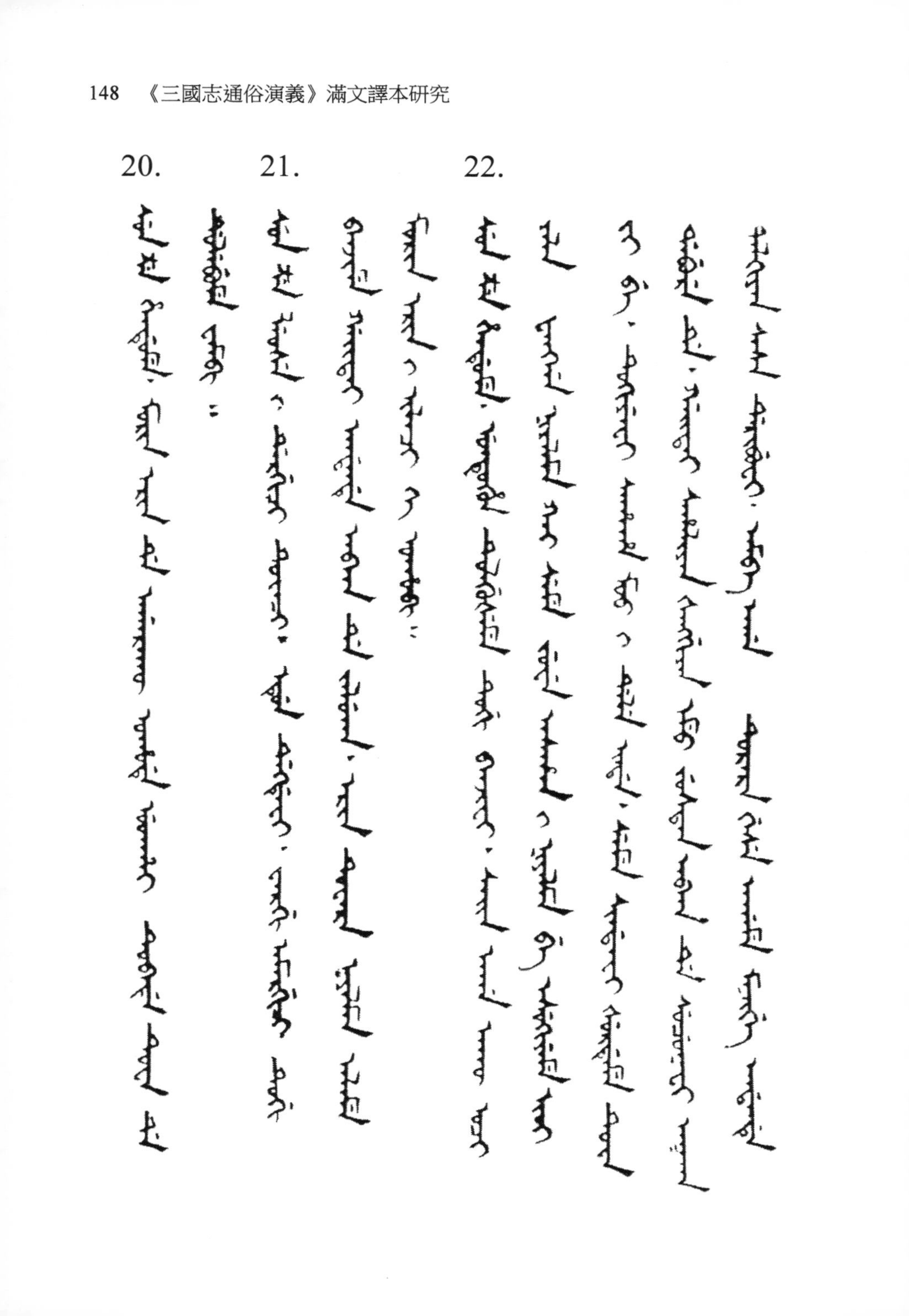

20.

21.

22.

20. sun ts'e hendume, morin erin de agarakū ohode, uthai tubade tuwa de dulebume wambi.
21. sun ts'e leose i dergici tuwaci, edun dekdefi, wargi amargici tugi banjime gaitai andande abka de jaluka, erin tuwara niyalma alame, morin erin i ilaci ke ohobi.
22. sun ts'e hendume, untuhun tulgušeme tugi banjifi, sain aga akū oci yala fangga niyalma kai seme, juwe ashan i niyalma be esukiyeme ioi ji be, tukiyefi sahaha moo i dele inda〔inde〕seme sindafi, šurdeme tuwa dabure de, gaitai sahaliyan šanggiyan emu justan abka de sucunafi akjan talkiyan sasa deribufi, amba aga turara gese agame majige andande

---

20.孫策曰:「若午時無雨,即焚死于此處。」
21.孫策于城樓上望之,風起處,西北雲生,頃然天心[54]。候吏報曰:「午時三刻。」
22.孫策曰:「空有陰雲,而無甘雨,正是妖人也。」叱左右將于吉扛上柴棚,四下舉火,忽有黑烟一道,冲上空中,一聲響亮,雷電齊發,大雨如注,頃刻之間,

---

20.孙策曰:「若午时无雨,即焚死于此处。」
21.孙策于城楼上望之,风起处,西北云生,顷然天心。候吏报曰:「午时三刻。」
22.孙策曰:「空有阴云,而无甘雨,正是妖人也。」叱左右将于吉扛上柴棚,四下举火,忽有黑烟一道,冲上空中,一声响亮,雷电齐发,大雨如注,顷刻之间,

---

54 頃然天心,滿文讀作“gaitai andande abka de jaluka”,意即「驟然充滿天空」。

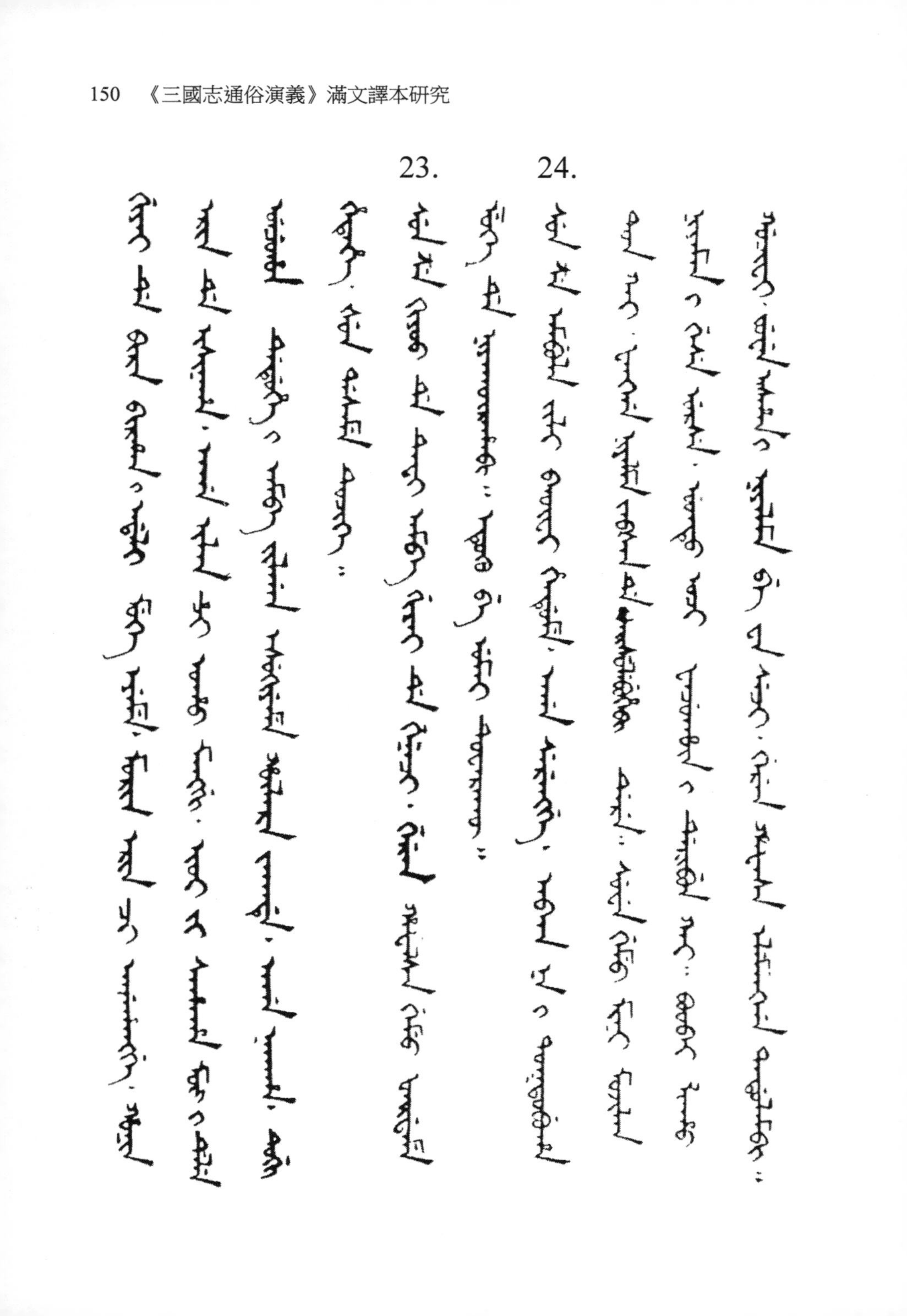

[illegible]

[illegible]

[illegible]

[illegible]

23.

[illegible]

[illegible]

24.

[illegible]

[illegible]

[illegible]

[illegible]

giyai de bira birhan i adali muke eyeme, morin erin ci agahangge, honin erin de isinaha, aga ilan c'y oho manggi, ioi ji sahaha moo i dele uncuhon〔oncohon〕deduhe i amba jilgan esukiyeme hūlara jakade, aga nakaha, tugi hetehe, šun dasame tucike.

23. sun ts'e kiyoo de tefi amba giyai de geneci, geren hafasa gemu faidame muke de niyakūrahabi. etuku be umai tuwarakū.

24. sun ts'e ambula jili banjifi hendume, aga serengge, abka na i toktobuha ton kai. fangga niyalma jabšan de teisulebuhebi dere. suwe gemu mini mujilen niyaman i gese urse, uttu oci facuhūn i deribun kai. boobai loho gocifi, juwe ashan i niyalma be wa seci, geren hafasa elemangga tadulambi〔tafulambi〕.

街市成河，溪澗皆滿。從午時下到未時，雨有三尺。于吉仰臥于柴棚上，大喝一聲，雲收雨住，復見太陽。

23.孫策乘轎至通衢，見眾官皆羅拜于水中，不顧衣服。

24.孫策大怒曰：「雨乃天地之定數，妖人偶遇其便，吾手下之人皆心腹之士，此為禍之端也。」掣寶劍令左右斬之，眾官力諫。

街市成河，溪涧皆满。从午时下到未时，雨有三尺。于吉仰卧于柴棚上，大喝一声，云收雨住，复见太阳。

23.孙策乘轿至通衢，见众官皆罗拜于水中，不顾衣服。

24.孙策大怒曰：「雨乃天地之定数，妖人偶遇其便，吾手下之人皆心腹之士，此为祸之端也。」掣宝剑令左右斩之，众官力谏。

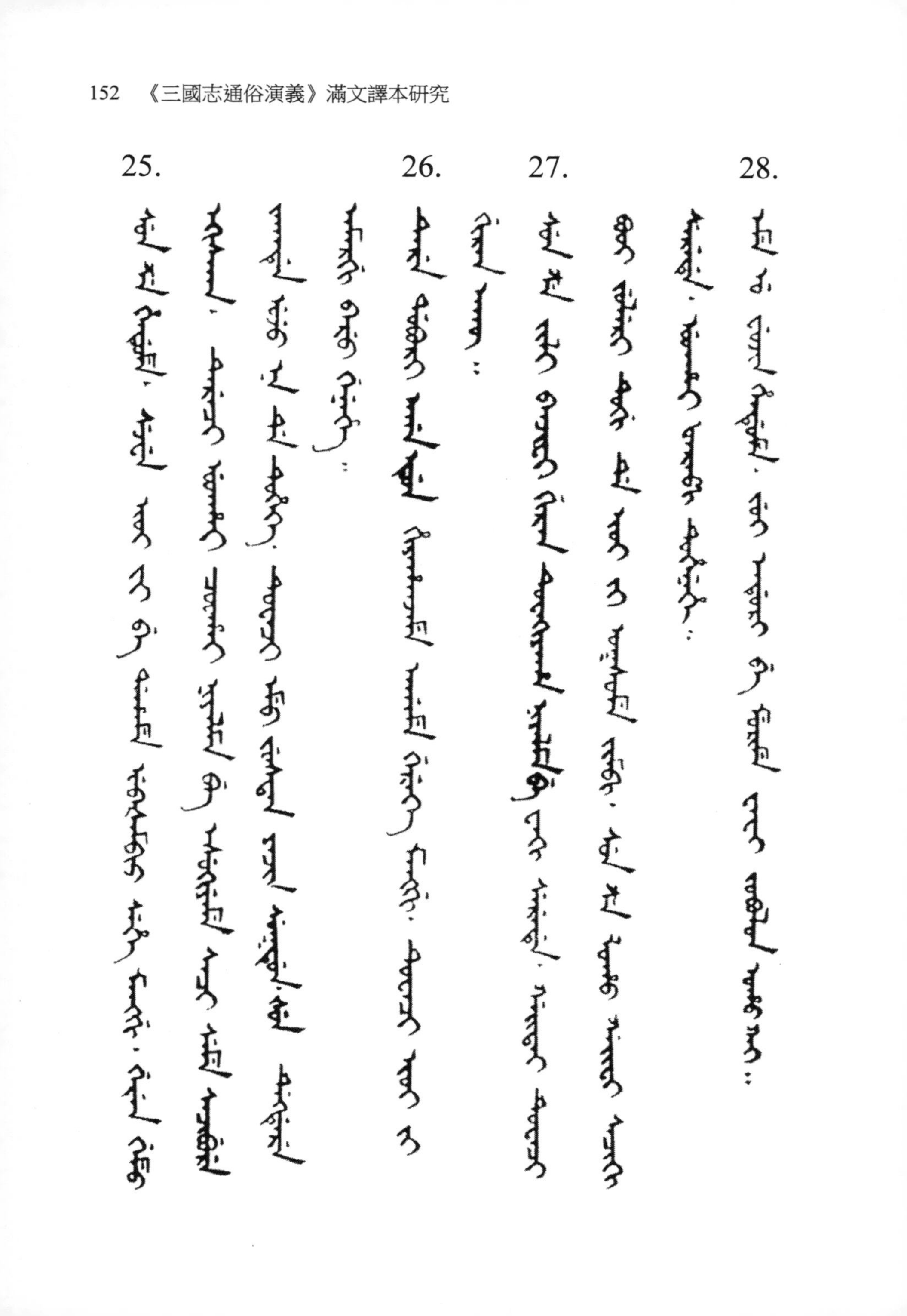

25. sun ts'e hendume, suwe ioi ji be dahame ubašambio sehe manggi, geren gemu ekisaka. tereci uthai coohai niyalma be esukiyeme saci seme sacibure jakade uju na de tuheke, tuwaci emu justan yacin sukdun, šun dekdere amargi baru genehe.
26. tere dobori aga edun hiyahanjame agame gereke manggi, tuwaci ioi ji giran akū.
27. sun ts'e jili banjifi giran tuwakiyaha niyalma be waki serede, gaitai tuwaci booi juleri tugi de ioi ji oksome jimbi. sun ts'e loho gaifi saciki serede, uthai farapi tuhenehe.
28. eme u fujin hendume, jui enduri be murime wafi jobolon oho kai.

25.孫策曰：「汝等皆欲隨從于吉造反耶？」眾皆默然，急叱手下武士一刀斬頭落地，只見一道青氣，投東北去了。
26.是夜，風雨交作，及曉不見于吉屍首。
27.孫策怒，欲殺守屍軍士。忽見堂前陰雲中，于吉足步而來。孫策取劍斬之，忽然昏倒于地。
28.母吳夫人曰：「吾兒屈殺神仙，以致招禍。」

25.孙策曰：「汝等皆欲随从于吉造反耶？」众皆默然，急叱手下武士一刀斩头落地，只见一道青气，投东北去了。
26.是夜，风雨交作，及晓不见于吉尸首。
27.孙策怒，欲杀守尸军士。忽见堂前阴云中，于吉足步而来。孙策取剑斩之，忽然昏倒于地。
28.母吴夫人曰：「吾儿屈杀神仙，以致招祸。」

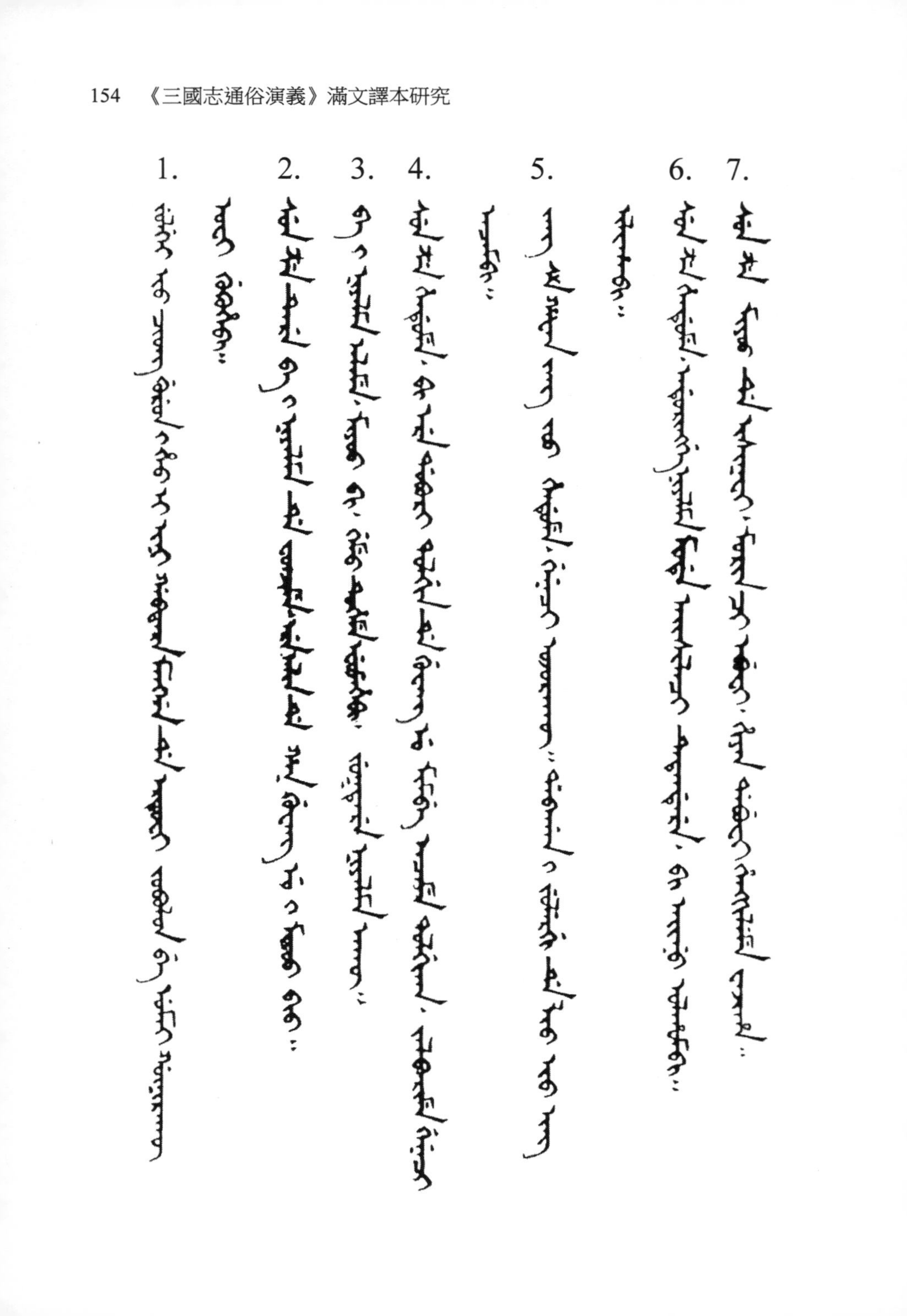

1. [illegible]

2. [illegible]

3. [illegible]

4. [illegible]

5. [illegible]

6. [illegible]

7. [illegible]

十、古人古事

1. julgei io ciong gurun i heo i ini gabtara mangga de ertufi jobolon be umai gūnirakū ofi gukuhebi.
2. sun ts'e tere ba i niyalma de fonjime, ere alin de haṉ guwang u i miyoo bio.
3. ba i niyalma alame, miyoo bi, gemu tuheme efujehebi, juktere niyalma akū.
4. sun ts'e hendume, bi ere dobori tolgin de guwang u mimbe acame tolgika, jalbarime geneci acambi.
5. jang sy hafan jang joo hendume, geneci ojorakū. dabagan i julergi de lio io ing ilihabi.
6. sun ts'e hendume, enduringge niyalma minde aisilaci tetendere, bi ainu olhombi.
7. sun ts'e miyoo de isinafi, morin ci ebufi, hiyan dabufi hengkileme wajiha.

1.昔有窮后羿，恃其善射，不思患難，以致滅亡。
2.孫策問土人曰：「近山有漢光武廟否？」
3.土人曰：「有廟，已傾頹，無人祭祀。」
4.孫策曰：「吾夜夢光武，邀我相見，當以祈之。」
5.長史張昭曰：「不可，今嶺南是劉繇寨。」
6.孫策曰：「神人祐我，吾何懼之？」
7.孫策到廟燒香，下馬參拜。

1.昔有穷后羿，恃其善射，不思患难，以致灭亡。
2.孙策问土人曰：「近山有汉光武庙否？」
3.土人曰：「有庙，已倾颓，无人祭祀。」
4.孙策曰：「吾夜梦光武，邀我相见，当以祈之。」
5.长史张昭曰：「不可，今岭南是刘繇寨。」
6.孙策曰：「神人佑我，吾何惧之？」
7.孙策到庙烧香，下马参拜。

8. ᠰᡳ ᠸᡝ᠈ ᡥᡡᠯᡥᠠ ᠰᡠᠸᡝ ᡤᡠᠨᡳᠨ ᠮᡠᠰᡝ ᠪᠠ ᡳ ᡤᡳᠰᡠᡵᡝᡵᡝ᠈ ᡤᡠᠨᡳᠮᡝ ᠠᠮᠠ ᡩᡝ ᡨᡠᠸᠠᠮᠪᡳ᠉

9. ᡨᡝᡵᡝ ᡤᡳᠰᡠᡵᡝᡵᡝ ᡳ ᠪᠣ ᠠᠯᡳ ᡤᡳᠰᡠᡵᡝᡵᡝ ᠪᡳᠶᡝ᠈ ᠪᠣ ᡩᡝ ᠰᠠᠨᠠᠩᡤᠠ ᡤᡳᠰᡠᡵᡝᡵᡝ ᡨᡠᠸᡝᡵᡝ ᠴᡳᠨᡤᡤᡳᠶᠠᠮᠪᡳ᠉

10. ᠰᡳ ᠸᡝ᠈ ᠮᡝ ᠨᡳᠶᠠᠯᠮᠠ ᡩᡝ ᡤᡝᠩᡤᡳᠶᡝᠨ ᠨᡳᠩᡤᡠᠨ ᡨᡝᡵᡝᠩᡤᡝ ᡤᡳᠨᡳᠨ ᡩᡝ ᡨᡝᡵᡝ ᡤᡳᠨᡳᠩᡤᡝ ᡩᡝ ᡨᡠᠸᠠᡵᡠᠩᡤᡝ ᡳ ᡤᡝᠩᡤᡳᠶᡝᠨ ᠪᠣ ᠰᡳᠨᡝ ᡨᡠᠸᠠᠮᡝ᠉ ᠪᡠᡥᡝ ᡨᡠᠮᡝᠨ ᡤᡠᠨᡳᠩᡤᡝ ᡨᡠᠸᠠᠨᠠᠩᡤᡝ᠉

11. ᡨᡝᡵᡝ ᠰᡳᠨᡝ ᠪᡳ ᡤᡝᠩᡤᡳᠶᡝᠨ ᡩᡝ ᡨᡠᠸᠠᠮᡝ᠉ ᡨᡝᡵᡝ ᠰᡳᠨᡝ᠈ ᠰᡳ ᠸᡝ ᡳ ᡤᡝᡵᡝᠩᡤᡝ ᡤᡝᠩᡤᡳᠶᡝᠨ ᡩᡝ ᡨᡝᡵᡝᠩᡤᡝ ᡤᡳᠰᡠᡵᡝᡵᡝᠩᡤᡝ᠈ ᠰᡳ ᠸᡝ ᡤᡝᠩᡤᡳᠶᡝᠨ ᠮᡠᠨᠠ ᠪᡠᡥᡝ᠈

12. ᡝᠮᡠᠩᡤᡝ ᡤᡝᠩᡤᡳᠶᡝᠨ ᠰᠠᡳᠨ ᠪᠠᡵᡠ᠉
ᡥᠣᠮᡝ ᡳᠨᡝᠩᡤᡳ ᡩᡝ ᠮᡝᠨᡳᡤᡝ ᡨᡠᠸᠠᠮᡝ᠈ ᠰᠠᠨᠠᠩᡤᠠ ᠰᡳᠨᡝ ᡳ ᠪᡠᡥᡝ ᡨᡠᠮᡝᠨ᠈ ᠰᠠᠨᠠᠩᡤᠠ᠈
ᠰᡳᠨᡝ ᡤᡳᠰᡠᡵᡝᠮᡝ ᠪᡠᡥᡝ ᡨᡠᠮᡝᠩᡤᡝ᠈ ᠰᡳ ᠸᡝ ᠪᡳ ᡨᡝᡵᡝ ᡨᡠᠸᡝᡵᡝ ᡤᡝᠩᡤᡳᠶᡝᠨ ᡤᡝᠩᡤᡳᠶᡝᠨ᠈ ᠰᡳ ᠸᡝ

8. mi dzu, dung hai goloi jioi ba i niyalma, hūwai an de tehebi.
9. tere niyalma i boo jalan halame bayan, boo de takūrara niyalma tumen funcembi.
10. mi dzu, lo yang de hūdašame genefi amasi sejen de tefi jidere de tuwaci, jugūn i dalbade emu hehe tehebi. boco fiyan ambula saikan.
11. tere hehe, mi dzu i emgi sejen de teki serede, mi dzu sejen ci ebufi, tere hehe be sejen de tebuhe.
12. hehe dahime doro arafi, mi dzu be emgi teki sere jakade, mi dzu inu sejen de tafafi tehe, yasa hehe i baru tuwarakū, yarkiyara gūnin umai akū.

---

8. 糜竺，乃東海朐縣人，居淮安。
9. 此人家世富豪，莊戶僮僕等萬餘人。
10.糜竺嘗往洛陽買賣，回歸坐於車，路傍見一婦人，甚有顏色。
11.此婦，來求同載，糜竺乃下車，讓車與婦人。
12.婦人再拜，請糜竺同載，糜竺亦上車，目不邪視[55]，並無調戲之意。

---

8. 糜竺，乃东海朐县人，居淮安。
9. 此人家世富豪，庄户僮仆等万余人。
10.糜竺尝往洛阳买卖，回归坐于车，路傍见一妇人，甚有颜色。
11.此妇，来求同载，糜竺乃下车，让车与妇人。
12.妇人再拜，请糜竺同载，糜竺亦上车，目不邪视，并无调戲之意。

---

55 目不邪視，滿文讀作“yasa hehe i baru tuwarakū”，意即「眼不看婦人」。

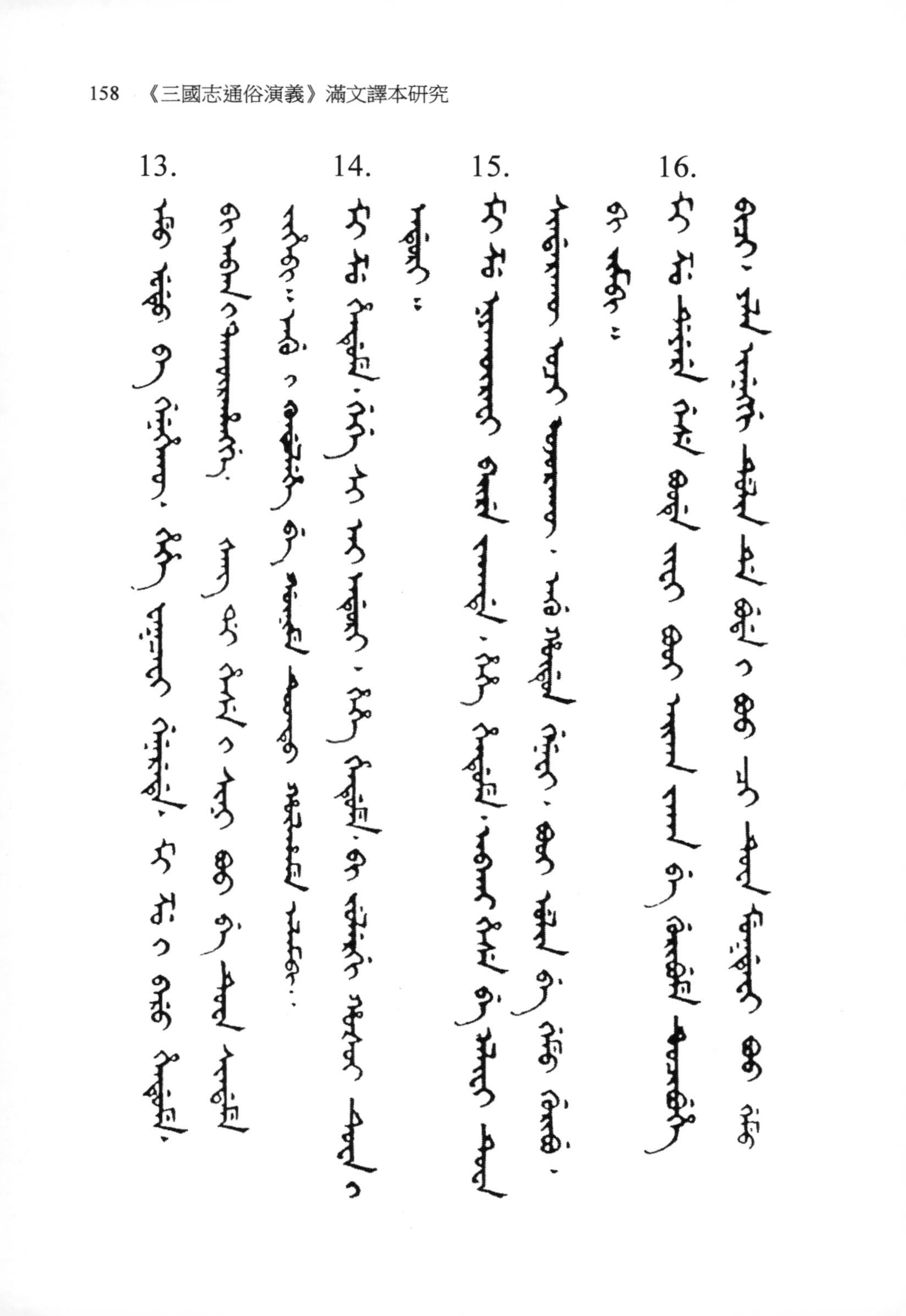

13. [illegible]

14. [illegible]

15. [illegible]

16. [illegible]

13. emu udu ba genehekū, hehe fakcafi generede, mi dzu i baru hendume, bi abka i takūrahangge, šang di hese i sini boo be tuwa sindame jihebi. agu i kundulehe be gūnime tuttu hūlhame alambi.
14. mi dzu hendume, gege si ai enduri, hehe hendume, bi julergi hošoi tuwa i enduri.
15. mi dzu niyakūrafi baire jakade, hehe hendume, abkai hese be alifi tuwa sindarakū oci ojorakū, agu hūdun genefi, booi ulin be gemu guribu, bi jimbi.
16. mi dzu deyere gese boode jifi booi aika jaka be guribume tucibuhe bici, yala inenggi dulin de buda i boo ci tuwa mukdefi boo gemu

---

13.行及數里[56]，婦人辭去。臨別對糜竺曰：「我天使也，奉上帝敕，往燒汝家。感君見待以禮，故私告耳。」
14.糜竺曰：「娘子何神也。」婦曰：「吾乃南方火德星君耳。」
15.糜竺拜而祈之。婦曰：「此天命，不敢不燒。君可速往，搬出財物，吾當夜來[57]。」
16.糜竺飛奔到家，搬出財物，日中廚下果然火起，盡燒其屋。

13.行及数里，妇人辞去。临别对糜竺曰：「我天使也，奉上帝敕，往烧汝家。感君见待以礼，故私告耳。」
14.糜竺曰：「娘子何神也。」妇曰：「吾乃南方火德星君耳。」
15.糜竺拜而祈之。妇曰：「此天命，不敢不烧。君可速往，搬出财物，吾当夜来。」
16.糜竺飞奔到家，搬出财物，日中厨下果然火起，尽烧其屋。

---

56 行及數里，滿文讀作“emu udu ba genehekū”，意即「行未數里」。
57 吾當夜來，滿文讀作“bi jimbi”，意即「吾當來」，滿漢文義不合。

ᠪᡝᡩᡝᡵᡝᠪᡠᡥᡝ᠉

17. ᡝᡵᡝ ᡠᡵᡠ ᠪᡝᡳᡩᡝᡵᡝ ᠶᠠᠮᡠᠨ ᡝᡵᡝ ᡤᡝᠮᡠ ᡤᡝᠮᡠᠨ ᡩᡝ ᡨᡝᡵᡝ ᡝᡵᡝ᠈ ᡥᠠᡶᠠᠰᠠ ᠪᡝ ᠶᠠᠰᡳᠨ ᠣ ᡥᠠᡶᠠᠨ ᠪᡝ ᡳᠯᠠᡳᠪᡠᡥᡝ᠈
ᡤᡝᠮᡠᠨ ᡩᡝ ᡥᠠᠨᡤᡤᠠᠨ ᡝᡵᡝ ᡨᡝᡵᡝ ᠠᡳᠰᡳᠯᠠᠮᡝ ᡤᡝᠨᡝᡥᡝ᠈ ᠣᡥᠣ ᡨᡠᠸᠠᡥᠠ ᠪᡝ ᡝᠮᡠᠨᡩᡝ ᡤᡝᡵᡝᠨᡳ᠉

18. ᠰᡝᡶᡳ ᠪᡠᠮᡝ ᠰᠠᡵᡤᠠᠨ ᡝᡵᡝ ᡠᡵᡠ ᠪᡝ ᠪᡝᡳᡩᡝᡥᡝᠩᡤᡝ᠈ ᠪᡝᡳᡩᡝᠨ ᠰᠠᡵᡤᠠᠨ ᡥᠠᡶᠠᠨ ᡩᡝ ᡨᡠᠸᠠᠪᡠᡥᡝ᠉

19. ᠣᡵᡳᠨ ᠮᡠᡴᡡᠨ ᠪᡝᡳ ᠵᡝ ᠪᡝᡳᡥᡝ ᡨᡠᠸᠠᡥᠠ ᡠᠨᡤᡤᡳ ᡩᡝ ᠪᡠᡥᡝᠩᡤᡝ ᠪᡝᡳᡵᡝ ᡤᡝᠮᡠ ᠮᡠᡨᡝᠮᡝ᠈ ᠴᡳ ᠪᡝᡳᡩᡝᡵᡝ ᠵᡝ
ᠰᠠᡵᡤᠠᠨ ᠪᡝ ᠪᡝᡩᡝ ᡥᠠᡳᡵᠠᠩᡤᠠ ᠰᠠᡵᡤᠠᠨ᠈ ᠪᡝᡳᡩᡝ ᡨᡝ ᡥᡝ ᠰᡝᠮᡝ ᡤᡝᠮᡠᠨ ᡩᡝ ᡥᠠᠨᡤᡤᠠ᠈ ᡝᡵᡝ ᡤᡝᡵᡝᠨ ᡩᡝ ᡥᠠᠨᡤᡤᠠ ᠮᡠᠵᡳᠯᡝᠨ᠈
ᡝᡵᡝ ᡝᡵᡝ ᡨᡝᠨᡩᡝ ᡝᠮᡠ ᡝᠮᡠ ᠪᡝ ᡩᡝ ᡠᡵᡠ ᡥᠠᠨᡤᡤᠠ ᡨᡠᠸᠠᠮᡝ ᠶᠠᠰᡳᠨᡤᡤᠠᡵᡳ᠉

20. ᠠᡳ ᡝᡵᡝ ᠪᡝᡳᡩᡝᡥᡝ ᡤᡠᠸᠠᠰᡳ ᡝ ᠪᡝᡳᠵᡳᡥᡝ ᡥᠠᠨᡤᡤᠠ᠈ ᡤᡝᡵᡝᠨ ᡝ ᡨᡝᡵᡝ ᡝᠨᡳᠶᡝᡵᡝ᠈
ᡥᠠᠨᡤᡤᠠᠰᠠᠮᠪᡳ᠈ ᡝᠮᡠᡵᡝᡥᡝ᠈ ᡝᠵᡝ ᠪᡠᡩᡝᡥᡝ ᡝ ᡝᠮᡠᡩᡝᡥᡝ ᡝᡵᡝᠮᡝᠪᡝ᠉
ᡥᠠᡶᠠᠰᠠ ᡥᠠᡶᠠᠰᠠ ᠪᠣᠣ ᡩᡝ ᠪᠠᡳᡨᠠ ᠪᡝᡳᡩᡝᡥᡝ᠉

daha.

17. mi dzu tereci yadahūn de aisilame, joboro niyalma be tucibume, hafirabuha de tusa arame, suilara niyalma be wehiyembi.
18. amala too ciyan mi dzu be solime ganafi, biyei jiya hafan obuha.
19. be hai ba i kung yung ni tukiyehe gebu wen jioi, lu gurun i cioi fu ba i niyalma, kung dz i orici jalan i omolo, juwan se de ho nan i in hafan li ing ni jakade acaname genehe.
20. li ing haŋ gurun i gebungge niyalma ofi, niyalma i emgi ja i acarakū, ambasa saisa, fe takaha gucu i juse omosi ohode, teni terei boo de bahafi dosimbi.

17.麋竺因此濟貧救苦，救難扶危。
18.後來陶謙請麋竺為別駕從事。
19.北海孔融，字文舉，魯國曲阜人也，孔子二十世孫。年十歲時，去謁河南尹李膺。
20.李膺乃漢代人物，等閒不能够相見，除非是當世大賢，通家子孫[58]，方能夠到堂上。

17.麋竺因此济贫救苦，救难扶危。
18.后来陶谦请麋竺为别驾从事。
19.北海孔融，字文举，鲁国曲阜人也，孔子二十世孙。年十岁时，去谒河南尹李膺。
20.李膺乃汉代人物，等闲不能够相见，除非是当世大贤，通家子孙，方能够到堂上。

---

58 通家子孫，滿文讀作“fe takaha gucu i juse omosi”，意即「舊識友人子孫」。

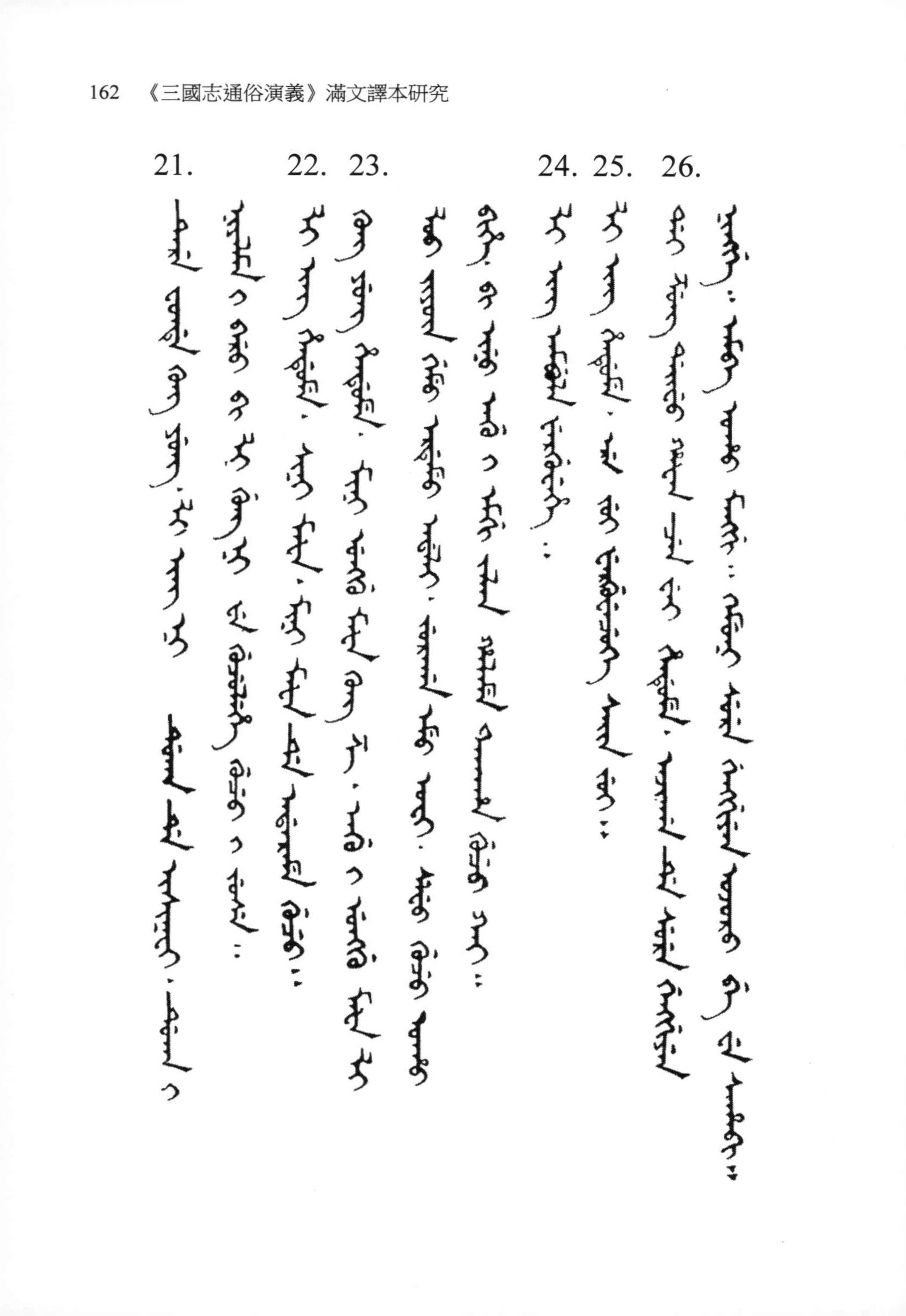

21. [illegible]

22. [illegible]

23. [illegible]

24. [illegible]

25. [illegible]

26. [illegible]

21. tere fonde kung yung, li ing ni duka de isinafi, duka i niyalma i baru, bi li gung ni fe guculehe gucu i juse.
22. li ing hendume, sini mafa, mini mafa de adarame gucu.
23. kung yung hendume, mini unggu mafa kung dz, agu i unggu mafa li loo jiyūn gemu erdemu adali, jurgan emu ofi, sefu gucu oho bihe, bi inu agu i emgi jalan halame takaha gucu kai.
24. li ing ambula ferguwehe.
25. li ing hendume, ere jui ferguwecuke sain jui.
26. dai dzung daifu hafan cen wei hendume, ajigan de sure genggiyen ningge, amba oho manggi, kemuni sure genggiyen ojoro be we sahabi.

21.時孔融到李膺門，告門吏曰：「我李相公通家子孫。」
22.李膺曰：「汝祖與吾祖何親也？」
23.孔融曰：「吾曾祖孔子，與君曾祖李老君同德比義，而相師友，則吾亦與君累世通家。」
24.李膺大奇之。
25.李膺曰：「此異童子也。」
26.大中大夫陳煒曰：「小時聰明，大未必聰明[59]。」

21.时孔融到李膺门，告门吏曰：「我李相公通家子孙。」
22.李膺曰：「汝祖与吾祖何亲也？」
23.孔融曰：「吾曾祖孔子，与君曾祖李老君同德比义，而相师友，则吾亦与君累世通家。」
24.李膺大奇之。
25.李膺曰：「此异童子也。」
26.大中大夫陈炜曰：「小时聪明，大未必聪明。」

---

59 大未必聰明，滿文讀作“amba oho manggi, kemuni sure genggiyen ojoro be we sahabi”，意即「長大後，誰知還聰明」。

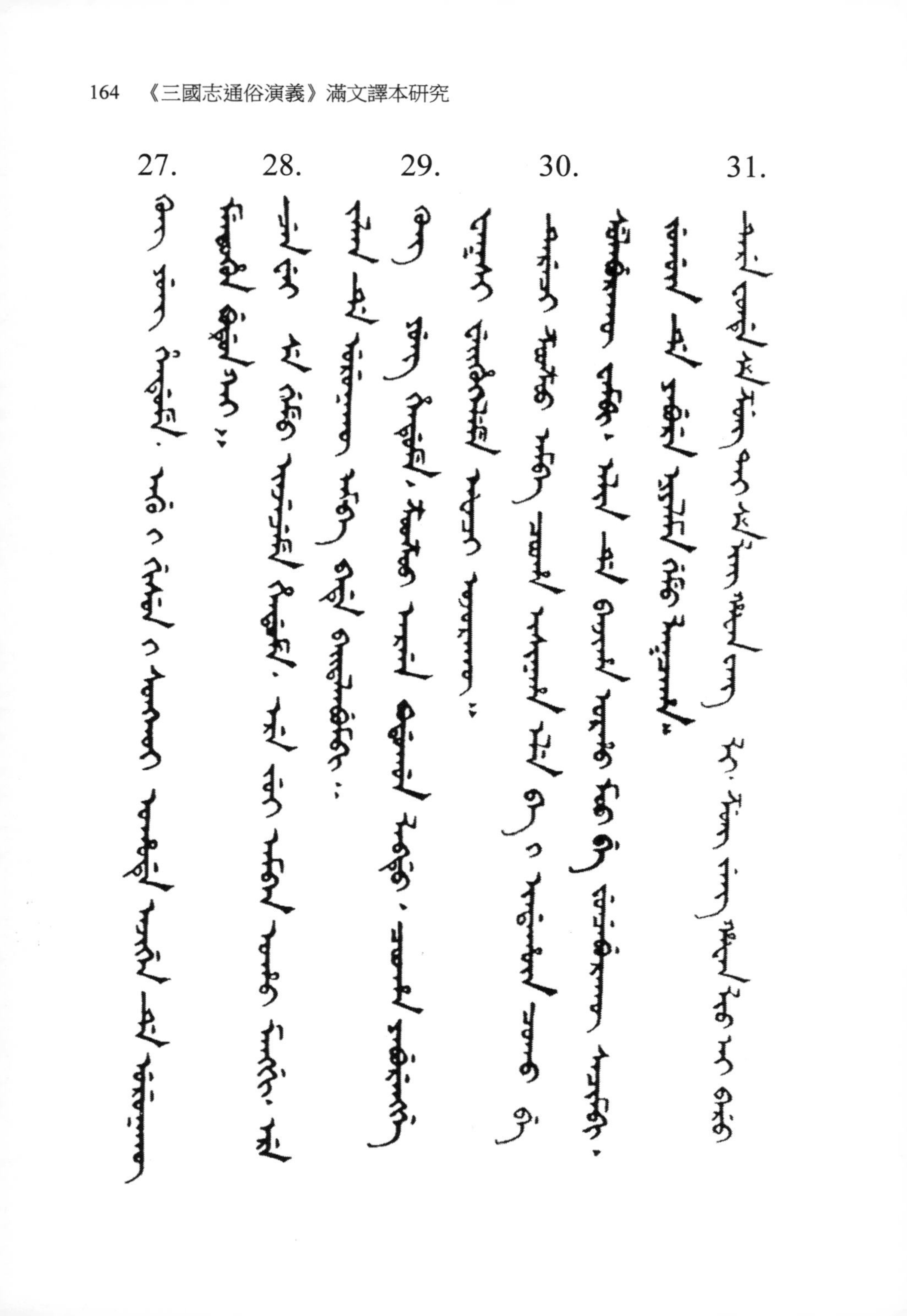

27. [illegible]

28. [illegible]

29. [illegible]

30. [illegible]

31. [illegible]

27. kung yung hendume, agu i gisun i songkoi ohode, ajigen de urunakū mentuhun budun kai.
28. cen wei se gemu injeceme hendume, ere jui amban oho manggi, ere jalan de urunakū amba bade baitalabumbi.
29. kung yung hendume, ts'oots'oo arga bodogon labdu, cooha yaburengge faksi weihukeleme afaci ojorakū.
30. tereci ts'oots'oo amba cooha isinaha ele ba i indahūn coko be sulaburakū wambi, alin de banjiha orho moo be funceburakū sacimbi, jugūn de yabure niyalma gemu lakcaha.
31. tere fonde sy dzung tai sy ling hafan wang li, dzung jeng hafan lio ai baru

---

27.孔融曰：「如君所言，幼時必愚懦也。」
28.陳煒等皆笑曰：「此子長成，必當代偉器也[60]。」
29.孔融曰：「曹操足智多謀，行軍巧，未敢輕戰。」
30.且說曹操大軍所到之處，鷄犬不留，山無樹木，路絕人行。
31.時有侍中太史令王立與宗正劉艾

27.孔融曰：「如君所言，幼时必愚懦也。」
28.陈炜等皆笑曰：「此子长成，必当代伟器也。」
29.孔融曰：「曹操足智多谋，行军巧，未敢轻战。」
30.且说曹操大军所到之处，鸡犬不留，山无树木，路绝人行。
31.时有侍中太史令王立与宗正刘艾

---

60 必當代偉器也，滿文讀作“ere jalan de urunakū amba bade baitalabumbi”，意即「當代必用在大處」。

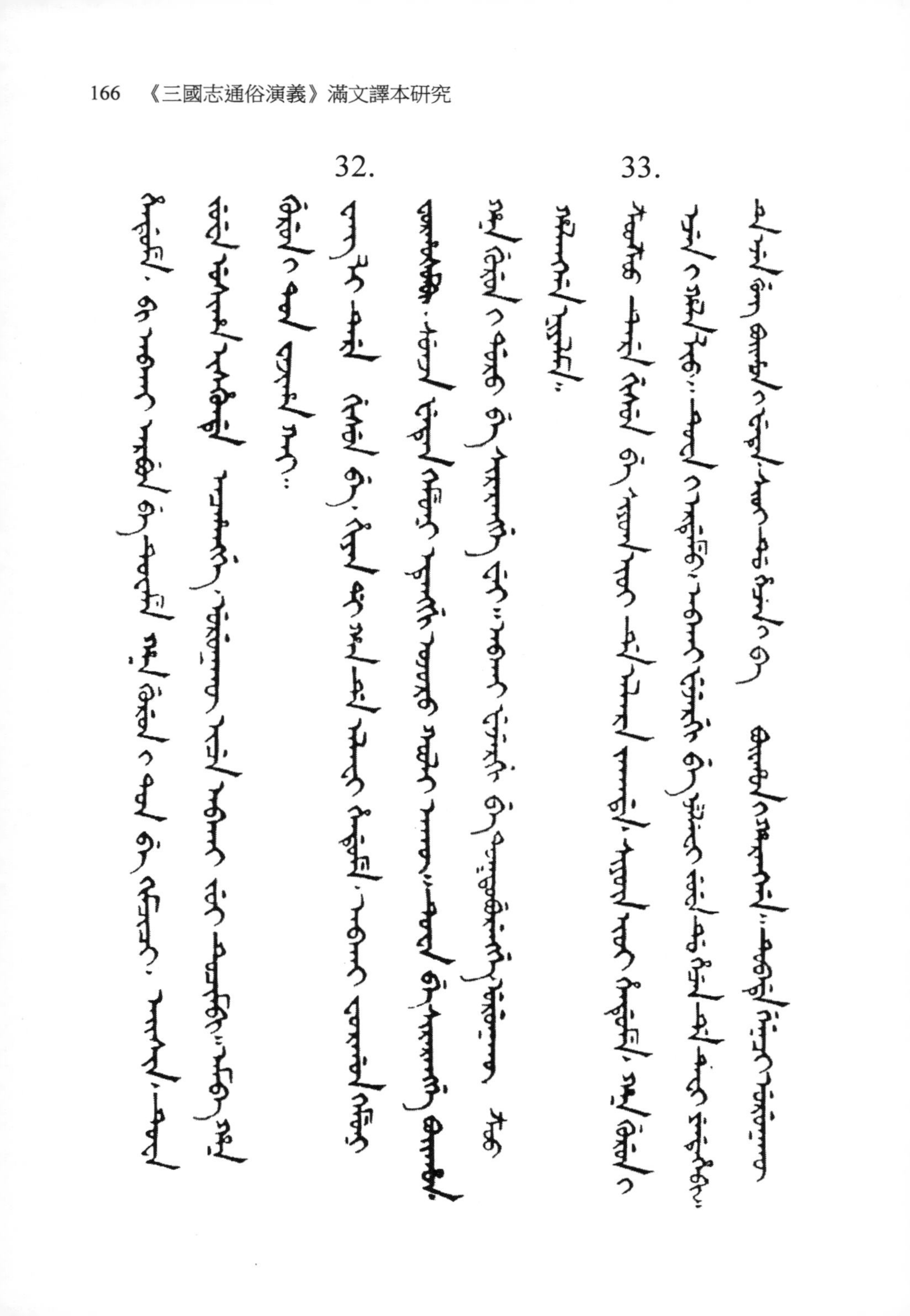

[illegible]

32.

[illegible]

33.

[illegible]

hendume, bi abkai arbun be tuwame haṉ gurun i ton be kimcici, aisin, tuwa juwe usiha ishunde acahangge, urunakū ice abkai jui tucimbi. amba haṉ gurun i ton wajiha kai.

32. wang li tere gisun be, hiyan di han de alafi hendume, abkai forgon kemuni forhošombi, sunja feten kemuni etenggi ojoro kooli akū. tuwa be sirarangge boihon, haṉ gurun i doro be sirarangge wei. abkai fejergi be toktoburengge, urunakū ts'oo halangga niyalma.

33. ts'oots'oo tere gisun be siyūn ioi de alara jakade, siyūn ioi hendume, haṉ gurun i ejen i hala lio, tuwa i erdemu, abkai fejergi be ejelefi juwe du hecen de tefi yendehebi. te ejen gung boihon i feten, sioi du hecen i ba boihon i harangga, tubade geneci urunakū

曰:「吾仰觀天文,以察炎漢氣數,金火交會,必有新天子出,大漢氣數終矣。」

32.王立以是言于獻帝前曰:「天命有去就[61],五行不常盛,代火者土也,承漢天下者,必魏也,能安天下者,必曹姓也。」

33.曹操以是告荀彧,荀彧曰:「漢朝劉氏,以火德王天下,故兩都皆興。今主公乃土命也,許都屬土,到彼必

曰:「吾仰观天文,以察炎汉气数,金火交会,必有新天子出,大汉气数终矣。」

32.王立以是言于献帝前曰:「天命有去就,五行不常盛,代火者土也,承汉天下者,必魏也,能安天下者,必曹姓也。」

33.曹操以是告荀彧,荀彧曰:「汉朝刘氏,以火德王天下,故两都皆兴。今主公乃土命也,许都属土,到彼必

---

61 天命有去就,滿文讀作"abkai forgon kemuni forhošombi",意即「天命常轉換」,句中"forhošombi",規範滿文讀作"forgošombi"。

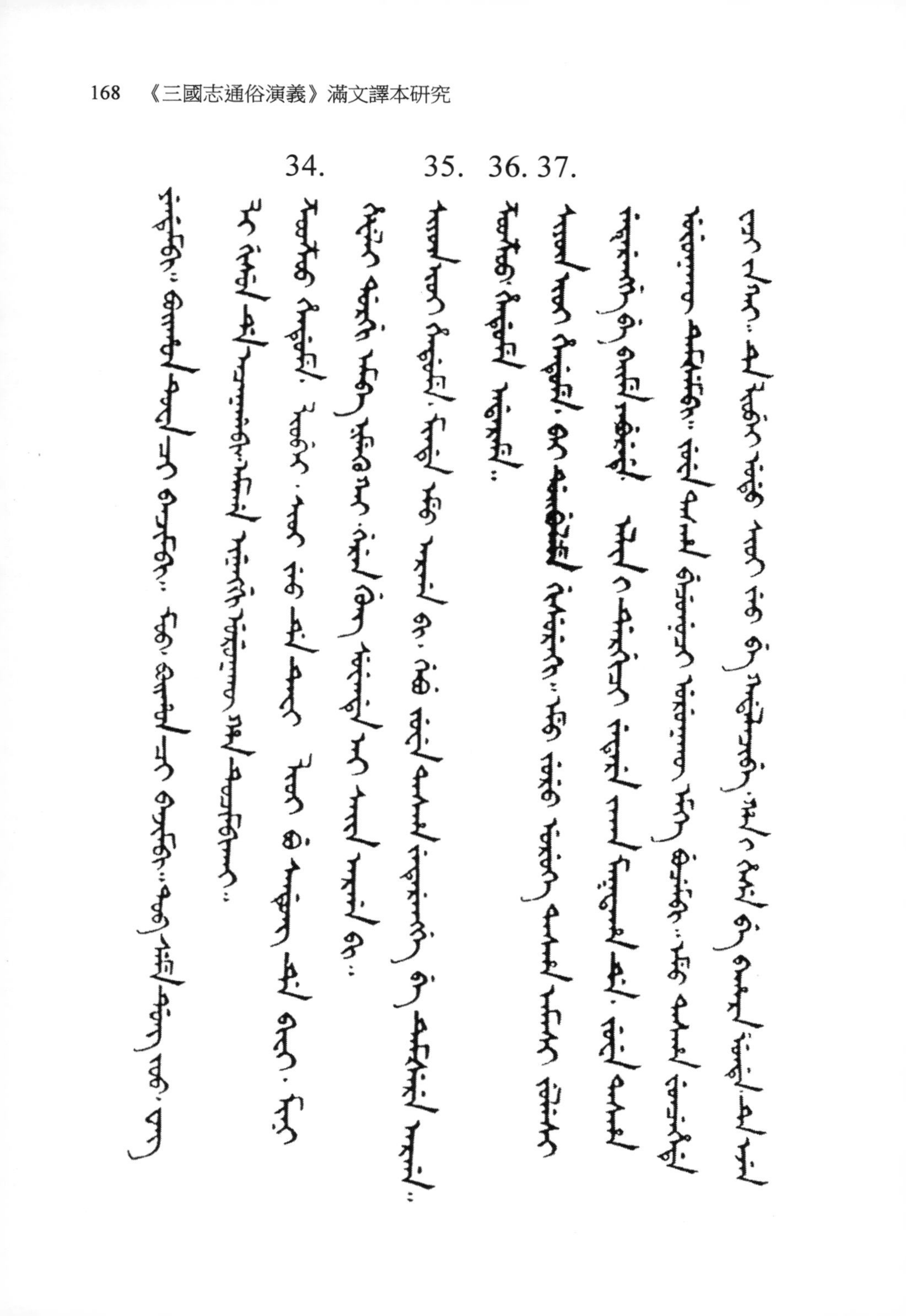

34. 35. 36. 37.

[illegible]

yendembi. boihon tuwa ci banjimbi, moo, boihon ci banjimbi. tob seme dung joo, wang li gisun de acanahabi. amaga inenggi urunakū han tucimbikai .

34. ts'oots'oo hendume, liobei sioi jeo de tefi, lioi bu sandung de bifi, mini hefeli dorgi amba nimeku kai. geren gung suwende ai sain arga bi.

35. siyūn ioi hendume, minde emu arga bi, gebu juwe tasha jeterengge be temšere arga.

36. ts'oots'oo hendume, adarame.

37. siyūn ioi hendume, bai duibuleme gisureki. emu juru uruke tasha amasi julesi jeterengge be baime yaburede, alin i dergici jetere jaka maktaha de, juwe tasha urunakū temšembi. juwe tasha becunuci urunakū emke bucembi. emu tasha funcehede waci ja kai. te liobei udu sioi jeo be kadalacibe, han i hese be bahara unde, te ejen

---

興。火能生土，土能旺木，正合董昭、王立之言，他日必有王者興矣。」

34.曹操曰：「劉備現屯徐州，呂布在山東，乃吾心腹之大患也，公等有何妙計？」

35.荀彧曰：「我有一計，名曰：二虎競食之計。」

36.曹操曰：「何謂也？」

37.荀彧曰：「譬如有一對餓虎，往來尋食，上山以食投下，二虎必競，二虎爭鬥，必有一傷，止存一虎，此虎亦可誅矣。今劉備雖領徐州，未得詔命，

兴。火能生土，土能旺木，正合董昭、王立之言，他日必有王者兴矣。」

34.曹操曰：「刘备现屯徐州，吕布在山东，乃吾心腹之大患也，公等有何妙计？」

35.荀彧曰：「我有一计，名曰：二虎竞食之计。」

36.曹操曰：「何谓也？」

37.荀彧曰：「譬如有一对饿虎，往来寻食，上山以食投下，二虎必竞，二虎争斗，必有一伤，止存一虎，此虎亦可诛矣。今刘备虽领徐州，未得诏命，

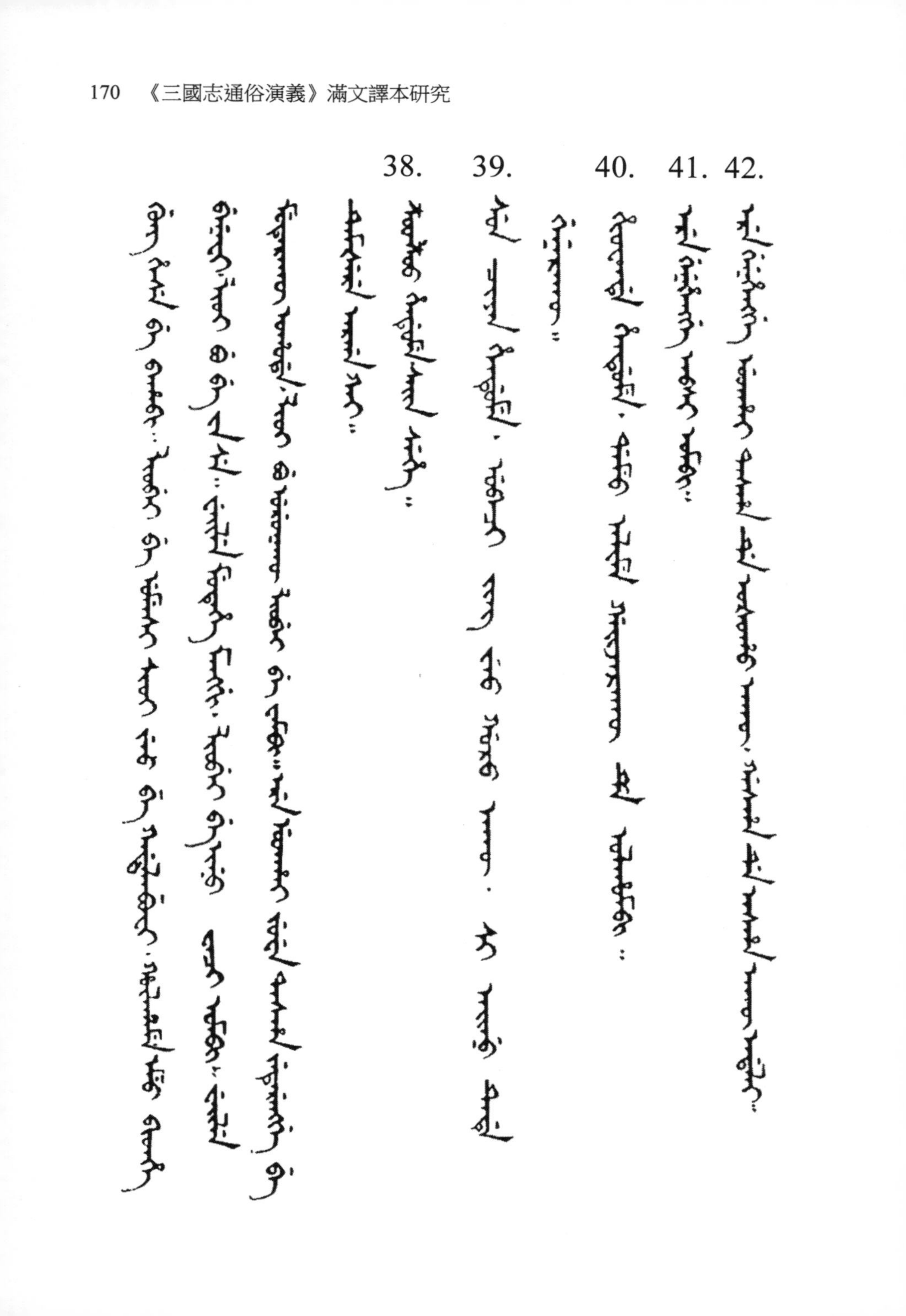

38. [illegible]

39. [illegible]

40. [illegible]

41. [illegible]

42. [illegible]

gung hese be bahabi. liobei be umesi sioi jeo be kadalabufi, hūlhame emu bithe benefi, lioi bu be wa se. weile mutehe manggi, liobei be inu waci ombi. weile muterakū ohode, lioi bu urunakū liobei be wambi. ere uthai juwe tasha jeterengge be temšere arga kai.

38. ts'oots'oo hendume, sain sehe.

39.sun ciyan hendume, ubaci jing jeo goro akū, si ainu tede generakū.

40. hiowande hendume, damu alime gaijarakū de olhombi.

41. ere genehengge, absi ombi.

42. ere genehengge, uthai tasha de ošoho akū, gasha de asha akū adali.

今主公已得詔，可令劉備正授徐州牧，密與一書教殺呂布。事成，則劉備亦可圖，事不成，則呂布必殺劉備矣，此乃二虎競餐之計。」

38.曹操曰：「然。」

39.孫乾曰：「此離荊州不遠，你何不往投之？」

40.玄德曰：「但恐不容耳。」

41.「此去如何？」

42.「此去如虎無爪，鳥無翼。」

今主公已得诏，可令刘备正授徐州牧，密与一书教杀吕布。事成，则刘备亦可图，事不成，则吕布必杀刘备矣，此乃二虎竞餐之计。」

38.曹操曰：「然。」

39.孙干曰：「此离荆州不远，你何不往投之？」

40.玄德曰：「但恐不容耳。」

41.「此去如何？」

42.「此去如虎无爪，鸟无翼。」

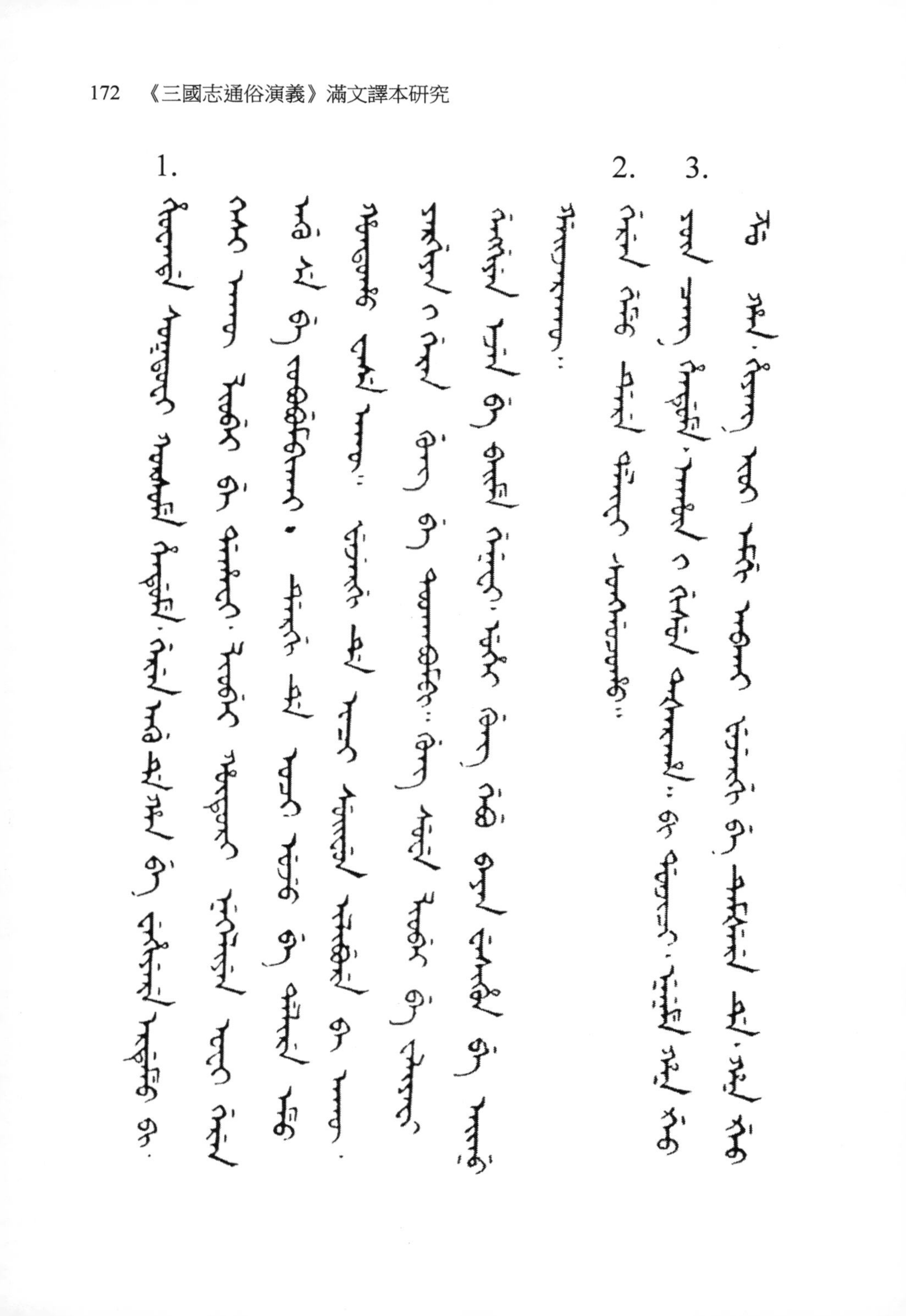

1. [illegible]

2. [illegible]

3. [illegible]

十一、成敗有時

1. hiowande soktofi korsome hendume, geren agu de han be wehiyere erdemu bi, kesi akū liobei be dahafi, liobei hūturi nekeliyen ofi geren agu se be jobobumbikai. dergi de oci uju be dalire emu hontoho wase akū. fejergi de oci suifun ilibure ba akū, yargiyan i geren gung be tookabumbi. gung suwe liobei be waliyafi genggiyen ejen be baime genefi, uhei gung gebu bayan wesihun be ainu gaijarakū.
2. geren gemu dere dalifi songgocoho.
3. yūn cang hendume, ahūn i gisun tašaraha, bi donjici, neneme haṉ g'ao dzu han, hiyang ioi emgi abkai fejergi be temšere de, haṉ g'ao

---

1.玄德酒酣乃發悲曰：「諸君皆有王佐之才，不幸跟隨劉備。劉備之命窘[62]，累及諸君。今日上無片瓦蓋頂，下無置錐之地，誠恐有悞諸公，公等何不棄劉備而投明主，其取功名富貴乎？」
2.眾皆掩面而哭。
3.雲長曰：「兄言差矣，吾聞高祖，共項羽同爭天下[63]，

1.玄德酒酣乃发悲曰：「诸君皆有王佐之才，不幸跟随刘备。刘备之命窘，累及诸君。今日上无片瓦盖顶，下无置锥之地，诚恐有悞诸公，公等何不弃刘备而投明主，其取功名富贵乎？」
2.众皆掩面而哭。
3.云长曰：「兄言差矣，吾闻高祖，共项羽同争天下，

---

62 命窘，滿文讀作“hūturi nekeliyen”，意即「福薄」。
63 吾聞高祖，共項羽同爭天下，滿文讀作“bi donjici, neneme haṉ g'ao dzu han, hiyang ioi emgi abkai fejergi be temšere de”，意即「吾聞先漢高祖同項羽共爭天下」。

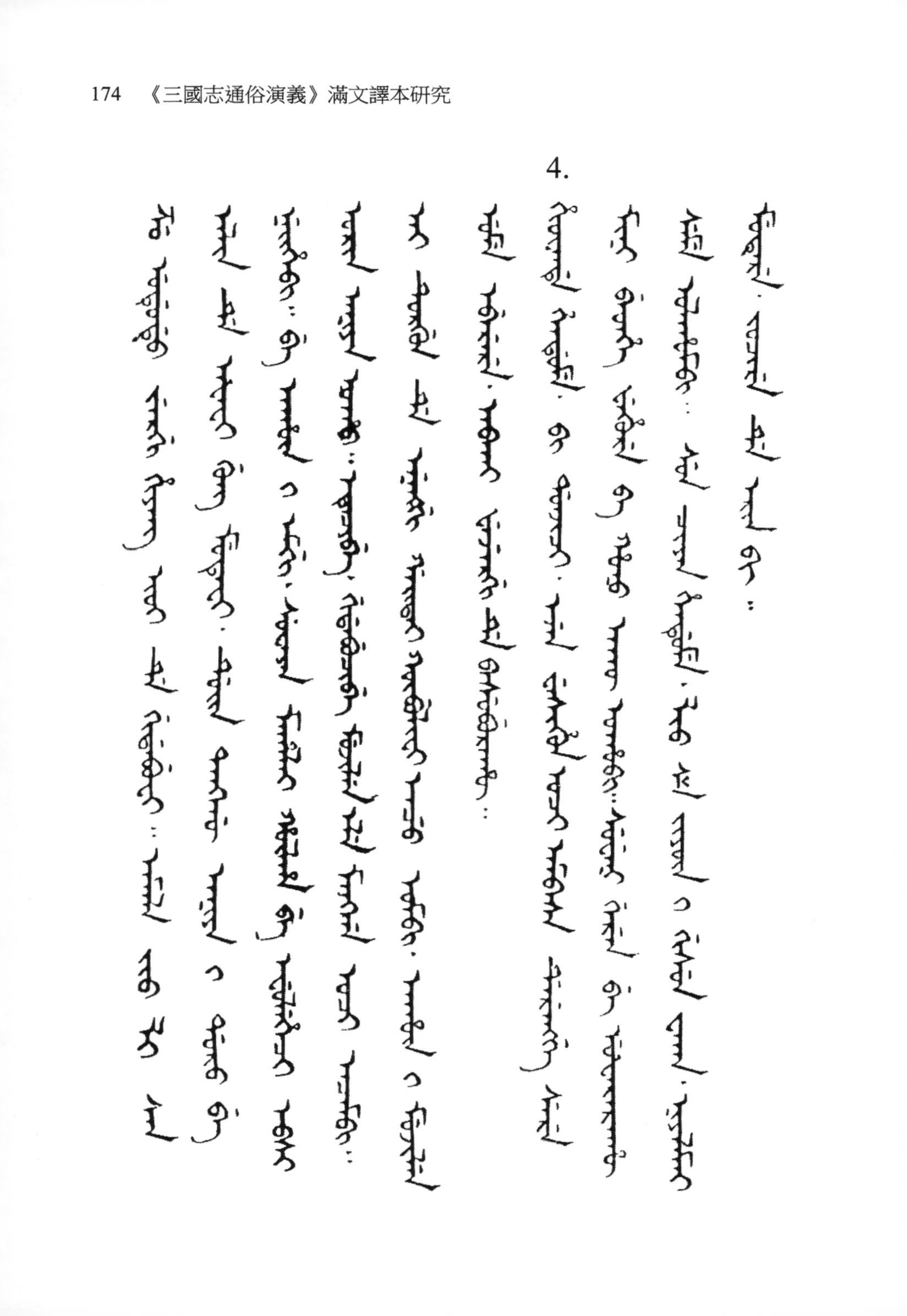

4.

[illegible]

[illegible]

[illegible]

[illegible]

[illegible]

[illegible]

[illegible]

[illegible]

[illegible]

[illegible]

dzu ududu jergi hiyang ioi de gidabufi, amala jio li san 〔šan〕 alin de afafi gung mutefi, duin tanggū aniya i doro be neihebi. be ahūn i emgi, suwayan mahalai hūlha be efuleheci ebsi orin aniya oho. etecibe, gidabucibe mujilen ele mangga oci acambi. ai turgun de enenggi gaitai kūbulifi encu ombi, ahūn i mujilen ume eberere, abkai fejergi de basuburahū.

4. hiowande hendume, bi donjici, ejen wesihun oci ambasa derengge sere, mini bethe fehure ba hono akū ohobi. suweni geren be ufararahū seme olhombi. sun ciyan hendume, lio sy jiyūn i gisun waka, niyalmai mutere, jocire de erin bi.

漢高祖數敗於項羽，後九里山一戰成功，而開四百年基業。我等與兄自破黃巾以來，今近二十年，或勝或負，其志愈堅；何故今日忽生變異，兄勿墮志，惹天下笑焉[64]。」

4.玄德曰：「吾聞主貴則臣榮。吾無履足之地，恐負公等。」孫乾曰：「劉使君之言未然，且人成敗有時。」

汉高祖数败于项羽，后九里山一战成功，而开四百年基业。我等与兄自破黄巾以来，今近二十年，或胜或负，其志愈坚；何故今日忽生变异，兄勿堕志，惹天下笑焉。」

4.玄德曰：「吾闻主贵则臣荣。吾无履足之地，恐负公等。」孙干曰：「刘使君之言未然，且人成败有时。」

---

64 惹天下笑焉，滿文讀作"abkai fejergi de basuburahū"，意即「恐被天下恥笑」。

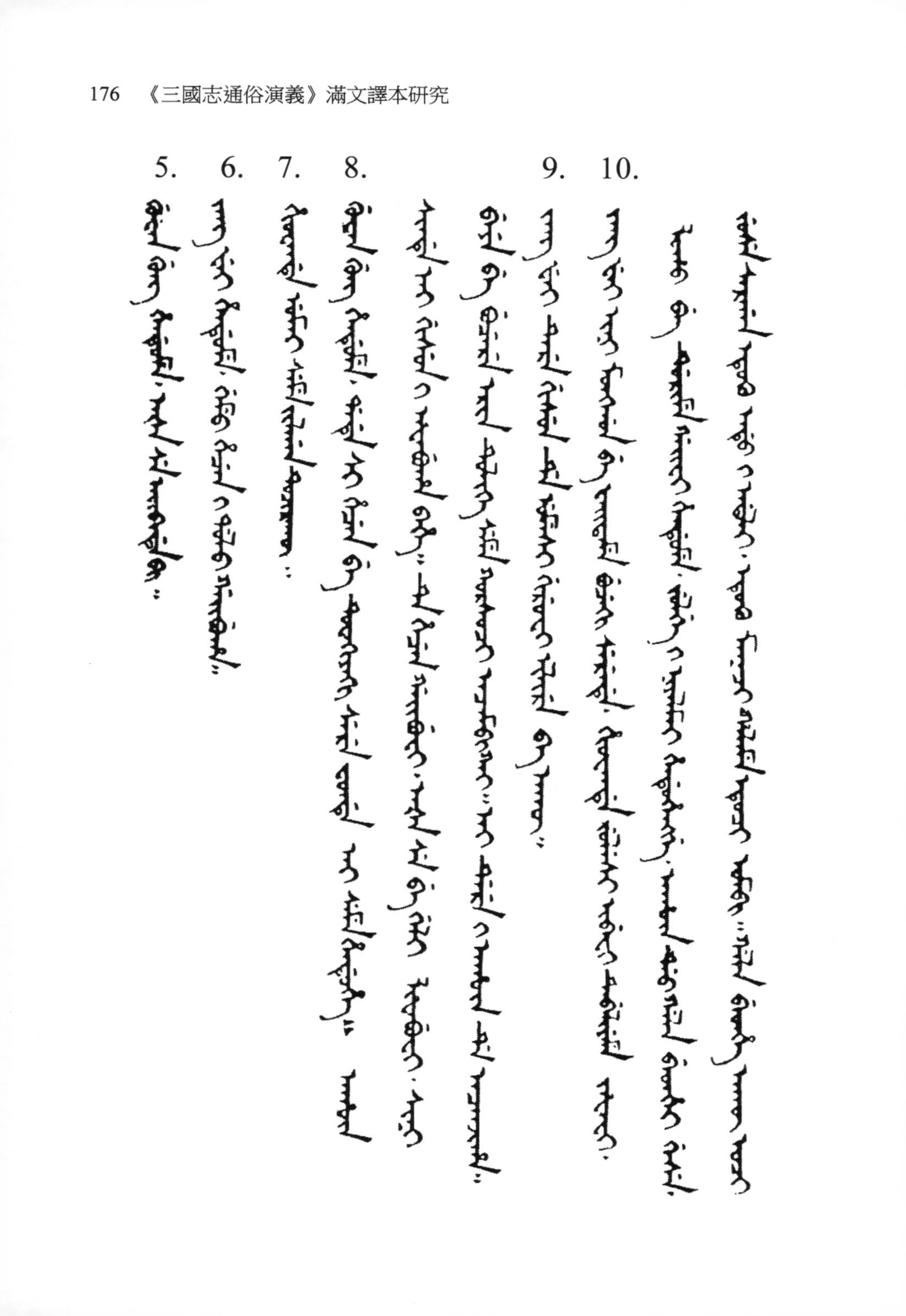

5. [illegible]

6. [illegible]

7. [illegible]

8. [illegible]

9. [illegible]

10. [illegible]

5. guwan gung hendume, aša se aibide bi.
6. jang fei hendume, gemu hecen i dolo gaibuha.
7. hiowande umai seme jilgan tucirakū.
8. guwan gung hendume, dade si hecen be tuwakiyaki sere fonde ai seme henduhe. ahūn sinde ai gisun i afabuha bihe. te hecen gaibufi, aša se be geli lifabufi, sini beye be bucere erin tulike seme korsoci acambi kai. ai dere i ahūn de acanjiha.
9. jang fei tere gisun de umesi girufi ilire ba akū.
10. jang fei ini monggon be faitame buceki serede, hiowande julesi ibefi tebeliyeme jafafi, loho be durime gaifi hendume, julge i niyalmai henduhengge, ahūn deo gala bethei gese, juse sargan etuku adu i adali, etuku manaci halame etuci ombi. gala bethe akū oci

---

5. 關公曰：「嫂嫂安在？」
6. 張飛曰：「皆陷于城中。」
7. 玄德默默無語。
8. 關公曰：「你當初要守城時，說甚來。兄長分付你甚來，今日城池又失了，嫂嫂又陷了，你死猶恨遲，尚有何面目來見兄長。」
9. 張飛聞言，惶恐無地。
10. 張飛要自刎，玄德向前抱著，奪其劍而言曰：「古人有云：『兄弟如手足，妻子如衣服，衣服破時，尚有更換，使手足若廢，

5.关公曰：「嫂嫂安在？」
6.张飞曰：「皆陷于城中。」
7.玄德默默无语。
8.关公曰：「你当初要守城时，说甚来。兄长分付你甚来，今日城池又失了，嫂嫂又陷了，你死犹恨迟，尚有何面目来见兄长。」
9.张飞闻言，惶恐无地。
10.张飞要自刎，玄德向前抱着，夺其剑而言曰：「古人有云：『兄弟如手足，妻子如衣服，衣服破时，尚有更换，使手足若废，

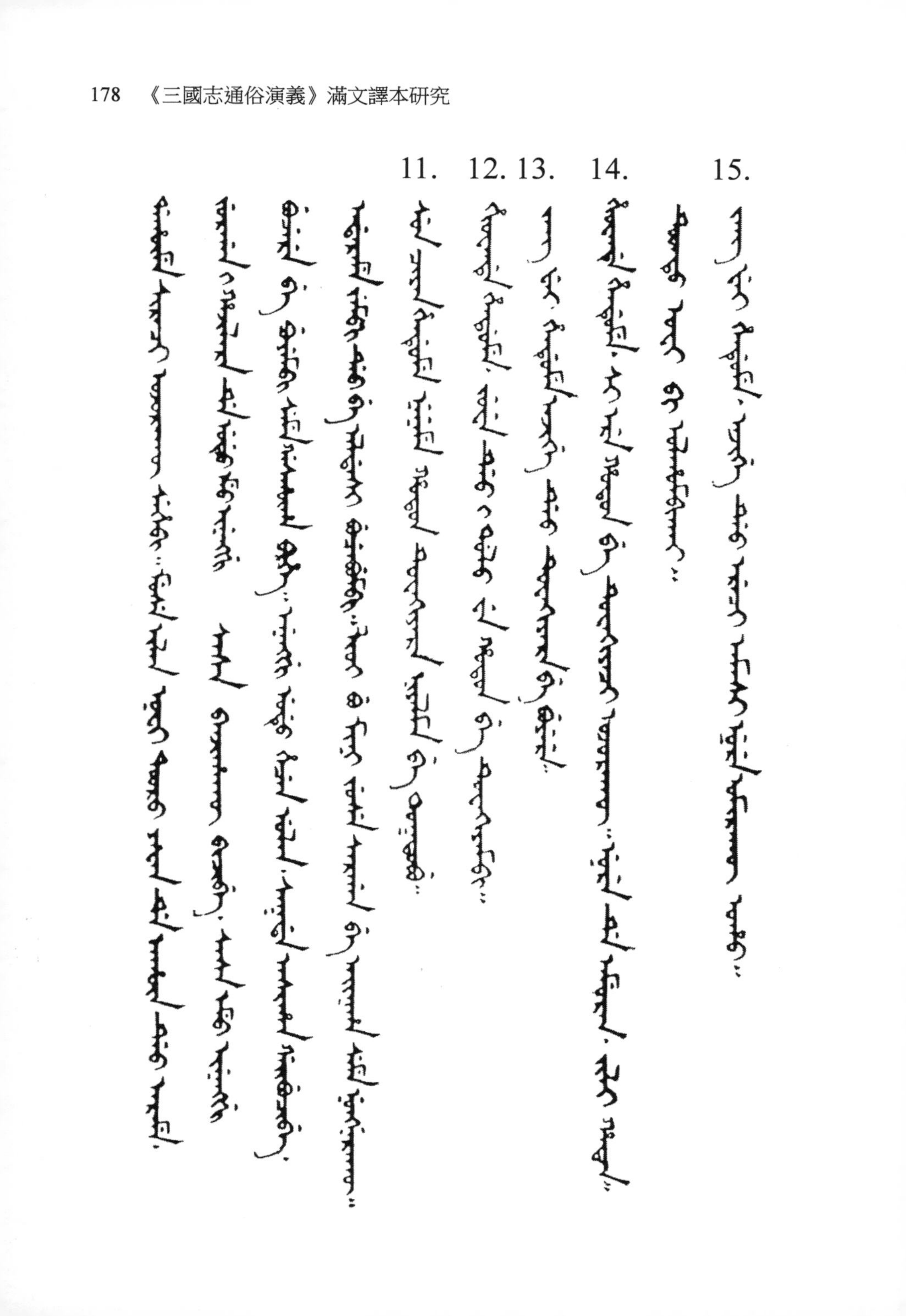

15. [illegible]

14. [illegible]

13. [illegible]

12. [illegible]

11. [illegible]

dahūme siraci ojorakū sehebi. muse ilan nofi tooro yafan de ahūn deo arame, jurgan i hajilara de udu emu inenggi sasa banjihakū bicibe, sasa emu inenggi bucere be buyembi seme gashūha bihe. enenggi udu hecen ulan, sakda asihan gaibucibe, adarame jempi deo be aldasi bucebumbi. lioi bu mini juse sargan be ainaha seme nungnerakū.

11. sun ciyan hendume, neneme hoton tuwakiyara niyalma be toktobu.
12. hiowande hendume, juwe deo i dolo we hoton be tuwakiyambi.
13. jang fei hendume, ajige deo tuwakiyara be buyere.
14. hiowande hendume, si ere hoton be tuwakiyaci ojorakū. nure de amuran, jili hatan. tuttu ofi bi olhombikai.
15. jang fei hendume, ajige deo ereci amasi nure omirakū oho.

安能再續乎？』吾三人桃園結義，雖不同日生，誓願同日死。今日雖無了城池老小，安忍教兄弟中道而亡，呂布擄吾妻小，必不害之。」

11.孫乾曰：「可以先定守城之人。」
12.玄德曰：「二弟之中，誰人可守？」
13.張飛曰：「小弟願守。」
14.玄德曰：「你守不得此城，你嗜酒剛強，吾故不放心也。」
15.張飛曰：「小弟自今以後不飲酒了。」

安能再续乎？』吾三人桃园结义，虽不同日生，誓愿同日死。今日虽无了城池老小，安忍教兄弟中道而亡，吕布掳吾妻小，必不害之。」

11.孙干曰：「可以先定守城之人。」
12.玄德曰：「二弟之中，谁人可守？」
13.张飞曰：「小弟愿守。」
14.玄德曰：「你守不得此城，你嗜酒刚强，吾故不放心也。」
15.张飞曰：「小弟自今以后不饮酒了。」

1. [illegible] ᠠᠮᠪᠠ [illegible], [illegible] [illegible] [illegible] [illegible] [illegible] [illegible] ᠪᡝ, [illegible] [illegible] [illegible]::

2. [illegible] [illegible], [illegible] [illegible] [illegible], [illegible] [illegible] ᠪᡝ [illegible] ᠪᡝ [illegible] [illegible]::

3. [illegible] ᠠᠮᠪᠠ [illegible] [illegible], [illegible] [illegible] [illegible], [illegible] [illegible] [illegible] ᠪᡝ [illegible] [illegible]: [illegible] ᠠᠨᡳᠶᠠ: [illegible] [illegible] [illegible] [illegible] [illegible] [illegible] ᠪᡝ [illegible]: [illegible] [illegible] [illegible] [illegible] [illegible]: [illegible] [illegible] ᠪᡝ [illegible] [illegible] [illegible] ᠪᡝ [illegible] [illegible] [illegible] [illegible] ᠪᡝ [illegible] [illegible] [illegible] [illegible] [illegible] [illegible] [illegible]::

4. [illegible] [illegible]. ᠪᡝ [illegible] [illegible] ᠪᡝ [illegible]: [illegible] [illegible] [illegible], [illegible] [illegible] [illegible]::

十二、孔明借箭

1. jeo ioi hendume, muke i jugūn de cooha i ai agūra be baitalaha de etembi.
2. kungming hendume, amba giyang de, beri nu be baitalara be oyonggo obumbi.
3. jeo ioi ambula urgunjeme hendume, siyan šeng ni ere gisun, tob seme mentuhun i gūnin de acaha. julge jiyang dz ya ini cisui cooha i agūra be labdu dasahabi. te cooha de baitalara sirdan akū, siyan šeng be baifi juwan tumen sirdan be tuwame arabufi baitalaki sembi. ainara ume marara, gūwa niyalma be baitalaci aikabade erdemu hamirakū ofi, muteburakū ojorahū sembikai.
4. kungming hendume, bi ere weile be urehebi, gelhun akū fonjirengge, juwan tumen

---

1.周瑜曰：「水路之中，用何器械以勝之？」
2.孔明曰：「大江之上，除非弓弩為先。」
3.周瑜大喜曰：「先生之言正合吾意。昔姜子牙自製許多軍械，吾軍中缺箭使用，欲煩先生監造十萬枝箭，以備用之。切勿推却，用別人恐才力不及，不能成之。」
4.孔明曰：「吾最閑於此，敢問十萬

1.周瑜曰：「水路之中，用何器械以胜之？」
2.孔明曰：「大江之上，除非弓弩为先。」
3.周瑜大喜曰：「先生之言正合吾意。昔姜子牙自制许多军械，吾军中缺箭使用，欲烦先生监造十万枝箭，以备用之。切勿推却，用别人恐才力不及，不能成之。」
4.孔明曰：「吾最闲于此，敢问十万

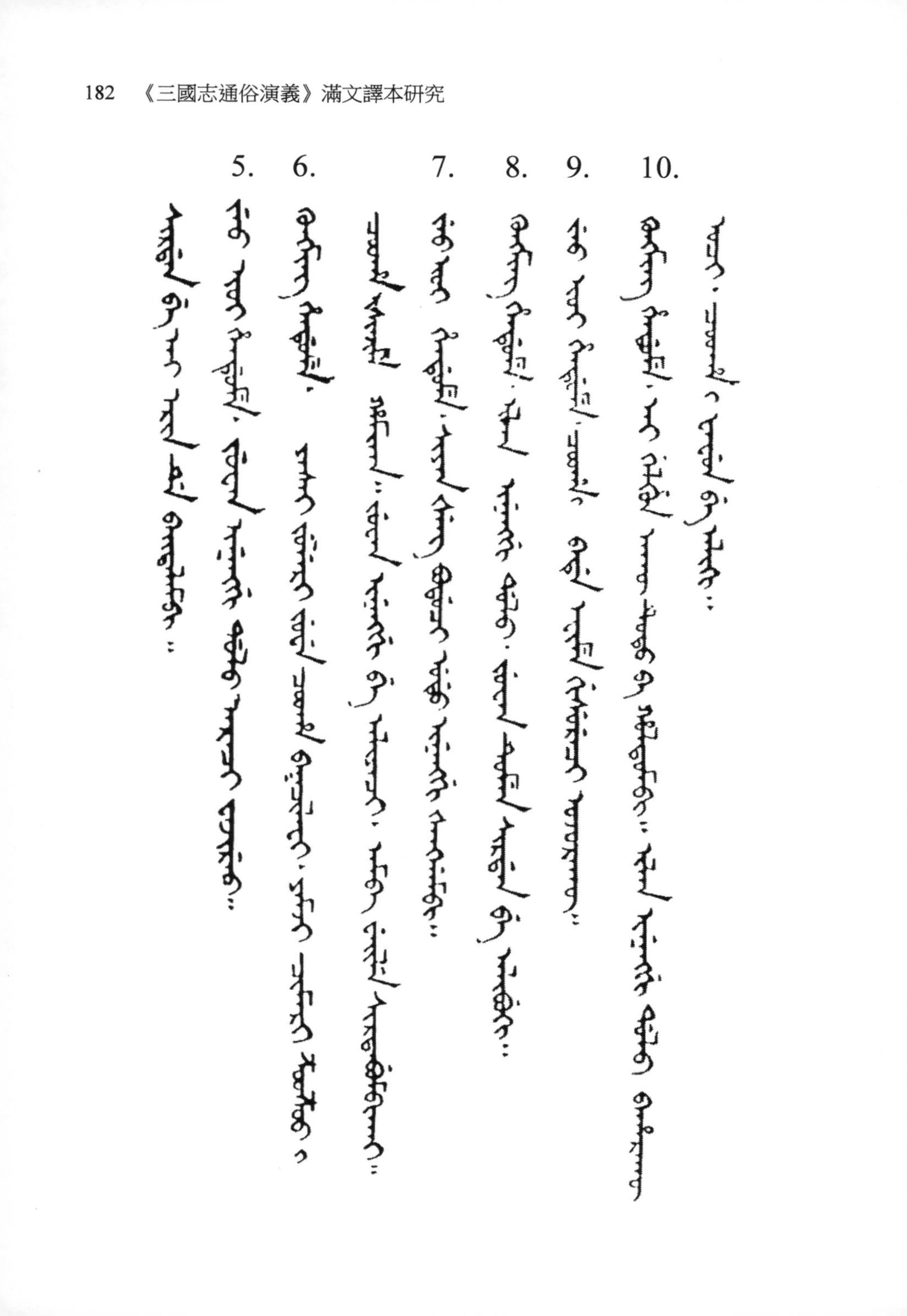

[illegible]

5. [illegible]

6. [illegible]

7. [illegible]

8. [illegible]

9. [illegible]

10. [illegible]

sirdan be ai erin de baitalambi.
5. jeo ioi hendume, juwan inenggi dolo araci wajireo.
6. kungming hendume, yasai juleri juwe cooha bakcilafi, yamji cimari ts'oots'oo i cooha isinjime hamika. juwan inenggi be aliyaci, amba weile sirtabumbikai.
7. jeo ioi hendume, siyan šeng bodoci udu inenggi šanggambi.
8. kungming hendume, ilan inenggi dolo, juwan tumen sirdan be alibuki.
9. jeo ioi hendume, cooha i bade efime gisureci ojorakū.
10. kungming hendume, ai gelhun akū tutu ba〔dudu be〕holtombi. ilan inenggi dolo baharakū oci, cooha i fafun be aliki.

枝箭，何時要用？」
5.周瑜曰：「十日之內你可辦完否？」
6.孔明曰：「即日兩軍相當之際[65]，早晚操軍必到，若候十日，必悞了大事。」
7.周瑜曰：「先生可料幾日便成？」
8.孔明曰：「只消三日嚴限，拜納十萬枝箭。」
9.周瑜曰：「軍中無戲言。」
10.孔明曰：「怎敢侮弄都督，三日不辦，甘當軍令。」

枝箭，何时要用？」
5.周瑜曰：「十日之内你可办完否？」
6.孔明曰：「即日两军相当之际，早晚操军必到，若候十日，必悞了大事。」
7.周瑜曰：「先生可料几日便成？」
8.孔明曰：「只消三日严限，拜纳十万枝箭。」
9.周瑜曰：「军中无戏言。」
10.孔明曰：「怎敢侮弄都督，三日不办，甘当军令。」

---

65 即日兩軍相當之際，滿文讀作“yasai juleri juwe cooha bakcilafi”，意即「眼前兩軍相對」。

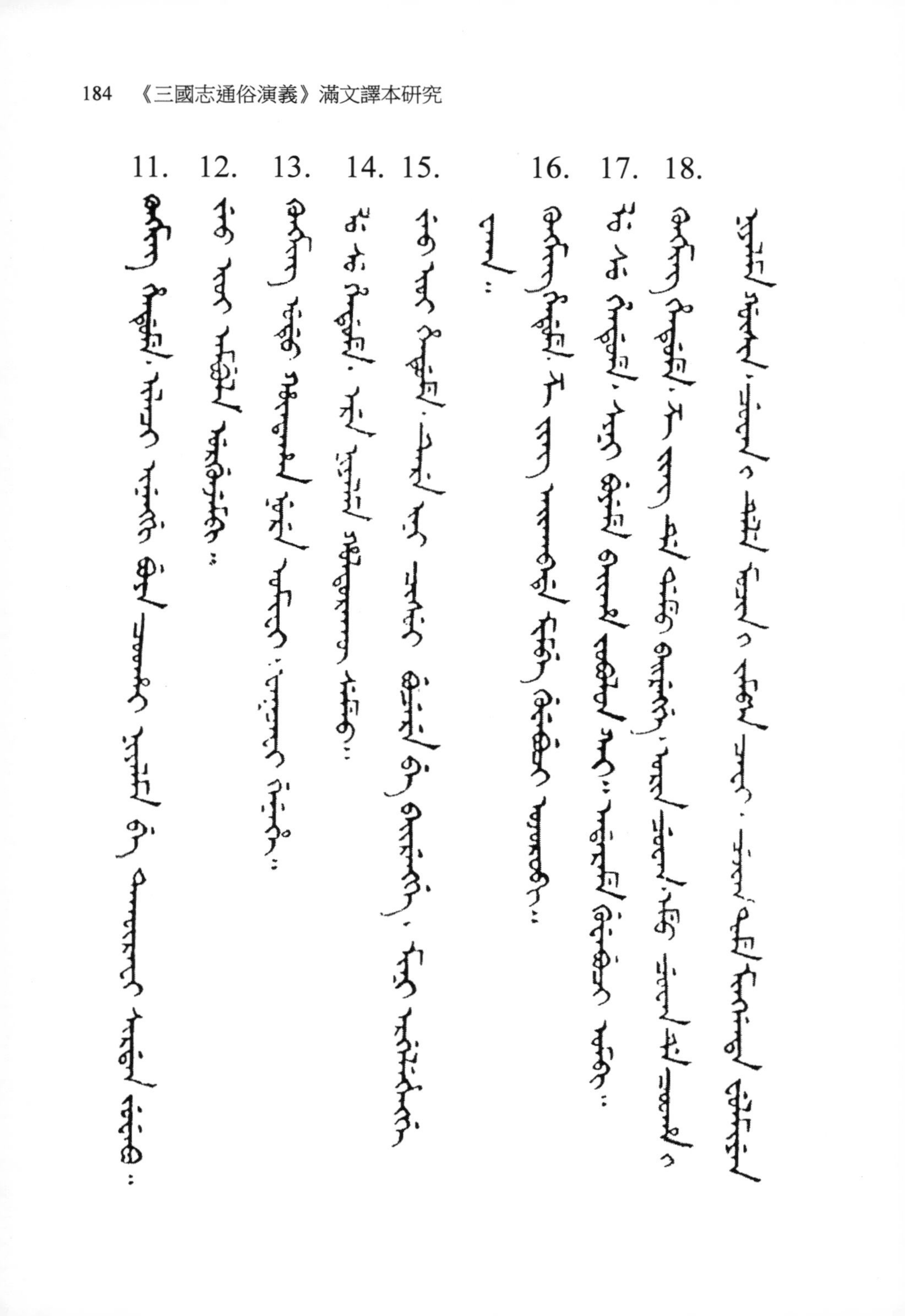

11. kungming hendume, ilaci inenggi buya coohai niyalma be takūrafi sirdan juwebu.
12. jeo ioi ambula urgunjembi.
13. kungming udu hūntahan nure omifi, fakcafi genehe.
14. lu su hendume, ere niyalma holtorakū semeo.
15. jeo ioi hendume, tere ini cisui bucere be bairengge, mini ergelehengge waka.
16. kungming hendume, dz jing aikabade mimbe guwebuci ojorobi.
17. lu su hendume, sini buyeme baiha jobolon kai. adarame guwebuci ombi.
18. kungming hendume, dz jing de damu bairengge, orin cuwan, emu cuwan de cooha i niyalma gūsin. cuwan i dele mocin i jampan cafi, cuwan tome minggata fulmiyen

---

11.孔明曰：「第三日可差小軍搬箭。」
12.周瑜大喜。
13.孔明飲了數盃，就辭別而去。
14.魯肅曰：「此人莫非詐乎？」
15.周瑜曰：「他自送死，非吾逼之。」
16.孔明曰：「子敬只得救我。」
17.魯肅曰：「你自取其禍，如何救得你？」
18.孔明曰：「望子敬暫借二十隻船，每船要軍三十，各船皆用青布為幔，每船上要束草千餘箇，

11.孔明曰：「第三日可差小军搬箭。」
12.周瑜大喜。
13.孔明饮了数杯，就辞别而去。
14.鲁肃曰：「此人莫非诈乎？」
15.周瑜曰：「他自送死，非吾逼之。」
16.孔明曰：「子敬只得救我。」
17.鲁肃曰：「你自取其祸，如何救得你？」
18.孔明曰：「望子敬暂借二十只船，每船要军三十，各船皆用青布为幔，每船上要束草千余个，

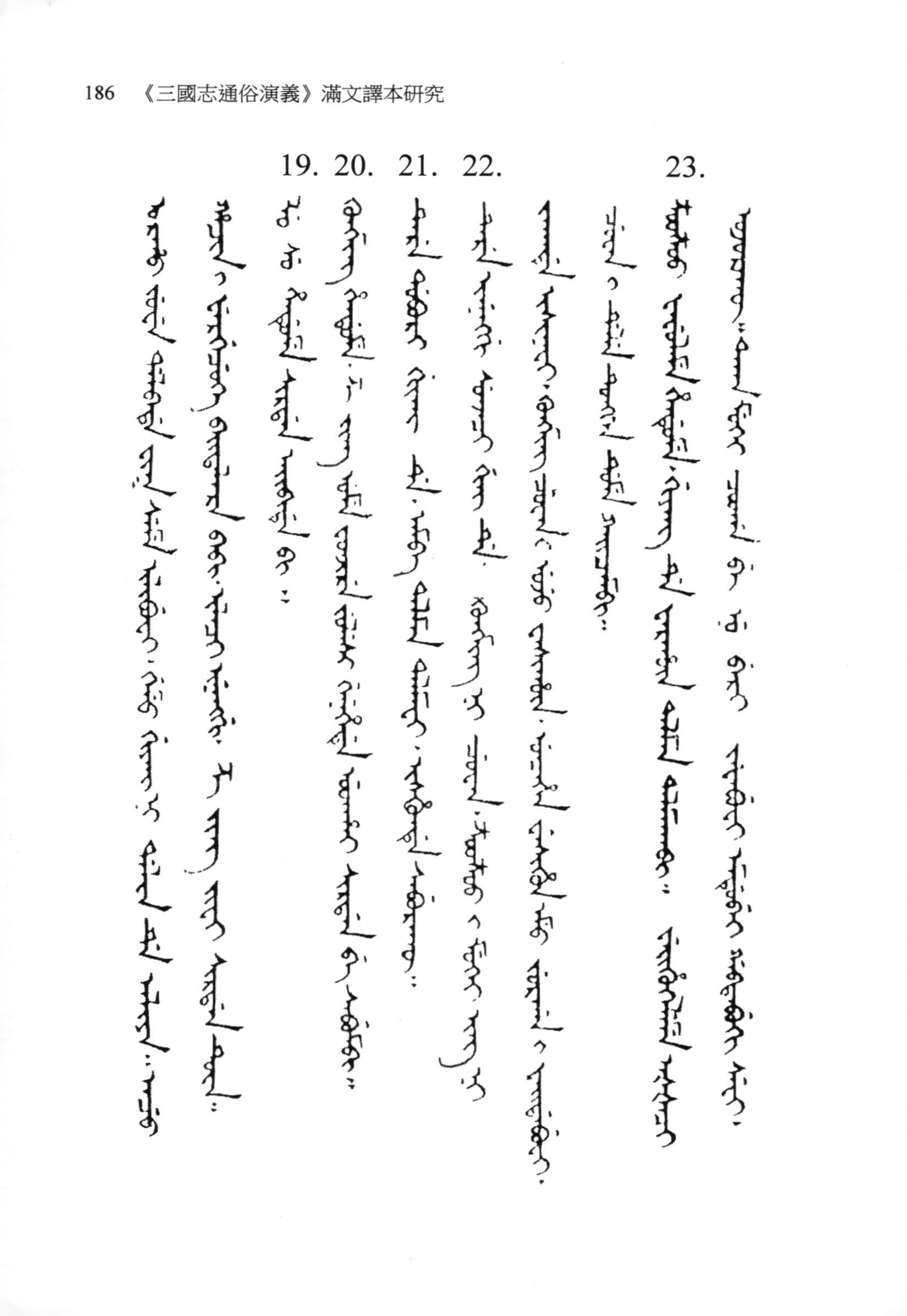

19. 20. 21. 22. 23.

[illegible]

orho juwe dalbade fik seme ilibufi, gemu giyang ni dalin de aliya. encu hacin i fergecuke baitalara babi, ilaci inenggi, dz jing jifi sirdan tuwa.
19. lu su hendume, sirdan aibide bi.
20. kungming hendume, dz jing ume fonjire julesi genehede, uthai sirdan be sabumbi.
21. tere dobori giyang de, amba talman talmafi, ishunde saburakū.
22. tere inenggi sunjaci ging de, kungming ni cuwan, ts'oots'oo i mukei ing ni jakade isinafi, kungming cuwan i uju wasihūn, uncehen wesihun emu jurgan i faidabufi, cuwan i dele tungken dume kaicambi.
23. ts'oots'oo fafulame hendume, giyang de farhūn talman talmakabi. weihukeleme aššaci ojorakū. taka mukei cooha be nu beri jafabufi emdubei gabtabuki sefi,

---

密布兩邊，皆在江岸伺候，別有妙用[66]，第三日，請子敬至此看箭。」
19.魯肅曰：「箭在何處？」
20.孔明曰：「子敬休問，前去便見箭。」
21.是夜，大霧垂於江面，對不相見。
22.當日五更，孔明船已到曹操水寨。孔明教把船頭西尾東，一帶擺開，就船上擂鼓吶喊。
23.曹操傳令曰：「重霧迷江，切不可輕動，可撥水軍弓弩手，亂箭射之，

密布两边，皆在江岸伺候，别有妙用，第三日，请子敬至此看箭。」
19.鲁肃曰：「箭在何处？」
20.孔明曰：「子敬休问，前去便见箭。」
21.是夜，大雾垂于江面，对不相见。
22.当日五更，孔明船已到曹操水寨。孔明教把船头西尾东，一带摆开，就船上擂鼓呐喊。
23.曹操传令曰：「重雾迷江，切不可轻动，可拨水军弓弩手，乱箭射之，

---

66 別有妙用，句中「妙」，滿文當讀作 “ferguwecuke” ，此作“fergecuke”，異。

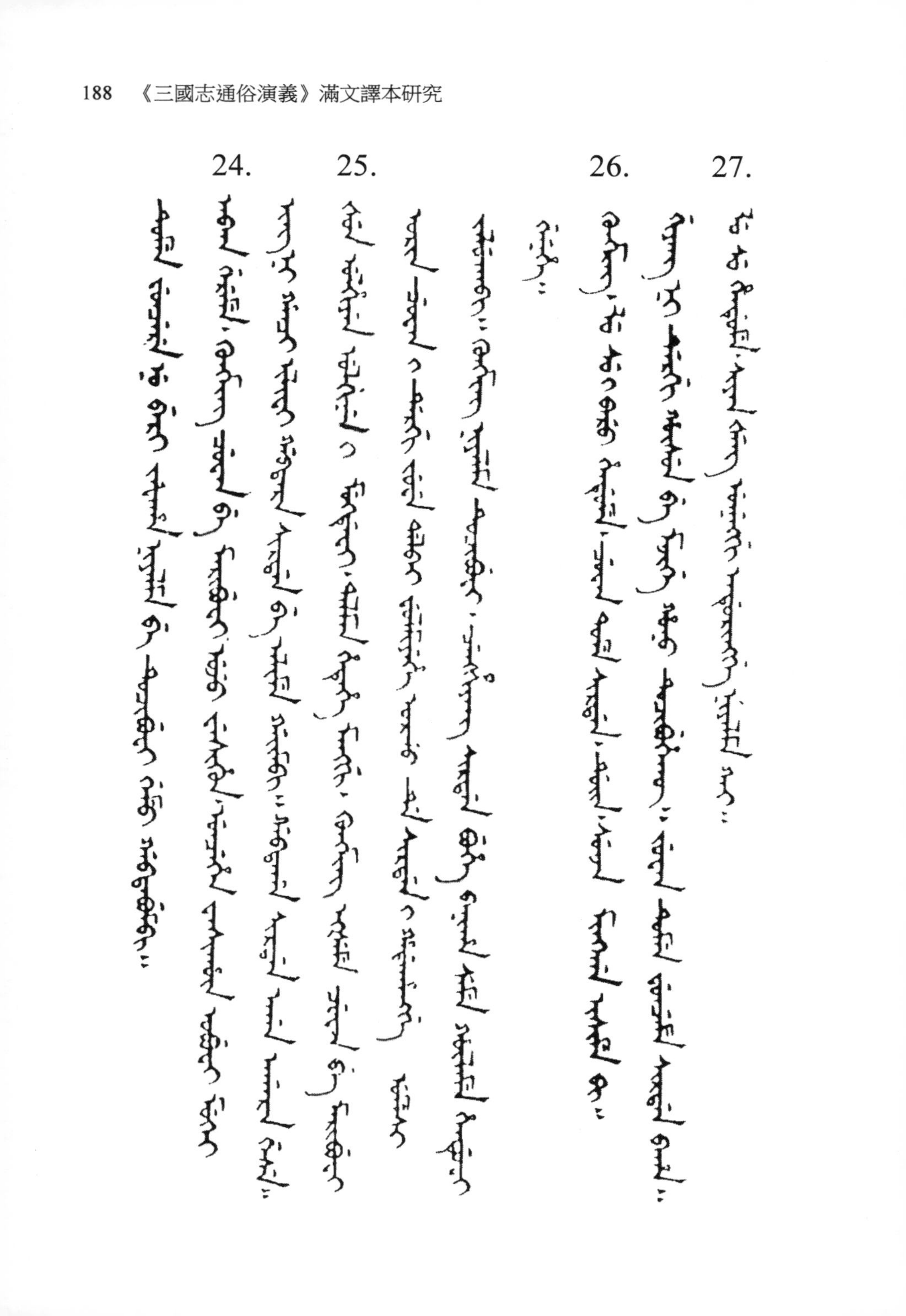

tumen funcere nu beri jafaha niyalma be tucibufi gemu gabtabumbi.

24. abka gereme, kungming cuwan be maribufi uju wesihun, uncehen wasihūn obufi mukei ing ni hanci ilifi gabtara sirdan be alime gaimbi. gabtaha sirdan aga agara gese.
25. šun ulhiyen ulhiyen i mukdefi, talman hetehe manggi, kungming ekšeme cuwan be maribufi orin cuwan i dergi juwe dalbai fulmiyehe orho de sirdan i hadahangge umesi jalukabi. kungming niyalma tucibufi cenghiyang sirdan buhe baniha seme hūlame hendufi genehe.
26. kungming, lu su i baru hendume, cuwan tome sirdan, duin, sunja minggan isime bi. giyang ni dergi hūsun be majige hono tucibuhekū, juwan tumen funceme sirdan baha.
27. lu su hendume, siyan šeng unenggi enduringge niyalma kai.

撥弓弩手一萬餘人，盡皆放箭。」

24.平明時分，孔明教把船吊回，頭東尾西，逼近水寨受箭，箭如雨發。
25.漸漸日高，收起霧露，孔明急收船回，二十隻船，兩邊束草上排滿箭枝。孔明令人叫曰：「謝丞相箭。」
26.孔明與魯肅曰：「每船上箭可够四、五千矣。不費江東半分之力，已得十數萬箭。」
27.魯肅曰：「先生神人也。」

拨弓弩手一万余人，尽皆放箭。」

24.平明时分，孔明教把船吊回，头东尾西，逼近水寨受箭，箭如雨发。
25.渐渐日高，收起雾露，孔明急收船回，二十只船，两边束草上排满箭枝。孔明令人叫曰：「谢丞相箭。」
26.孔明与鲁肃曰：「每船上箭可够四、五千矣。不费江东半分之力，已得十数万箭。」
27.鲁肃曰：「先生神人也。」

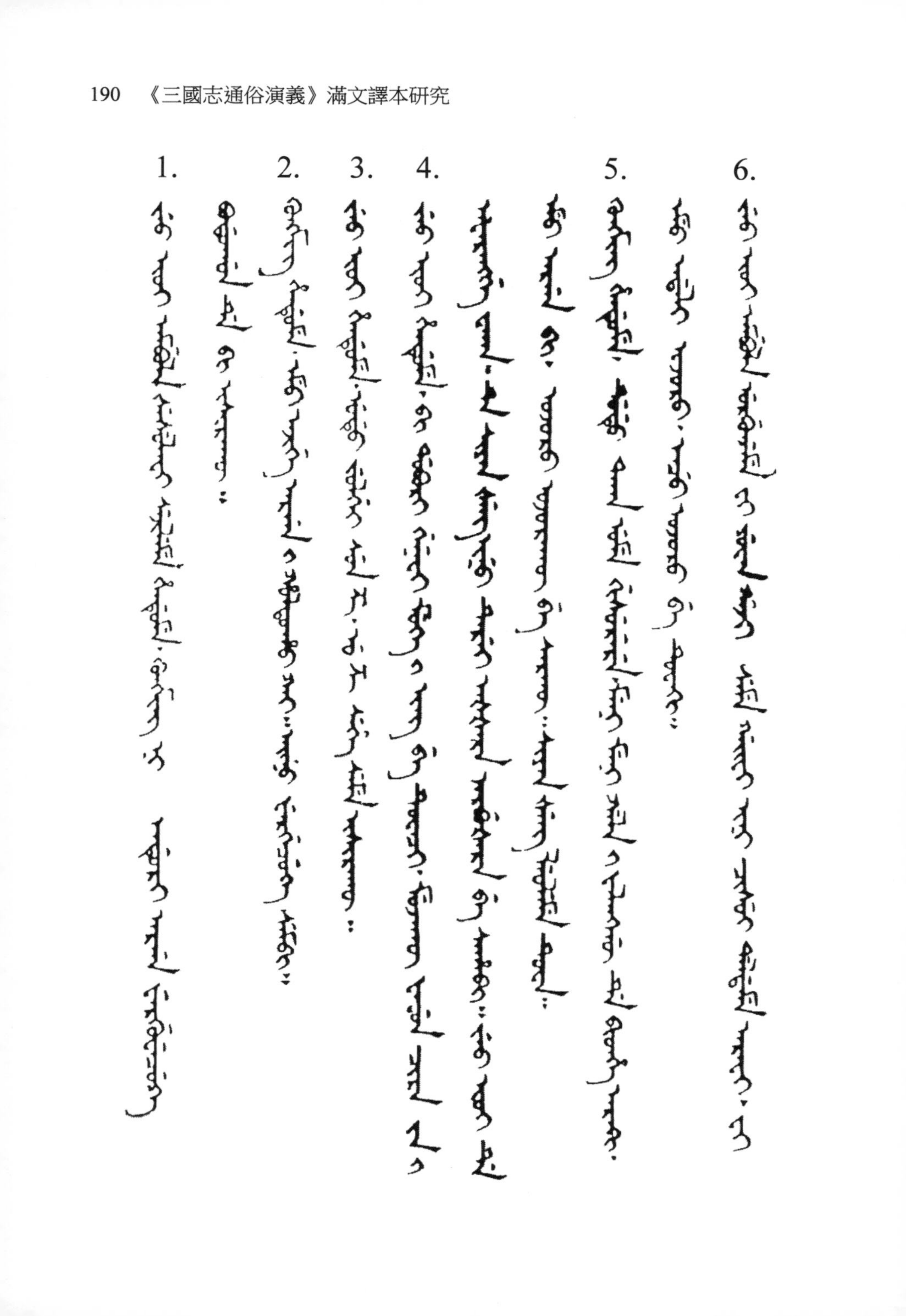

1. [illegible]

2. [illegible]

3. [illegible]

4. [illegible]

5. [illegible]

6. [illegible]

十三、將計就計

1. jeo ioi ambula sesulafi sejileme hendume, kungming ni enduri argan ferguwecuke bodogon de bi isirakū.
2. kungming hendume, emu ajige arga i holtoho kai. ainu fergecuke sembi.
3. jeo ioi hendume, udu julgei sun dz, u dz sehe seme isirakū.
4. jeo ioi hendume, bi dobori genefi muke i ing be tuwaci, mujakū fafun cira ja i afarangge waka, te siyan šeng inu terei aššara arbušara be sahabi. jeo ioi de emu arga bi, ojoro ojorakū be sarkū. siyan šeng leoleme tuwa.
5. kungming hendume, dudu taka ume gisurere, meni meni gala i falanggū de bithe araki, emu adali ojoro, encu ojoro be tuwaki.
6. jeo ioi ambula urgunjeme fi, yuwan gaji seme gaifi ini cisui daldame arafi, fi

---

1.周瑜大驚慨然而嘆曰：「諸葛神機妙算，吾不如也。」
2.孔明曰：「譎詭小術，何足為奇[67]。」
3.周瑜曰：「雖古之孫、吳莫能及也。」
4.周瑜曰：「吾昨夜觀水寨，極有法度，非等閑可攻之。今先生亦觀其動靜，周瑜有一計，不知可否請先生論之。」
5.孔明曰：「都督且休言，各寫於手內，看同也不同。」
6.周瑜大喜，教取筆硯來，自暗寫了，

1.周瑜大惊慨然而叹曰：「诸葛神机妙算，吾不如也。」
2.孔明曰：「谲诡小术，何足为奇。」
3.周瑜曰：「虽古之孙、吴莫能及也。」
4.周瑜曰：「吾昨夜观水寨，极有法度，非等闲可攻之。今先生亦观其动静，周瑜有一计，不知可否请先生论之。」
5.孔明曰：「都督且休言，各写于手内，看同也不同。」
6.周瑜大喜，教取笔砚来，自暗写了，

---

67 何足為奇，句中「奇」，滿文當讀作“ferguwecuke”，此作“fergecuke”，異。

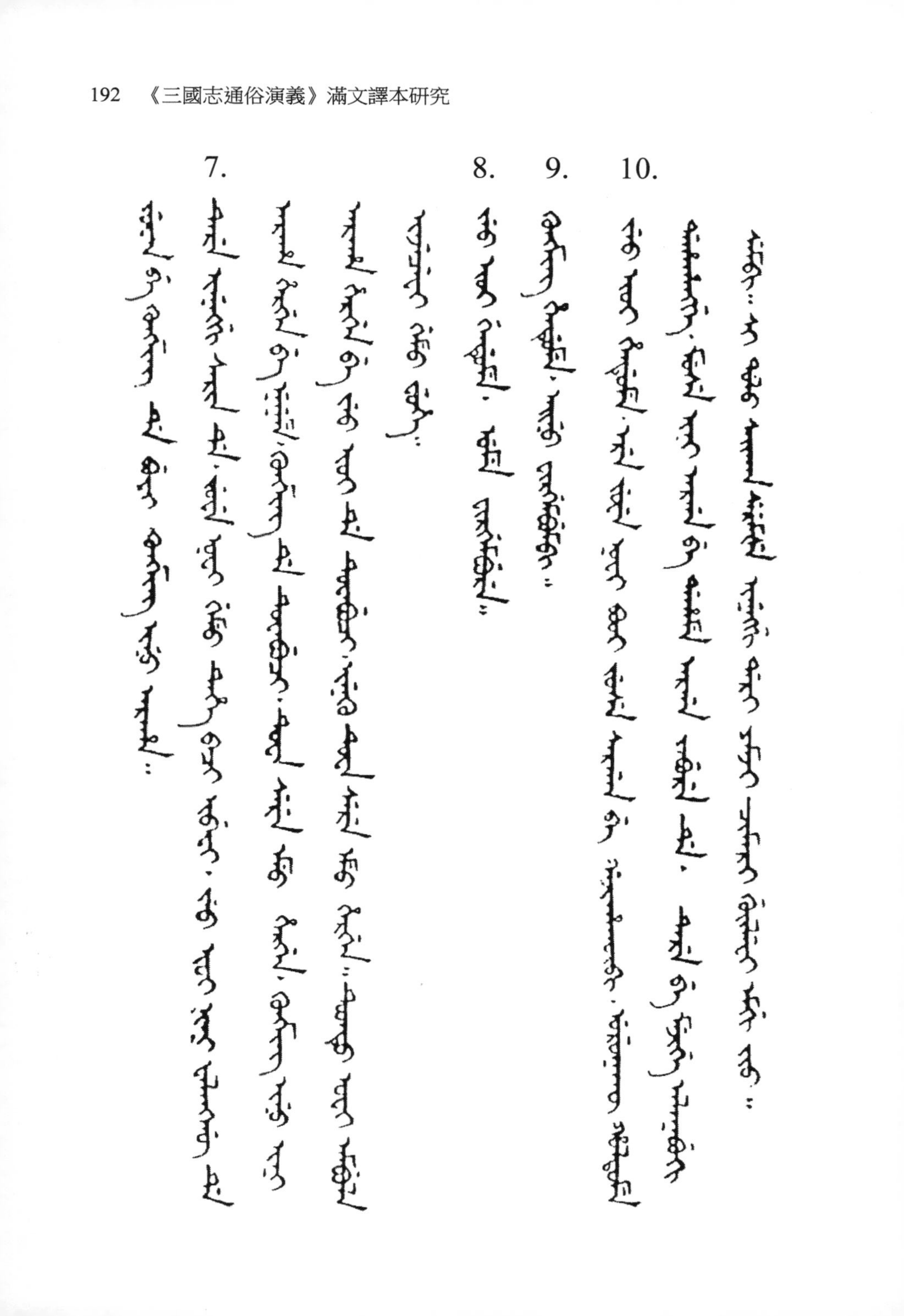

7. [illegible]

8. [illegible]

9. [illegible]

10. [illegible]

yuwan be kuming de bufi kungming inu araha.

7. tere inenggi sarin de, juwe nofi gemu tehe baci ibefi, jeo ioi ini falanggū de araha bergen be neneme, kungming de tuwabuci, tuwa sere emu hergen, kungming inu ini araha hegen be jeo ioi de tuwabuci, ineku tuwa sere emu hergen. tuttu ofi ambula injecefi gemu fuhe.
8. jeo ioi hendume, ume firgembure.
9. kungming hendume, ainu firgembumbi.
10. jeo ioi hendume, ere juwe nofi booi juse sargan be gajihakūbi. urunakū holtome dahahangge, muse ini arga be dahame arga yabure de, tere be mejige alanabuki sembi. si dolo saikan seremše inenggi dari yamji cimari guilefi emgi jio.

却將筆硯送與孔明，孔明亦寫了。

7.當日席上，二人起席。周瑜先出掌中字，孔明視之，乃一火字也。孔明亦出手中字與周瑜視之，亦是火字。因此皆大笑而拭之。
8.周瑜曰：「幸勿泄漏。」
9.孔明曰：「豈有泄漏之理乎？」
10.周瑜曰：「此二人不帶家小，必是詐降，吾欲將計就計而行。汝可就裏提防，每日晝盡卯酉約會同來[68]。」

却将笔砚送与孔明，孔明亦写了。

7.当日席上，二人起席。周瑜先出掌中字，孔明视之，乃一火字也。孔明亦出手中字与周瑜视之，亦是火字。因此皆大笑而拭之。
8.周瑜曰：「幸勿泄漏。」
9.孔明曰：「岂有泄漏之理乎？」
10.周瑜曰：「此二人不带家小，必是诈降，吾欲将计就计而行。汝可就里提防，每日昼尽卯酉约会同来。」

---

68 晝盡卯酉，滿文讀作“yamji cimari”，意即「早晚」。

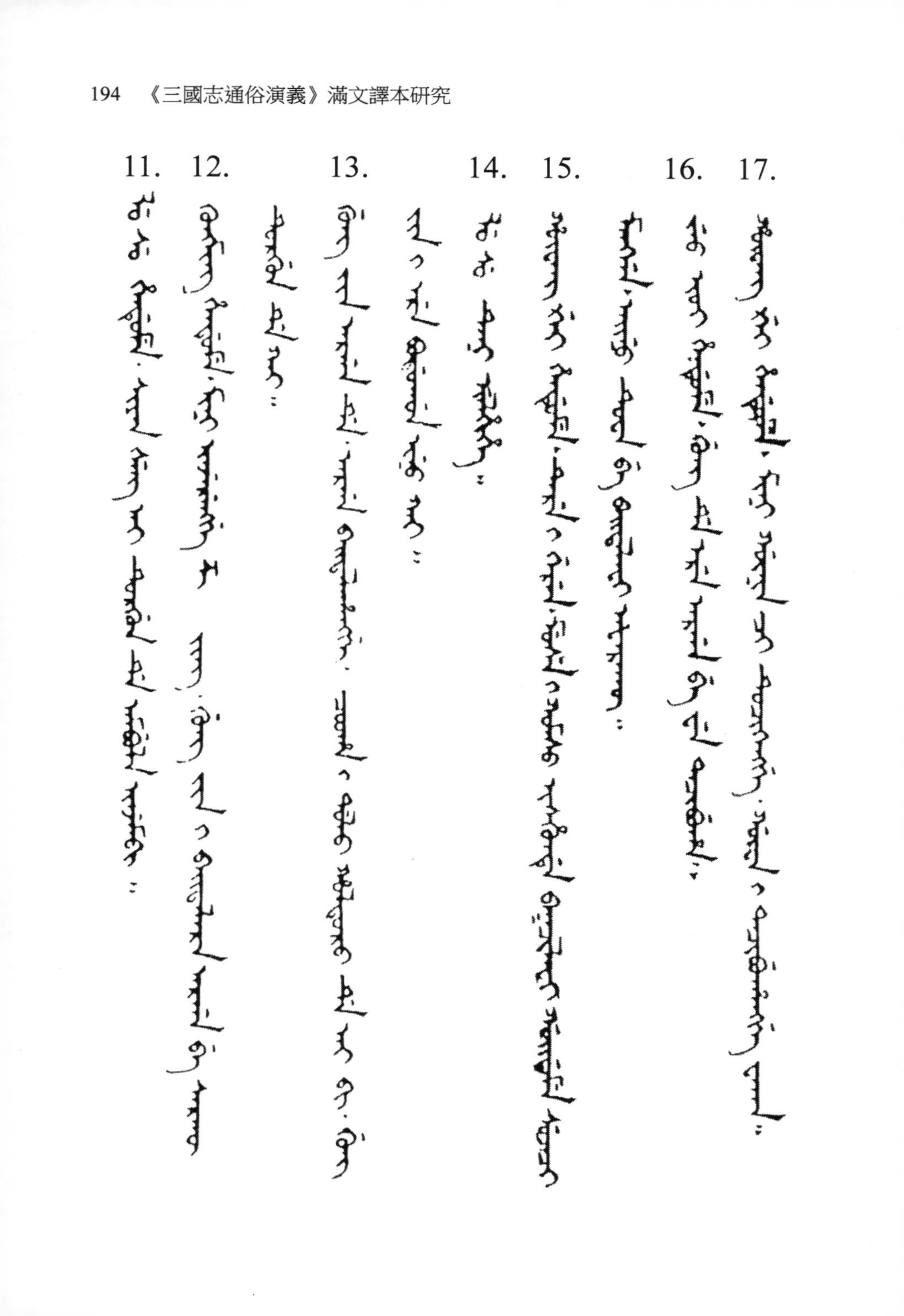

11. [illegible]

12. [illegible]

13. [illegible]

14. [illegible]

15. [illegible]

16. [illegible]

17. [illegible]

11. lu su hendume, siyan šeng ai turgun de ambula injembi.
12. kungming hendume, mini injerengge dz jing, gung jin i baitalara arga be sarkū turgun de kai.
13. gung jin arga de, arga baitalahangge, cooha i dolo holtoro de ai bi, gung jin i ere bodogon inu kai.
14. lu su teni ulhihe.
15. hūwang g'ai hendume, tere i geren, muse i komso ishunde bakcilafi goidame sujaci mangga, ainu tuwa be baitalafi afarakū.
16. jeo ioi hendume, gung de ere arga be we tacibuha.
17. hūwang g'ai hendume, mini gūnin ci tucikengge, gūwa i tacibuhangge waka.

11.魯肅曰：「先生何故大笑？」
12.孔明曰：「吾笑子敬不識公瑾之用計耳。」
13.「公瑾計上用計，兵不厭詐，公瑾之謀是也。」
14.魯肅方纔省悟。
15.黃蓋曰：「他眾我寡，難以久持，何不用火以攻之。」
16.周瑜曰：「誰教公獻此計。」
17.黃蓋曰：「某出己意，非他人之所教也。」

11.鲁肃曰：「先生何故大笑？」
12.孔明曰：「吾笑子敬不识公瑾之用计耳。」
13.「公瑾计上用计，兵不厌诈，公瑾之谋是也。」
14.鲁肃方纔省悟。
15.黄盖曰：「他众我寡，难以久持，何不用火以攻之。」
16.周瑜曰：「谁教公献此计。」
17.黄盖曰：「某出己意，非他人之所教也。」

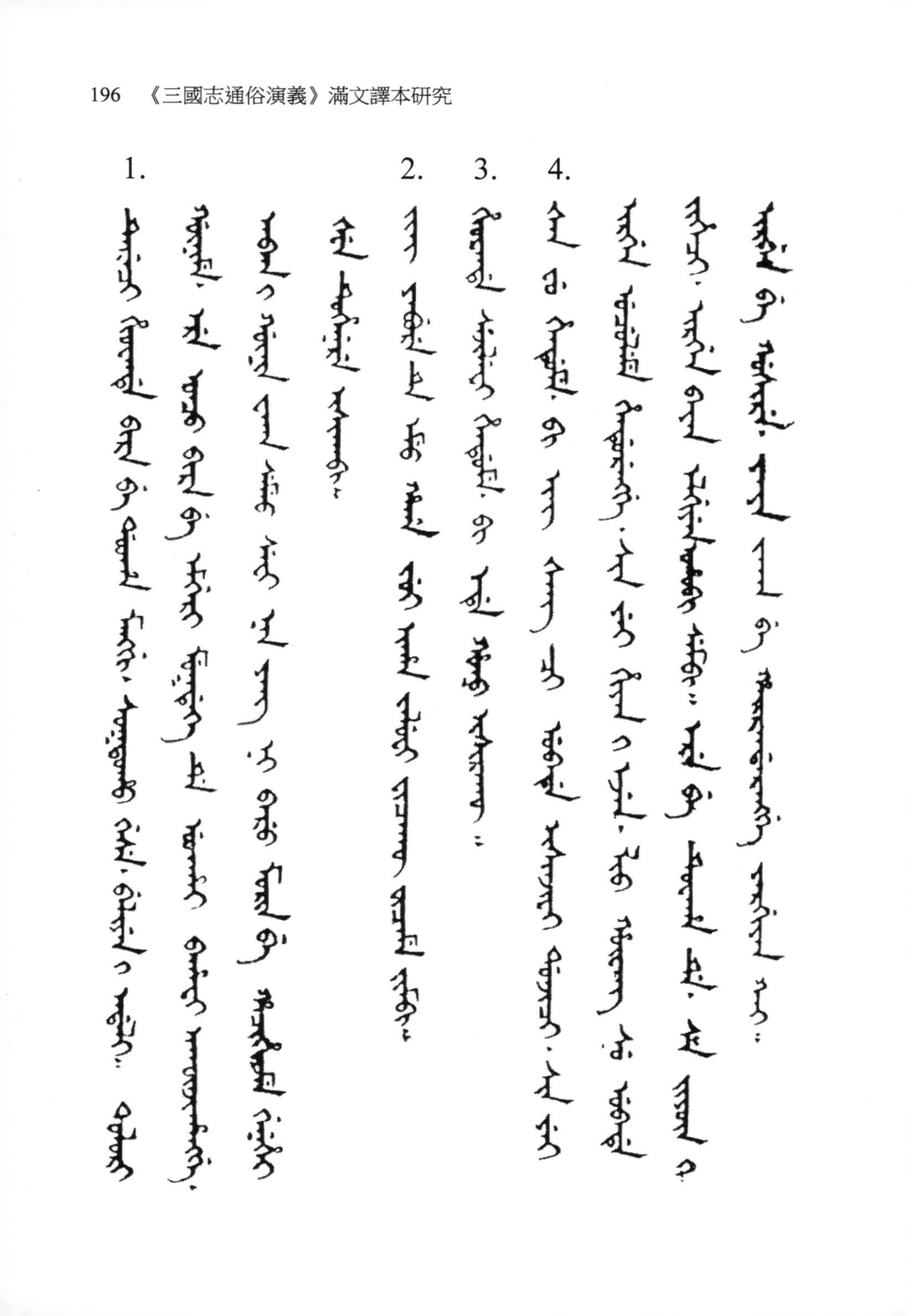

1. [illegible]

2. [illegible]

3. [illegible]

4. [illegible]

十四、飛渡檀溪

1. tereci hiowande bira be dooha manggi, soktoho gese, beliyen i adali. tolori gūnime, ere onco bira be emgeri mukdeke de uthai bahafi akūnjihangge, abka i gūnin waka semeo sefi, nan jang ni baru morin be hacihiyame genehei šun tuhenere isikabi.
2. jing yabure de, emu haha jui ihan yalufi ficakū ficame jimbi.
3. hiowande sejilefi hendume, bi ede hono isirakū.
4. šan fu hendume, bi ing šang ci ubade isinjifi donjici, sin yei irgen uculeme hendurengge, sin yei hiyan i ejen, lio hūwang su ubade jiheci, irgen bayan elgiyen ohobi sembi. ere be tuwaha de, sy jiyūn i irgen be gosire, yaya jaka be hairandarangge yargiyan kai.

1.却說玄德渡溪之後，似醉如癡，想此闊澗不覺一跳而過[69]，豈非天意也，望南漳策馬而行，日將沉西。
2.正行之間，見一牧童跨于牛背上口吹短笛而來。
3.玄德嘆曰：「吾不如也。」
4.單福曰：「吾自潁上到此間，新野之人歌曰：『新野牧劉皇叔自到此，民豐足。』可見使君愛民，恤物之驗也。」

1.却说玄德渡溪之后，似醉如痴，想此阔涧不觉一跳而过，岂非天意也，望南漳策马而行，日将沉西。
2.正行之间，见一牧童跨于牛背上口吹短笛而来。
3.玄德叹曰：「吾不如也。」
4.单福曰：「吾自颍上到此间，新野之人歌曰：『新野牧刘皇叔自到此，民丰足。』可见使君爱民，恤物之验也。」

---

69 想此，滿文當讀作“dolori gūnime”，意即「心中默想」，此作“tolori gūnime”，誤。

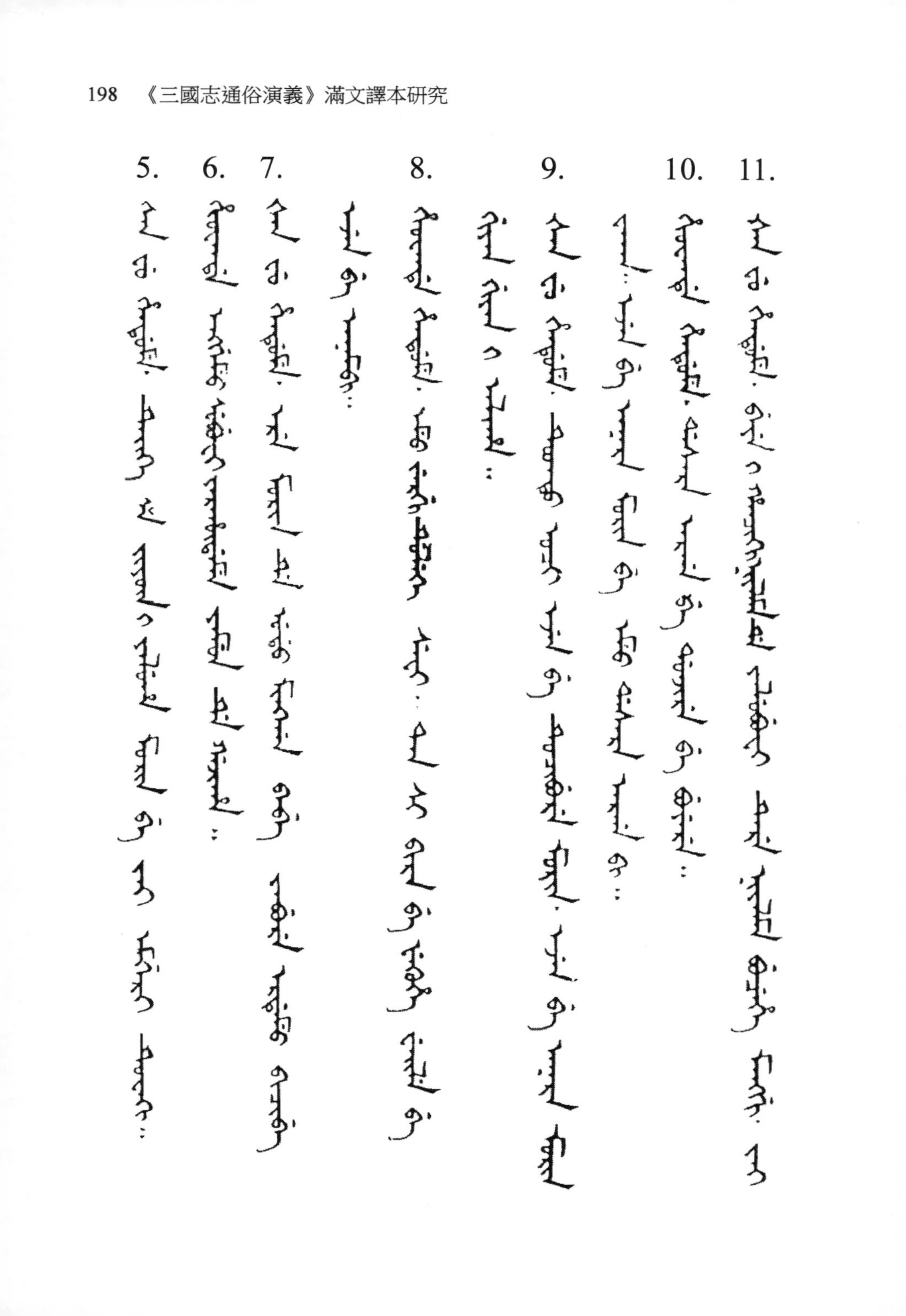

5. [illegible]

6. [illegible]

7. [illegible]

8. [illegible]

9. [illegible]

10. [illegible]

11. [illegible]

5. šan fu hendume, teike sy jiyūn i yaluha morin be jai emgeri tuwaki.
6. hiowande enggemu subufi yarhūdame yamun de gajiha.
7. šan fu hendume, ere morin de udu minggan babe yabure erdemu bicibe ejen be anambi.
8. hiowande hendume, emu jergi duleke sefi, tan si bira be fekuhe weile be giyan giyan i alaha.
9. šan fu hendume, tuttu oci ejen be tucibure morin, ejen be anara morin waka. ejen be anara morin be emu dasara arga bi.
10. hiowande hendume, dasara arga be donjire be buyere.
11. šan fu hendume, beye i hanciki niyalma de yalubufi tere niyalma bucehe manggi, jai

---

5.單福曰：「適來使君所乘之馬，再乞一觀。」
6.玄德遂命去鞍還于廳下。
7.單福曰：「此馬雖有千里之能，却是妨主。」
8.玄德曰：「已應之矣。遂言跳檀溪之事。」
9.單福曰：「此乃救主，非妨主也，必然要妨，有一法可禳。」
10.玄德曰：「願聞禳法。」
11.單福曰：「使親近乘之，待妨死了那人

5.单福曰：「适来使君所乘之马，再乞一观。」
6.玄德遂命去鞍迁于厅下。
7.单福曰：「此马虽有千里之能，却是妨主。」
8.玄德曰：「已应之矣。遂言跳檀溪之事。」
9.单福曰：「此乃救主，非妨主也，必然要妨，有一法可禳。」
10.玄德曰：「愿闻禳法。」
11.单福曰：「使亲近乘之，待妨死了那人

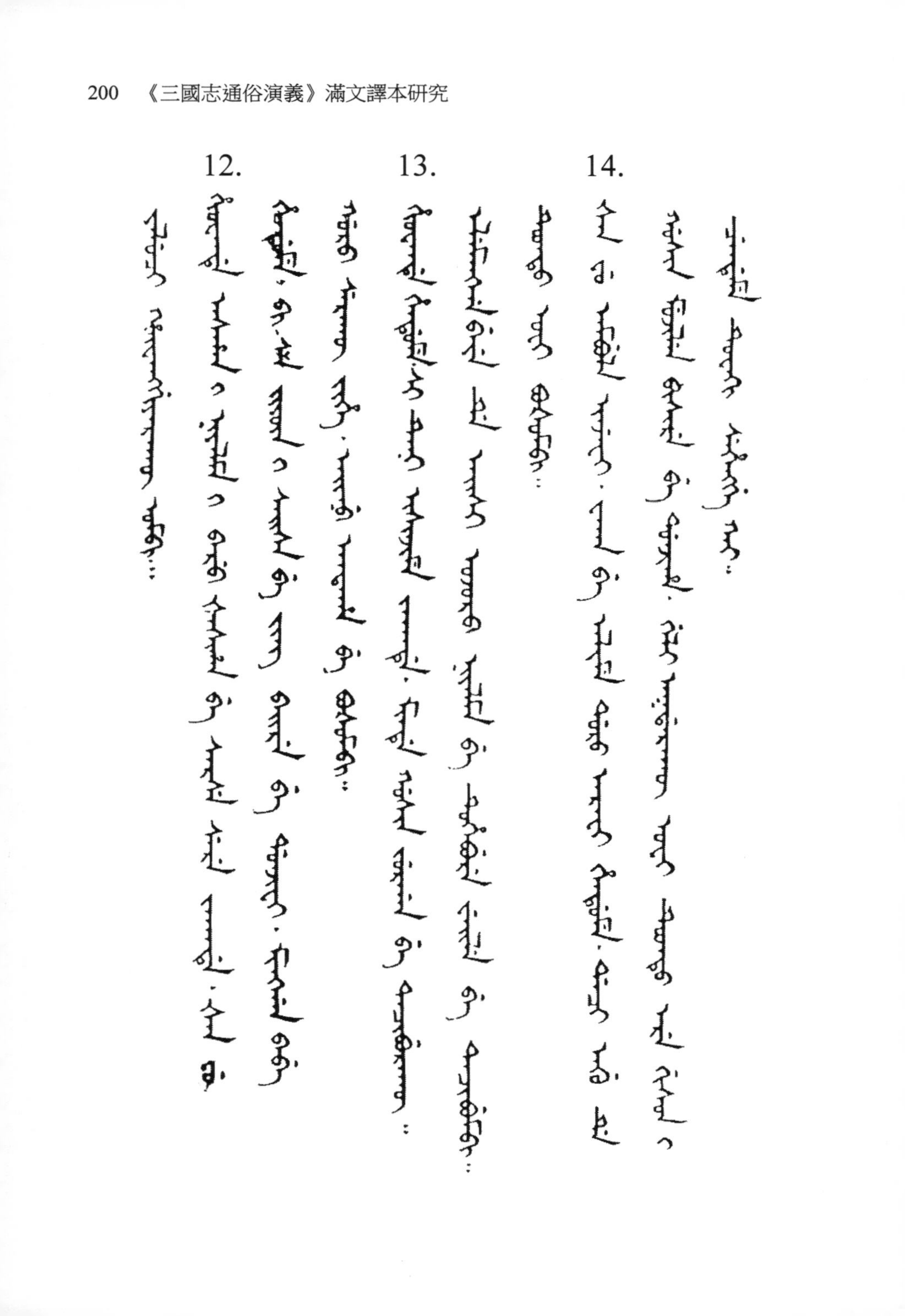

[illegible]

12. [illegible]

13. [illegible]

14. [illegible]

yaluci hūwanggiyarakū ombi.

12. hiowande ashan i niyalma i baru šasihan be sarse sere jakade, šan fu hendume, bi sy jiyūn i saisa be jing baire be donjifi, minggan babe goro serakū jihe. ainu antaha be bošombi.
13. hiowande hendume, si teni isinjime jakade, minde gosin juragan be taciburakū. elemangga beye de aisi ojoro niyalma be tuhebure weile be tacibumbi, tuttu ofi bošombi.
14. šan fu ambula injefi, waka be alime doro arafi hendume, daci agu de gosin mujilen bisire be donjiha, geli akdarakū ofi tuttu ere gisun i cendeme tuwaki sehengge kai.

方可乘之，自然無事。」

12.玄德喚從者教點湯。單福曰：「吾聞使君適求賢士，不遠千里而來，何故逐客也。」

13.玄德曰：「汝初至此，不教吾躬行仁義，便教作利己妨人之事，吾故逐之。」

14.單福大笑而謝曰：「吾聞使君素有仁心，未能准信，故以此言試之耳。」

方可乘之，自然无事。」

12.玄德唤从者教点汤。单福曰：「吾闻使君适求贤士，不远千里而来，何故逐客也。」

13.玄德曰：「汝初至此，不教吾躬行仁义，便教作利己妨人之事，吾故逐之。」

14.单福大笑而谢曰：「吾闻使君素有仁心，未能准信，故以此言试之耳。」

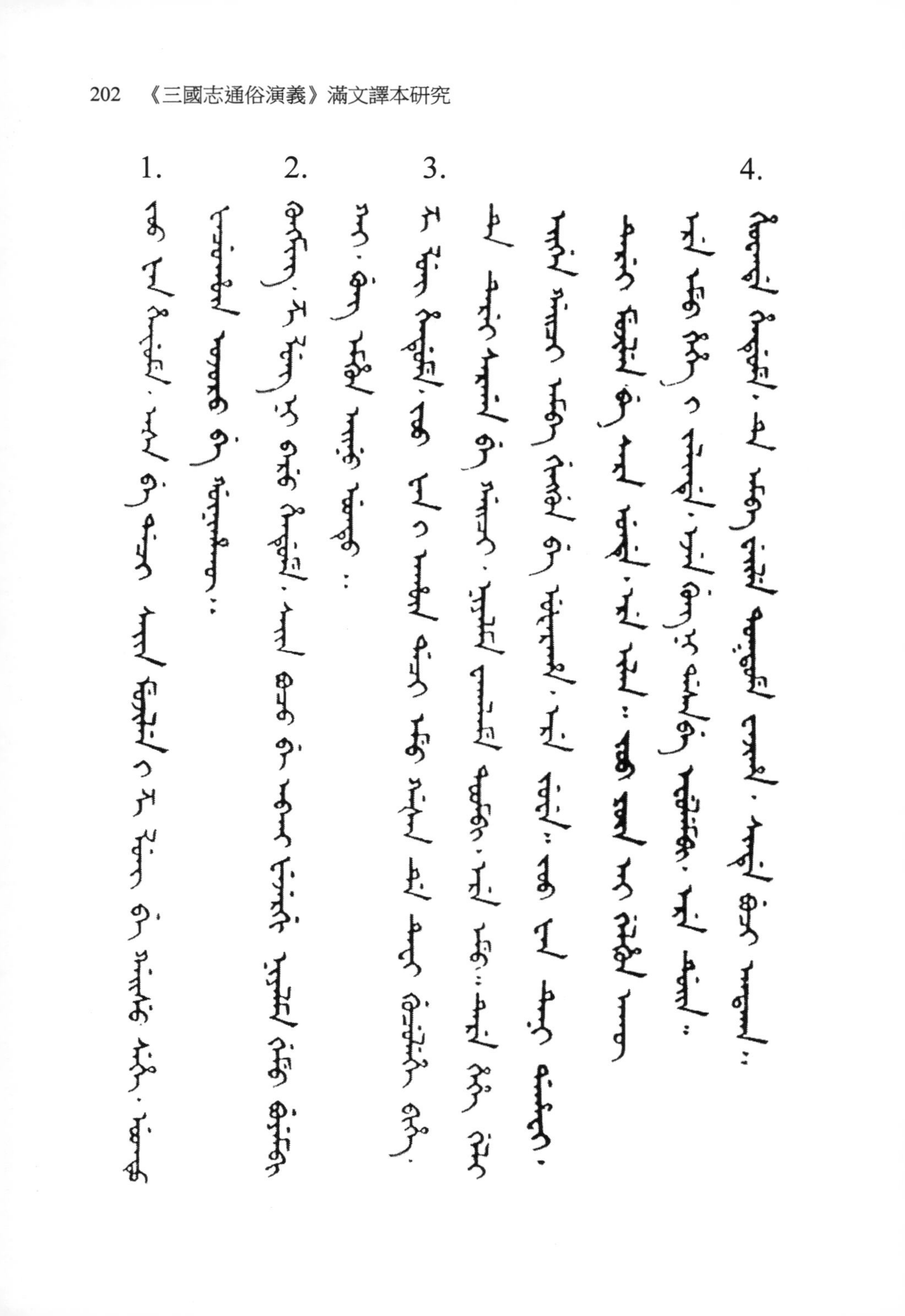

1.

2.

3.

4.

十五、何患無妻

1. joo fan hendume, aša be daci sain mujilen i dz lung be gaisu sehe, uttu facuhūn ojoro be gūnihakū.
2. kungming, dz lung ni baru hendume, sain boco be abkai fejergi niyalma gemu buyembi kai, gung emhun ainu uttu.
3. dz lung hendume, joo fan i ahūn daci emu gašan de tefi guculehe bihe, te terei sargan be gaici, niyalma wakalame toombi, ere emu. tere hehe geli eigen gaici amba ginggun be ufaraha, ere juwe. joo fan teni dahafi, terei mujilen be sara unde, ere ilan. joo yūn ai gelhun akū ere emu hehe i jalinde, ejen gung ni dasan be efulembi, ere duin.
4. hiowande hendume, te amba weile toktome wajiha, sinde buci antaka.

1.趙範言:「以嫂嫁子龍，本是好意，不想惱亂以致如此。」
2.孔明與子龍曰:「美色天下人愛之，公何獨如此？」
3.子龍曰:「趙範之兄曾在鄉中有一面之交，今若娶其妻，惹人唾罵，一也；其婦再嫁，使失其大節，二也；趙範初降，其心不可測，三也；趙雲安敢以一婦人而廢主公之政，四也。」
4.玄德曰:「今日大事已定，與汝娶之若何？」

1.赵范言:「以嫂嫁子龙，本是好意，不想恼乱以致如此。」
2.孔明与子龙曰:「美色天下人爱之，公何独如此？」
3.子龙曰:「赵范之兄曾在乡中有一面之交，今若娶其妻，惹人唾骂，一也；其妇再嫁，使失其大节，二也；赵范初降，其心不可测，三也；赵云安敢以一妇人而废主公之政，四也。」
4.玄德曰:「今日大事已定，与汝娶之若何？」

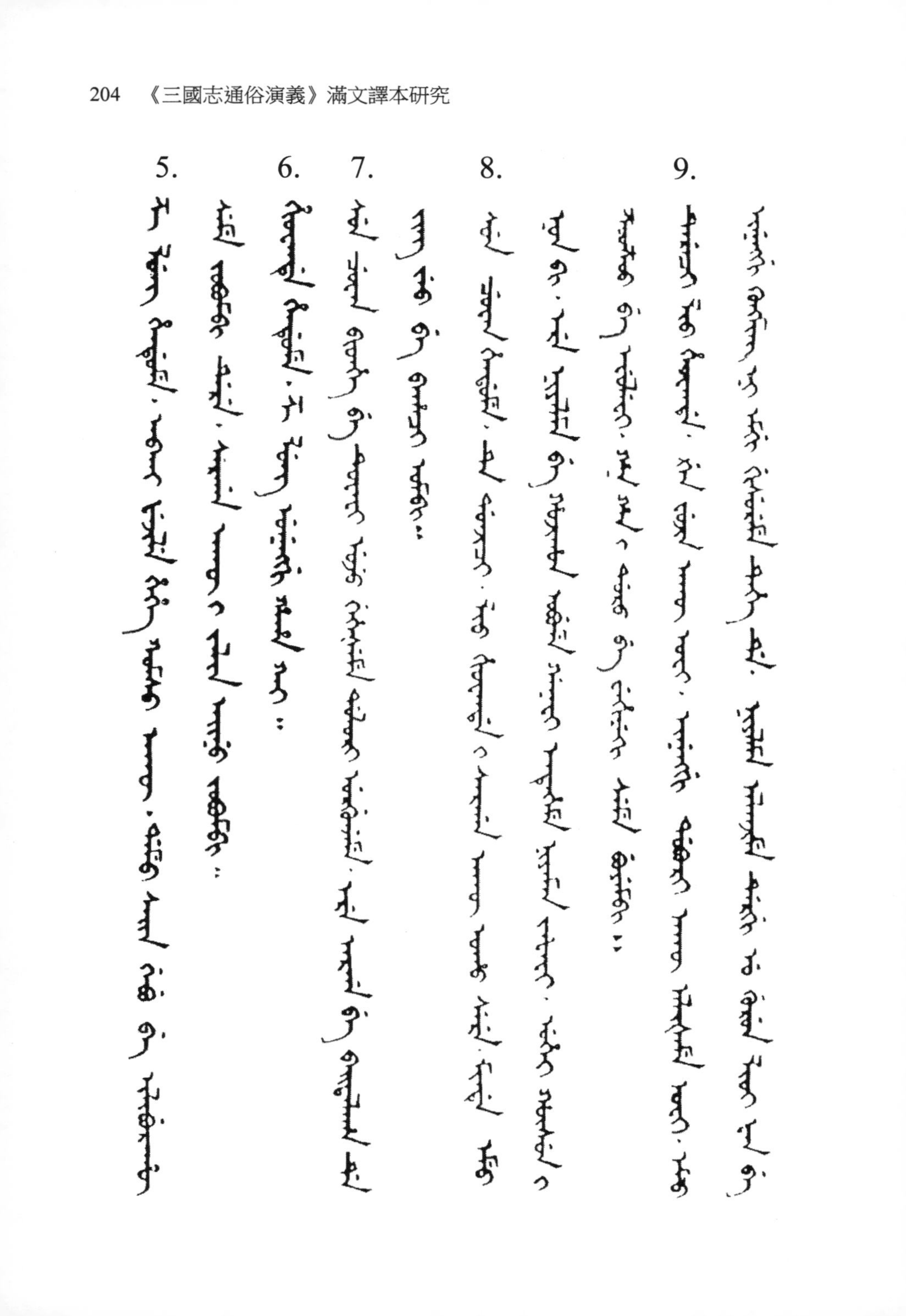

5. dz lung hendume, abkai fejile hehe komso akū, damu sain gebu be iliburahū seme jobombi dere, sargan akū i jalin ainu jobombi.
6. hiowande hendume, dz lung unenggi haha kai.
7. sun cuwan bithe be tuwafi uju gehešeme dolori urgunjeme, ere arga be baitalaha de jing jeo be hahaci ombi.
8. sun cuwan hendume, te donjici, lio hiowande i sargan akū oho sere, minde emu non bi, ere niyalma be hojihon obume ganafi enteheme niyaman jafafi, uhei hūsun i ts'oots'oo be efulefi, haṉ han i doro be wehiyeki seme buyembi.
9. tereci lio hiowande, g'an fujin akū ofi, inenggi dobori akū ališame ofi, emu inenggi kungming ni emgi gisureme tehe de, niyalma alanjime dergi u gurun lioi fan be

---

5.子龍曰:「天下女子不少,但恐名譽不立,何患無妻子乎?」
6.玄德曰:「子龍乃真丈夫也。」
7.孫權看畢,點頭暗喜,用此計可得荊州。
8.孫權曰:「近聞劉玄德喪婦,吾有一妹,欲招此人為壻,永結親姻,共力破曹,以扶漢室。」
9.却說玄德自沒甘夫人,晝夜煩惱,一日正與孔明閑敍,人報東吳差呂範到來。

5.子龙曰:「天下女子不少,但恐名誉不立,何患无妻子乎?」
6.玄德曰:「子龙乃真丈夫也。」
7.孙权看毕,点头暗喜,用此计可得荆州。
8.孙权曰:「近闻刘玄德丧妇,吾有一妹,欲招此人为壻,永结亲姻,共力破曹,以扶汉室。」
9.却说玄德自没甘夫人,昼夜烦恼,一日正与孔明闲叙,人报东吴差吕范到来。

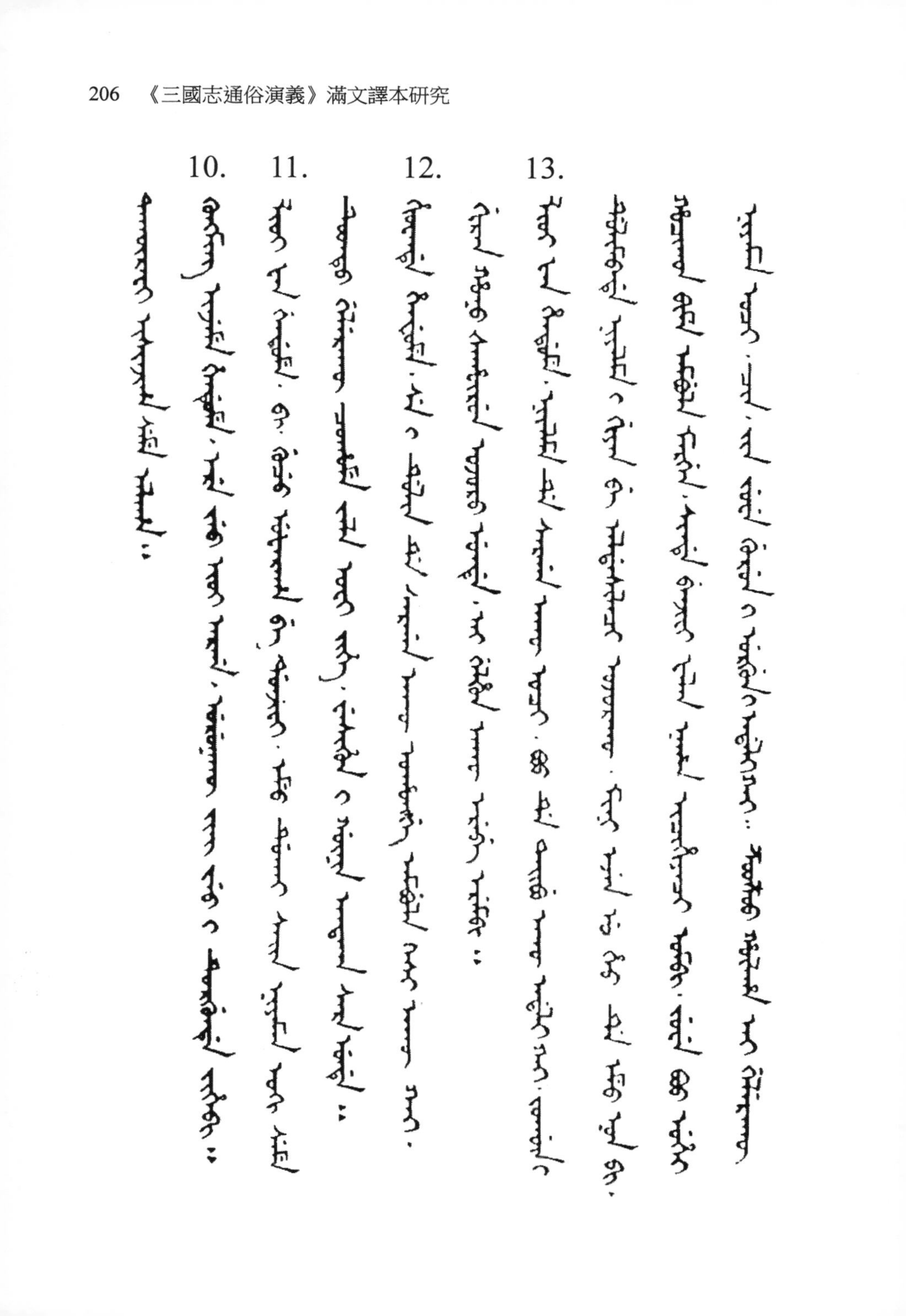

takūrafi isinjiha seme alaha.

10. kungming injeme hendume, ere jeo ioi arga, urunakū jing jeo i turgunde jihebi.

11. lioi fan hendume, bi, gucu ufaraha be donjifi, emu dukai sain niyaman oki seme tuttu gelerakū cohome jala ofi jihe, wesihun i gūnin antaka sara unde.

12. hiowande hendume, se i dulin de sargan akū ohongge ambula kesi akū kai, giran hono šahūrun ojoro unde, ai gelhun akū erebe erembi.

13. lioi fan hendume, niyalma de sargan akū oci, boo de taibu akū adali kai, jugūn i dulimbade niyalma i giyan be aldasilaci ojorakū, mini ejen u heo de emu non bi, hocikon bime ambula mergen, sinde benjifi falan nahan icihiyaci ombi, juwe boo uhei niyaman oci, cin, jin juwe gurun i urgun i adali kai. ts'oots'oo hūlha ai gelerakū

10.孔明笑曰：「此乃周瑜之計[70]，必是荊州之故。」

11.呂範曰：「某近聞失偶，有一門好親，故不避嫌，特來作伐[71]，未知尊意若何？」

12.玄德曰：「中年喪妻，大不幸也，肉尚未冷，安敢望此。」

13.呂範曰：「人若無妻，如屋無梁，豈可中道而廢人倫也。吾主人吳侯有一妹，美而大賢，堪可以奉箕箒[72]，若兩家共結秦晉之歡，則曹賊不敢

10.孔明笑曰：「此乃周瑜之计，必是荆州之故。」

11.吕范曰：「某近闻失偶，有一门好亲，故不避嫌，特来作伐，未知尊意若何？」

12.玄德曰：「中年丧妻，大不幸也，肉尚未冷，安敢望此。」

13.吕范曰：「人若无妻，如屋无梁，岂可中道而废人伦也。吾主人吴侯有一妹，美而大贤，堪可以奉箕箒，若两家共结秦晋之欢，则曹贼不敢

---

70 周瑜之計，滿文當讀作“jeo ioi i arga”，此作“jeo ioi arga”，脫“i”字。

71 特來作伐，滿文讀作“cohome jala ofi jihe”，意即「特地來作媒」。

72 奉箕箒，滿文讀作“falan nahan icihiyaci”，意即「料理地炕」。

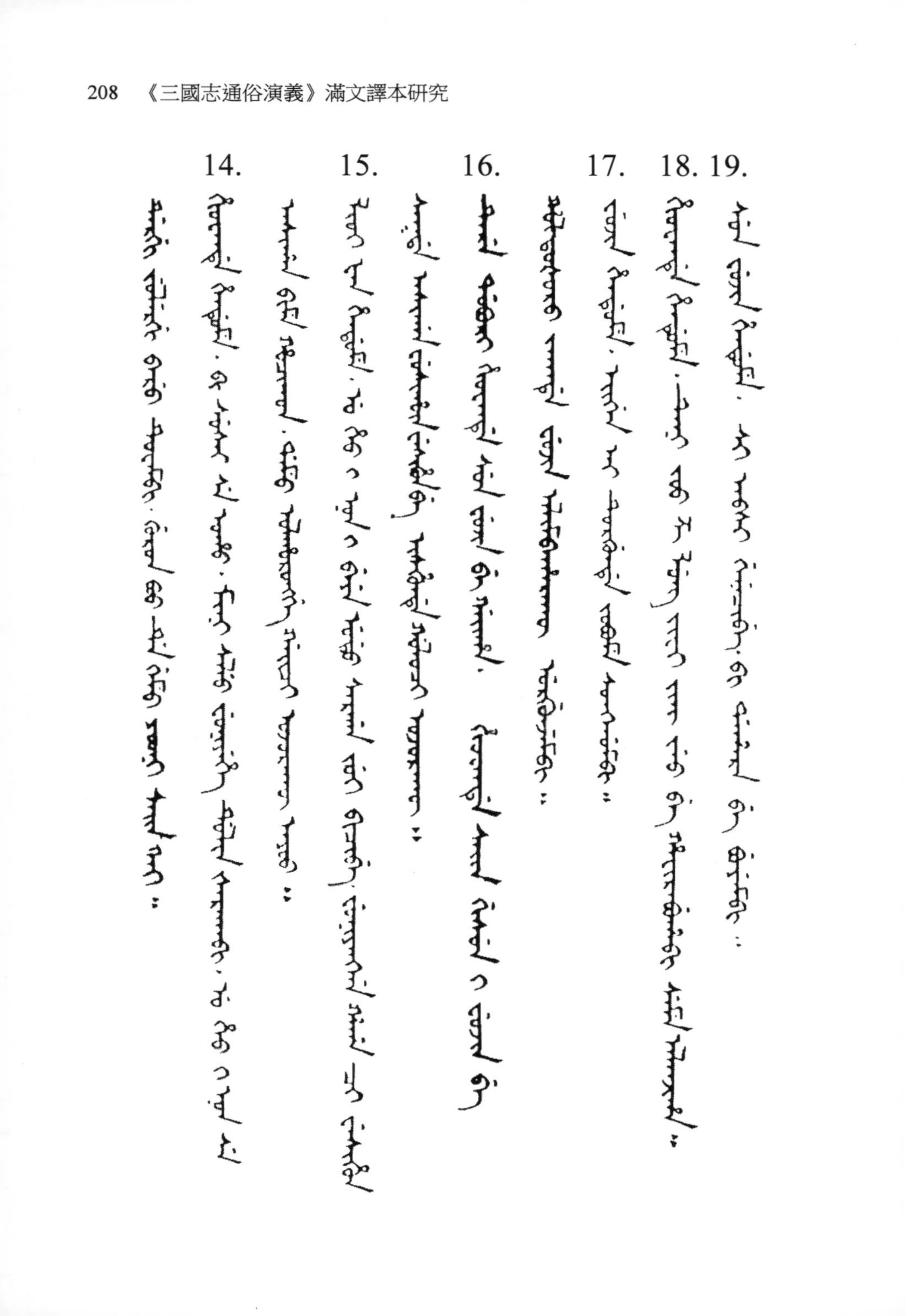

19. [illegible]

18. [illegible]

17. [illegible]

16. [illegible]

15. [illegible]

14. [illegible]

dergi julergi baru tuwambi, gurun boo de gemu yooni sain kai.

14. hiowande hendume, bi susai se oho, mini salu funiyehe dulin šarakabi, u heo i non se asihan bime hocikon, damu olhorongge gaici ojorakū ayoo.
15. lioi fan hendume, u heo i non i beye udu sargan jui bicibe, funiyangga haha ci wesihun, sakda asigan fusihūn wesihun be ishunde goloci ojorakū.
16. tere dobori hiowande sun fujin be gaiha, hiowande sain gisun i fujin be holtošoro jakade fujin alimbaharakū urgunjembi.
17. fujin hendume, eigen ai turgunde jobome songgombi.
18. hiowande hendume, teni joo dz lung jifi jing jeo be hafirabuhabi seme alanjiha.
19. sun fujin hendume, si absi genecibe, bi dahara be buyembi.

正視東南也，家國之事，並皆全美。」

14.玄德曰：「吾已半百之年，鬢髮斑白，吳侯之妹，正當妙齡，恐非配偶。」
15.呂範曰：「吳侯之妹，身雖女子，志勝男兒，豈可以年齒上下相嫌乎？」
16.當夜玄德與孫夫人成親。玄德以甜言美語啜誘孫夫人，夫人歡喜。
17.夫人曰：「丈夫何煩惱？」
18.玄德曰：「方纔趙子龍報說荊州危急。」
19.孫夫人曰：「君所去處，我願隨之。」

正视东南也，家国之事，并皆全美。」

14.玄德曰：「吾已半百之年，鬓发斑白，吴侯之妹，正当妙龄，恐非配偶。」
15.吕范曰：「吴侯之妹，身虽女子，志胜男儿，岂可以年齿上下相嫌乎？」
16.当夜玄德与孙夫人成亲。玄德以甜言美语啜诱孙夫人，夫人欢喜。
17.夫人曰：「丈夫何烦恼？」
18.玄德曰：「方纔赵子龙报说荆州危急。」
19.孙夫人曰：「君所去处，我愿随之。」

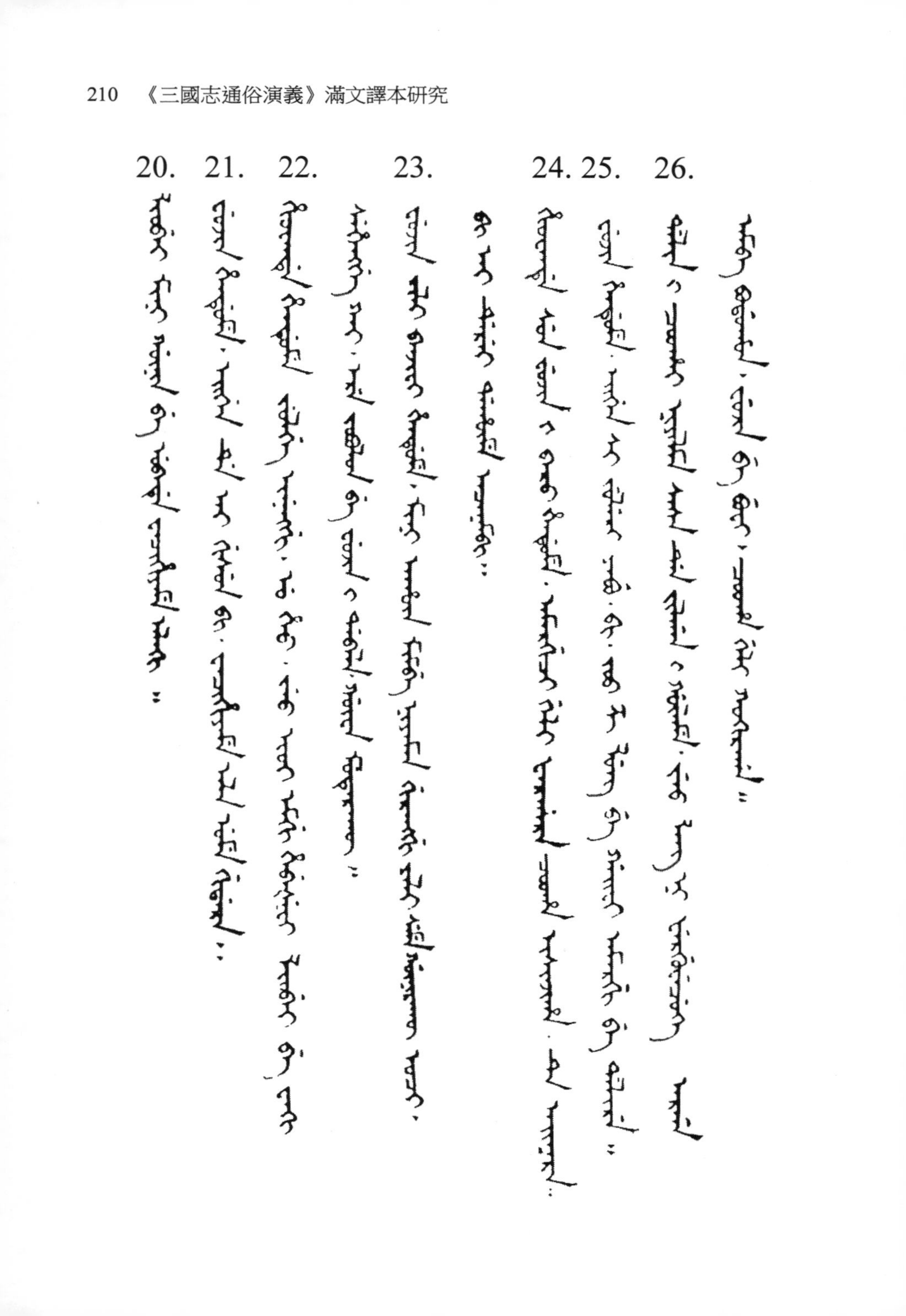

20. [illegible]

21. [illegible]

22. [illegible]

23. [illegible]

24. [illegible]

25. [illegible]

26. [illegible]

20. liobei mini gūnin be ubade wacihiyame alaki.
21. fujin hendume, eigen de ai gisun bi, wacihiyame ala ume gidara.
22. hiowande hendume, julge inenggi, u heo, jeo ioi emgi hebešefi liobei be waki sehengge kai, ere jobolon be fujin i dabala gūwa muterakū.
23. fujin jili banjifi hendume, mini ahūn mimbe niyaman giranggi yali seme gūnirakū oci, bi ai derei dahūme acanambi.
24. hiowande sun fujin i baru hendume, amargici geli fargara cooha isinjiha, te ainara.
25. fujin hendume, eigen si juleri yabu, bi, joo dz lung be gaifi amargi be dalire.
26. dalin i coohai niyalma sasa den jilgan i hūlame, jeo lang ni ferguwecuke arga amba bodohon〔bodogon〕, fujin be bufi, cooha geli kokiraha.

20.「劉備有心腹之言，至此盡當實訴。」
21.夫人曰：「丈夫有何言語，勿得隱諱。」
22.玄德曰：「昔日吳侯與周瑜同謀，必至殺害劉備，非夫人莫解此禍。」
23.夫人怒曰：「吾兄既不以我為親骨肉，我有何面目重相見乎？」
24.玄德告孫夫人曰：「後面追兵又到，如之奈何？」
25.夫人曰：「丈夫先行，我與子龍當後。」
26.岸上軍士齊聲大叫曰：「周郎妙計高天下，陪了夫人又折兵。」

20.「刘备有心腹之言，至此尽当实诉。」
21.夫人曰：「丈夫有何言语，勿得隐讳。」
22.玄德曰：「昔日吴侯与周瑜同谋，必至杀害刘备，非夫人莫解此祸。」
23.夫人怒曰：「吾兄既不以我为亲骨肉，我有何面目重相见乎？」
24.玄德告孙夫人曰：「后面追兵又到，如之奈何？」
25.夫人曰：「丈夫先行，我与子龙当后。」
26.岸上军士齐声大叫曰：「周郎妙计高天下，陪了夫人又折兵。」

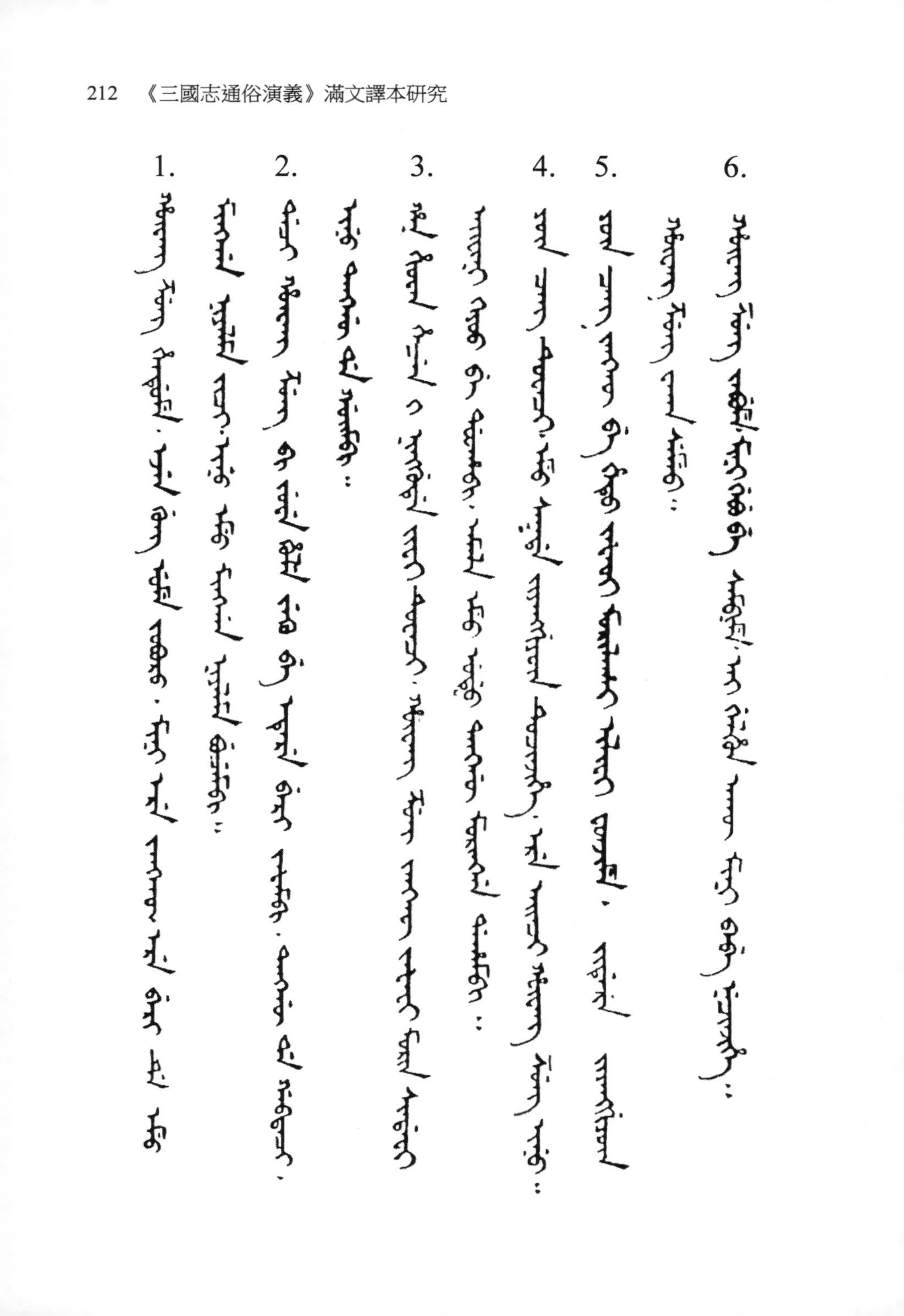

1. [illegible]

2. [illegible]

3. [illegible]

4. [illegible]

5. [illegible]

6. [illegible]

十六、黃忠落馬

1. hūwang dzung hendume, ejen gung ume joboro, mini ere jangkū, ere beri de emu minggan niyalma jici, inu emu minggan niyalma bucembi.
2. daci hūwang dzung bi juwe hule jeku be etere beri jafambi, tanggū da gabtaci, inu tanggū da goimbi.
3. haṉ hiowan hecen i ninggude jifi tuwaci, hūwang dzung jangkū jafafi morin sindafi aifini kiyoo be doohabi, amala emu udu tanggū moringga dahambi.
4. yūn cang tuwaci, emu sakda jiyanggiyūn tucinjihe, ere ainci hūwang dzung inu.
5. yūn cang jangkū be hetu jafafi morilahai ilifi fonjime, jidere jiyanggiyūn hūwang dzung waka semeo.
6. hūwang dzung jabume, mini gebu be sambime, ai gelhun akū mini babe necinjihe.

1.黃忠曰:「不須主公憂慮,憑某這口刀、這張弓,一千箇來,一千箇死。」
2.原來黃忠能開二石力之弓,百發百中。
3.韓玄城頭上觀看,黃忠提刀縱馬,早過吊橋,後隨數百騎軍。
4.雲長見一老將出馬,知是黃忠。
5.雲長橫刀立馬而問曰:「來將莫非黃忠否?」
6.黃忠曰:「既知吾名,焉趕犯境?」

1.黄忠曰:「不须主公忧虑,凭某这口刀、这张弓,一千个来,一千个死。」
2.原来黄忠能开二石力之弓,百发百中。
3.韩玄城头上观看,黄忠提刀纵马,早过吊桥,后随数百骑军。
4.云长见一老将出马,知是黄忠。
5.云长横刀立马而问曰:「来将莫非黄忠否?」
6.黄忠曰:「既知吾名,焉赶犯境?」

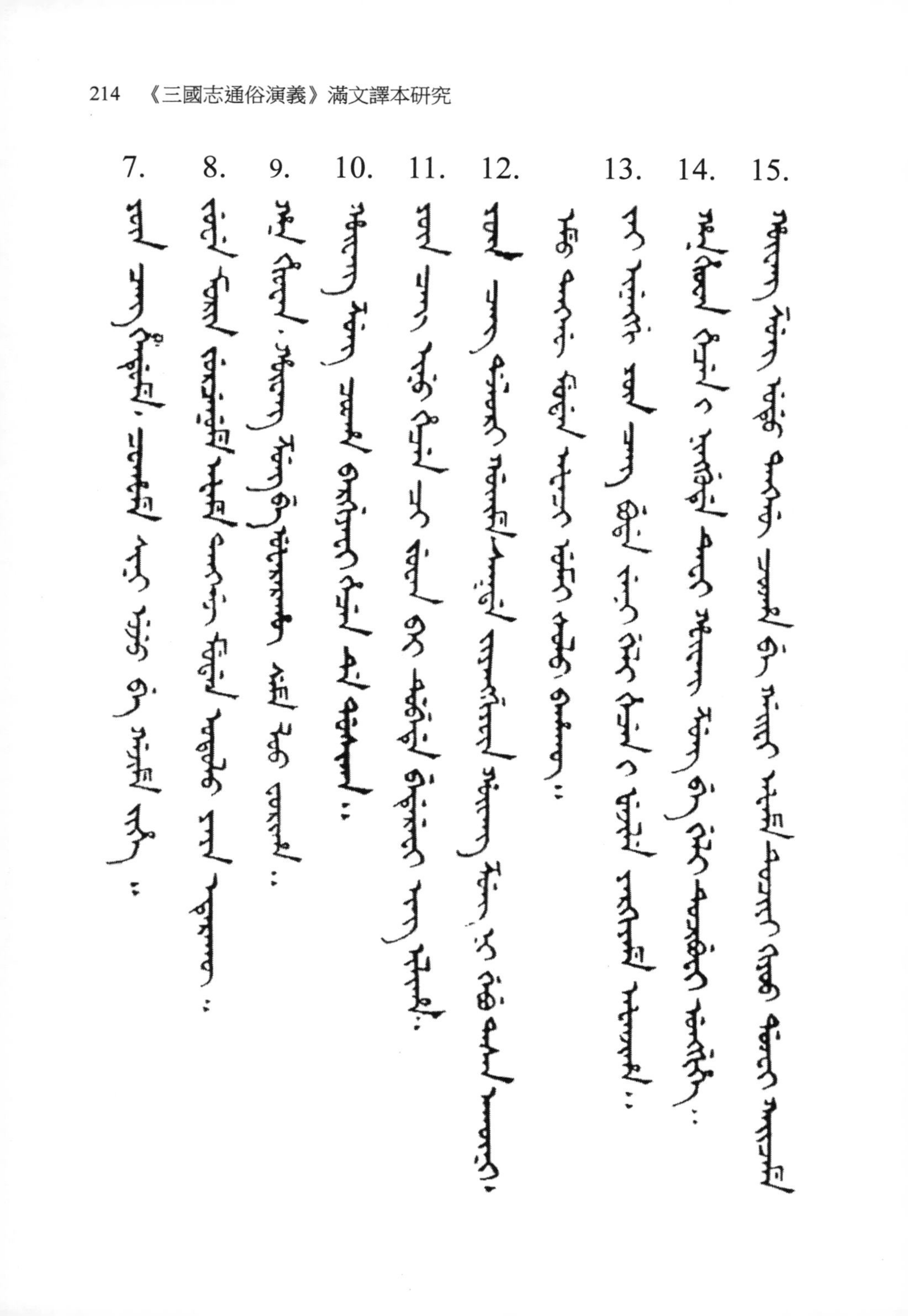

7. [illegible]

8. [illegible]

9. [illegible]

10. [illegible]

11. [illegible]

12. [illegible]

13. [illegible]

14. [illegible]

15. [illegible]

7. yūn cang hendume, cohome sini uju be gajime jihe.
8. juwe morin jurcenume afame, tanggū mudan otolo yaya eterakū.
9. han̠ hiowan, hūwang dzung be ufararahū seme loo foriha.
10. hūwang dzung cooha bargiyafi hecen de dosika.
11. yūn cang inu hecen ci juwan bai dubede bederefi ing iliha.
12. yūn cang dolori gūnime, sakda jiyanggiyūn hūwang dzung ni gebu tasan〔tašan〕 akūni, emu tanggū mudan afaci umai šolo bahakū.
13. jai inenggi, yūn cang buda jefi geli hecen i fejile yarkiyame afanjiha.
14. han̠ hiowan hecen i ninggude tefi hūwang dzung be geli tucibufi unggihe.
15. hūwang dzung udu tanggū cooha be gaifi afame tucifi, kiyoo doofi kaicame

---

7. 雲長曰：「特來取汝首級。」
8. 兩馬交鋒，鬥一百合，不分勝負。
9. 韓玄恐黃忠有失，鳴金收軍。
10.黃忠收軍入城。
11.雲長也退軍，離城十里下寨。
12.雲長心中暗忖，老將黃忠名不虛，鬥一百合，全無破綻。
13.次日，雲長早飯畢，又來城下搦戰。
14.韓玄却坐城上教黃忠出馬。
15.黃忠引數百人殺過吊橋，

---

7. 云长曰：「特来取汝首级。」
8. 两马交锋，斗一百合，不分胜负。
9. 韩玄恐黄忠有失，鸣金收军。
10.黄忠收军入城。
11.云长也退军，离城十里下寨。
12.云长心中暗忖，老将黄忠名不虚，斗一百合，全无破绽。
13.次日，云长早饭毕，又来城下搦战。
14.韩玄却坐城上教黄忠出马。
15.黄忠自变量百人杀过吊桥，

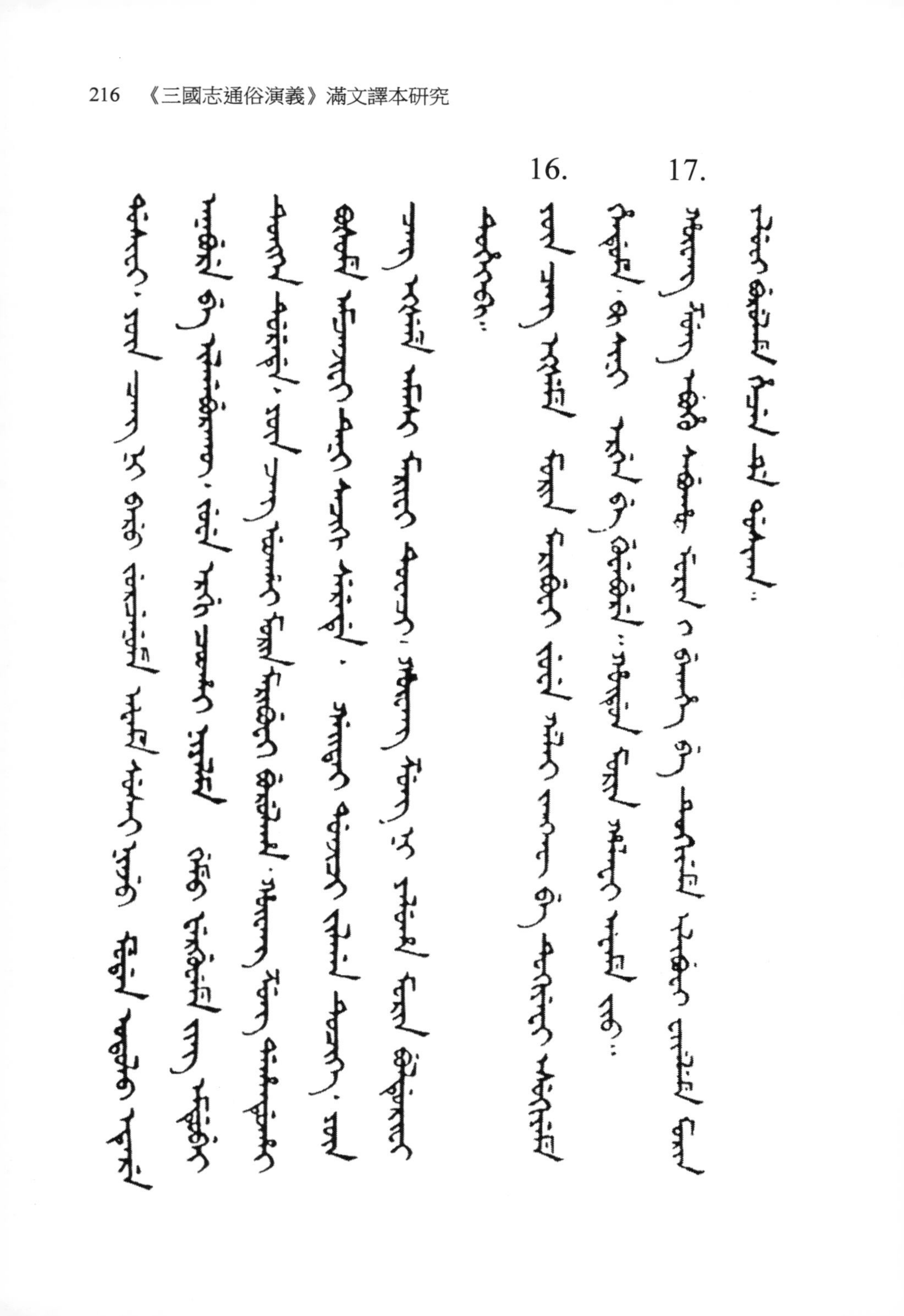

[illegible]

16. [illegible]

17. [illegible]

dosifi, yūn cang ni baru jurcenume afame, susai ninju mudan otolo etere anabure be ilgaburakū, juwe ergi coohai niyalma gemu ferguweme jing emdubei tungken durede, yūn cang uthai morin maribufi burulaha. hūwang dzung dahanduhai bošome amcanjifi teni saciki serede, gaitai donjici jilgan tucike, yūn cang ekšeme amasi marifi tuwaci, hūwang dzung ni yaluha morin buldurifi tuhekebi.

16. yūn cang ekšeme morin maribufi, juwe galai jangkū be tukiyefi esukiyeme hendume, bi sini ergen be guwebure. hūdun morin halafi afame jio.

17. hūwang dzung ebuhu sabuhū morin i bethe be tukiyeme ilibufi, fiyeleme morin yalufi burulame hecen de dosika.

喊聲起處，再與雲長交馬，又鬥五、六十合，勝負不分。兩軍齊聲喝采，鼓聲正急時，雲長撥馬便走，黃忠趕來却纔用刀砍之，忽聽得一聲響處，急回頭看時，見黃忠被戰馬前失掀在地下。

16.雲長急回馬，雙手舉刀猛喝曰：「我饒了你性命，快換馬來廝殺。」

17.黃忠急提起馬蹄，飛身上馬，奔入城中。

喊声起处，再与云长交马，又斗五、六十合，胜负不分。两军齐声喝采，鼓声正急时，云长拨马便走，黄忠赶来却纔用刀砍之，忽听得一声响处，急回头看时，见黄忠被战马前失掀在地下。

16.云长急回马，双手举刀猛喝曰：「我饶了你性命，快换马来厮杀。」

17.黄忠急提起马蹄，飞身上马，奔入城中。

18. ᠶᠠᠯᡳ ᡥᠠᡵᡤᠠᠨ ᡥᠠᡵᡤᠠᡧᠠᠮᡝ᠈ ᠠᠮᠪᠠᠯᡳᠩᡤᡡ ᠨᡳᠶᠠᠮᠠᠮᠪᡳ ᠮᡠᠵᡳᠯᡝᠨ ᡨᡝᠨ ᠮᡠᠵᡳᠯᡝᠨ ᡳᠰᡳᠨᠠᡥᠠ᠈ ᡩᠠᡥᠠᠮᡝ ᡤᡳᠩᡤᡠᠯᡝᠮᡝ ᡳᠴᡳᡥᡳᠶᠠᠮᡝ
ᡨᠠᠴᡳᠪᡠᡥᡝ ᡥᡡᠸᠠᠩᡩᡳ ᠰᠠᡳᠰᠠᠩᡤᠠ ᡤᡳᠩᡤᡠᠨ ᡳ ᡨᡠᠸᠠᠨ ᠠᡴᡡᠮᡝ ᠨᡳᠶᠠᠮᠠᡥᠠ::

19. ᡨᡠᡵᡤᡠᠨ ᠴᠣᠣᡥᠠᡳ ᡤᡳᠰᡠᡵᡳ᠈ ᡩᡝᡵᡝ ᡝᠮᡠ ᡥᠠᡵᠠᠩᡤᠠ ᠪᡝ ᠰᠠᡳᠨ ᠪᡳ::

20. ᡩᡠᡳᠯᡝᠮᡝ ᠮᡝᠩᡤᡝ ᡤᡳᠩᡤᡠᠯᡝᠮᡝ᠈ ᡩᡝᡵᡝ ᡝᠮᡠ ᡳ ᠠᡴᡡᠮᡝ ᡨᡠᠸᠠᠨ ᡝᡵᡝᠨ ᠪᡝ ᠪᠣᠴᠣᠯᡳᠨ ᡝᠮᡠᡩᡠᠨ᠈
ᡨᡠᠸᡝ ᡤᡳᠩᡤᡠᠯᡝᠮᡝ ᠪᡝ ᡳᠰᡳᠨᡳ ᠠᠮᠪᠠ ᠨᠠᡳᠪᡳᡥᡝᡳ᠈ ᠪᡳ ᡳᠨᡳ ᡥᡡᠸᠠᠩᡩᡳᡳ ᠨᡳᠶᠠᠮᠠᠮᠪᡳ::

21. ᡩᡠᡳᠯᡝᠮᡝ ᠮᡝᠩᡤᡝ ᡤᡳᠩᡤᡠᠯᡝᠮᡝ ᡳᠴᡳᡥᡳᠶᠠᠮᡝ ᠪᡝ ᡩᡝᡵᡝ ᡝᠮᡠ ᠪᠣᠴᠣᠯᡳᠨ ᠪᡝ ᡳᠰᡳᠨᠠᡥᠠ᠈ ᠮᡝᠩᡤᡝ ᡩᡠᡳᠯᡝᠮᡝ ᠮᡝᠩᡤᡝ ᠴᠣᠣᡥᠠᡳ
ᡳᠰᡳᡴᡳ ᠠᠮᠪᠠ ᠪᡝ ᠠᠯᡳᠮᡝ ᠪᠠᠨᠵᡳᠮᡝ ᠰᡳᠨᡳ ᠮᡠᠵᡳᠯᡝᠨ ᠪᡝ ᡤᡳᠩᡤᡠᠯᡝᠮᡝ ᠪᡳ ᠮᡠᠵᡳᠯᡝᠨ ᠪᡝ ᠠᡳᠰᡳᠯᠠᠮᠪᡳ::
ᡳᠰᡳᡨᠠᠯᠠ ᠠᠮᠪᠠ ᡤᡳᠩᡤᡠᠨ ᠪᡝ ᡳᠰᡳᠨᠠᡥᠠ ᠪᡝ ᡩᡝᡵᡝ ᠠᡴᡡᠮᡝ ᠨᡳᠶᠠᠮᠠᡥᠠ ᡳᠰᡳᠨᠠᡥᠠ ᡩᡠᡳᠯᡝᠮᡝ ᡳ ᠨᡳᡵᡠ
ᡳᠰᡳᠨᡳ ᡩᡝᡵᡝ ᡝᠮᡠ ᡩᡝᡵᡝ ᠮᡠᠵᡳᠯᡝᠨ ᡩᡝ ᠰᡳᠨᡳ ᠪᠣᠴᠣᠯᡳᠨ ᠴᠣᠣᡥᠠᡳ ᡝᡵᡝᠨ ᠪᡝ ᡝᠰᡝ᠈
ᡨᠠᠴᡳᠪᡠᡥᡝ ᡝᠮᡠ ᠠᠮᠪᠠ ᡳᠰᡳᠨᠠᡥᠠ᠈ ᡩᡝᡵᡝ ᡝᠮᡠ ᡤᡳᠩᡤᡠᠨ ᠨᡳᠶᠠᠮᠠᡥᠠ ᡤᡝᠯᡝᠮᡝ ᡳᠰᡳᠨᠠᡥᠠ ᡩᡝᡵᡝ ᠰᡝᡵᡝ᠈
ᡳᠨᡳ ᠪᠣᠣ ᡩᡝ ᡳᠰᡳᠨᠠᡥᠠ ᠪᡝ ᠠᠮᠪᠠᠯᡳᠩᡤᡡ ᠰᡝᠮᡝ ᡨᠠᠴᡳᠪᡠᡥᡝ ᡩᡝᡵᡝ ᡳᠰᡳᠨᡳ ᠪᡳ ᠰᡝᠮᡝ::

18. ha<u>n</u> hiowan hendume, ainu gabtahakū, hūwang dzung hendume, cimaha inenggi afara de holtome burulafi yarkiyame kiyoo i hanci gajifi gabtaki.
19. abka gereke manggi, yūn cang yarkiyame afanjiha bi.
20. hūwang dzung hendume, yūn cang ni adali jurgangga niyalma be baharangge mangga, mini bucere beye be tere waha akū guwebuhe, bi adarame jempi tere be gabtambi.
21. hūwang dzung holtome burulara be yūn cang bošome gajirede, hūwang dzung sikse inenggi waha akū ujihe baili be gūnime gabtame jenderakū. hūwang dzung kiyoo i ninggude ilifi sirdan solbifi beri tatafi gabtara jakade, yūn cang ni sacai sonokton goiha manggi, yūn cang golofi sirdan hadahai amasi ing de jifi, ere tob seme sikse inenggi waha akū baili be gūnime karulaha bi kai.

18.韓玄曰：「何不射之？」黃忠曰：「來日再戰，必然詐敗誘到吊橋邊射之。」
19.次日天曉，雲長搦戰。
20.黃忠曰：「雲長如此義氣，我本死的人，他不忍殺害，吾安忍射之。」
21.黃忠詐敗，雲長趕來，黃忠想昨日不殺之恩，不忍便射。黃忠在橋上搭箭開弓，弦響箭到，正射在雲長盔纓根上。雲長吃了一驚，帶箭回寨，正是報昨日不殺之恩也。

18.韩玄曰：「何不射之？」黄忠曰：「来日再战，必然诈败诱到吊桥边射之。」
19.次日天晓，云长搦战。
20.黄忠曰：「云长如此义气，我本死的人，他不忍杀害，吾安忍射之。」
21.黄忠诈败，云长赶来，黄忠想昨日不杀之恩，不忍便射。黄忠在桥上搭箭开弓，弦响箭到，正射在云长盔缨根上。云长吃了一惊，带箭回寨，正是报昨日不杀之恩也。

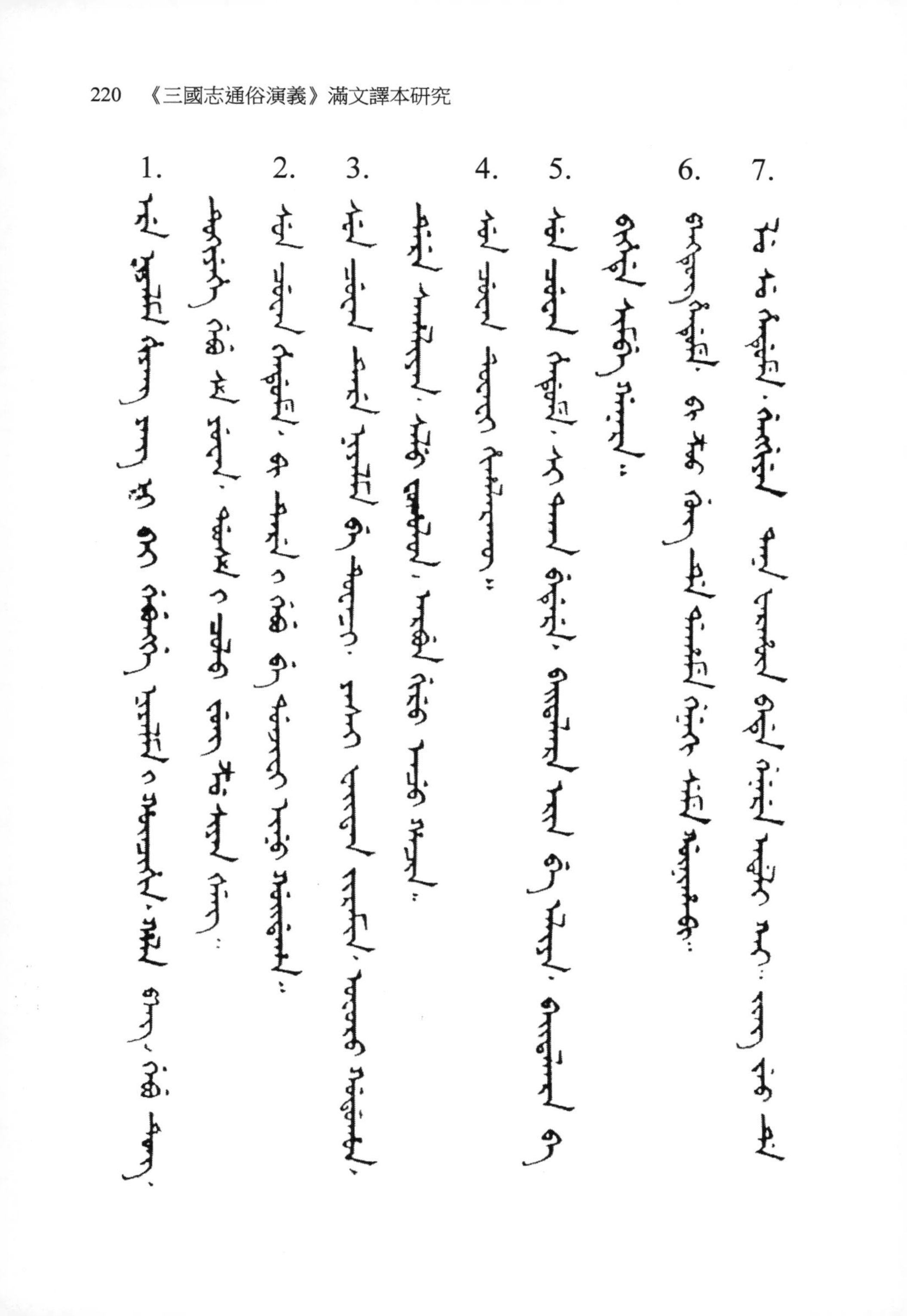

1. [illegible]

2. [illegible]

3. [illegible]

4. [illegible]

5. [illegible]

6. [illegible]

7. [illegible]

十七、以貌取人

1. ere niyalma hiyang yang ni bai gebungge niyalma i hūncihin, hala pang, gebu tung, tukiyehe gebu sy yuwan, doosy i colo fung ts'u siyan šeng.
2. sun cuwan hendume, bi tere i gebu be donjifi inu goidaha.
3. sun cuwan tere niyalma be tuwaci, yasai faitan jiramin, oforo godohon, dere sahaliyan, salu foholon, arbun giru encu hacin.
4. sun cuwan tuwafi hihalarakū.
5. sun cuwan hendume, si taka bedere, baitalara erin be aliya, baitalara ba bihede simbe ganara.
6. pangtung hendume, bi ts'oo gung de dahame geneki seme gūnihabi.
7. lu su hendume, genggiyen tana farhūn bade genere adali kai. jing jeo de

---

1.斯人襄陽世家[73]，姓龐，名統，字士元，道號鳳雛先生。
2.孫權曰：「孤亦聞名久矣。」
3.孫權見其人，濃眉，掀鼻，黑面，短髯，形容古怪。
4.孫權便不喜。
5.孫權曰：「汝且退，待我用汝之時，却來喚汝。」
6.龐統曰：「吾欲投曹公去也。」
7.魯肅曰：「明珠暗投耳，

1.斯人襄阳世家，姓庞，名统，字士元，道号凤雏先生。
2.孙权曰：「孤亦闻名久矣。」
3.孙权见其人，浓眉，掀鼻，黑面，短髯，形容古怪。
4.孙权便不喜。
5.孙权曰：「汝且退，待我用汝之时，却来唤汝。」
6.庞统曰：「吾欲投曹公去也。」
7.鲁肃曰：「明珠暗投耳，

---

73 世家，滿文讀作“gebungge niyalma i hūncihin”，意即「名人同族」。

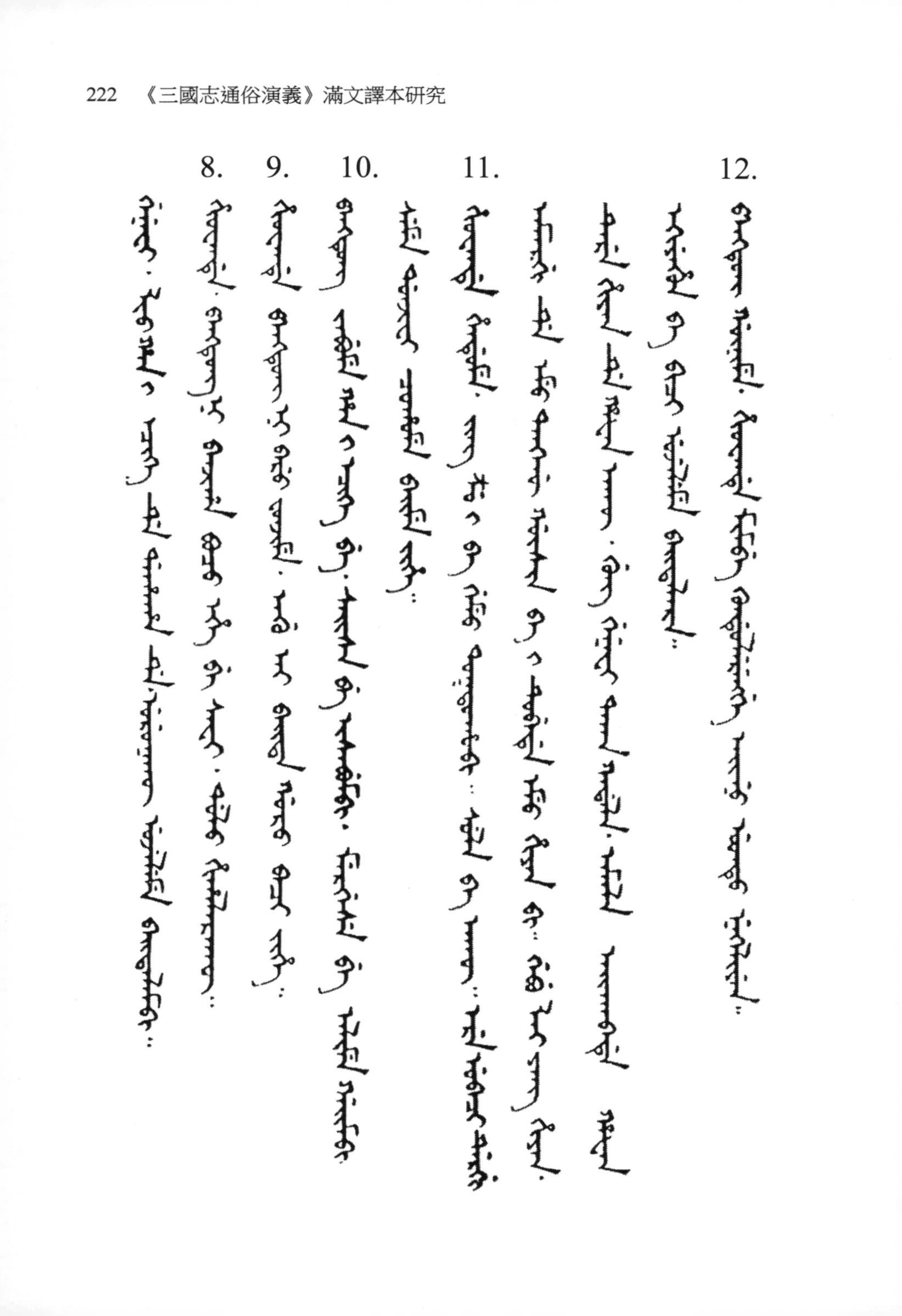

[illegible]

8. [illegible]

9. [illegible]

10. [illegible]

11. [illegible]

12. [illegible]

genefi, lio han i ecike de dahaha de, urunakū ujeleme baitalambi.

8. hiowande, pangtung ni banjiha boco ehe be safi, dolo hihalarakū.
9. hiowande, pangtung ni baru fonjime, agu ai baita goro baci jihe.
10. pangtung jabume, han i ecike be, saisa be isabumbi, mergese be alime gaimbi seme donjifi, cohome baime jihe.
11. hiowande hendume, jing ts'u i ba gemu toktohobi, sula ba akū. ere ubaci dergi amargi de emu tanggū gūsin ba i dubede emu hiyan bi, gebu lai yang hiyan, tere hiyan de hafan akū, gung genefi taka kadala, amala aikabade hafan ekiyehun ba bici ujeleme baitalara.
12. pangtung gūnime, hiowande mimbe kundulerengge ainu uttu nekeliyen.

可速往荊州投劉皇叔，必然重用。」

8. 玄德見龐統貌陋，心中不悅。
9. 玄德乃對龐統曰：「足下遠來，欲何為也？」
10. 龐統乃答曰：「聞皇叔招賢納士，特來相投。」
11. 玄德曰：「荊楚稍定，苦無閑職，此去東北一百三十里，有一縣，名來陽縣，缺一縣宰，公且任之，如後有缺，却當重用。」
12. 龐統思：「玄德待我何薄？」

可速往荆州投刘皇叔，必然重用。」

8. 玄德见庞统貌陋，心中不悦。
9. 玄德乃对庞统曰：「足下远来，欲何为也？」
10. 庞统乃答曰：「闻皇叔招贤纳士，特来相投。」
11. 玄德曰：「荆楚稍定，苦无闲职，此去东北一百三十里，有一县，名来阳县，缺一县宰，公且任之，如后有缺，却当重用。」
12. 庞统思：「玄德待我何薄？」

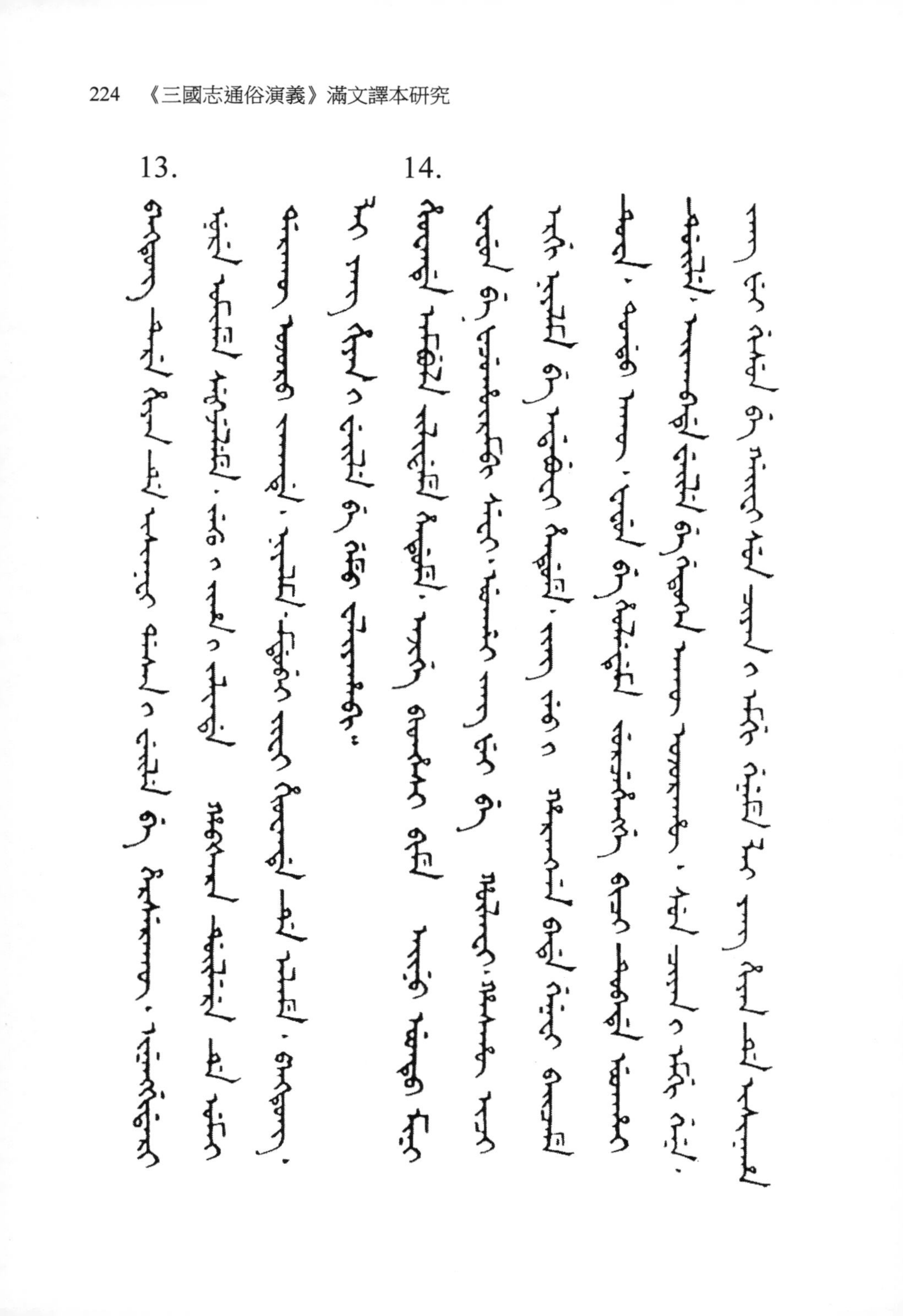

13.

[illegible]

14.

[illegible]

13. pangtung tere hiyan de isinafi dasan i weile be herserakū, inenggidari nure omime sebjeleme, jeku i jiha i jalinde habšara duilere de umai darakū ojoro jakade, niyalma emdubei jifi hiowande de alame, pangtung, lai yang hiyan i weile be gemu waliyahabi.
14. hiowande ambula jilidame hendume, ajige bithesi bime ainu uttu mini fafun be facuhūrambi sefi, uthai jang fei be hūlafi, hashū ici ergi niyalma be adabufi hendume, jing jeo i harangga bade genefi baicame tuwa, tondo akū, fafun be heoledeme jurcehengge bici tubade uthai duile, aikabade weile be getuken akū ojorahū, sun ciyan i emgi gene. jang fei gisun be gaifi sun ciyan i emgi geneme lai yang hiyan de isinaha

---

13.龐統到此縣，不理政事，終日嗜酒為樂，一應錢糧詞訟，並不理會，每有人來報知玄德，言龐統將來陽縣事盡廢。
14.玄德大怒曰：「豎儒焉敢亂吾法度耶？」遂喚張飛分付帶左右：「去荊南諸縣巡視一遭，如有不公不法者，就便究問，恐於事有不明處，可與孫乾同去。」張飛領了言語，與孫乾前往來陽縣。

13.庞统到此县，不理政事，终日嗜酒为乐，一应钱粮词讼，并不理会，每有人来报知玄德，言庞统将来阳县事尽废。
14.玄德大怒曰：「竖儒焉敢乱吾法度耶？」遂唤张飞分付带左右：「去荆南诸县巡视一遭，如有不公不法者，就便究问，恐于事有不明处，可与孙干同去。」张飞领了言语，与孙干前往来阳县。

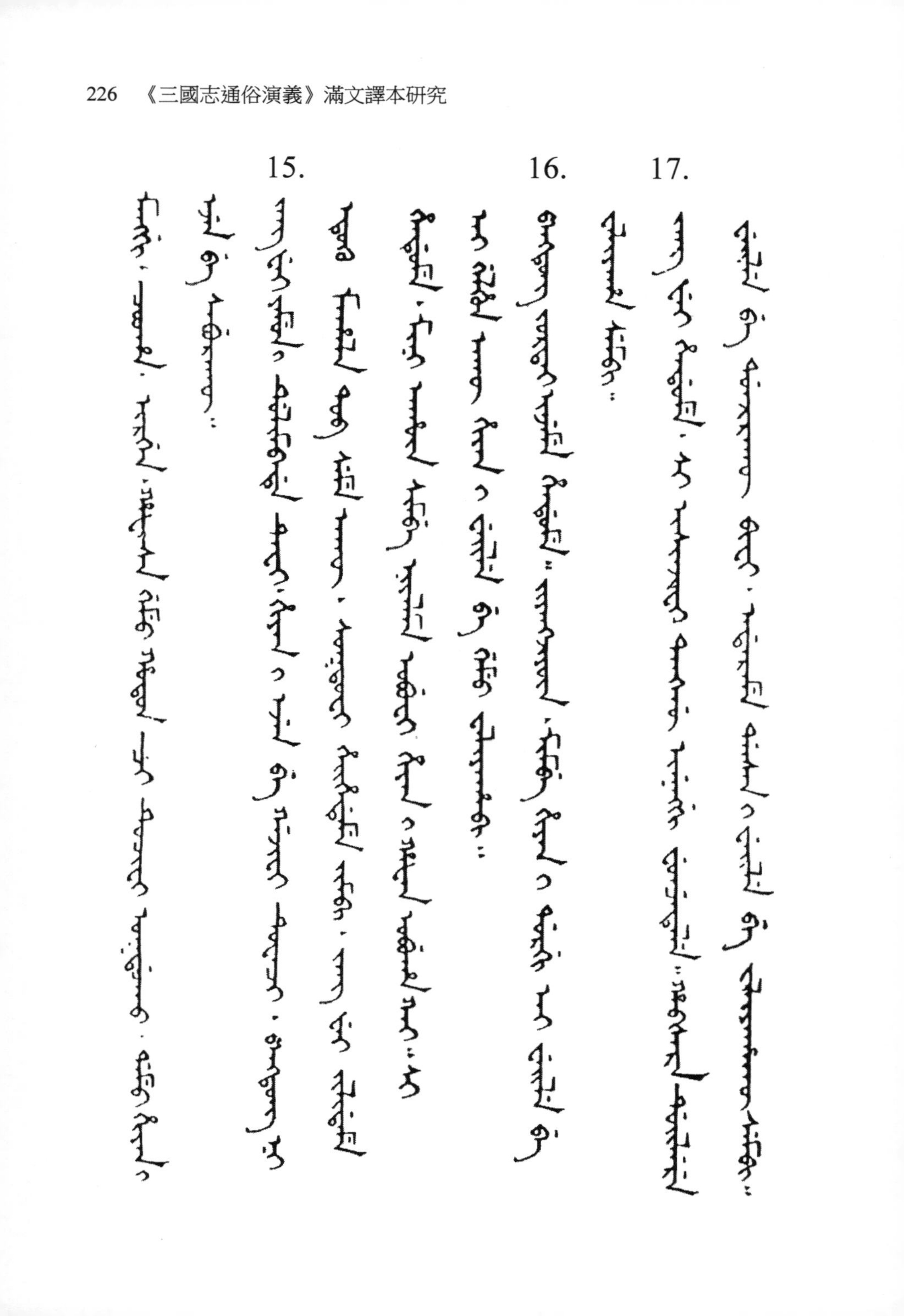

[illegible]

15. [illegible]

16. [illegible]

17. [illegible]

manggi, cooha, irgen, hafasa gemu hoton ci tucifi okdoko, damu hiyan i ejen be saburakū.

15. jang fei yamun i dulimbade tefi, hiyan i ejen be gajifi tuwaci, pangtung ni etuku mahala tob seme akū, soktofi heihedeme jimbi, jang fei jilidame hendume, mini ahūn simbe niyalma obufi hiyan i hafan obuha kai. si ai gelhun akū hiyan i weile be gemu waliyahabi.

16. pangtung jortai injeme hendume, jiyangjiyūn, mimbe hiyan i dorgi ai weile be waliyaha sembi.

17. jang fei hendume, si isinjifi tanggū inenggi funcetele. habšara duilere weile be donjirakū bifi, adarame dansan〔dasan〕 i weile be waliyahakū sembi.

軍民官吏皆出廓迎接，獨不見縣令。

15.張飛入縣正廳上坐定，教縣令來，見龐統衣冠不整，扶醉而出[74]。張飛怒曰：「吾兄以汝為人物，令作縣宰，汝焉敢盡廢縣事也？」

16.龐統佯笑曰：「將軍以吾廢了縣中何事？」

17.張飛曰：「汝到任百餘日，並不理詞訟，安得不廢政事也？」

军民官吏皆出廓迎接，独不见县令。

15.张飞入县正厅上坐定，教县令来，见庞统衣冠不整，扶醉而出。张飞怒曰：「吾兄以汝为人物，令作县宰，汝焉敢尽废县事也？」

16.庞统佯笑曰：「将军以吾废了县中何事？」

17.张飞曰：「汝到任百余日，并不理词讼，安得不废政事也？」

---

74 扶醉而出，滿文讀作“soktofi heihedeme jimbi”，意即「醉後前仰後傾而來」。

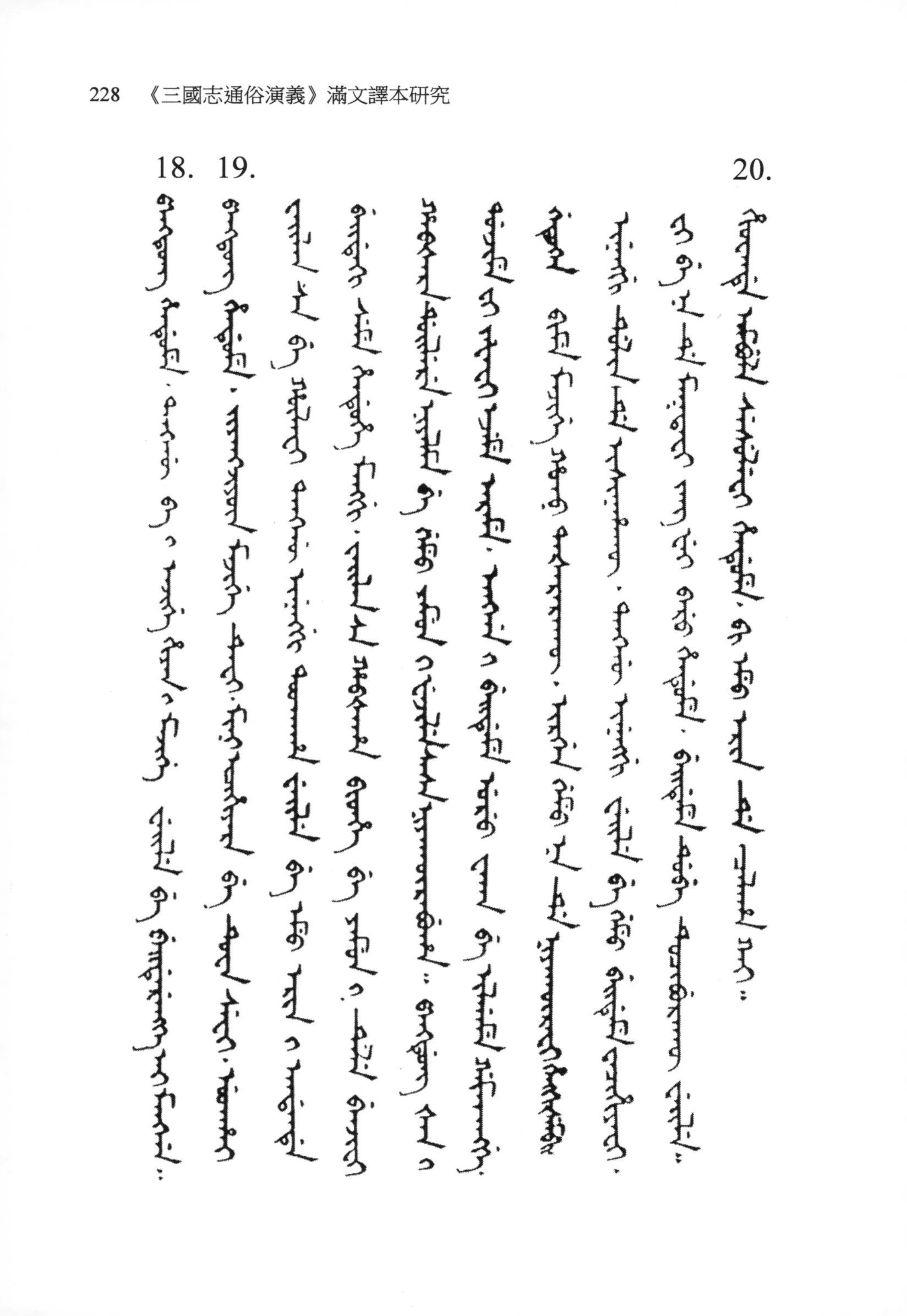

18.

19.

20.

18. pangtung hendume, tanggū ba i ajige hiyan i majige weile be beiderengge ai mangga.
19. pangtung hendume, jiyangjiyūn majige tefi, mini icihiyara be tuwa sefi, uthai wailan sa be hūlafi tanggū inenggi tookaha weile be emu erin i andande beideki seme henduhe manggi, wailan sa habšaha bithe be yamun i dele benjifi, habšara duilere niyalma be gemu yamun i fejile sasa niyakūrabuha. pangtung šan i donjime fi jafafi ejeme arame, angga i beideme, uru waka be ilgame gamakangge, getuken bime majige hono tašararakū, irgen gemu na de niyakūrafi hengkišembi. inenggi dulin de isinahakū, tanggū inenggi weile be gemu beideme wacihiyafi, fi be na de maktafi jang fei baru hendume, beideme dube tuciburakū weile.
20. hiowande ambula sesulefi hendume, bi emu erin de calaha kai.

18.龐統曰：「量百里小縣些小公事何難決斷。」
19.龐統曰：「將軍少坐，待我發落。」隨即喚公吏將百餘日公務，一時剖斷。公吏皆紛然把卷上廳，將訴詞被告人等環跪堦下，龐統執筆簽押，口中發落，耳內聽詞，曲直分明，並無分毫差錯，民皆叩首拜伏。不到半日，將百餘日之事，盡斷了畢，投筆於地，而對張飛曰：「難斷之事有在乎？」
20.玄德大驚曰：「吾一時之失也。」

18.庞统曰：「量百里小县些小公事何难决断。」
19.庞统曰：「将军少坐，待我发落。」随即唤公吏将百余日公务，一时剖断。公吏皆纷然把卷上厅，将诉词被告人等环跪阶下，庞统执笔签押，口中发落，耳内听词，曲直分明，并无分毫差错，民皆叩首拜伏。不到半日，将百余日之事，尽断了毕，投笔于地，而对张飞曰：「难断之事有在乎？」
20.玄德大惊曰：「吾一时之失也。」

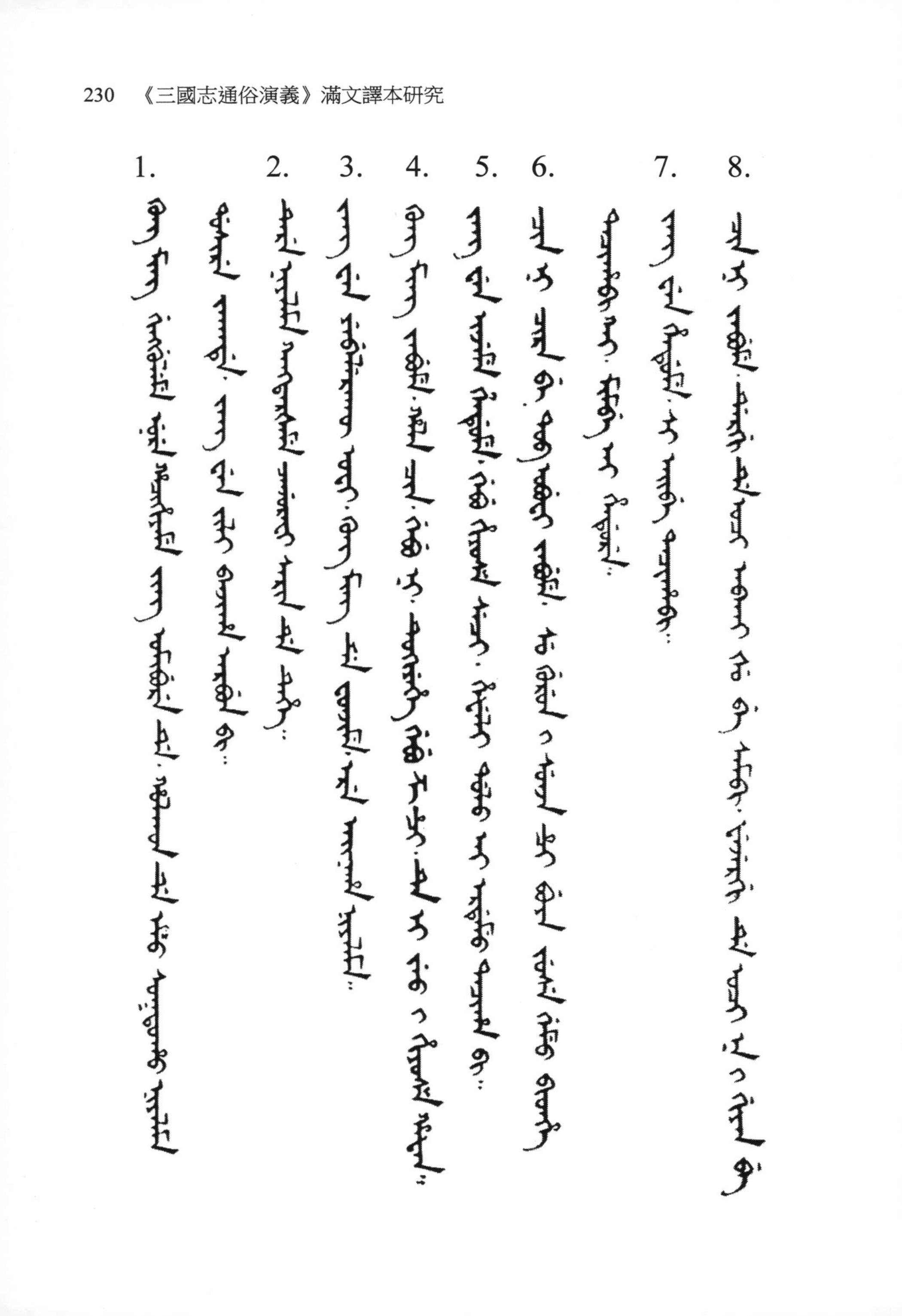

1. [illegible]

2. [illegible]

3. [illegible]

4. [illegible]

5. [illegible]

6. [illegible]

7. [illegible]

8. [illegible]

十八、天有姓乎

1. kung ming gingguleme nure hacihiyame jing omibure de, holkon de emu soktoho niyalma dosire jakade, jang wen jili banjiha arbun bi.
2. tere niyalma kangtaršame canjurafi sarin de tehe.
3. jang wen yebelerakū ofi, kung ming de fonjime, ere ainaha niyalma.
4. kung ming jabume, hala cin, gebu ni, tukiyehe gebu dz c'y, te i jeo i hiyosy hafan.
5. jang wen injeme hendume, gebu hiyosy seci, hefeli dolo ai erdemu taciha bi.
6. cin ni cira be tob obufi jabume, su〔šu〕 gurun i sunja c'y buya juse gemu bithe tacihabi kai, mimbe ai hendure.
7. jang wen hendume, si aibe tacihabi.
8. cin ni jabume, dergi de oci abkai šu be sambi, fejergi de oci na i giyan be

---

1.孔明慇懃勸酒，正飲酒之間，忽一人乘醉而入。張溫便有怒色。
2.其人昂然長揖，入席就坐。
3.張溫不然，乃問孔明：「此何人也？」
4.孔明答曰：「姓秦，名宓，字子勅，現為益州學士也。」
5.張溫笑曰：「名稱學士，未知胸中曾學事乎？」
6.秦宓正色而言：「蜀中五尺小童尚皆就學，何況于我乎！」
7.張溫曰：「且說汝何所學？」
8.秦宓對曰：「上知天文，下知地理。

1.孔明殷懃劝酒，正饮酒之间，忽一人乘醉而入。张温便有怒色。
2.其人昂然长揖，入席就坐。
3.张温不然，乃问孔明：「此何人也？」
4.孔明答曰：「姓秦，名宓，字子勅，现为益州学士也。」
5.张温笑曰：「名称学士，未知胸中曾学事乎？」
6.秦宓正色而言：「蜀中五尺小童尚皆就学，何况于我乎！」
7.张温曰：「且说汝何所学？」
8.秦宓对曰：「上知天文，下知地理。

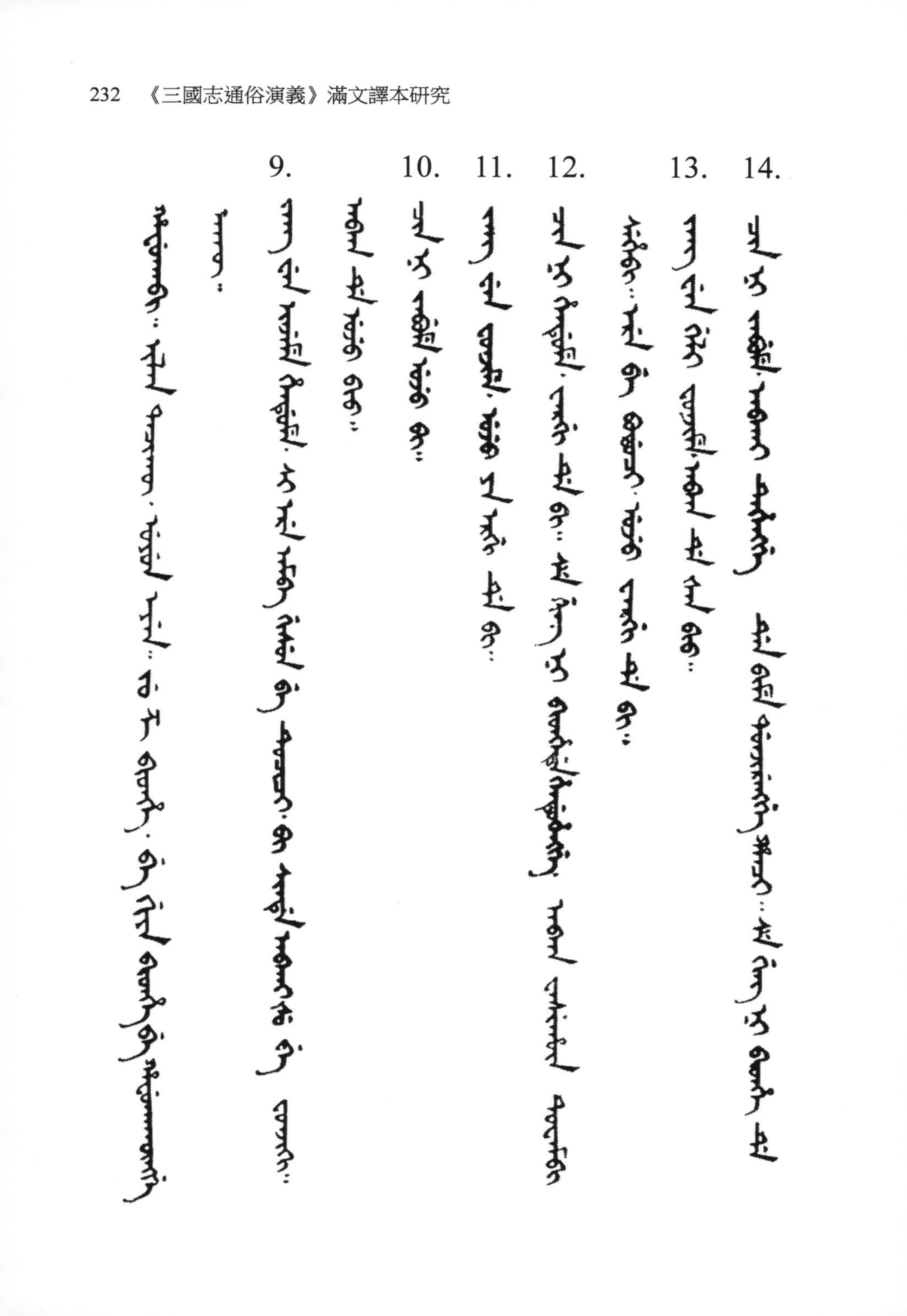

14. [illegible]

13. [illegible]

12. [illegible]

11. [illegible]

10. [illegible]

9. [illegible]

hafukabi. ilan tacikū, uyun eyen, ju dz bithe, be giya bithe be hafukakūngge akū.
9. jang wen injeme hendume, si ere amba gisun be tucici, bi sinde abkai šu be fonjiki. abka de uju bio.
10. cin ni jabume, uju bi.
11. jang wen fonjime, uju ya ergi de bi.
12. cin ni hendume, wargi de bi. sy〔ši〕 ging ni bithede henduhengge, abka wasihūn tuwambi sehebi. ere be bodoci, uju wargi de bi.
13. jang wen geli fonjime, abka de šan bio.
14. cin ni jabume, abkai tehengge den bime donjirengge hanci. sy〔ši〕 ging ni bithe de

---

三教九流，諸子百家，無所不通。」
9.張溫笑曰：「汝既出大言，吾且問汝天之事，天有頭乎？」
10.秦宓對曰：「有頭。」
11.張溫問曰：「頭在何方？」
12.秦宓曰：「在西方。《詩》曰：『乃眷西顧。』以此推之，頭在西方也。」
13.張溫又問：「天有耳乎？」
14.秦宓答曰：「天處高而聽卑。《詩》云：

三教九流，诸子百家，无所不通。」
9.张温笑曰：「汝既出大言，吾且问汝天之事，天有头乎？」
10.秦宓对曰：「有头。」
11.张温问曰：「头在何方？」
12.秦宓曰：「在西方。《诗》曰：『乃眷西顾。』以此推之，头在西方也。」
13.张温又问：「天有耳乎？」
14.秦宓答曰：「天处高而听卑。《诗》云：

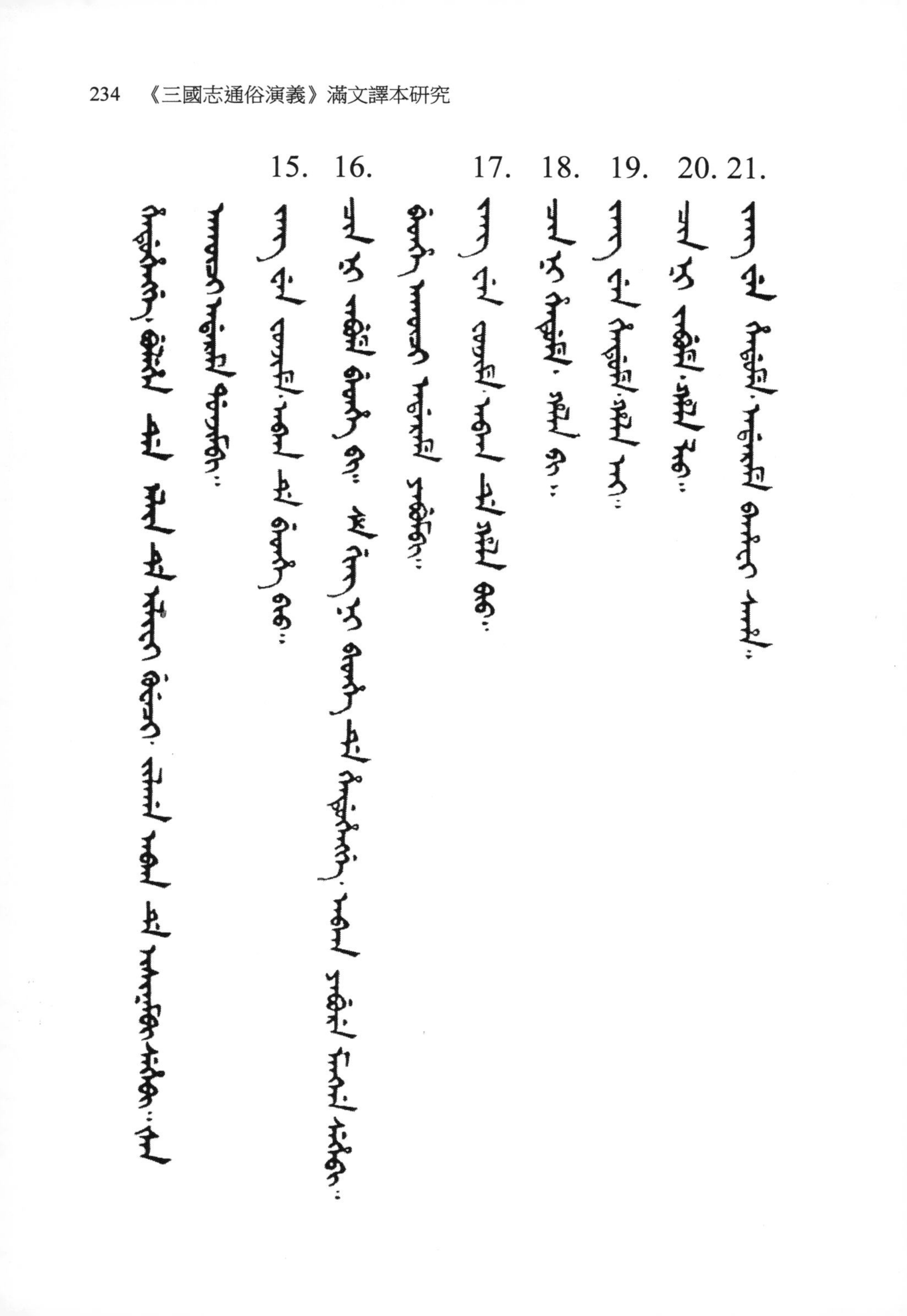

[illegible]

15. [illegible]

16. [illegible]

17. [illegible]

18. [illegible]

19. [illegible]

20. [illegible]

21. [illegible]

henduhengge, bulehen den alin de ilifi guweci, jilgan abka de isinambi sehebi. šan akūci adarame donjimbi.
15. jang wen fonjime, abka de bethe bio.
16. cin ni jabume, bethe bi. sy〔ši〕ging ni bithe de henduhengge, abka yabure mangga sehebi. bethe akūci adarame yabumi.
17. jang wen fonjime, abka de hala bio.
18. cin ni hendume, hala bi.
19. jang wen hendume, hala ai.
20. cin ni jabume, hala lio.
21. jang wen hendume, adarame bahafi saha.

『鶴鳴九皐，聲聞于天。』無耳何能聽之？」
15.張溫問曰：「天有足乎？」
16.秦宓答：「有足，《詩》云：『天步艱難。』無足何能步之？」
17.張溫問曰：「天有姓乎？」
18.秦宓答曰：「豈得無姓？」
19.張溫曰：「何姓？」
20.秦宓答曰：「姓劉。」
21.張溫曰：「何以知之？」

『鹤鸣九皋，声闻于天。』无耳何能听之？」
15.张温问曰：「天有足乎？」
16.秦宓答：「有足，《诗》云：『天步艰难。』无足何能步之？」
17.张温问曰：「天有姓乎？」
18.秦宓答曰：「岂得无姓？」
19.张温曰：「何姓？」
20.秦宓答曰：「姓刘。」
21.张温曰：「何以知之？」

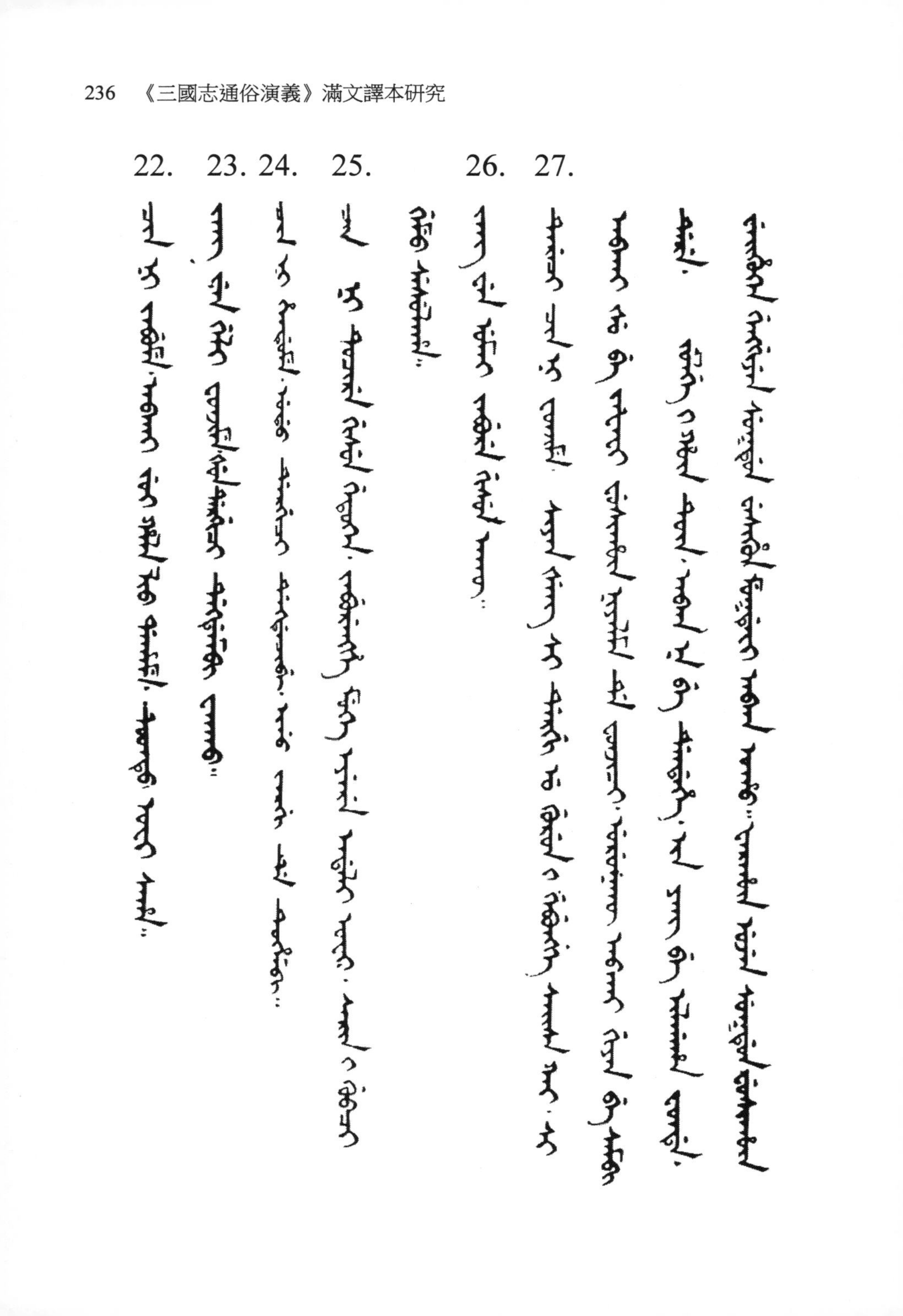

22.

23.

24.

25.

26.

27.

22. cin ni jabume, abkai jui hala lio dahame, tuttu ofi saha.
23. jang wen geli fonjime, šun dergici dekdembi wakao.
24. cin ni hendume, udu dergici dekdecibe, inu wargi de tuhembi.
25. cin ni tucire gisun getuken, jaburengge muke eyere adali ofi, sarin i gubci gemu sesulaha.
26. jang wen umai jabure gisun akū.
27. tereci cin ni fonjime, siyan šeng si dergi u gurun i gebungge saisa kai, si abkai šu be jafafi fusihūn niyalma de fonjici, urunakū abkai giyan be sambi dere, julge i hūn tūn, abka na be dendehe, in yang be ilgaha fonde, weihuken genggiyen sukdun wesihun mukdefi abka oho. farhūn ujen sukdun fusihūn

---

22.秦宓對曰：「天子姓劉，故以知之。」
23.張溫又問曰：「日生于東乎？」
24.秦宓曰：「雖生於東，而沒于西。」
25.秦宓語言清朗，答問如流，滿座皆驚。
26.張溫無語。
27.秦宓却問曰：「先生東吳名士，既以天之一事下問，必能明天之理也。昔混沌既分[75]，陰陽剖判，輕清者上浮而為天，重濁者

22.秦宓对曰：「天子姓刘，故以知之。」
23.张温又问曰：「日生于东乎？」
24.秦宓曰：「虽生于东，而没于西。」
25.秦宓语言清朗，答问如流，满座皆惊。
26.张温无语。
27.秦宓却问曰：「先生东吴名士，既以天之一事下问，必能明天之理也。昔混沌既分，阴阳剖判，轻清者上浮而为天，重浊者

---

75 混沌既分，滿文讀作“**hūn tūn, abka na be dendehe**”，意即「混沌分為天地」。

[illegible]

28. [illegible]

29. [illegible]

tefi na oho, gunggung sy〔ši〕 burlafi bu jeo san〔šan〕 alin be cunggošara jakade, abkai tura bijaha, na šungkuhe, abka wargi amargi baru urhuhe, na dergi julergi baru šungkuhe sehebi. abkai genggiyen weihuken sukdun wesihun mukdekengge, geli ainu wargi amargi baru tuhenehe. genggiyen weihuken sukdun i dele geli ai jaka bi, siyan šeng ni tacibure be buyere.

28. jang wen soktoho, beliyen oho gese umai jabure gisun akū. tehe baci jailafi kung ming de baniha arafi hendume, su〔šu〕 gurun de saisa akū seme gūniha bihe. teni ere giyangnaha be donjifi, fusihūn niyalma i dolo sihe orho be neihe adali oho.

29. kung ming, jang wen be girurahū seme sain gisun i sume hendume, sarin de mangga ba be fonjirengge, gemu efire gisun kai.

下凝而為地，至共工氏戰敗，頭觸不周山，天柱折，地維缺，天傾西北，地陷東南，天既輕清而上浮，又何傾其西北乎？輕清之外，還是何物[76]？願先生教之。

28.張溫似醉如癡，無言可答，乃避席而謝孔明曰：「不意蜀中多出俊傑，恰聞講論，使僕頓開茅塞也。」

29.孔明恐張溫羞愧，故以善言解之曰：「席間問難，皆戲談耳！」

下凝而为地，至共工氏战败，头触不周山，天柱折，地维缺，天倾西北，地陷东南，天既轻清而上浮，又何倾其西北乎？轻清之外，还是何物？愿先生教之。

28.张温似醉如痴，无言可答，乃避席而谢孔明曰：「不意蜀中多出俊杰，恰闻讲论，使仆顿开茅塞也。」

29.孔明恐张温羞愧，故以善言解之曰：「席间问难，皆戏谈耳！」

---

76 輕清之外，還是何物，滿文讀作“genggiyen weihuken sukdun i dele geli ai jaka bi”，意即「清明輕氣上，更有何物」。

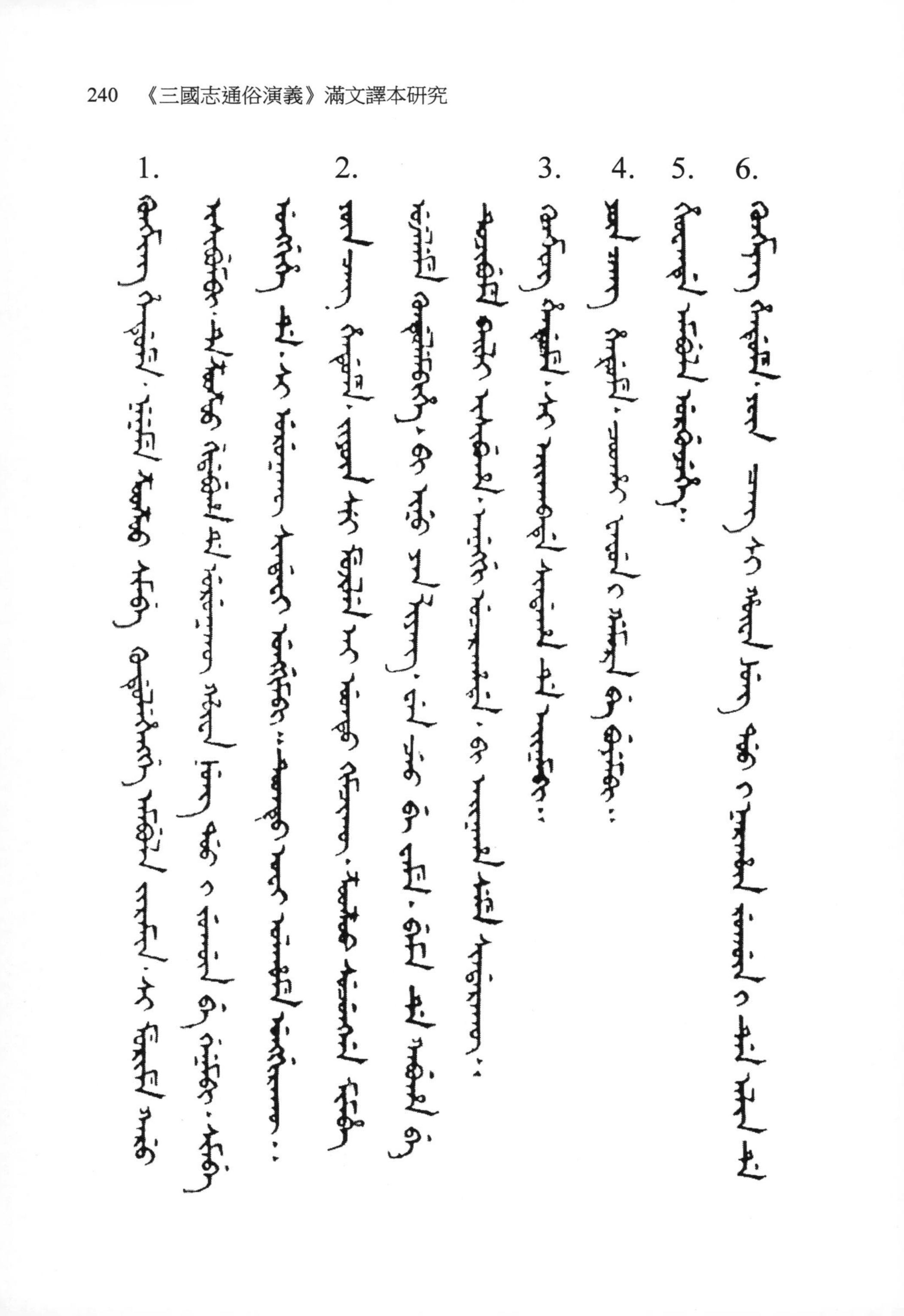

1. [illegible]

2. [illegible]

3. [illegible]

4. [illegible]

5. [illegible]

6. [illegible]

十九、義釋曹操

1. kungming hendume, neneme ts'oots'oo simbe kundulehengge ambula jiramin, si murime karu isibumbi, te ts'oots'oo gidabuha de urunakū hūwa žung doo i jugūn be genembi, simbe unggihe de, si urunakū sindafi unggimbi. tuttu ofi olhome unggirakū.
2. yūn cang hendume, jiyūn syi mujilen ai uttu kimcikū, ts'oots'oo sucungga mimbe ujeleme kundulembihe, bi inu yan liyang, wen ceo be wame, bema de kabuha be tucibume baili isibuha, enenggi ucarahade, bi ainaha seme sindarakū.
3. kungming hendume, si aikabade sindaha de ainambi.
4. yūn cang hendume, coohai fafun i gamara be buyembi.
5. hiowande ambula urgunjehe.
6. kungming hendume, yūn cang si hūwa žung doo i narhūn jugūn i den alin de

---

1.孔明曰：「昔日曹操待足下甚厚，誓以報之，今日曹操兵敗必走華容道，若令足下去時，必然放他過去，因此不敢教去。」
2.雲長曰：「軍師好心多，當初曹操果是重待某，某已斬顏良，誅文醜，解白馬之圍，已報訖。今日撞之，豈肯放免。」
3.孔明曰：「倘若放了時，然後如何？」
4.雲長曰：「願依軍法。」
5.玄德大喜。
6.孔明曰：「雲長可於華容道小路高山之處，

1.孔明曰：「昔日曹操待足下甚厚，誓以报之，今日曹操兵败必走华容道，若令足下去时，必然放他过去，因此不敢教去。」
2.云长曰：「军师好心多，当初曹操果是重待某，某已斩颜良，诛文丑，解白马之围，已报讫。今日撞之，岂肯放免。」
3.孔明曰：「倘若放了时，然后如何？」
4.云长曰：「愿依军法。」
5.玄德大喜。
6.孔明曰：「云长可于华容道小路高山之处，

10. ᠪᠠᡥᠠᡵᠠ ᠰᡠᠸᠠᠮᡝ᠂ ᠵᡳᡥᡝ ᠠᠮᠪᠠᠯᠠ ᠪᠣᡥᠣᠯᠣᠨ ᡥᡝᠯᡝ ᡳ ᡳᠨᡝᡴᡠᠯᡝ ᠪᡝ ᠪᠣᠰᡝᡨᡝ᠂ ᡨᡠᡨᡨᡠ ᡳ ᠪᠠᡳᡨᠠᠯᠠᠨ ᡨᡠᡨᡨᡠ ᡠᡴᠰᡳᠮᠪᡳ ᡠᠯᠠᠨ ᡩᡝ ᠨᡳᠩᡤᡠᠨ ᡳ᠂ ᠨᡳᠨᡤᡠᠨ ᡳ ᠮᡝᠩᡤᡝᠯᡝᠯᡝ ᠪᡝ ᡤᡝᠨᡤᡳᠶᡝᠨ ᡤᡝᠮᡠ᠉

9. ᠪᠣᡩᠣᠴᡳ ᠪᡝᠶᡝᡳᠩᡝ᠂ ᡤᡡᠨᡳᡥᡝ ᡨᡠᡨᡨᡠ ᠣᡥᠣ ᡠᠰᡝᡥᡝ ᠨᡳᠩᡤᡠᠨ ᡩᡝ ᠨᡳᠩᡤᡠᠨ ᡩᡝ ᠶᠠᡵᡤᡳᠶᠠᠨ᠂ ᠠᠮᠪᠠᠯᡳᠩᡤᡡ ᠠᠮᠪᠠᡴᠠᠯᠠᠮᡝ ᠵᡳᡥᡝ ᡤᡳᠰᡠᡵᡝᡥᡝ ᡨᡝ ᠨᡳᠩᡤᡠᠨ ᡩᡝ ᠪᠠᡳᡨᠠ ᡤᡝᠮᡠ᠉

ᡤᡝᠨᡤᡳᠶᡝᠨ ᠪᡝᡩᡝᡵᡝᠮᡝ᠂ ᡨᡝᡳᠨ ᠠᠮᠪᠠᠯᠠ ᡳ ᡩᡠᡵᡤᡳᠶᡝᠮᡝ ᡠᡵᡠᡴᡠ᠂ ᡤᡝᠨᡝᡥᡝ ᡩᡝ ᡳᠯᡳᠨ ᠨᡳᠩᡤᡠᠨ ᠪᡝ ᡳᠯᡳ ᡠᡴᠰᡳᠮᠪᡳ
ᠠᠮᠪᠠᠯᡳᠩᡤᡡ ᡤᡝᠨᡝᡥᡝ ᡤᡝᠨᡝᡥᡝᠩᡤᡝ᠂ ᡤᡠᠨᡳᡥᡝ ᡤᡝᠨᡝᡥᡝ ᡨᡝ ᠪᡝ ᡳᠨᡝ᠂ ᡨᡠᡨᡨᡠ ᠮᡝᠩᡤᡝ ᠮᡠᡴᡡᠨ ᡤᡝᠮᡠᡵᡳ ᠪᡝ

8. ᠪᠠᡥᠠᡵᠠ ᡠᠩᡤᡳᡥᡝ ᠰᡠᠸᠠᠮᡝ᠂ ᠣᠮᡳᠰᡳᠨ ᠪᠣᡥᠣᠨ ᡨᡝ ᠰᡠᡴᡩᡠᠯᡝᠮᡝ᠂ ᠠᠩᡤᠠᠯᠠ ᡩᡝ ᡤᡝᠨᡝᡥᡝ᠂ ᡤᡝᠨᡝᡥᡝ ᡩᡝ
ᠠᠩᡤᠠᠯᠠ᠉

7. ᡝᡵᡝ ᠠᠮᠪᠠ ᠰᡠᠸᠠᠮᡝ᠂ ᡨᡠᡨᡨᡠ ᡤᡝᠨᡝᡥᡝ ᡩᡝ ᡤᡳᠰᡠᡵᡝᡥᡝ ᡨᡝ ᠪᠣᡥᠣᡵᡳ ᡠᠨᡠᡥᡝ ᠪᡝ ᡳᠯᡳ ᠠᠮᠪᠠᠯᠠᠮᡝ
ᠮᠠᠩᡤᠠ ᡥᠠᡥᠠ ᡩᡝ ᠠᠮᠪᠠᠯᡳᠩᡤᡡ ᡤᡝᠨᡝᡥᡝ ᡳᠯᡳᡥᡝ᠂ ᡨᡠᡨᡨᡠ ᡠᡴᠰᡳᠮᠪᡳ ᡤᡝᠨᡝᡥᡝ ᡩᡝ ᠪᠠᡥᠠᡶᡳ ᡤᠠᡳᡥᠠ᠉

orho moo be isabufi tuwa sinda, ts'oots'oo urunakū tuwa be baime jimbi.
7. yūn cang hendume, ts'oots'oo tuwa be sabuha de, buksiha cooha bi seme, ainahai jidere.
8. kungming injeme hendume, coohai bithe de henduhengge, yargiyan be tašan, tašan be yargiyan sembi sehengge, tob seme ere be kai, ts'oots'oo udu cooha baitalara mangga bicibe, ere arga i holtoci ombi, tere tuwa be saha de urunakū argadame sindahabi seme murime ere jugūn be baime jimbi.
9. hiowande hendume, mini deo yūn cang jurgan be ujen gūnire niyalma, aikabade ts'oots'oo hūwa žung doo i jugūn be genehede, urunakū sindafi unggimbi dere.
10. kungming hendume, jug'o liyang bodori abka i usiha be tuwaci, ts'oots'oo i bucere

---

堆積柴草，放起一打火烟引曹操來。」
7.雲長曰：「曹操望見烟，知有埋伏，如何肯來？」
8.孔明笑曰：「兵書有云：『實實虛虛』之論，正謂此也。曹操雖能用兵，只此可以瞞過他也。他見烟起，將謂虛張聲勢[77]，必然投這條路來。」
9.玄德曰：「吾弟雲長義氣深重，若曹操果然投華容道去時，只恐端的放了。」
10.孔明曰：「諸葛亮夜觀乾象，曹操

堆积柴草，放起一打火烟引曹操来。」
7.云长曰：「曹操望见烟，知有埋伏，如何肯来？」
8.孔明笑曰：「兵书有云：『实实虚虚』之论，正谓此也。曹操虽能用兵，只此可以瞒过他也。他见烟起，将谓虚张声势，必然投这条路来。」
9.玄德曰：「吾弟云长义气深重，若曹操果然投华容道去时，只恐端的放了。」
10.孔明曰：「诸葛亮夜观干象，曹操

---

77 將謂虛張聲勢，滿文讀作"argadame sindahabi seme"，意即「將謂用計施放」。

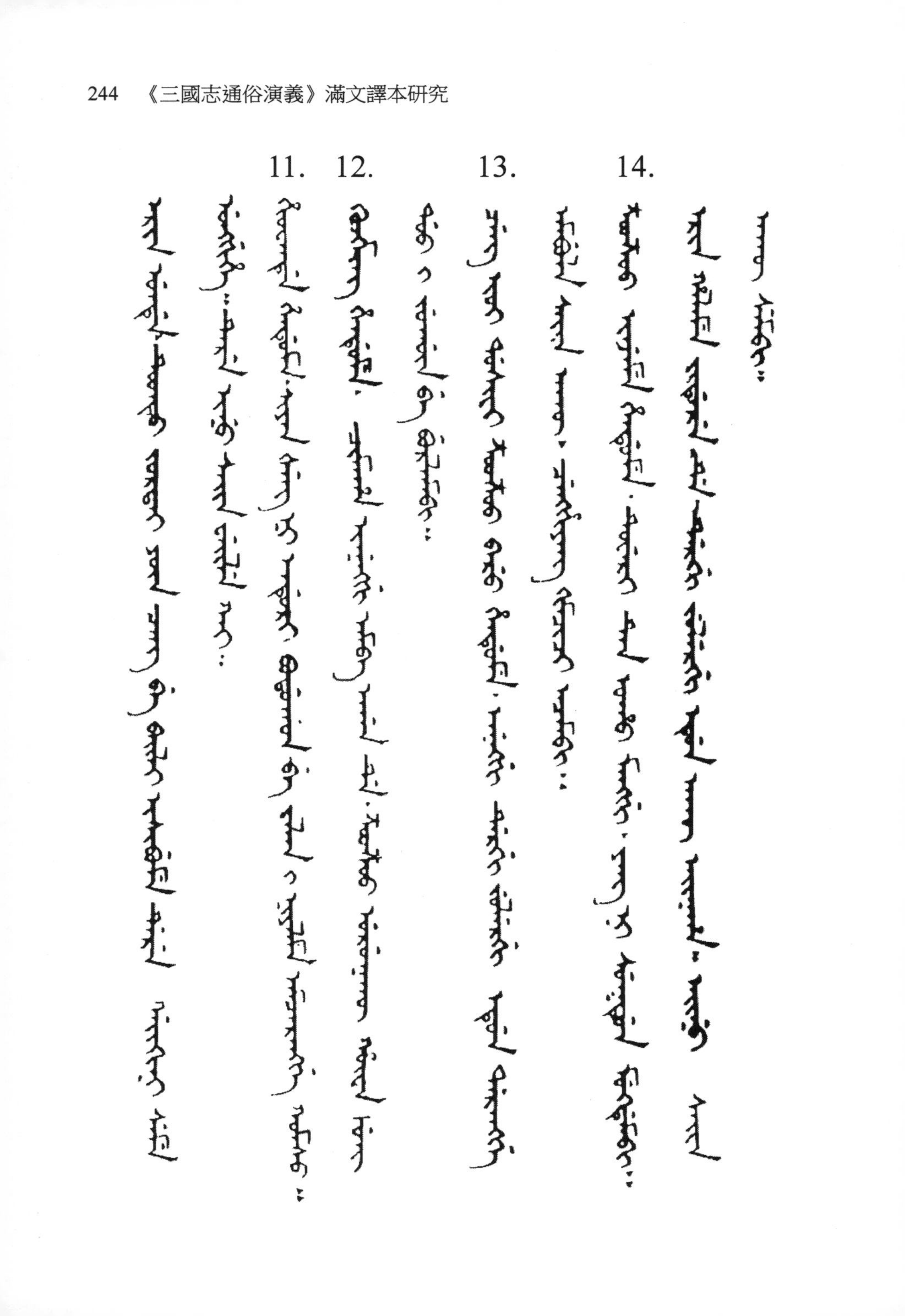

[illegible]

11. [illegible]

12. [illegible]

13. [illegible]

14. [illegible]

erin unde, tuttu jortai yūn cang be baili isibume dere gaikini seme unggihe, tere inu sain weile kai.

11. hiowande hendume, siyan šeng ni enduri bodogon be jalan i niyalma amcarangge komso.
12. kungming hendume, cimaha inenggi amba aga de, ts'oots'oo urunakū hūwa žung doo i jugūn be burlambi.
13. ceng ioi dosifi ts'oots'oo baru hendume, enenggi dergi julergi edun darangge ambula sain akū, cenghiyang kimcici acambi.
14. ts'oots'oo injeme hendume, tuweri ten oho manggi, yang ni sukdun mukdembi. erin halame jidere de dergi julergi edun akū ainaha, ainu sain akū sembi.

未合身亡，留這恩念教雲長做人情，亦是美事。」

11.玄德曰：「先生神算，世罕及也。」

12.孔明曰：「來日大雨，曹操必走華容道。」

13.程昱入告曹操曰：「今日東南風起，甚是不祥，望丞相察之。」

14.曹操笑曰：「冬至一陽生，來復之時，安得無東南風，何足為怪。」

未合身亡，留这恩念教云长做人情，亦是美事。」

11.玄德曰：「先生神算，世罕及也。」

12.孔明曰：「来日大雨，曹操必走华容道。」

13.程昱入告曹操曰：「今日东南风起，甚是不祥，望丞相察之。」

14.曹操笑曰：「冬至一阳生，来复之时，安得无东南风，何足为怪。」

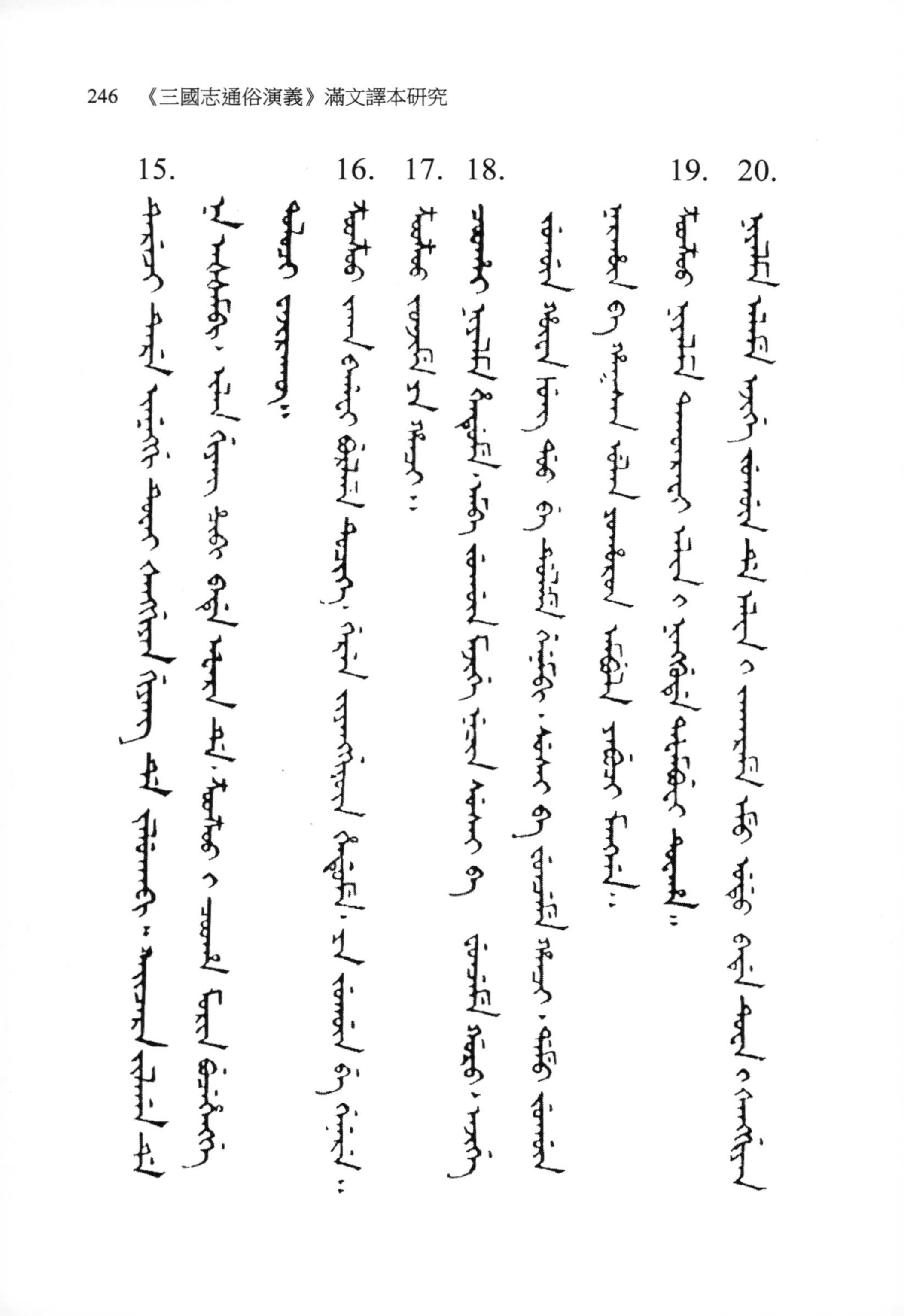

15. [illegible]

16. [illegible]

17. [illegible]

18. [illegible]

19. [illegible]

20. [illegible]

15. tereci tere inenggi tuwai šanggiyan giyang de jalukabi. kaicara jilgan de na aššambi, ilan giyang c'ybi bade afara de, ts'oots'oo i cooha morin bucehengge toloci wajirakū.
16. ts'oots'oo jaka bahafi burlame tucike, geren jiyanggiyūn hendume, ya jugūn be genere.
17. ts'oots'oo fonjime, ya hanci.
18. coohai niyalma hendume, amba jugūn majige necin, susai ba funceme goro, ajige jugūn hūwa žung doo be duleme genembi, susai ba funceme hanci, damu jugūn narhūn ba haksan ulan yohoron ambula yabuci mangga.
19. ts'oots'oo niyalma takūrafi alin i ninggude tafambufi tuwaha.
20. niyalma alame, ajige jugūn de alin i jakarame emu udu bade tuwa i šanggiyan

---

15.却說當日滿江火滾，喊聲震地，正是三江水戰，赤壁鏖兵，曹操軍馬死者不計其數。
16.曹操乘空退走，諸將問曰：「從那條路走？」
17.曹操問：「那條路近？」
18.軍士曰：「大路稍平，遠五十餘里。小路投華容道，却近五十餘里，只是地窄路險，坑坎難行。」
19.曹操令人上山望之。
20.人回報：「小路山邊有數處烟起，

15.却说当日满江火滚，喊声震地，正是三江水战，赤壁鏖兵，曹操军马死者不计其数。
16.曹操乘空退走，诸将问曰：「从那条路走？」
17.曹操问：「那条路近？」
18.军士曰：「大路稍平，远五十余里。小路投华容道，却近五十余里，只是地窄路险，坑坎难行。」
19.曹操令人上山望之。
20.人回报：「小路山边有数处烟起，

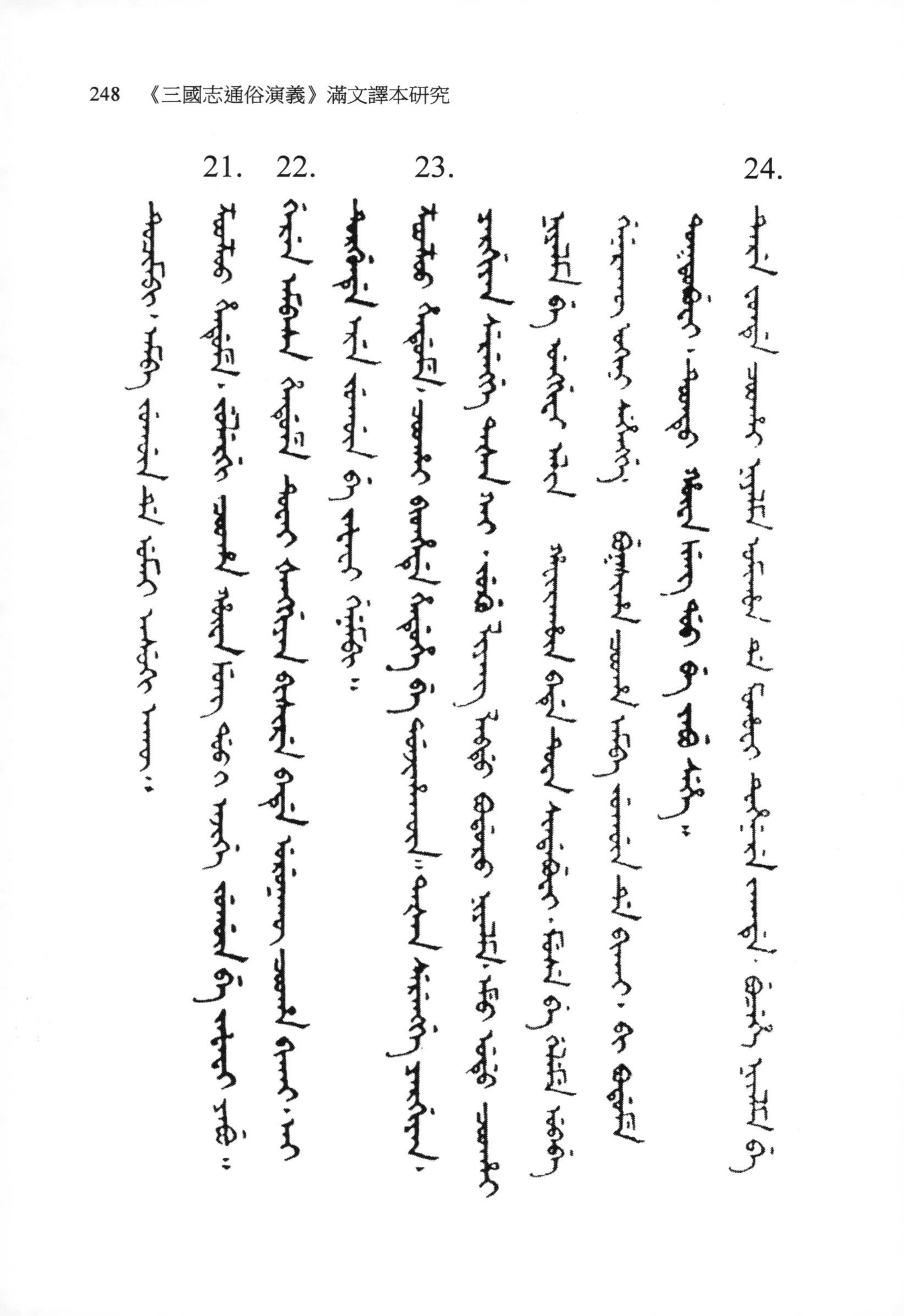

21.

22.

23.

24.

tucimbi, amba jugūn de umai asuki akū.

21. ts'oots'oo hendume, julergi cooha hūwa žung doo i ajige jugūn be jafafi yabu.

22. geren ambasa hendume, tuwai šanggiyan bisire bade urunakū cooha bikai, ai turgunde ere jugūn be jafafi genembi.

23. ts'oots'oo hendume, coohai bithede henduhe be donjihakūn. tašan serengge yargiyan, yargiyan serengge tašan kai. jug'o liyang labdu bodoro niyalma, emu udu coohai niyalma be unggifi alin hafirahūn bade tuwa sindabufi, muse be geleme ubabe generakū okini sehengge, buksiha cooha amba jugūn de bikai, bi bodome toktobufi, tuttu hūwa žung doo be yabu sehe.

24. tere fonde coohai niyalma omihon de mohofi tuhenere jakade, bucehe niyalma be

---

大路並無動靜。」

21.曹操教前軍便走華容道小路。

22.諸將曰：「烽烟起處，必有軍馬，何故倒走這條路？」

23.曹操曰：「豈不聞兵書有云：『虛則實之，實則虛之。』諸葛亮多謀，故使數箇小卒於山僻燒烟，令我軍不敢從這條山路走，却伏兵在于大路等着，吾料已定，因此却走華容道。」

24.此時軍士已饑乏，衆皆倒地，死者

大路并无动静。」

21.曹操教前军便走华容道小路。

22.诸将曰：「烽烟起处，必有军马，何故倒走这条路？」

23.曹操曰：「岂不闻兵书有云：『虚则实之，实则虚之。』诸葛亮多谋，故使数个小卒于山僻烧烟，令我军不敢从这条山路走，却伏兵在于大路等着，吾料已定，因此却走华容道。」

24.此时军士已饥乏，众皆倒地，死者

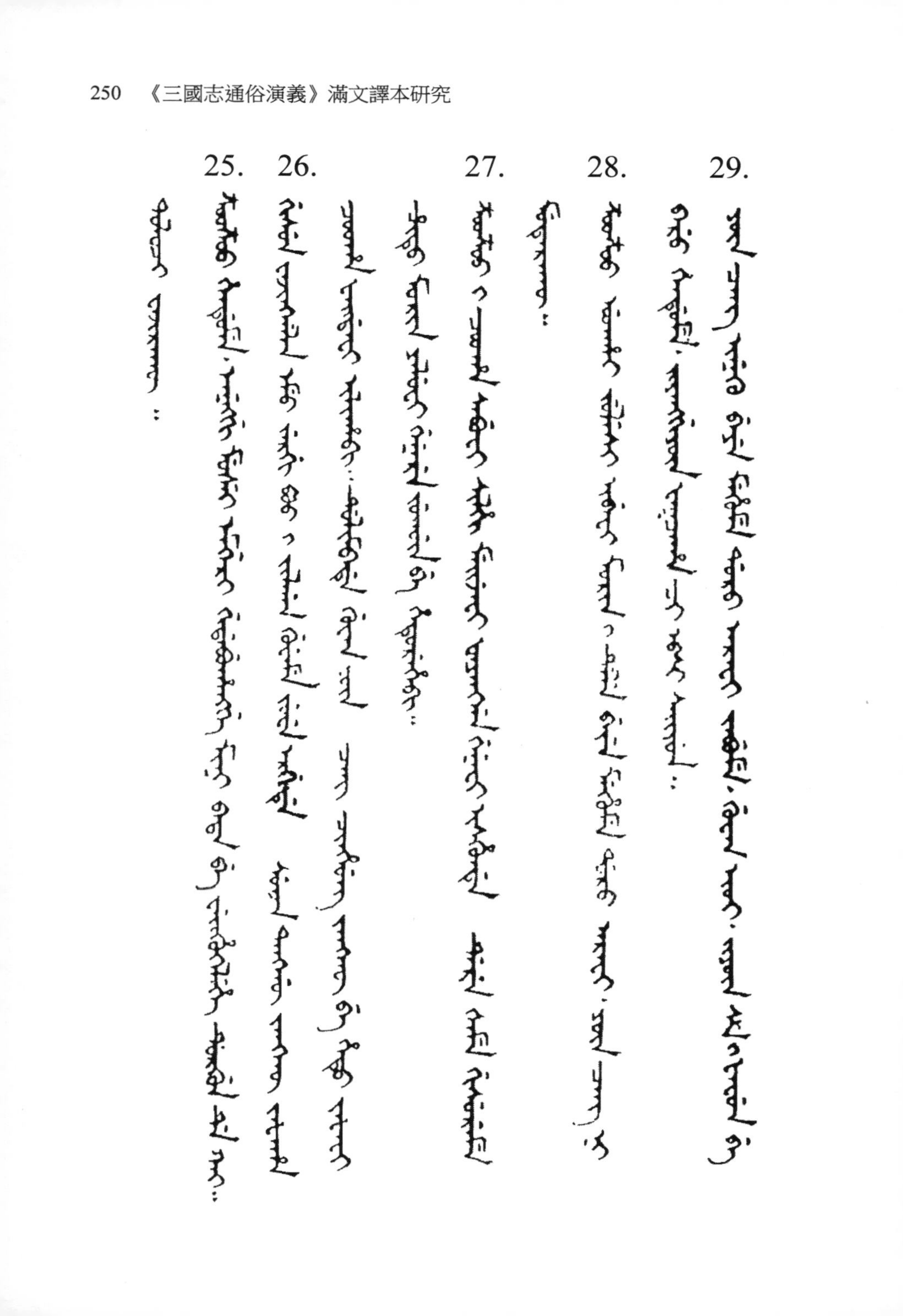

[illegible]

25. [illegible]

26. [illegible]

[illegible]

[illegible]

27. [illegible]

[illegible]

28. [illegible]

[illegible]

29. [illegible]

toloci wajirakū.
25. ts'oots'oo hendume, enenggi musei emgeri gidabuhangge, mini bata be weihukelehe turgun de kai.
26. gisun wajinggala emu jergi poo i jilgan guweme, juwe ergide sunja tanggū jangkū jafaha cooha faidafi ilihabi, dulimbade guwan yūn cang cinheung〔cinglung〕jankgū be hetu jafafi, c'ytu morin yalufi genere jugūn be heturehebi.
27. ts'oots'oo i cooha sabufi silhi meijefi fanyangga genefi, ishunde dere šame gisureme muterakū.
28. ts'oots'oo uthai julesi ibefi morin i dele beye mehume doro arafi, yūn cang ni baru hendume, jiyanggiyūn fakcaha ci ebsi saiyūn.
29. yūn cang inekū beye mehume doro arafi jabume, guwan ioi, jiyūn sy i fafun be

---

不可勝數。
25.曹操曰：「今此一敗，是吾輕敵之過。」
26.未言畢，一聲礮響，兩邊五百校刀手擺開，當中關雲長提青龍刀，跨赤兔馬截住去路。
27.曹操軍見了亡魂喪膽，面面相覷皆不能言。
28.曹操即時縱馬向前欠身[78]，與雲長曰：「將軍別來無恙？」
29.雲長亦欠身曰：「關羽奉軍師將令

不可胜数。
25.曹操曰：「今此一败，是吾轻敌之过。」
26.未言毕，一声炮响，两边五百校刀手摆开，当中关云长提青龙刀，跨赤兔马截住去路。
27.曹操军见了亡魂丧胆，面面相觑皆不能言。
28.曹操实时纵马向前欠身，与云长曰：「将军别来无恙？」
29.云长亦欠身曰：「关羽奉军师将令

---

78 欠身，滿文讀作“beye mehume doro arafi”，意即「鞠躬行禮」。

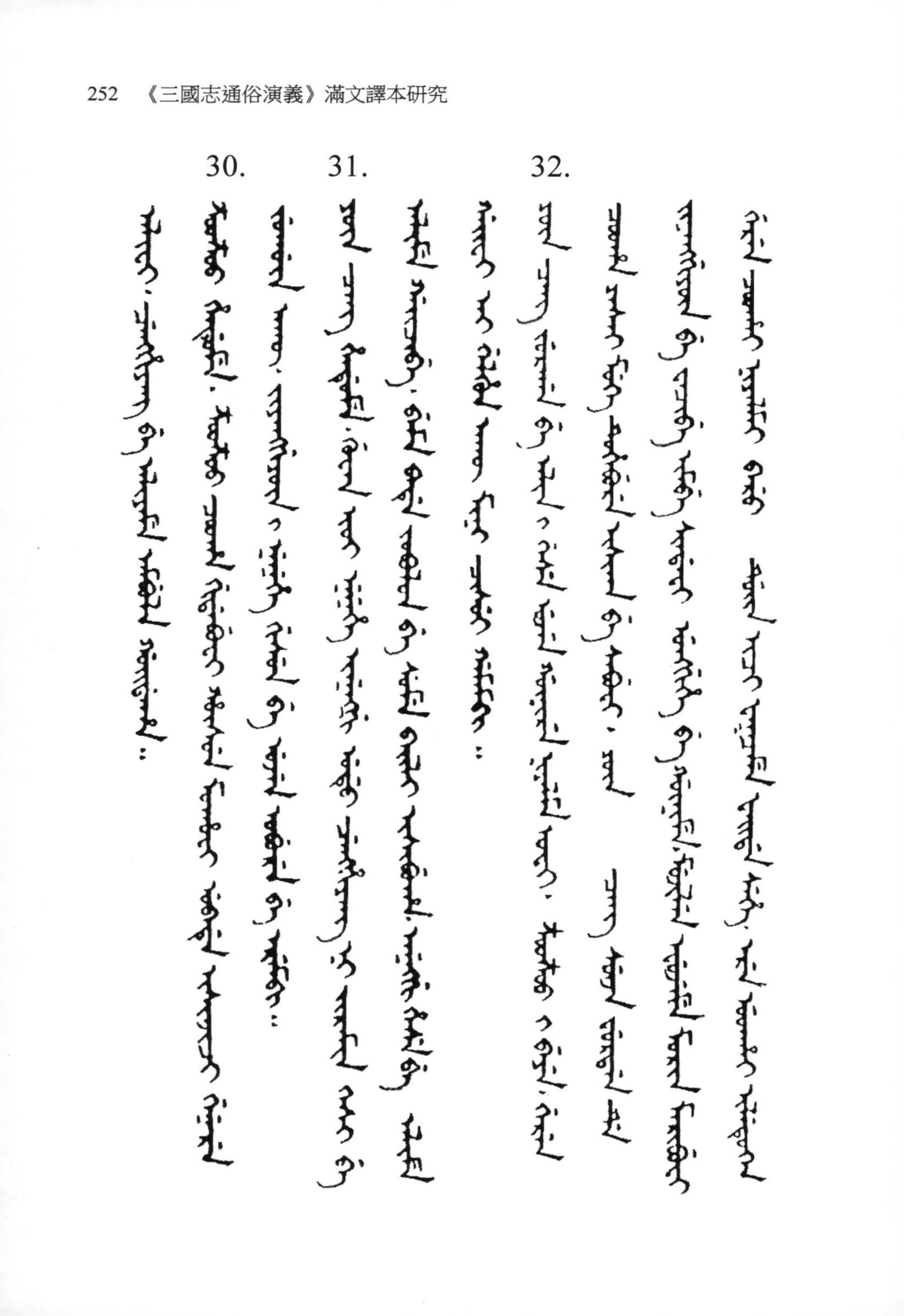

[illegible]

[illegible]

[illegible]

32. [illegible]

[illegible]

[illegible]

31. [illegible]

[illegible]

[illegible]

30. [illegible]

[illegible]

alifi, cenghiyang be aliyame ambula goidaha.

30. ts'oots'oo hendume, ts'oots'oo cooha gidabufi hūsun mohofi ubade isinjici genere jugūn akū, jiyanggiyūn i nenehe gisun be ujen obure be erembi.
31. yūn cang hendume, guwan ioi nenehe inenggi udu cenghiyang ni jiramin kesi be alime gaicibe, bema bade jobolon be sume baili isibuha, enenggi hese be alime gaifi ai gelhun akū mini cisui gamambi.
32. yūn cang jurgan be alin i gese ujen gūnire niyalma ofi, ts'oots'oo i beye, geren cooha yasai muke tuhebure isika be sabufi, yūn cang sunja furdan de jiyanggiyūn be wacibe imbe sindafi unggihe be gūnime, mujilen efujeme morin maribufi, geren coohai niyalmai baru duin ici fakcame faida sehe, ere uthai iletuken

---

等候丞相多時。」

30. 曹操曰：「曹操兵敗勢危到此無路，望將軍以昔日之言為重。」
31. 雲長曰：「昔日關羽雖蒙丞相厚恩，曾解白馬之危以報之矣。今日奉命，豈敢為私乎？」
32. 雲長是箇義重如山的人，又見曹軍惶惶皆欲垂泪，雲長思起五關斬將放他之恩，如何不動其心，於是把馬頭勒回，與眾軍曰：「四散擺開。」這箇分明是

等候丞相多时。」

30. 曹操曰：「曹操兵败势危到此无路，望将军以昔日之言为重。」
31. 云长曰：「昔日关羽虽蒙丞相厚恩，曾解白马之危以报之矣。今日奉命，岂敢为私乎？」
32. 云长是个义重如山的人，又见曹军惶惶皆欲垂泪，云长思起五关斩将放他之恩，如何不动其心，于是把马头勒回，与众军曰：「四散摆开。」这个分明是

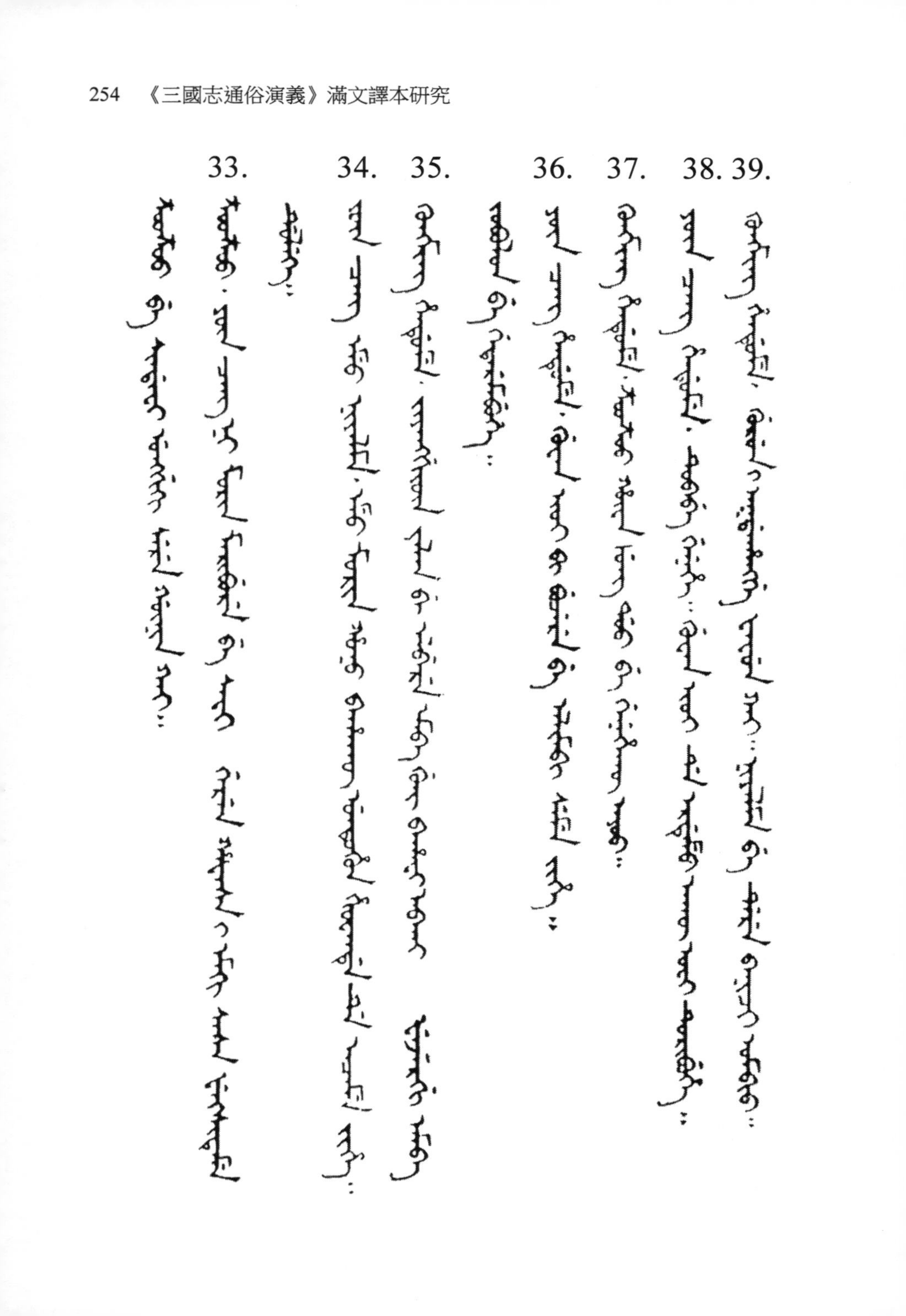

39. [illegible]

38. [illegible]

37. [illegible]

36. [illegible]

35. [illegible]

34. [illegible]

33. [illegible]

ts'oots'oo be sindafi unggiki sere gūnin kai.

33. ts'oots'oo, yūn cang ni morin maribure be safi, geren hafasa i emgi sasa feksiteme duleke.
34. yūn cang emu niyalma, emu morin hono bahakū untuhun hiowande de acame jihe.
35. kungming hendume, jiyanggiyūn jalan be elbere amba gung bahafi, abkai fejergi amba jobolon be geterembuhe.
36. yūn cang hendume, guwan ioi bi bucere be alimbi seme jihe.
37. kungming hendume, ts'oots'oo hūwa žung doo be genehekū ayoo.
38. yūn cang hendume, tubabe genehe. guwan ioi de erdemu akū ofi turibuhe.
39. kungming hendume, gurun i akdahangge fafun kai. niyalma be dere banici ombio.

放曹操的意思。

33.曹操見雲長回馬，便和眾將一齊衝將過去。

34.雲長不獲一人一騎，空回見玄德。

35.孔明曰：「將軍立此蓋世之功，與普天下除其大害。」

36.雲長曰：「關羽特來請死。」

37.孔明曰：「莫非曹操不曾投華容道上來也？」

38.雲長曰：「是從那裡來，關羽無能，因此走透[79]。」

39.孔明曰：「王法乃國之典刑，豈容人情哉！」

放曹操的意思。

33.曹操见云长回马，便和众将一齐冲将过去。

34.云长不获一人一骑，空回见玄德。

35.孔明曰：「将军立此盖世之功，与普天下除其大害。」

36.云长曰：「关羽特来请死。」

37.孔明曰：「莫非曹操不曾投华容道上来也？」

38.云长曰：「是从那里来，关羽无能，因此走透。」

39.孔明曰：「王法乃国之典刑，岂容人情哉！」

---

79 走透，滿文讀作“turibuhe”，意即「使走脫」。

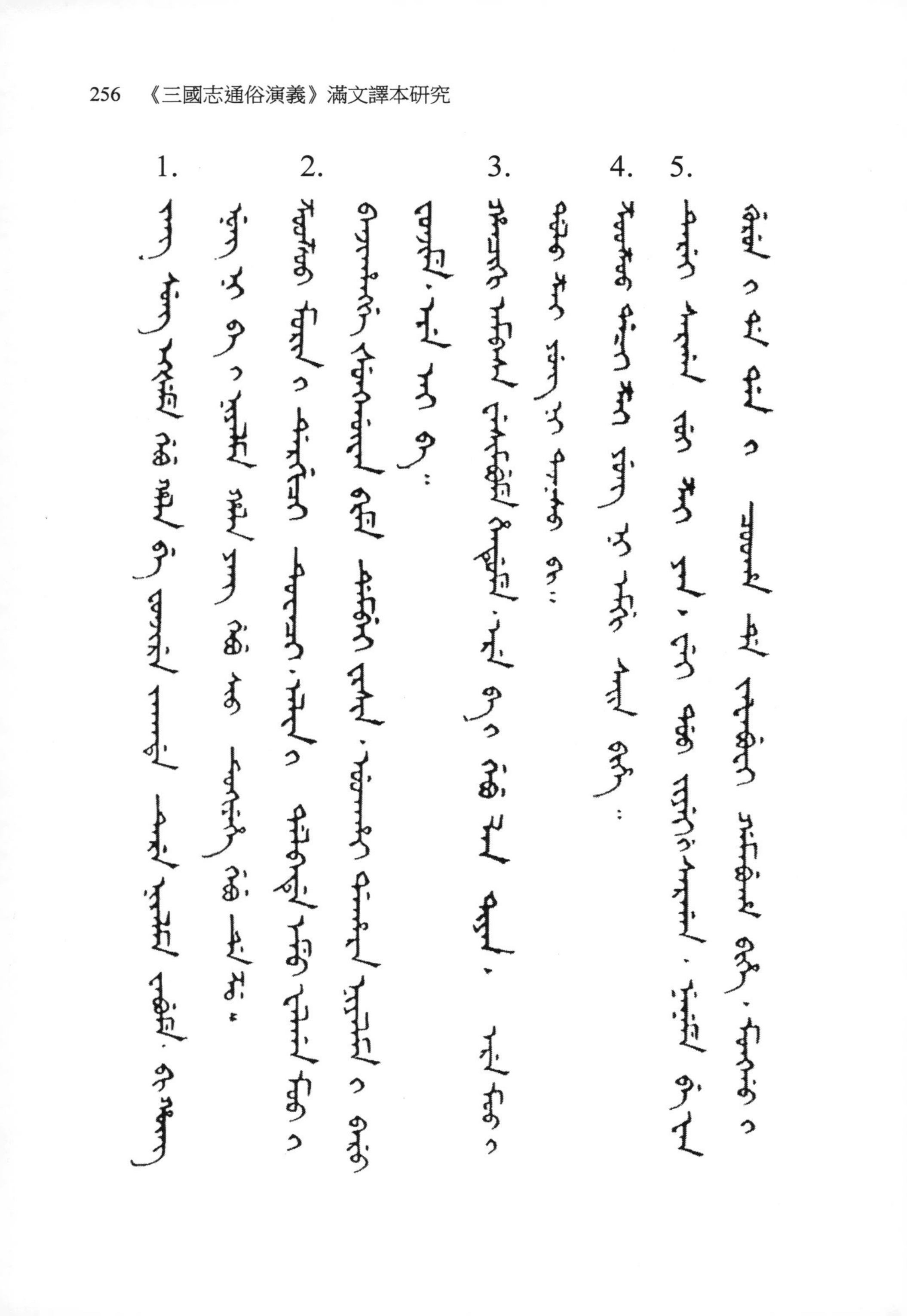

1. [illegible]

2. [illegible]

3. [illegible]

4. [illegible]

5. [illegible]

二十、絕妙好辭

1. jang sung ekšeme gebu hala be fonjire jakade, tere niyalma jabume, bi hūng nung ni ba i niyalma, hala yang, gebu sio, tukiyehe gebu de dzu.
2. ts'oots'oo morin i dergici tuwaci, alin i dalbade emu falga moo i banjihangge šunggūwan bime dembei fisin, uthai dahara niyalma i baru fonjime, ere ai ba.
3. hanciki ambasa wesimbume hendume, ere ba i gebu lan tiyan, ere moo i dolo ts'ai yung ni tokso bi.
4. ts'oots'oo daci ts'ai yung ni emgi sain bihe.
5. terei sargan jui ts'ai yan, wei doo jiyei i sargan, neneme be fan gurun i da dan i cooha de jafabufi gamabuha bihe, monggo i

---

1.張松慌問姓名，其人答曰：「某乃弘農人也，姓楊，名修，字德祖。」

2.曹操在馬上，望見山旁一簇林木，極其茂盛。問近侍曰：「此乃何處也？」

3.侍臣奏曰：「此名藍田，林木之間，乃蔡邕莊也。」

4.曹操與蔡邕素善。

5.先時其女蔡琰乃衛道玠之妻，曾被北虜韃靼擄去，

1.张松慌问姓名，其人答曰：「某乃弘农人也，姓杨，名修，字德祖。」

2.曹操在马上，望见山旁一簇林木，极其茂盛。问近侍曰：「此乃何处也？」

3.侍臣奏曰：「此名蓝田，林木之间，乃蔡邕庄也。」

4.曹操与蔡邕素善。

5.先时其女蔡琰乃卫道玠之妻，曾被北虏鞑靼掳去，

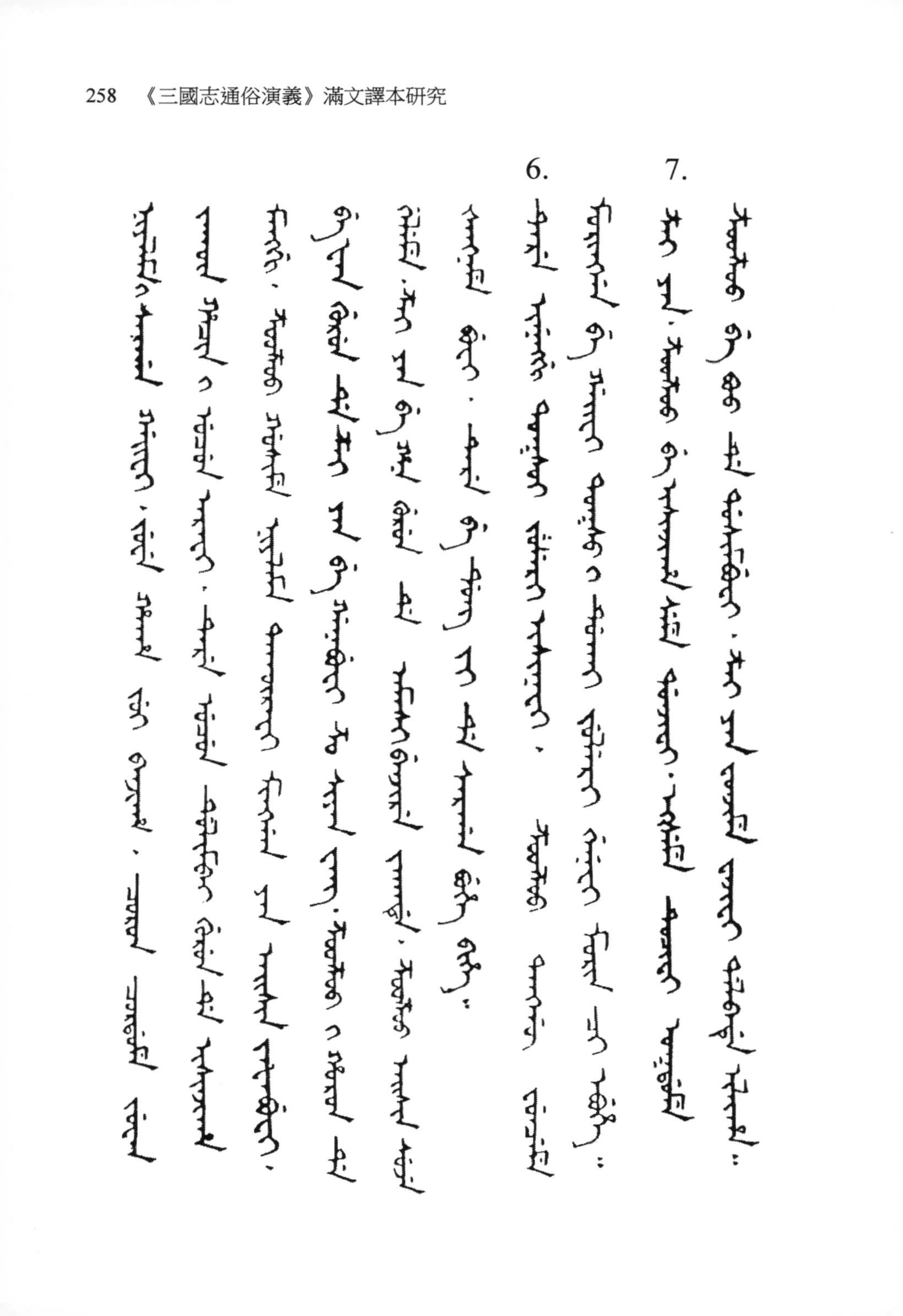

[illegible]

6. [illegible]

7. [illegible]

niyalma i sargan gaifi, juwe haha jui banjiha, coron cordome juwan jakūn hacin i ucun arafi, tere ucun dulimbai gurun de isinjiha manggi, ts'oots'oo gosime niyalma takūrafi minggan yan aisin jafabufi, be fan gurun de ts'ai yan be ganabufi, dzo siyan wang, ts'oots'oo i horon de geleme, ts'ai yan be han̲ gurun de amasi benjire jakade, ts'oots'oo aisin suje šangname bufi, tere be dung ji de sargan buhe bihe.

6. tere inenggi toksoi juleri isinafi, ts'oots'oo tanggū funceme moringga be gaifi, tokso i dukai juleri genefi morin ci ebuhe.
7. ts'ai yan, ts'oots'oo be isinjiha seme donjifi, ekšeme tucifi okdome ts'oots'oo be boo de dosimbufi, ts'ai yan fonjime wajifi dalbade iliha.

與胡人為妻，生二子，作胡笳十八拍[80]，流入中原。曹操憐之，使人持千金入番取蔡琰，有左賢王懼曹操之勢，送蔡琰還漢，曹操賜金帛，配與董紀為妻。

6.當日在莊前，曹操引近侍百餘騎，到莊門前下馬。
7.蔡琰聞曹操至，忙出迎接，曹操至堂，蔡琰問起居畢，侍立於側。

与胡人为妻，生二子，作胡笳十八拍，流入中原。曹操怜之，使人持千金入番取蔡琰，有左贤王惧曹操之势，送蔡琰还汉，曹操赐金帛，配与董纪为妻。

6.当日在庄前，曹操引近侍百余骑，到庄门前下马。
7.蔡琰闻曹操至，忙出迎接，曹操至堂，蔡琰问起居毕，侍立于侧。

---

80 胡笳，滿文讀作“coron cordome”，意即「吹胡笳，奏蒙古樂」。句中“coron”，係蒙文“čuγur”借詞之名詞形變化。

8.

ᡨᡠᡨᠠᠪᡠ ᠨᡳᠶᠠᠯᠮᠠ ᠪᡝ ᠰᡝᠮᡝ ᡤᡝᠨᡝᡥᡝ ᡳ ᠪᠣᠴᠣᡥᠣ ᡤᡠᠸᡝᠮᡝ

ᠠᠨᡳᠶᠠᠩᡤᠣ ᠮᡠᠵᡳᠯᡝᠨ ᠨᡝᠨᡝᡥᡝ ᡨᡠᠮᡝᠨ ᡨᡝ ᠯᡳ ᠪᡝ ᠰᠣᡵᡤᡳᠮᡝ ᠠᠯᡳᠪᡠᡥᡝ᠈

ᡨᡝ ᠯᡳ ᡥᡡᠰᡠᠨ᠈ ᠪᡝᠶᡝ ᡨᡝᠮᡝ ᡨᡝᠮᡝ ᡳ ᠪᡠᠴᡝᡥᡝ᠉

9.

ᠶᡠᠸᠠᠨ ᡨᠰᠣᠣ ᡥᠣ ᡥᡳᠶᠠᠩ ᡳ ᠵᡠᠸᠠᠩ᠈ ᡥᠣᠨᡨᠣ ᠵᡝ ᡤᡳᠰᡠᠨ ᡤᡝᠮᡠ ᡤᡠᠸᠠᠩ ᠪᡝ ᠰᡠᡵᡝ ᡤᡝᠰᡝ

ᡤᡝᠨᡝᡥᡝ ᠪᡳᡨᡥᡝ ᠪᡠᡥᡝ ᡨᡠᠪᠠ᠈ ᡤᡳᠰᡠᠨ ᡳ ᠨᡳᠩᡤᡠᠨ ᡳᠯᡳᠪᡠᡥᡝ ᡤᡡᠨᡳᠨ ᡤᡳᡵᡳ

ᠪᡳᡥᡝ ᡤᡝᠨᡝᡥᡝ᠈ ᡤᡝᠨᡝᡥᡝ ᠪᡝᠶᡝ ᡤᡝᠰᡝ ᡳ ᠨᡳᠩᡤᡠᡨᠣ ᠰᠣᠨᠵᠣᡶᡳ ᡤᡳ ᡳ ᡨᡠᠸᠠᡶᡳ

ᡨᡝᡳᠰᡠᠯᡝᠮᡝ ᡤᡝᠨᡝᠮᡝ ᡤᡳᠰᡠᠨ ᠪᡝ ᠰᡠᡵᡝᠮᡝ ᠪᡠᠰᡠᡥᡝ ᠪᡝ ᡥᡠᡵᡥᠠᠮᡝ ᠪᠣᠯᠣᡵᡳᡥᡝ᠉

10.

ᡨᡝᡳᡨᡠᡵᡝ ᡤᡝᠨᡝᡥᡝ ᡥᡝᠰᡝ ᠮᡝᠨ ᠰᡠᡵᡝ ᠨᡝᡴᡠ ᠨᡳᠩᡤᡠᠨ᠈ ᡤᡳᠰᡠᠨ ᡳᠯᡳᡵᡝ ᡨᡠᠸᠠᠨ ᡨᡝᡴᡳ

ᡨᡠᡵᡤᡠᠨ ᠨᡳᠩᡤᡠᠨ ᠨᡝᡴᡠᠰᡝᡳ ᠮᡠᠰᡝᡳ ᠠᠨᡳᠶᠠ ᡤᡳᠰᡠᠨ ᠪᡝ ᡤᡝᠨᡝᡥᡝ ᠮᡠᠰᡝᡳ ᡳᠨᡳᠩᡤᡝ

ᡨᡝ ᡳ ᡤᡳᠰᡠᠨ ᠪᡝ ᡨᡠᠸᠠᡶᡳ ᡤᡳᠰᡠᠨ ᡨᡝ ᡳ ᡤᡳᠰᡠᠨ ᠪᡝ ᡥᡡᠰᡠᠨ ᠪᡝ ᡨᡝᡳᠰᡠᠯᡝᡶᡳ

8. ts'oots'oo gaitai bei de araha emu nirugun i bithe fajiran de lakiyahabe sabufi ilifi tuwafi ts'ai yan de fonjire jakade, ts'ai yan alame, ere ts'oo oo i bei kai.
9. julge ho di han i fonde, hūi ji šang ioi hiyan de emu haha saman bihebi, gebu ts'oo sioi, weceku i juleri fekuceme efiyere mangga bihe sere, sunja biyai ice sunja i inenggi soktofi weihu i ninggude maksimbi sehei giyang de tuhefi bucehebi.
10. terei juwan duin se emu sargan jui, giyang ni jakarame songgome, juwan nadan inenggi otolo nakarakū, giyang de fekufi, sunjaci inenggi ama i giran be jajafi, giyang de dekdehe be tere bai niyalma

---

8. 曹操偶見壁間懸一碑文圖軸，起身觀之，問於蔡琰，蔡琰答曰：「此乃曹娥之碑也。」
9. 昔和帝朝時，會稽上虞有一師巫，名曹盱，能婆娑樂神。五月五日，醉舞舟中墮江而死。
10.其女年十四歲，七〔十七〕晝夜不歇聲[81]，跳入波中，後五日，負父之屍，浮于江面，里人

---

8. 曹操偶见壁间悬一碑文图轴，起身观之，问于蔡琰，蔡琰答曰：「此乃曹娥之碑也。」
9. 昔和帝朝时，会稽上虞有一师巫，名曹盱，能娑婆乐神。五月五日，醉舞舟中堕江而死。
10.其女年十四岁，七〔十七〕昼夜不歇声，跳入波中，后五日，负父之尸，浮于江面，里人

---

81 七晝夜不歇聲，滿文讀作“giyang ni jakarame songgome, juwan nadan inenggi otolo nakarakū”，意即「沿江哭泣，至十七日不止」，滿漢文義，詳略有別。

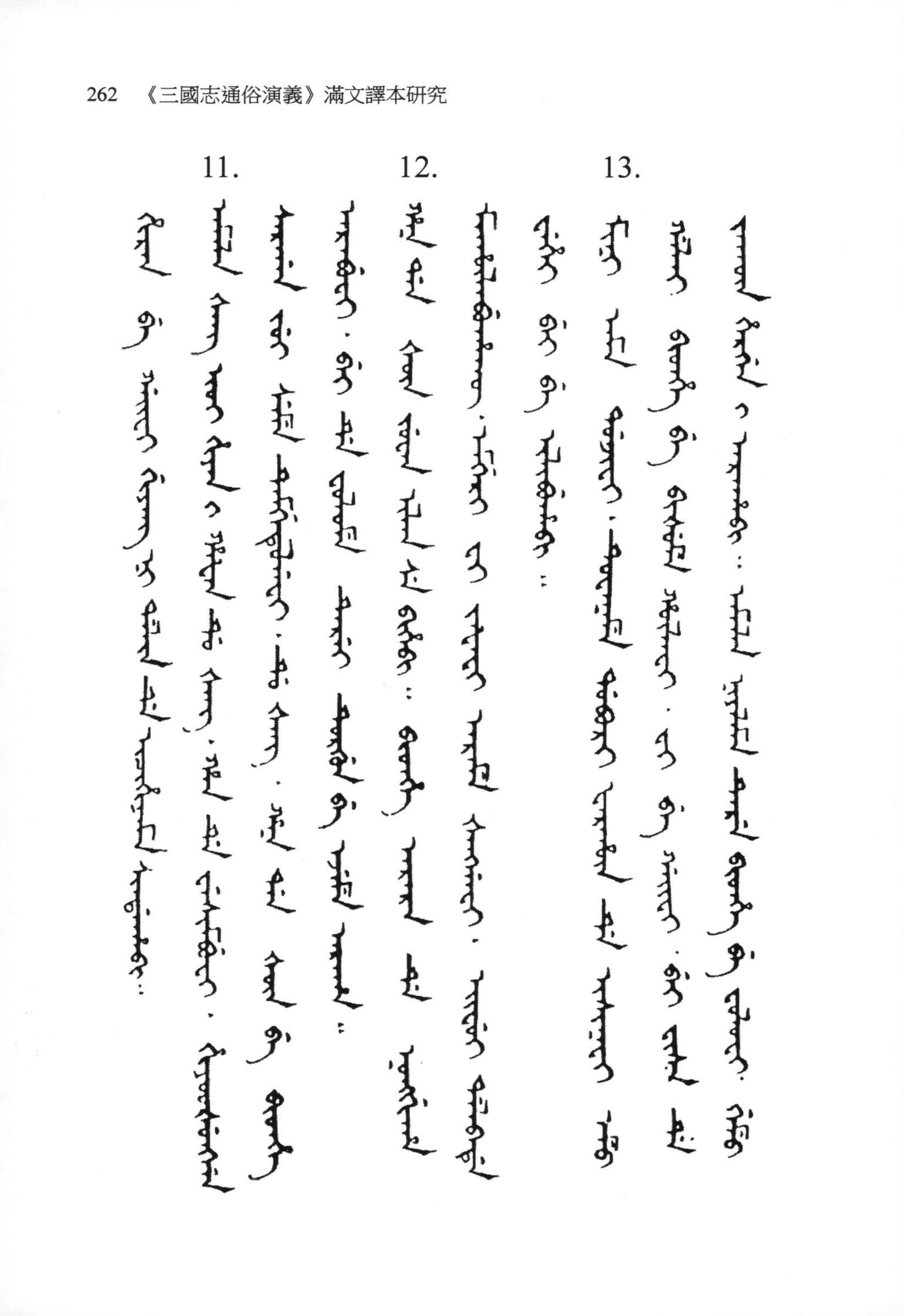

11. [illegible]

12. [illegible]

13. [illegible]

hiran〔giran〕 be gaifi, giyang ni dalin de icihiyame sindahabi.

11. amala šang ioi hiyan i hafan du šang, han de wesimbufi, hiyoošungga sargan jui seme temgetulefi, du šang, haṉ dan šūn be bithe arabufi, bei de folome terei turgun be ejeme araha.

12. haṉ dan šūn juwan ilan se bihebi. bithe arara de nonggiha mahūlabuhakū, emgeri fi jafafi arame šanggafi, eifui dalbade wehei bei be ilibuhabi.

13. mini ama donjifi, tuwaname dobori farhūn de isinafi emu galai bithe be bišume hūlafi, fi be gaifi, bei fisa de jakūn hergen i arahabi. amala niyalma tere bithe be folofi, gemu

---

葬于江邊。

11.後上虞令度尚奏聞，朝廷表為孝女。度尚令邯鄲淳作文鐫碑，以記其事。

12.邯鄲淳年十三歲，文不加點，一筆揮就，立石墓側。

13.先人聞之去看[82]，時夜黑，以手摸其文而讀之，索筆題八字於其背。後人鐫石

葬于江边。

11.后上虞令度尚奏闻，朝廷表为孝女。度尚令邯郸淳作文镌碑，以记其事。

12.邯郸淳年十三岁，文不加点，一笔挥就，立石墓侧。

13.先人闻之去看时夜黑，以手摸其文而读之，索笔题八字于其背。后人镌石

---

82 先人聞之去看，句中「先人」，滿文讀作"mini ama"，意即「我的父親」，就是指蔡邕，東漢陳留人，字伯喈。

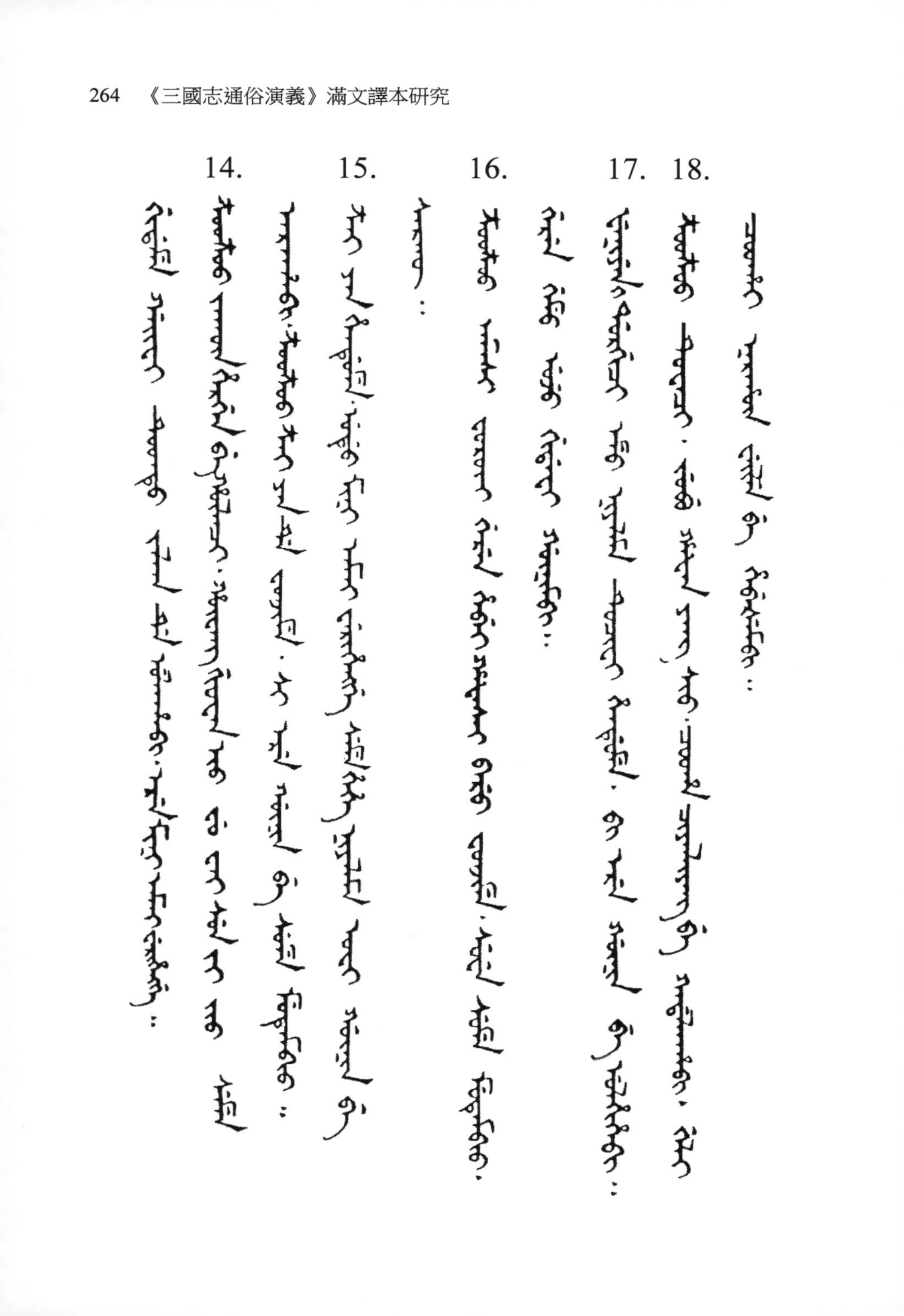

[illegible] ::

14. [illegible] ::

15. [illegible] ::

16. [illegible] ::

17. [illegible] ::

18. [illegible] ::

gidame gaifi tuttu jalan de ulahabi, ere mini amai werihengge.

14. ts'oots'oo jakūn hergen be hūlaci, hūwang giowan io fu wai sun ji jio seme arahabi, ts'oots'oo ts'ai yan de fonjime, si ere gūnin be sume mutembio.
15. ts'ai yan hendume, udu mini amai werihengge seme, hehe niyalma ofi gūnin be sarkū.
16. ts'oots'oo amasi forofi geren hebei hafasai baru fonjime, suwe sume mutembio, geren gemu uju gidafi gūnimbi.
17. feniyen i dorgici emu niyalma tucifi hendume, bi ere gūnin be ulhihebi.
18. ts'oots'oo tuwaci, jubu hafan yang sio, cooha ciyanliyang be kadalahabi, geli coohai narhūn weile be hebešembi.

繼打，故傳於世，是為先人遺跡。

14.曹操讀八字云：「黃絹幼婦外孫齏臼。」曹操問蔡琰曰：「汝解此意否？」

15.蔡琰曰：「雖先人所遺之跡，妾不知其意。」

16.曹操回顧眾謀士曰：「汝等解否？」眾皆稽首。

17.於內一人挺身而出曰：「某已解其意。」

18.曹操視之，乃主簿楊修也，現管行軍錢糧，兼理贊軍機事。

继打，故传于世，是为先人遗迹。

14.曹操读八字云：「黄绢幼妇外孙齑臼。」曹操问蔡琰曰：「汝解此意否？」

15.蔡琰曰：「虽先人所遗之迹，妾不知其意。」

16.曹操回顾众谋士曰：「汝等解否？」众皆稽首。

17.于内一人挺身而出曰：「某已解其意。」

18.曹操视之，乃主簿杨修也，现管行军钱粮，兼理赞军机事。

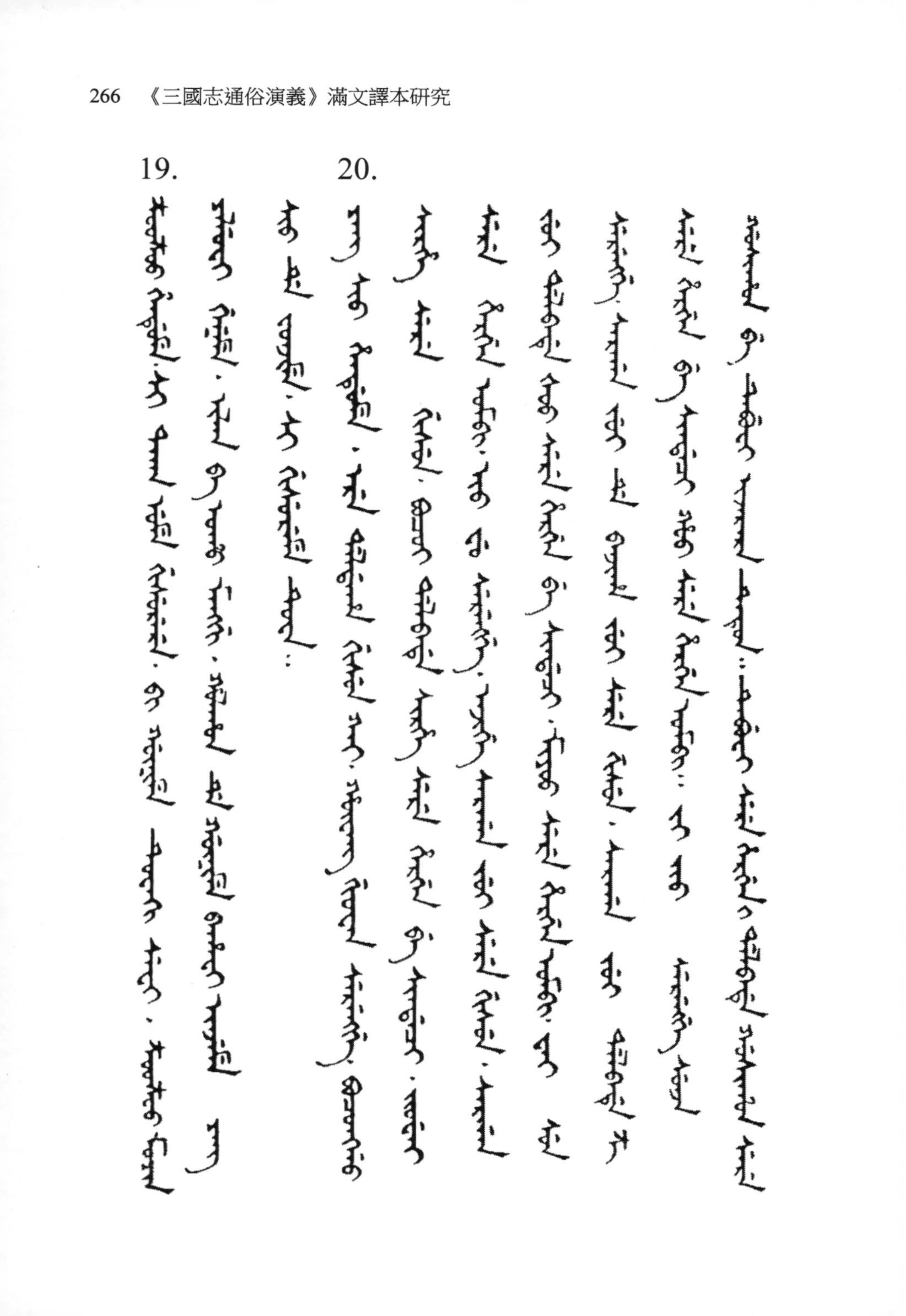

19.

20.

19. ts'oots'oo hendume, si taka ume gisurere, bi gūnime tuwaki sefi, ts'oots'oo morin yalufi geneme, ilan ba oHo manggi, holhon〔holkon〕 de gūnime bahafi injeme yang sio de fonjime, si gisureme tuwa.

20. yang sio hendume, ere daldaha gisun kai, hūwang giowan serengge, boconggo sirhe〔sirge〕 sere gisun, boco i dalbade sirhe〔sirge〕 sere hergen be sindaci, jiowei sere hergen ombi. io fu serengge, ajige sargan jui sere gisun, sargan jui dalbade šoo sere hergen be sindaci, miyoo sere hergen ombi. wai sun serengge, sargan jui de banjiha jui sere gisun, sargan jui dalbade dz sere hergen be sindaci, hoo sere hergen ombi. ji jio serengge, sunja sere hergen be sindaci, hoo sere hergen ombi. ji jio serengge, sunja gosihon be tebufi ijarara tetun. tebufi sere hergen i dalbade gosihon sere

---

19.曹操曰：「卿且勿言，容吾思之。」曹操馬行三里，忽省悟，笑問楊修曰：「卿試言之。」

20.楊修曰：「此隱語也。黃絹乃顏色之絲也，色傍攪絲是絕字；幼婦者，乃少女也，女傍少字是妙字；外孫者，乃女之子也，女傍子字是好字；虀臼者，乃受五辛之器也，受傍辛字

19.曹操曰：「卿且勿言，容吾思之。」曹操马行三里，忽省悟，笑问杨修曰：「卿试言之。」

20.杨修曰：「此隐语也。黄绢乃颜色之丝也，色傍搅丝是绝字；幼妇者，乃少女也，女傍少字是妙字；外孙者，乃女之子也，女傍子字是好字；虀臼者，乃受五辛之器也，受傍辛字

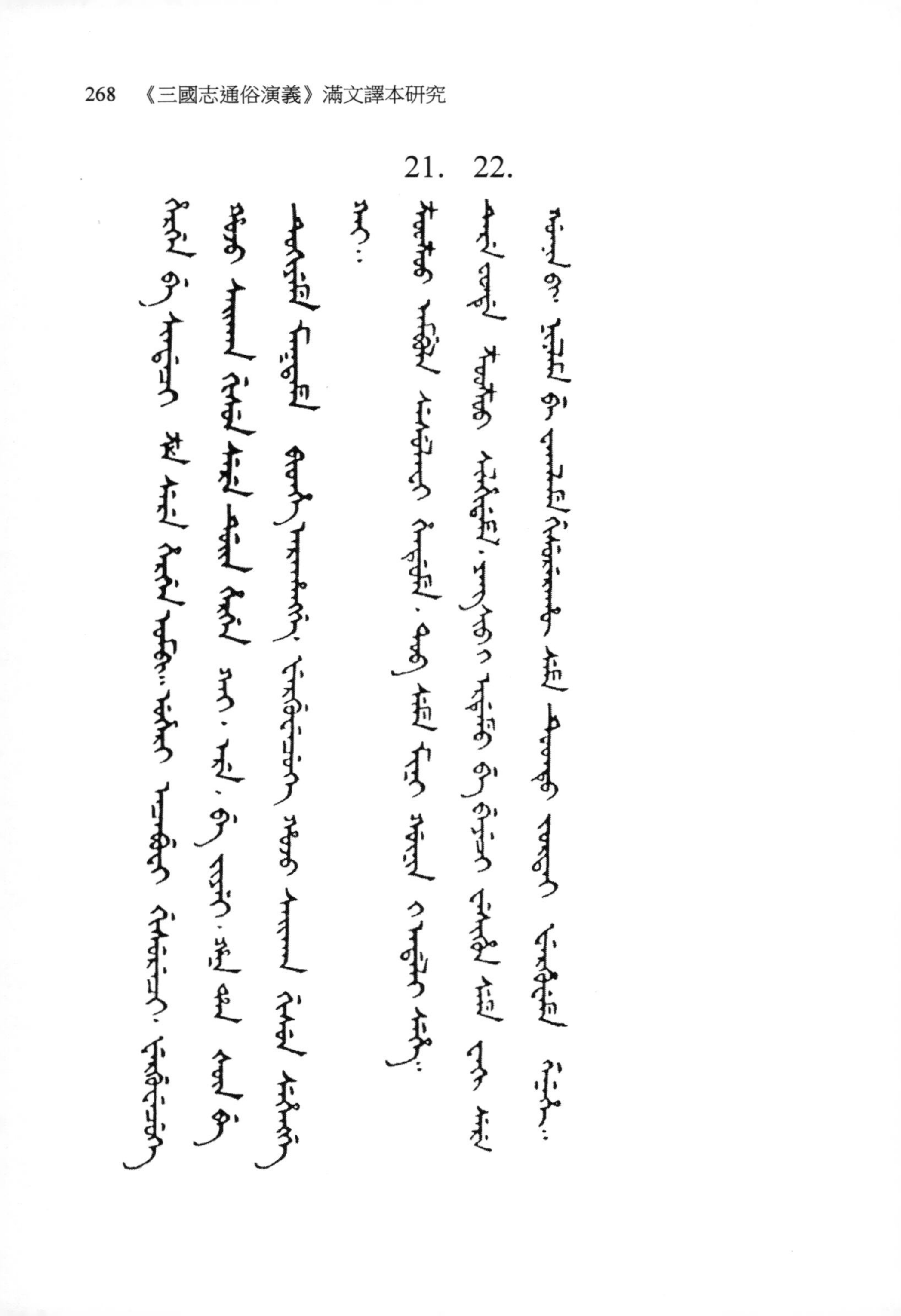

21. 22.

hergen be sindaci, ts'y sere hergen ombi. uheri acabufi gisureci, ferguwecuke hojo saikan gisun sere duin hergen kai. ere be jiyei, ha͟n dan šūn be tukiyeme maktame bithe arahangge, ferguwecuke hojo saikan gisun sehengge kai.

21. ts'oots'oo ambula sesulafi hendume, tob seme mini gūnin i adali sehe.

22. tere fonde ts'oots'oo silhidame, yang sio i erdemu be beyeci wesihun seme waki sere gūnin bi, niyalma be wakalame gisurerahū seme, tuttu jortai ferguweme genehe.

是辭字。總而言之，是『絕妙好辭』之四字也。此是伯喈贊美邯鄲淳之文，乃絕妙好辭也。」

21.曹操大驚曰：「正合孤意。」

22.此時，曹操忌楊修才過于己，有欲殺之意，恐人議其非，故佯為贊之而去。

是辞字。总而言之，是『绝妙好辞』之四字也。此是伯喈赞美邯郸淳之文，乃绝妙好辞也。」

21.曹操大惊曰：「正合孤意。」

22.此时，曹操忌杨修才过于己，有欲杀之意，恐人议其非，故佯为赞之而去。

1. 2.

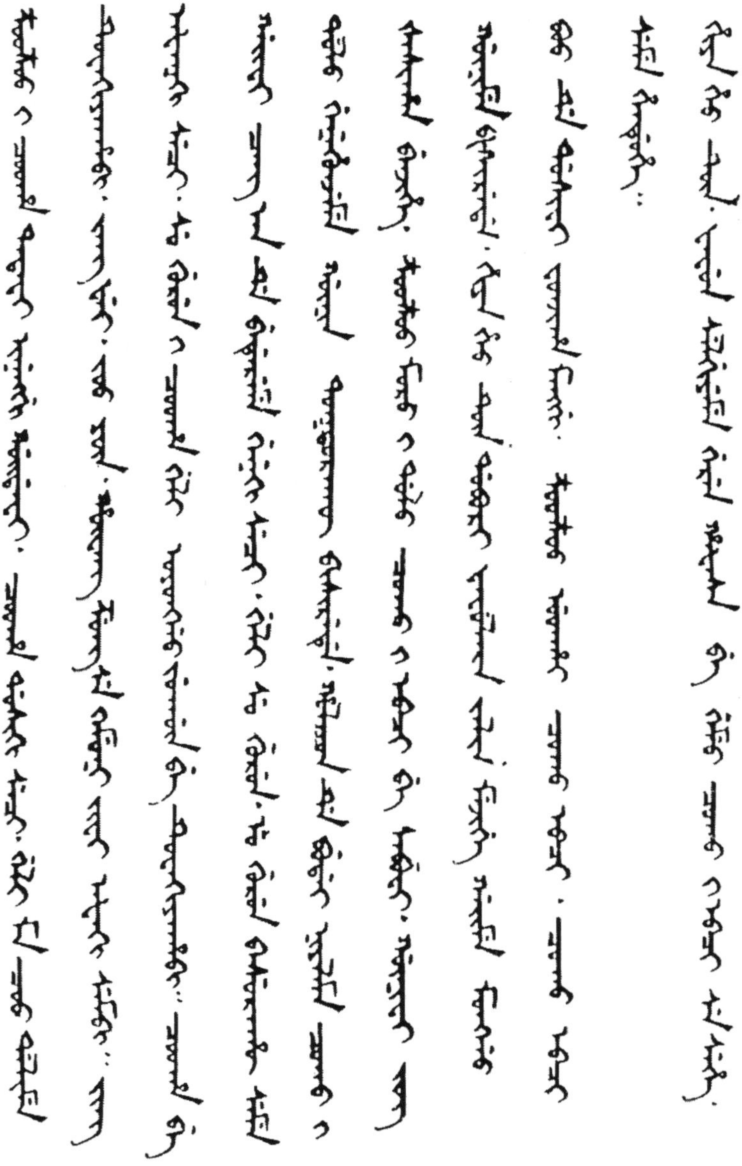

二十一、忌殺楊修

1. ts'oots'oo i cooha tatafi inenggi goidafi, cooha dosiki seci, geli ma coo dalime tuwakiyahabi, jang fei, joo yūn, hūwang dzung se kemuni jifi afaki sembi. jing afanaki seci, su〔šu〕gurun i cooha geli oyonggo jugūn be tuwakiyahabi. cooha be gaifi cang an de bedereme geneki seci, geli su〔šu〕gurun, u gurun basurahū seme, dolo genehunjeme〔kenehunjeme〕gūnin toktorakū bisirede, holkon de budai niyalma coko i šasihan benjihe, ts'oots'oo moro i dolo coko i ebci be sabufi, gūnifi jing gūnime bisirede, hiya heo tūn dobori fafulara jalin mejige gaime monggo boo de dosifi fonjiha manggi, ts'oots'oo uthai coko ebci, coko ebci seme henduhe.
2. hiya heo tūn, fafun selgiyeme geren hafasa be gemu coko i ebci se sehe.

1.曹操屯兵日久，欲要進兵，又被馬超拒守，張飛、趙雲、黃忠不時搦戰。正要交鋒，又被蜀兵把住要道。欲收兵回長安，又恐吳、蜀恥笑，心中猶豫不決。忽值庖官進雞湯，曹操見椀中有雞肋，因而有感于懷，正沉吟之間，夏侯惇入帳來稟號令為夜間之用。曹操隨口曰：「雞肋，雞肋。」
2.夏侯惇傳令眾官都稱雞肋。

1.曹操屯兵日久，欲要进兵，又被马超拒守，张飞、赵云、黄忠不时搦战。正要交锋，又被蜀兵把住要道。欲收兵回长安，又恐吴、蜀耻笑，心中犹豫不决。忽值庖官进鸡汤，曹操见椀中有鸡肋，因而有感于怀，正沉吟之间，夏侯惇入帐来禀号令为夜间之用。曹操随口曰：「鸡肋，鸡肋。」
2.夏侯惇传令众官都称鸡肋。

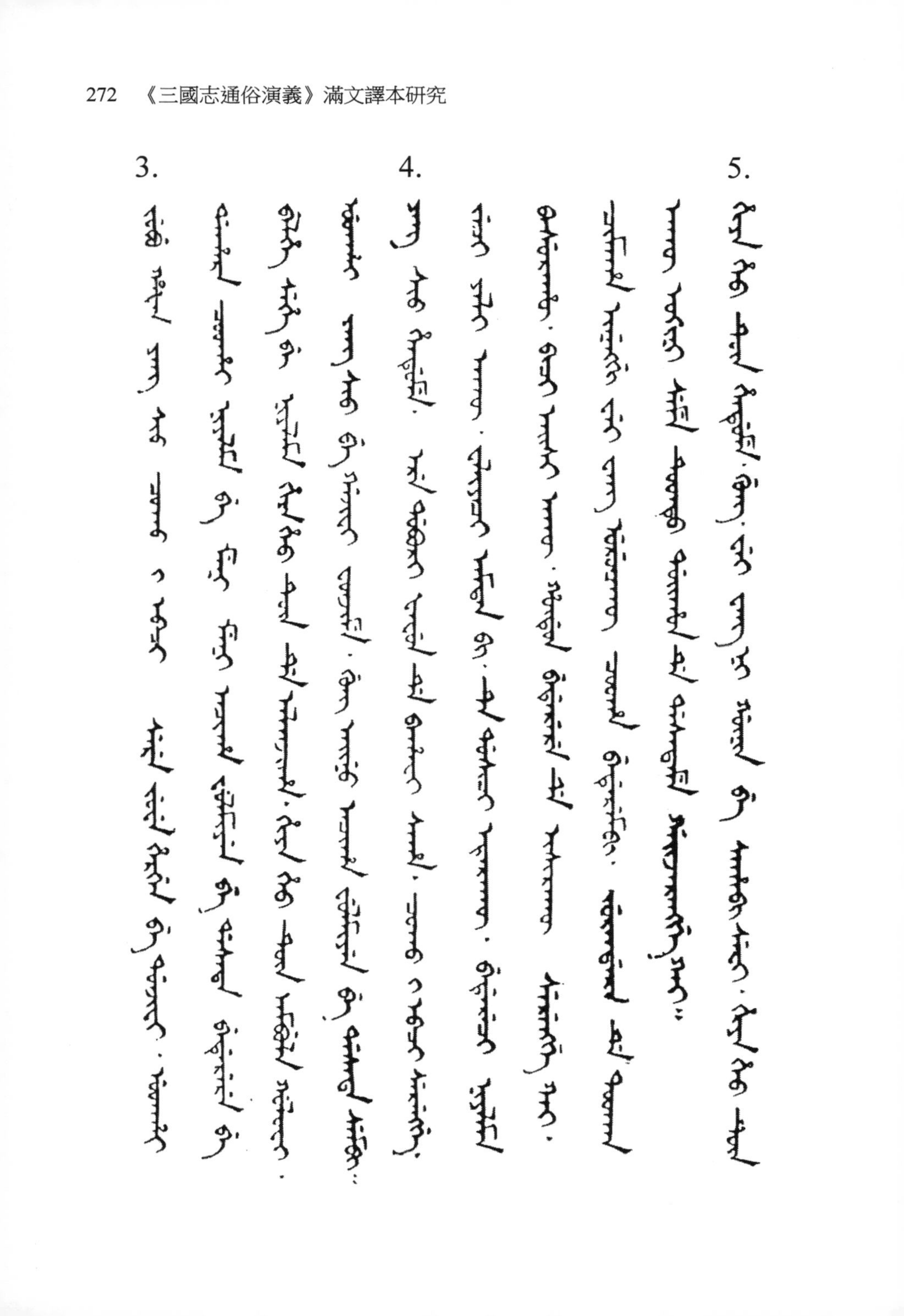

3.

[illegible]

4.

[illegible]

5.

[illegible]

3. jubu hafan yang sio coko i ebci sere juwe hergen be donjifi, uthai dahara coohai niyalma be meni meni aciha fulmiyen be dasata bederere be belhe sehe be, niyalma hiya heo tūn de alanjiha, hiya heo tūn ambula golofi, uthai yang sio be gajifi fonjime, gung ainu aciha fulmiyen be dasata sembi.
4. yang sio hendume, ere dobori fafun de bahafi saha, coko i ebci serengge, jeci yali akū, waliyaci amtan bi, te dosici eterakū, bedereci niyalma basurahū, bici aisi akū, hūdun bederere de isirakū serengge kai, cimaha inenggi wei wang urunakū cooha bederembi, jurandara de tookan akū okini seme, tuttu doihon〔doigon〕 de dasatame gaijarangge kai.
5. hiya heo tūn hendume, gung, wei wang ni gūnin be sahabi sefi, hiya heo tūn

---

3.有行軍主簿楊修見傳雞肋二字，便教隨行軍士各收拾行裝，準備歸程，有人來報知夏侯惇。夏侯惇大驚，遂請楊修去問：「公何收拾行裝？」
4.楊修曰：「以今夜號令便可知也。雞肋者，食之無肉，棄之有味。今進不能勝，退恐人笑，在此無益，不如早歸；來日魏王必班師矣，故先拴束，庶免臨行慌亂[83]。」
5.夏侯惇曰：「公知魏王肺腑也。」夏侯惇

3.有行军主簿杨修见传鸡肋二字，便教随行军士各收拾行装，准备归程，有人来报知夏侯惇。夏侯惇大惊，遂请杨修去问：「公何收拾行装？」
4.杨修曰：「以今夜号令便可知也。鸡肋者，食之无肉，弃之有味。今进不能胜，退恐人笑，在此无益，不如早归；来日魏王必班师矣，故先拴束，庶免临行慌乱。」
5.夏侯惇曰：「公知魏王肺腑也。」夏侯惇

---

83 故先拴束，庶免臨行慌亂，滿文讀作“jurandara de tookan akū okini seme, tuttu doihon〔doigon〕 de dasatame gaijarangge kai”，意即「為使啟行時無耽誤，故預先收拾」。

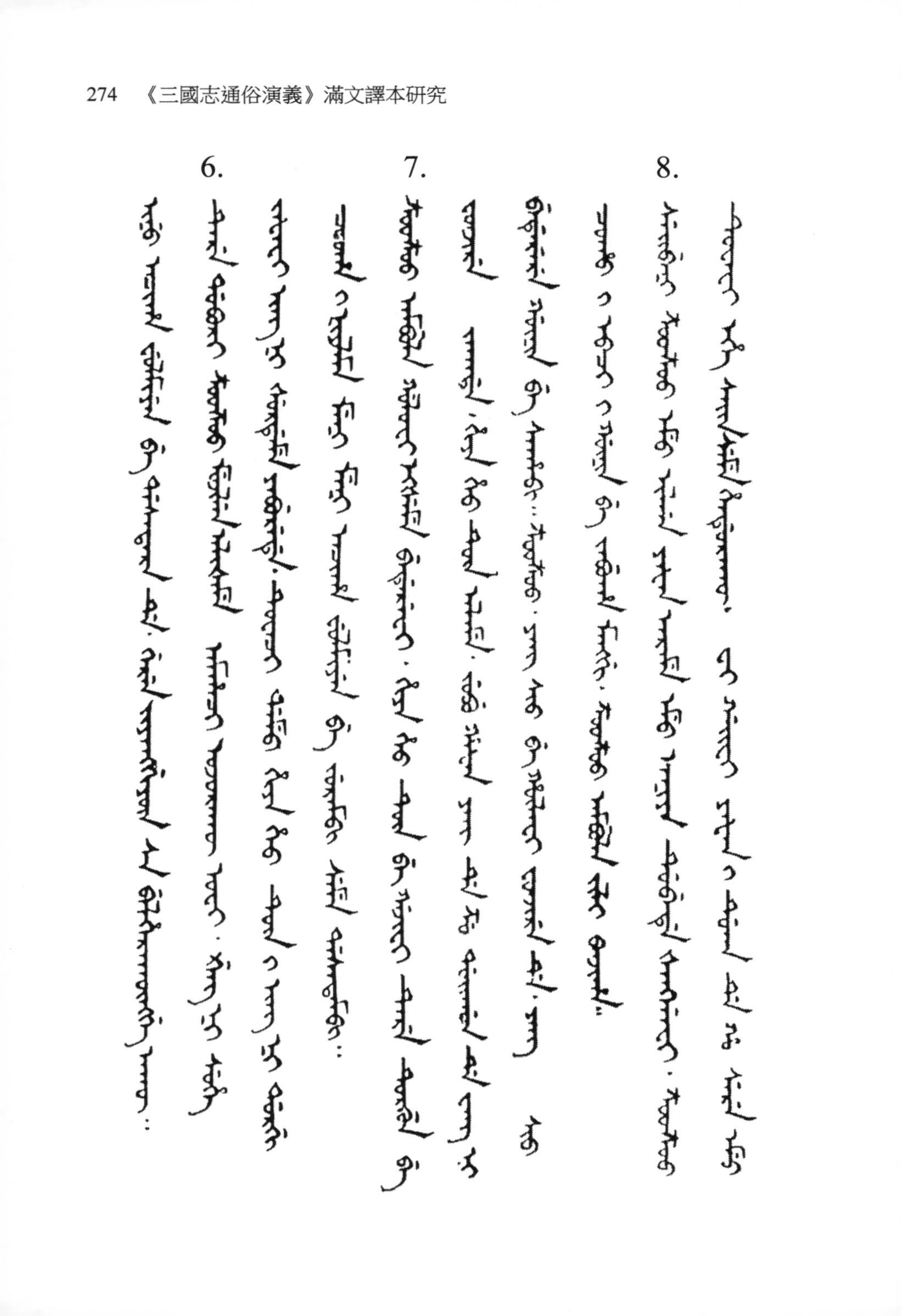

6\.

7\.

8\.

inu aciha fulmiyen be dasatara de, geren jiyanggiyūn sa belherakūngge akū.

6. tere dobori ts'oots'oo mujilen ališame amhaci ojorakū ofi, g'ang ni suhe jafafi ing ni šurdeme yaburede, tuwaci damu hiya heo tūn i ing ni dorgi cooha i niyalma meni meni aciha fulmiyen be jurambi seme dasatambi.
7. ts'oots'oo ambula golofi ekšeme bederefi, hiya heo tūn be gajifi tere turgun be fonjire jakade, hiya heo tūn alame, jubu hafan yang de dzu doigon de wang ni bederere gūnin be sahabi. ts'oots'oo, yang sio be hūlafi fonjire de, yang sio coho 〔coko〕 i ebci i gūnin be jabuha manggi, ts'oots'oo ambula jili banjiha.
8. seibeni ts'oots'oo emu ilga yafan arame emu aniya dubede šanggafi, ts'oots'oo tuwafi ehe sain seme hendurakū, fi gaifi yafan i duka de ho sere emu

---

遂亦收拾行裝，寨中諸將無不準備。
6.當夜曹操心亂，不能穩睡，遂提鋼斧繞寨私行，只見夏侯惇寨內軍士各準備行裝。
7.曹操大驚，急回帳召夏侯惇問其故。夏侯惇曰：「主簿楊德祖先察王上欲歸之意。」曹操喚楊修問之，楊修以雞肋之意答之，曹操大怒。
8.昔日曹操造花園一所，一年造成，請曹操觀之，曹操看罷，不言好歹，只取筆于門上書一「活」

遂亦收拾行装，寨中诸将无不准备。
6.当夜曹操心乱，不能稳睡，遂提钢斧绕寨私行，只见夏侯惇寨内军士各准备行装。
7.曹操大惊，急回帐召夏侯惇问其故。夏侯惇曰：「主簿杨德祖先察王上欲归之意。」曹操唤杨修问之，杨修以鸡肋之意答之，曹操大怒。
8.昔日曹操造花园一所，一年造成，请曹操观之，曹操看罢，不言好歹，只取笔于门上书一「活」

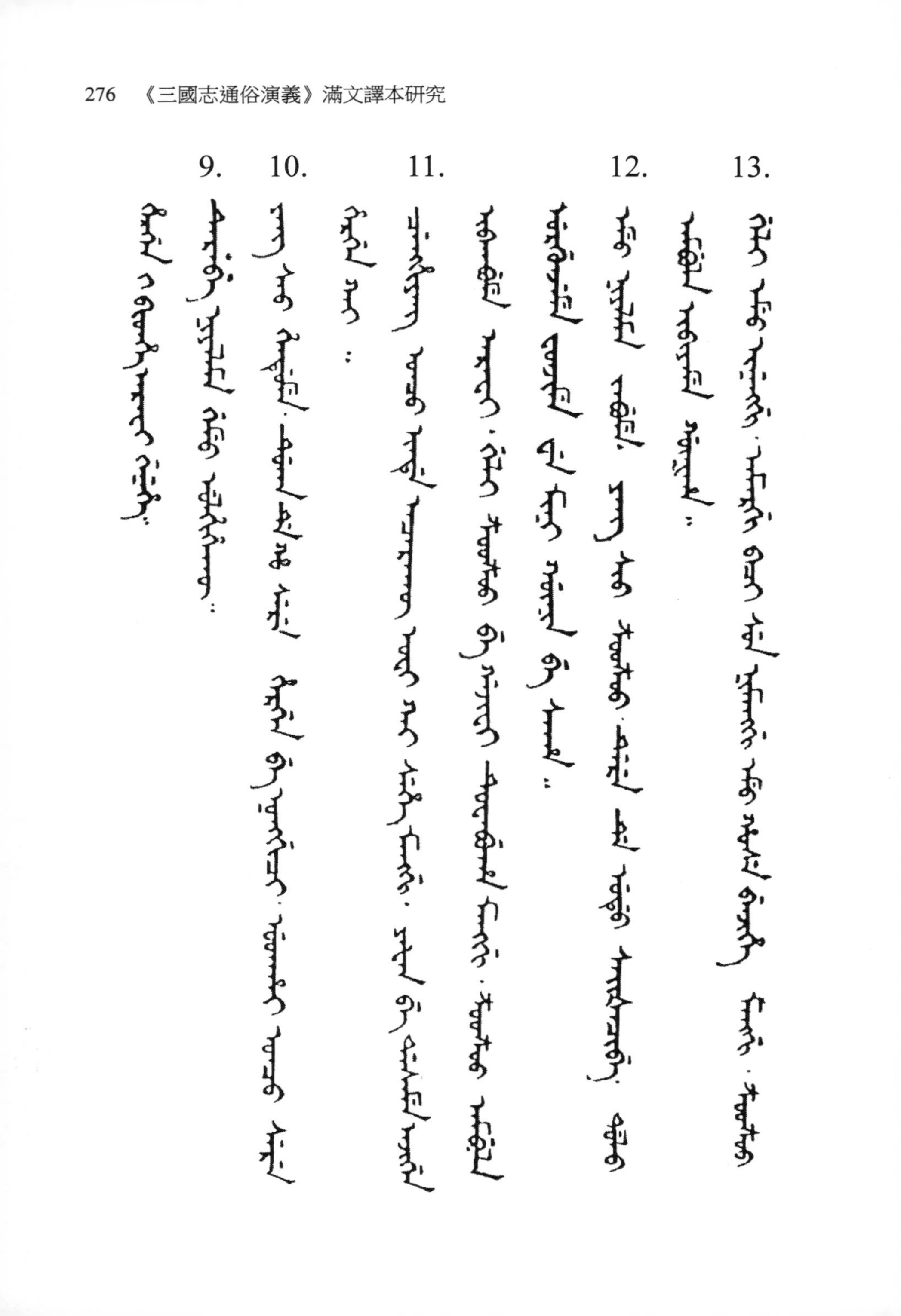

9. [illegible]

10. [illegible]

11. [illegible]

12. [illegible]

13. [illegible]

hergen i bithe arafi genehe.
9. terebe niyalma gemu ulhihekū.
10. yang sio hendume, duka de ho sere hergen be nonggici, uthai onco sere hergen kai.
11. cenghiyang onco inde acarakū ofi kai sehe manggi, yafan be dasame ajigen ibkabume arafi, geli ts'oots'oo be gajifi tuwabuha manggi, ts'oots'oo ambula urgunjeme fonjime, we mini gūnin be saha.
12. emu niyalma jabume, yang sio. ts'oots'oo dere de udu saišacibe, dolo ambula ibiyame gūniha.
13. geli emu inenggi, amargi baci sun nimanggi emu hose benjihe manggi, ts'oots'oo

---

字而去。
9. 人皆不曉。
10.楊修曰:「門內添活字,乃闊字也。」
11.丞相嫌闊,于是再築墻圍,又請曹操觀之,大喜問曰:「誰知吾意?」
12.一人答曰:「楊修也。」曹操雖面喜,心甚忌之。
13.又一日,塞北送酥一盒,曹操

字而去。
9. 人皆不晓。
10.杨修曰:「门内添活字,乃阔字也。」
11.丞相嫌阔,于是再筑墙围,又请曹操观之,大喜问曰:「谁知吾意?」
12.一人答曰:「杨修也。」曹操虽面喜,心甚忌之。
13.又一日,塞北送酥一盒,曹操

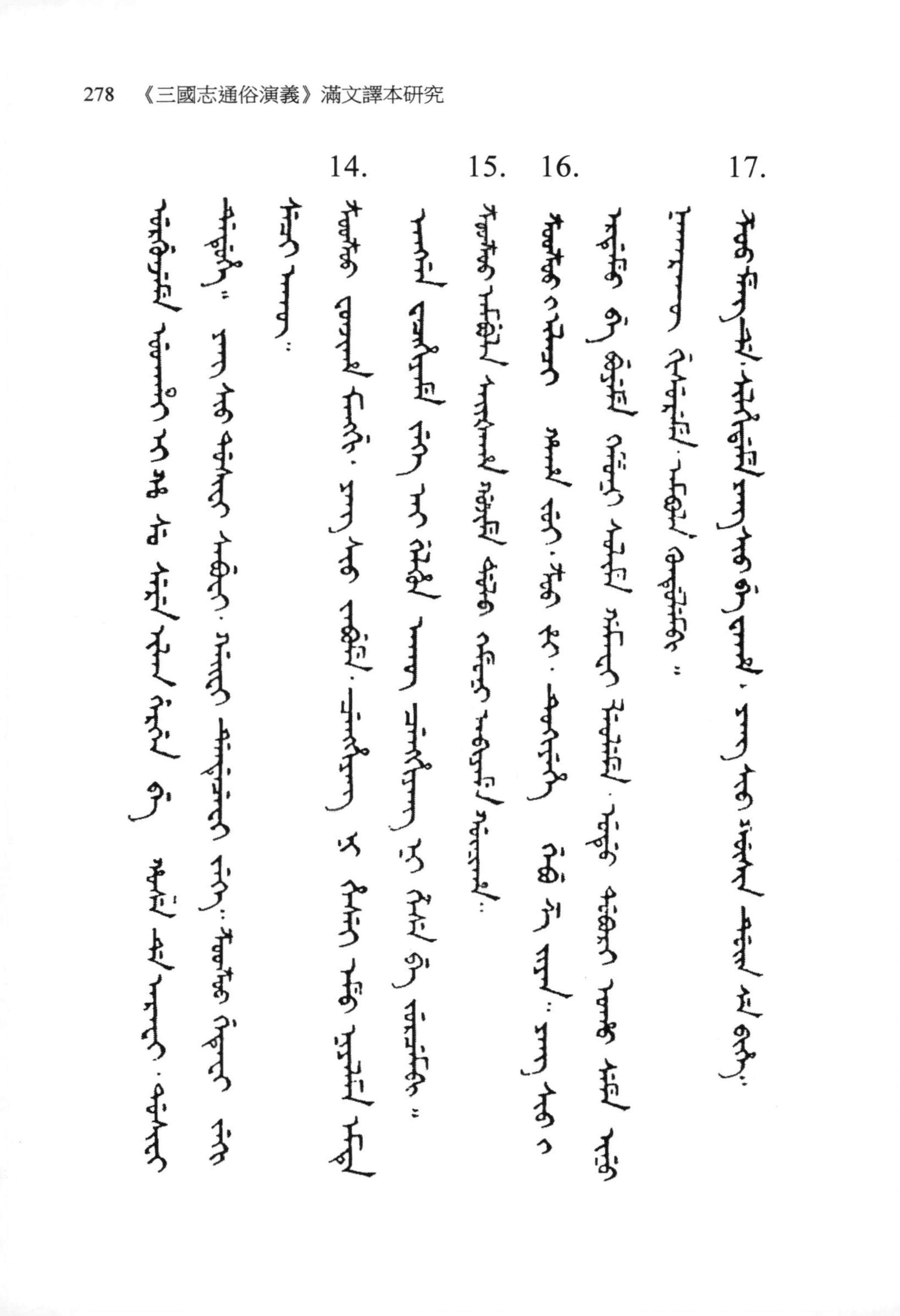

urgunjeme uthai i ho su sere ilan hergen be hose de arafi, dosifi deduhe, yang sio dosifi sabufi gaifi dendecefi jeke. ts'oots'oo getefi jeki seci akū.

14. ts'oots'oo fonjiha manggi, yang sio jabume, cenghiyang ni hesei emu niyalma emte angga wacihiyame jeke, ai gelhun akū cenghiyang ni hese be jurcembi.
15. ts'oots'oo ambula saišaha gojime dolo kemuni ibiyame gūniha.
16. ts'oots'oo i ilaci jui, ts'oo jy, tukiyehe gebu dz jiyan. yang sio i erdemu be buyeme, kemuni solime gamafi leoleme, udu dobori oho seme inu nakarakū gisureme, ambula kundulembi.
17. ts'oo meng de, silhidame yang sio be waha, yang sio gūsin duin se bihe.

喜，遂寫「一合酥」于盒上。曹操入寢，楊修入見之，取匙分食。曹操睡覺[84]，欲食不見。

14.曹操問之，楊修答曰：「丞相有命，令一人食一口，盡食之矣，豈敢違丞相之命。」
15.曹操雖大喜，而心惡之。
16.曹操第三子曹植，字子建，深惜楊修之才，常邀楊修談論，終夜不息，甚是敬之。
17.曹孟德忌殺楊修，楊修死年三十四歲。

喜，遂写「一合酥」于盒上。曹操入寝，杨修入见之，取匙分食。曹操睡觉，欲食不见。

14.曹操问之，杨修答曰：「丞相有命，令一人食一口，尽食之矣，岂敢违丞相之命。」
15.曹操虽大喜，而心恶之。
16.曹操第三子曹植，字子建，深惜杨修之才，常邀杨修谈论，终夜不息，甚是敬之。
17.曹孟德忌杀杨修，杨修死年三十四岁。

---

84 曹操睡覺，句中「睡覺」，滿文讀作“getefi”，意即「睡醒」。

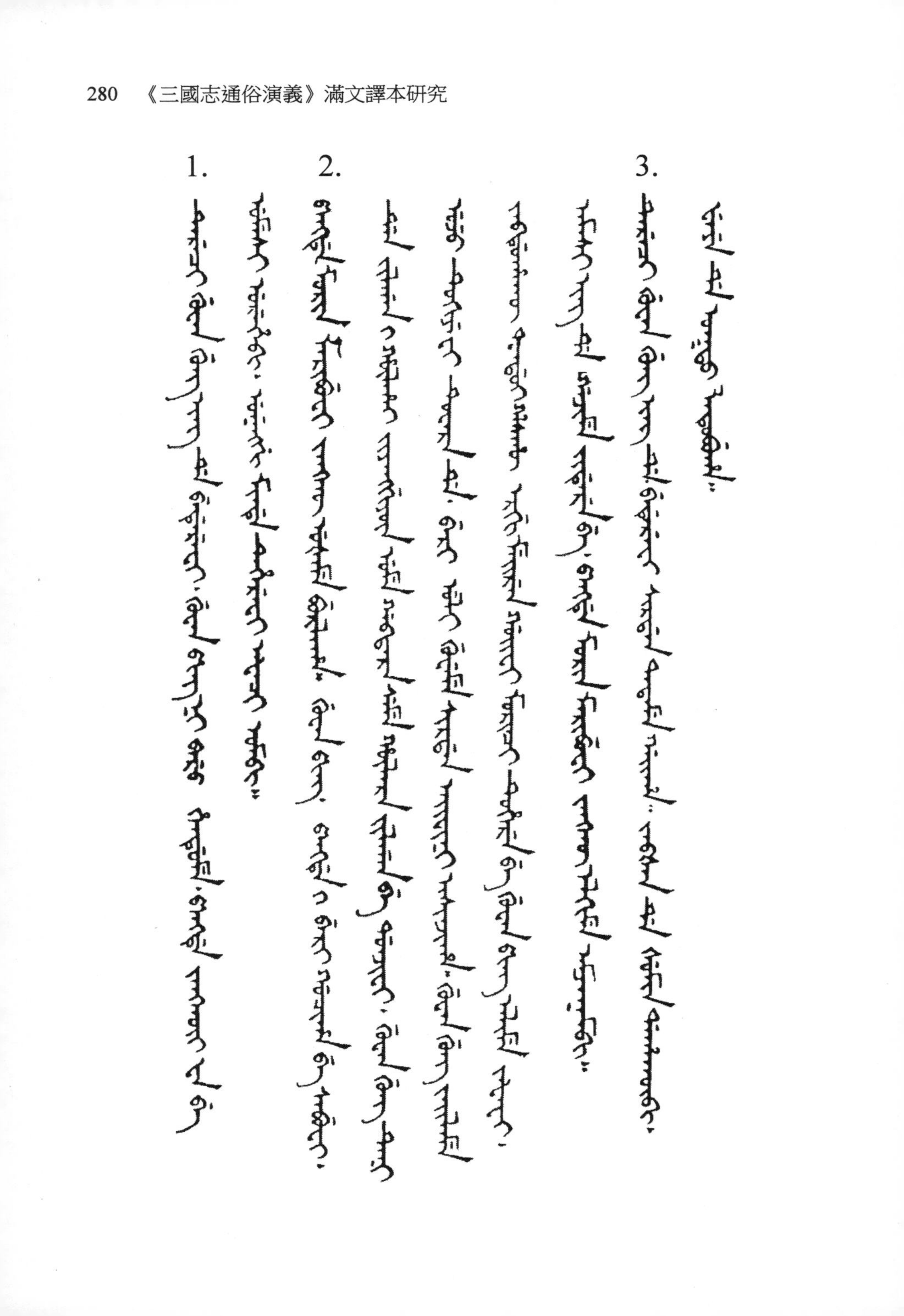

1. [illegible]

2. [illegible]

3. [illegible]

二十二、刮骨療毒

1. tereci guwan gung ing de bederefi, guwan ping ni baru hendume, pangde jangkūi fa be umesi urehebi, unenggi minde teherefi afaci ombi.
2. pangde morin maribufi jangkū ušame burlaha, guwan ping, pangde i beri gociha be sabufi, den jilgan i hūlhai jiyanggiyūn ume gabtara seme hūlara jilgan be donjifi, guwan gung teni uju tukiyefi tuwara de, beri uli guweme sirdan aifini isinjiha, guwan gung jailame jabduhakū, tondoi hashū ergi meiren goifi morinci tuhere be guwan ping alime jafafi, amasi ing de gajime jidere be, pangde morin maribufi jangkū elkime amcanambi.
3. tereci guwan gung ing de bederefi sirdan tatame gaiha. jabšan de šumin dahakūbi, feye de okto latubuha.

1.却說關公回寨，與關平曰：「龐德刀法慣熟，真吾敵手也。」
2.龐德撥回馬拖刀而走，關平眼見龐德拽弓，大叫：「賊將休放冷箭。」關公却擡頭看時，弓弦響處，箭早到來，關公躲閃不及，正中左臂，恰待落馬，關平馬到扶住，送父回營，龐德勒回馬拖刀趕來。
3.却說關公歸營，拔了箭，幸得箭不深，用金瘡藥敷之。

1.却说关公回寨，与关平曰：「庞德刀法惯熟，真吾敌手也。」
2.庞德拨回马拖刀而走，关平眼见庞德拽弓，大叫：「贼将休放冷箭。」关公却抬头看时，弓弦响处，箭早到来，关公躲闪不及，正中左臂，恰待落马，关平马到扶住，送父回营，庞德勒回马拖刀赶来。
3.却说关公归营，拔了箭，幸得箭不深，用金疮药敷之。

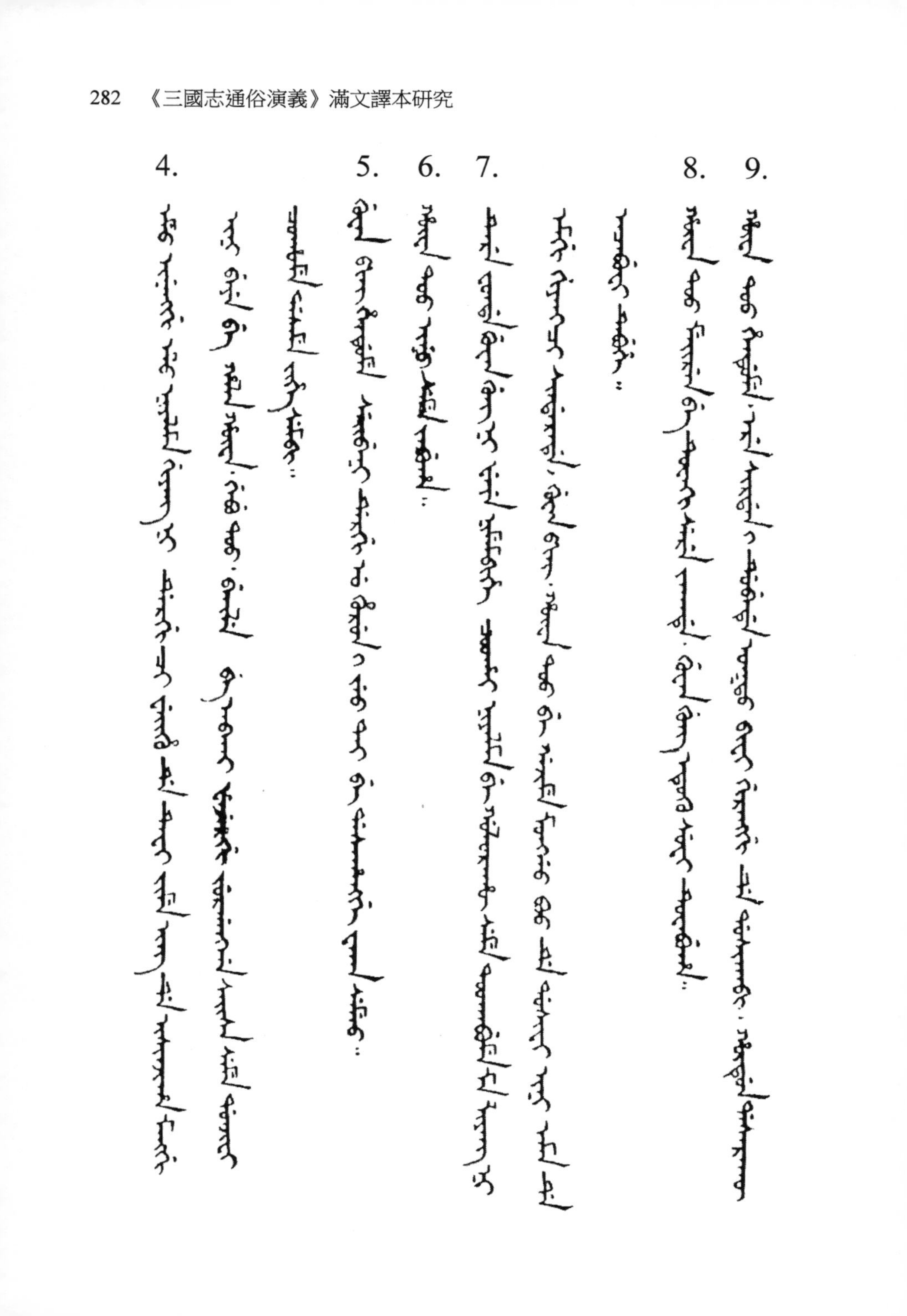

9. [illegible]

8. [illegible]

7. [illegible]

6. [illegible]

5. [illegible]

4. [illegible]

4. emu inenggi emu niyalma giyang ni dergi ci weihu de tefi jime ing de isinjiha manggi, ini beye be hala hūwa, gebu too, beile be abkai fejergi jurgangga saisa seme donjifi, cohome dasame jihe sembi.
5. guwan ping hendume, seibeni dergi u hurun〔gurun〕i jeo tai be dasahangge waka semeo.
6. hūwa too inu seme jabuha.
7. tere fonde guwan gung ni feye nimembihe, coohai niyalma be golorahū seme tookabume, ma liyang ni emgi giyangci sindarade, guwan ping, hūwa too be gajime monggo boo de dosifi ini ama de acabufi tebuhe.
8. hūwa too meiren be tuwaki sere jakade, guwan gung etuku sufi tuwabuha.
9. hūwa too hendume, ere sirdan i dubede okto bifi giranggi de dosikabi, hūdun dasarakū

4.一日，有一人從江東駕小舟而來，直至寨中，自言：「姓華，名佗。聞名君侯天下大義之士，特來醫治。」
5.關平曰：「莫非昔日醫東吳周泰者乎？」
6.華佗曰：「然。」
7.此時關公本是臂疼，恐慢軍心[85]，正與馬良弈棋。關平引華佗入帳拜見父親賜坐。
8.華佗請臂視之，關公袒下衣袍伸臂，令華佗看視。
9.華佗曰：「此乃箭所傷，其中有藥，直透入骨，若不早治，

4.一日，有一人从江东驾小舟而来，直至寨中，自言：「姓华，名佗。闻名君侯天下大义之士，特来医治。」
5.关平曰：「莫非昔日医东吴周泰者乎？」
6.华佗曰：「然。」
7.此时关公本是臂疼，恐慢军心，正与马良弈棋。关平引华佗入帐拜见父亲赐坐。
8.华佗请臂视之，关公袒下衣袍伸臂，令华佗看视。
9.华佗曰：「此乃箭所伤，其中有药，直透入骨，若不早治，

---

85 恐慢軍心，句中「軍心」，滿文當讀作“coohai niyaman”，此作“coohai niyalma”，意即「軍士」，滿漢文義不合。

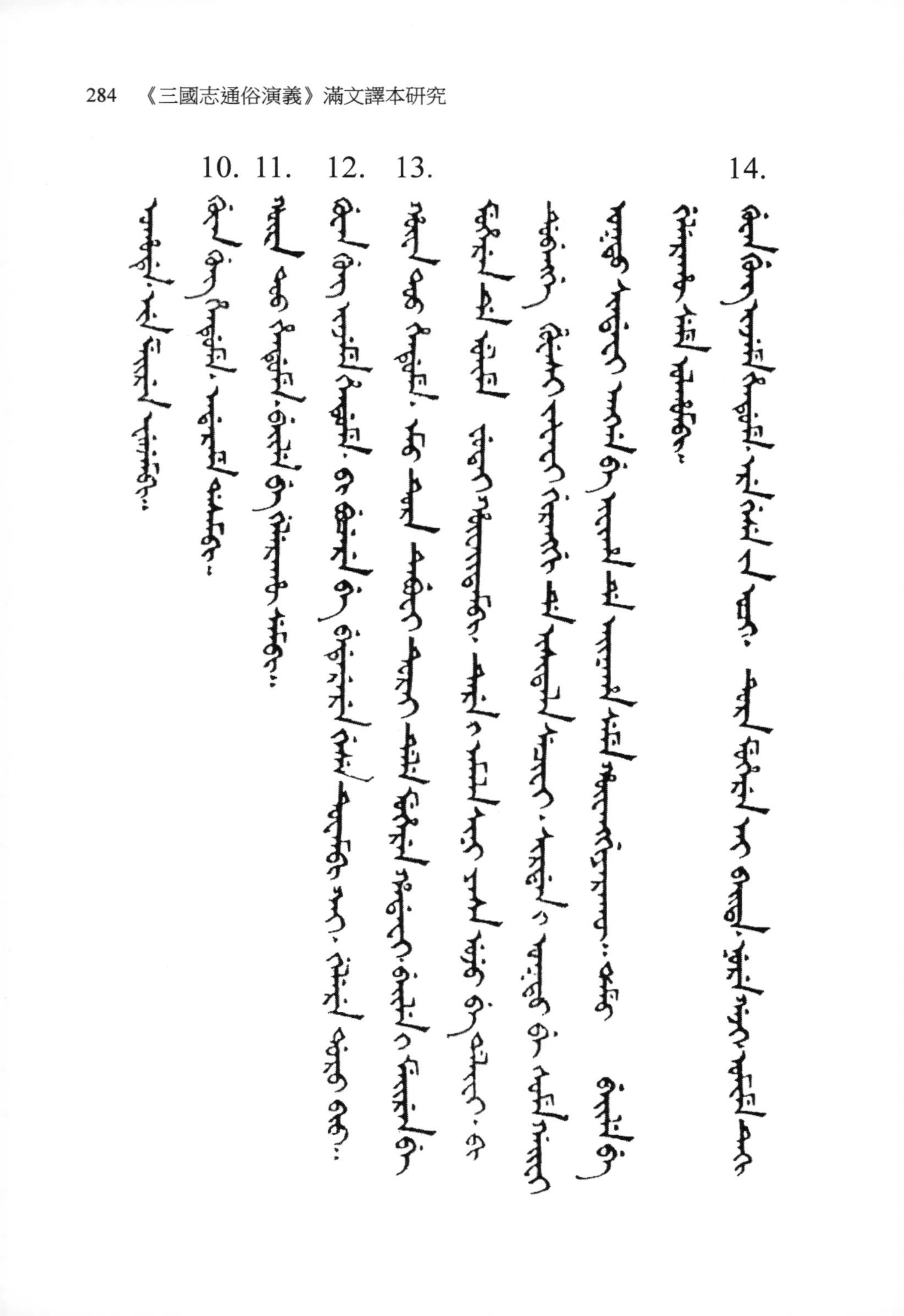

ohode, ere meiren efujembi.
10. guwan gung hendume, adarame dasambi.
11. hūwa too hendume, beile be gelerahū sembi.
12. guwan gung injeme hendume, bi bucere be bederere gese tuwambi kai, gelere doro bio.
13. hūwa too hendume, emu tura tebufi turai dele muheren hadafi, beile i meiren be muheren de ulime futai hūwaitambi, tere i amala sini yasa uju be dalifi, bi dubengge huwesi jafafi giranggi de isitala secifi, sirdan i okto be šome gaifi okto sindafi angga be ifiha de, ainaha seme hūwanggiyarakū. damu beile be gelerahū seme olhombi.
14. guwan gung injeme hendume, ere gese ja oci, tura muheren ai baita, nure gaji, omime teki

---

此臂則無用矣。」
10.關公曰：「用何物治之？」
11.華佗曰：「只恐君侯懼耳！」
12.關公笑曰：「吾視死如歸，有何懼哉？」
13.華佗曰：「立一標柱，上釘大環，請君侯將臂穿於環中，以繩繫之，然後以被蒙其首[86]，吾用堅利之器剖開皮肉，直至于骨，刮去箭毒[87]，用藥敷之，以線縫其口，自然無事，但恐君侯懼耳！」
14.關公笑曰：「如此容易，何用柱環？令設酒席相待，

此臂则无用矣。」
10.关公曰：「用何物治之？」
11.华佗曰：「只恐君侯惧耳!」
12.关公笑曰：「吾视死如归，有何惧哉？」
13.华佗曰：「立一标柱，上钉大环，请君侯将臂穿于环中，以绳系之，然后以被蒙其首，吾用坚利之器剖开皮肉，直至于骨，刮去箭毒，用药敷之，以线缝其口，自然无事，但恐君侯惧耳!」
14.关公笑曰：「如此容易，何用柱环？令设酒席相待，

---

86 以被蒙其首，滿文讀作“sini yasa uju be dalifi”，意即「蒙住你的眼睛、頭」。
87 箭毒，滿文讀作“sirdan i okto”，意即「箭上的藥」。

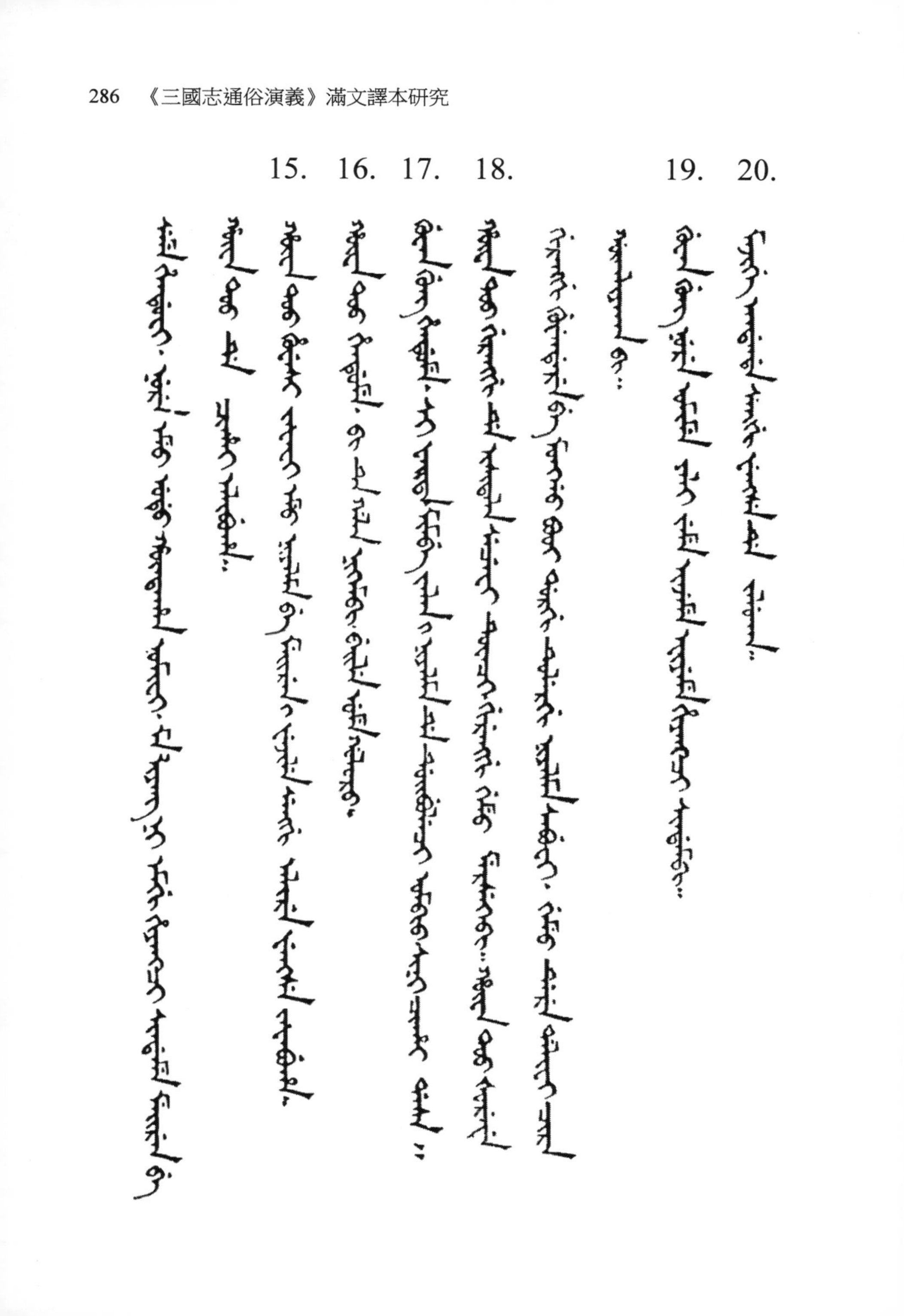

15. 16. 17. 18. 19. 20.

seme hendufi, nure emu udu hūntahan omifi, ma liyang ni emgi hiyangci sindame, meiren be hūwa too de cihai alibuha.

15. hūwa too huwesi jafafi emu niyalma be meiren i fejile senggi alire fengse jafabuha.
16. hūwa too hendume, bi te gala nikembi, beile ume goloro.
17. guwan gung hendume, si faita, mimbe jalan i niyalma de duibuleci ombio, sini cihai dasa.
18. hūwa too giranggi de isitala secefi〔secifi〕tuwaci, giranggi gemu mersekebi. hūwa too šorede giranggi guwendere be, monggo booi dorgi tulergi niyalma sabufi, gemu dere dalifi cira gūwaliyaka bi.
19. guwan gung nure omime yali jeme injeme efiyeme hiyangci sindambi.
20. majige andande senggi fengse de jaluka.

飲數杯酒畢，與馬良弈棋，伸臂令華佗割之。
15.華佗取尖刀在手，令一小校捧一大盆于臂下接血。
16.華佗曰：「某便下手，君侯勿驚。」
17.關公曰：「汝割！吾豈比世間之俗子耶？任汝醫治。」
18.華佗割開皮肉直至于骨，骨上已青[88]。華佗用刀割之有聲，帳上帳下見者皆掩面失色。
19.關公飲酒食肉，談笑弈棋。
20.須臾血流盈盆。

饮数杯酒毕，与马良弈棋，伸臂令华佗割之。
15.华佗取尖刀在手，令一小校捧一大盆于臂下接血。
16.华佗曰：「某便下手，君侯勿惊。」
17.关公曰：「汝割！吾岂比世间之俗子耶？任汝医治。」
18.华佗割开皮肉直至于骨，骨上已青。华佗用刀割之有声，帐上帐下见者皆掩面失色。
19.关公饮酒食肉，谈笑弈棋。
20.须臾血流盈盆。

---

88 骨上已青，滿文讀作“giranggi gemu mersekebi”，意即「骨頭上皆已起斑點」。

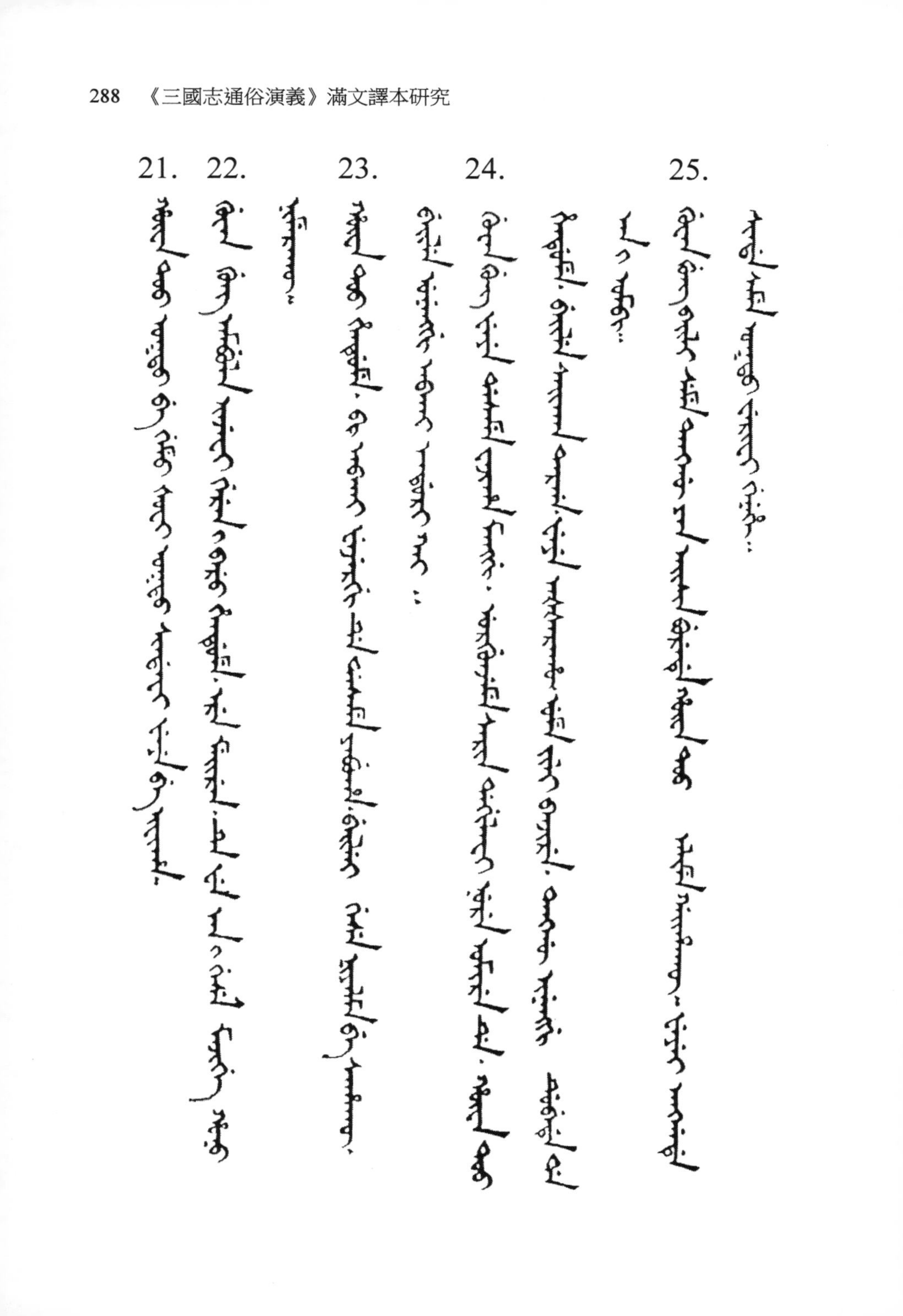

21. [illegible]

22. [illegible]

23. [illegible]

24. [illegible]

25. [illegible]

21. hūwa too okto be gemu šofi okto sindafi feye be ifiha.
22. guwan gung ambula injefi geren i baru hendume, ere meiren, te fe an i gese majige hono nimerakū.
23. hūwa too hendume, bi abkai fejergi de dasame yabuha, beilei gese niyalma be sahakū, beile unenggi abkai enduri kai.
24. guwan gung feye dasame wajiha manggi, urgunjeme sarin dagilafi nure omire de, hūwa too hendume, beile saikan targa, feye aššarahū, ume jili banjire, tanggū inenggi dubede da an i ombi.
25. guwan gung baili seme tanggū yan aisin burede, hūwa too alime gaihakū. feyei anggade sinda seme okto werifi genehe.

21.華佗刮盡其毒[89]，敷上藥，以線縫之。
22.關公大笑而與多官曰：「此臂伸舒如故，並無痛矣。」
23.華佗曰：「某為醫一生未嘗見此，君侯真乃天神也。」
24.關公箭瘡治畢，欣然而笑設席飲酒。華佗曰：「君侯貴恙必須愛護[90]，切勿怒氣觸之，不過百日，平復如舊。」
25.關公以金百兩酬之。華佗堅辭不受，留藥一帖，以敷瘡口，作辭而去。

21.华佗刮尽其毒，敷上药，以线缝之。
22.关公大笑而与多官曰：「此臂伸舒如故，并无痛矣。」
23.华佗曰：「某为医一生未尝见此，君侯真乃天神也。」
24.关公箭疮治毕，欣然而笑设席饮酒。华佗曰：「君侯贵恙必须爱护，切勿怒气触之，不过百日，平复如旧。」
25.关公以金百两酬之。华佗坚辞不受，留药一帖，以敷疮口，作辞而去。

---

89 刮盡其毒，滿文讀作“okto be gemu šofi”，意即「刮盡其藥」。
90 君侯貴恙必須愛護，滿文讀作“beile saikan targa”，意即「君侯好好戒之」。

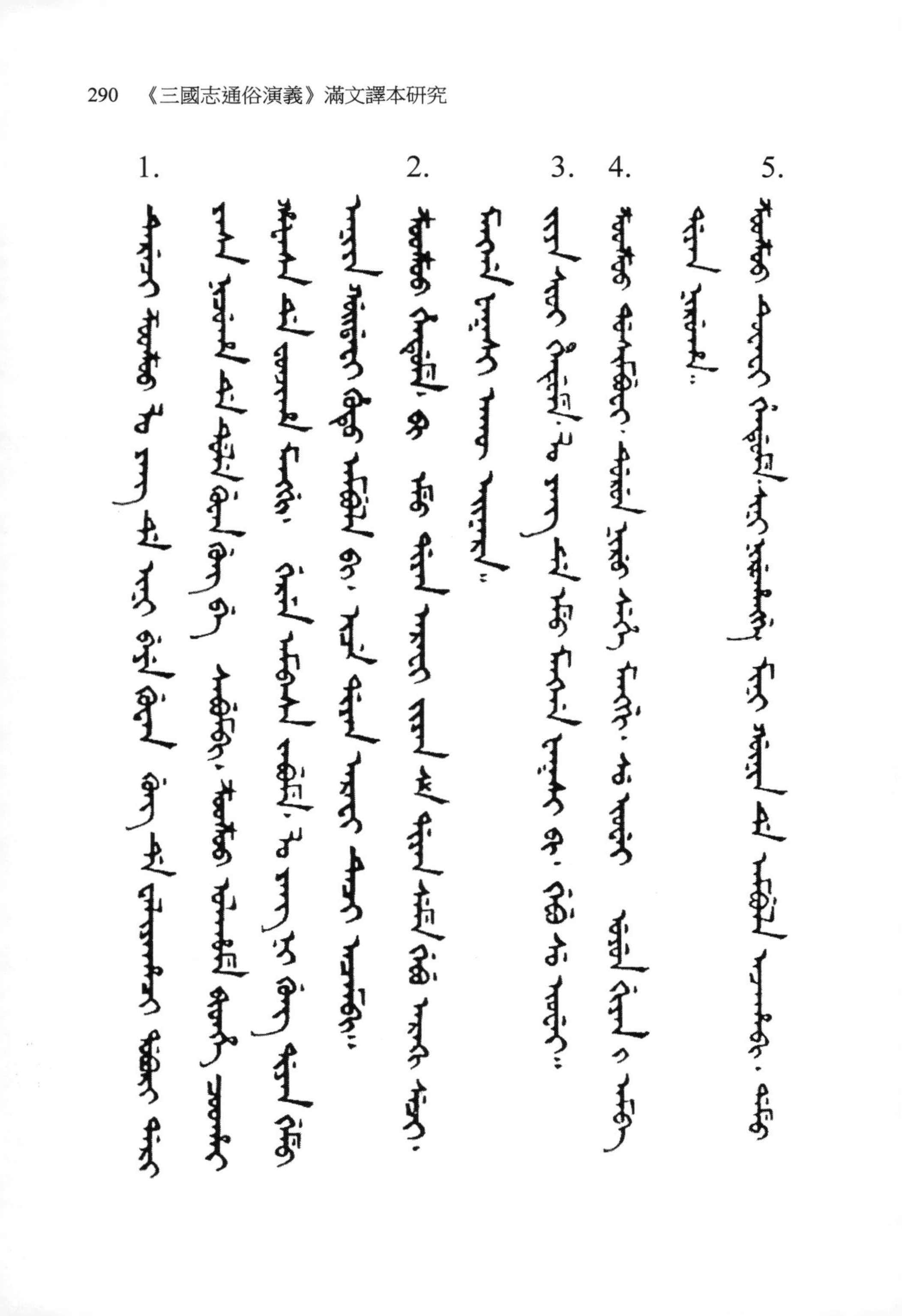

1. [illegible]

2. [illegible]

3. [illegible]

4. [illegible]

5. [illegible]

二十三、扁鵲神醫

1. tereci ts'oots'oo lo yang de ini beye guwan gung de waliyahaci, dobori dari yasa nicuha de dule guwan gung be sabumbi, ts'oots'oo olhome bithe coohai hafasa de fonjiha manggi, geren ambasa jabume, lo yang ni gung diyan gemu aniya goidafi hutu ambula bi, ice diyan arafi teci acambi.
2. ts'oots'oo hendume, bi emu diyan arafi jiyan sy diyan seme gebu araki seci, mangga faksi akū ainara.
3. jiya sioi hendume, lo yang de emu mangga faksi bi, gebu su iowei.
4. ts'oots'oo dosimbufi, durun niru sehe manggi, su iowei uyun giyan i amba diyan niruha.
5. ts'oots'oo tuwafi hendume, sini niruhangge, mini gūnin de ambula acahabi, damu

---

1.却說曹操在洛陽自葬關公後，每夜合眼，便見關公。曹操甚驚懼，乃問文武。眾皆答曰：「洛陽行宮，舊殿多妖，可造新殿居之。」
2.曹操問：「吾欲起一殿，名建始殿，恨無良工[91]。」
3.賈詡曰：「洛陽良工，名蘇越。」
4.曹操召入，令畫圖像。蘇越畫成九間大殿。
5.曹操視之曰：「汝畫甚合孤意，

1.却说曹操在洛阳自葬关公后，每夜合眼，便见关公。曹操甚惊惧，乃问文武。众皆答曰：「洛阳行宫，旧殿多妖，可造新殿居之。」
2.曹操问：「吾欲起一殿，名建始殿，恨无良工。」
3.贾诩曰：「洛阳良工，名苏越。」
4.曹操召入，令画图像。苏越画成九间大殿。
5.曹操视之曰：「汝画甚合孤意，

---

91 恨無良工，滿文讀作“mangga faksi akū ainara”，意即「無奈無巧匠」。

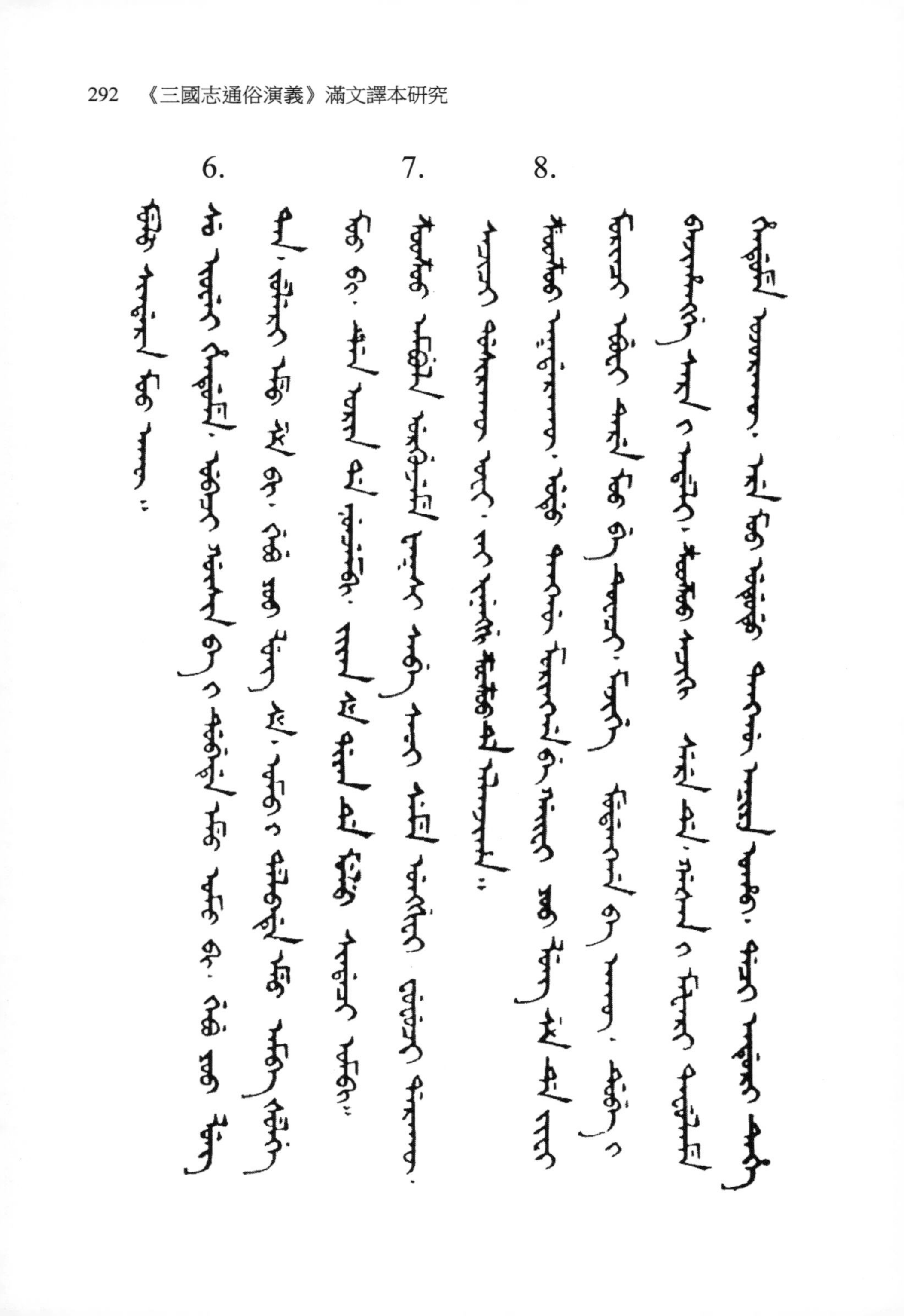

[illegible]

8. [illegible]

7. [illegible]

6. [illegible]

mulu sindara moo akū.

6. su iowei hendume, ubaci gūsin ba i dubede emu omo bi, gebu yoo lung tan, juleri emu sy bi, gebu yoo lung sy, omo i dalbade emu amba šulge moo bi, den orin da funcembi, jiyan sy diyan de mulu sindaci ombi.
7. ts'oots'oo ambula urgunjeme, faksi sabe saci seme unggifi fufuci darakū, sacici dosirakū ofi, jai ineenggi ts'oots'oo de alanjiha.
8. ts'oots'oo akdarakū, udu tanggū moringga be gaifi yoo lung sy de jifi, morinci ebufi tere moo be tuwaci, majige mudangga ba akū, dube i banjihangge sara i adali, ts'oots'oo saciki sere de, gašan i mafari tafulame hendume, ojorakū, ere moo ududu tanggū aniya oho, daci enduri tehe

---

恐無棟梁之材。」

6.蘇越曰：「此去離城三十里有一潭，名躍龍潭，前有一祠，名躍龍祠，祠傍有一株大梨樹[92]，高十餘丈，堪作建始殿之梁。」

7.曹操大喜，即令人工砍伐，鋸解不開，斧砍不入。次日，回報。

8.曹操不信，自領數百騎直至躍龍祠，下馬仰觀其樹，亭亭如華蓋，直侵雲漢，並無曲節。曹操欲砍之。鄉老諫曰：「未可，此樹數百年矣，常有神入

恐无栋梁之材。」

6.苏越曰：「此去离城三十里有一潭，名跃龙潭，前有一祠，名跃龙祠，祠傍有一株大梨树，高十余丈，堪作建始殿之梁。」

7.曹操大喜，即令人工砍伐，锯解不开，斧砍不入。次日，回报。

8.曹操不信，自领数百骑直至跃龙祠，下马仰观其树，亭亭如华盖，直侵云汉，并无曲节。曹操欲砍之。乡老谏曰：「未可，此树数百年矣，常有神入

---

92 祠傍，滿文讀作“omo i dalbade”，意即「潭傍」，滿漢文義不合。

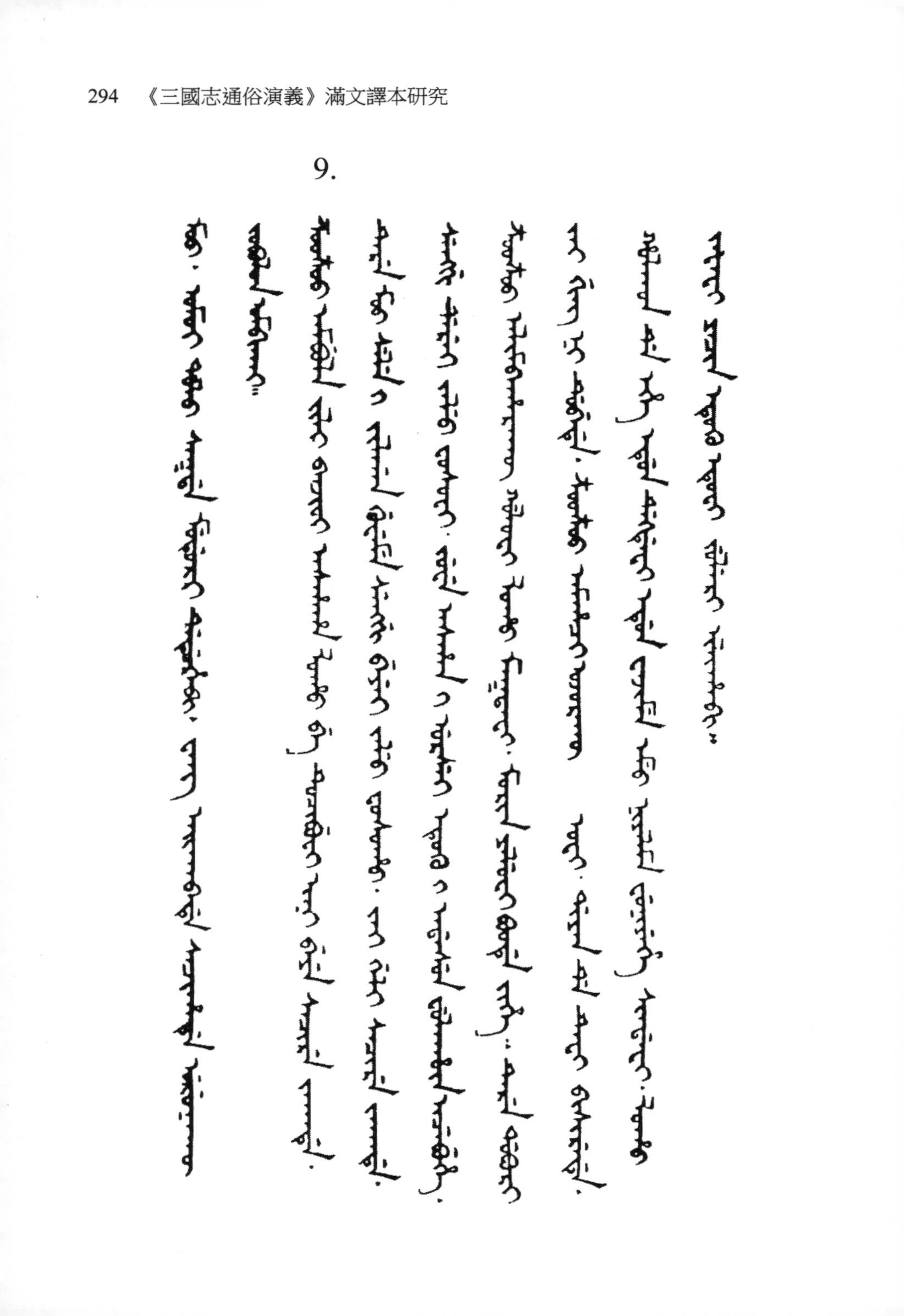

9.

[illegible]

[illegible]

[illegible]

[illegible]

[illegible]

[illegible]

[illegible]

[illegible]

[illegible]

moo, omoi dolo sakda muduri deduhebi, wang aikabade sacihade urunakū jobolon ombikai.

9. ts'oots'oo ambula jili banjifi ashaha loho be tucibufi ini beye sacire jakade, tere moo sele i jilgan guweme, senggi beyei jalu fosoho, jai geli sacire jakade, senggi dere jalu fosofi, juwe ashan i ursei etuku i adasun fulahūn icebuhe. ts'oots'oo alimbaharakū golofi loho maktafi, morin yalufi boode jihe, tere dobori jai ging ni dubede, ts'oots'oo amhaci〔amgaci〕ojorakū ofi, diyan de tefi bisirede, holkon de ehe edun dekdefi, edun wajime emu niyalma funiyehe sindafi, loho jafafi yacin etuku etufi juleri ilihabi.

居其上下，老龍伏潭中，王若伐之必主禍也。」

9.曹操大怒，拔所佩劍親自砍之，錚然有聲，血濺滿身。再欲砍之，血濺滿面，左右衣襟盡赤。曹操愕然大驚，擲劍上馬，回至宮內。是夜二更，曹操睡臥不安，坐於殿中，忽然怪風驟起，風過處，一人披髮仗劍，渾身皂衣，直至面前[93]。

居其上下，老龙伏潭中，王若伐之必主祸也。」

9.曹操大怒，拔所佩剑亲自砍之，铮然有声，血溅满身。再欲砍之，血溅满面，左右衣襟尽赤。曹操愕然大惊，掷剑上马，回至宫内。是夜二更，曹操睡卧不安，坐于殿中，忽然怪风骤起，风过处，一人披发仗剑，浑身皂衣，直至面前。

---

93 直至面前，滿文讀作“juleri ilihabi”，意即「站在面前」。

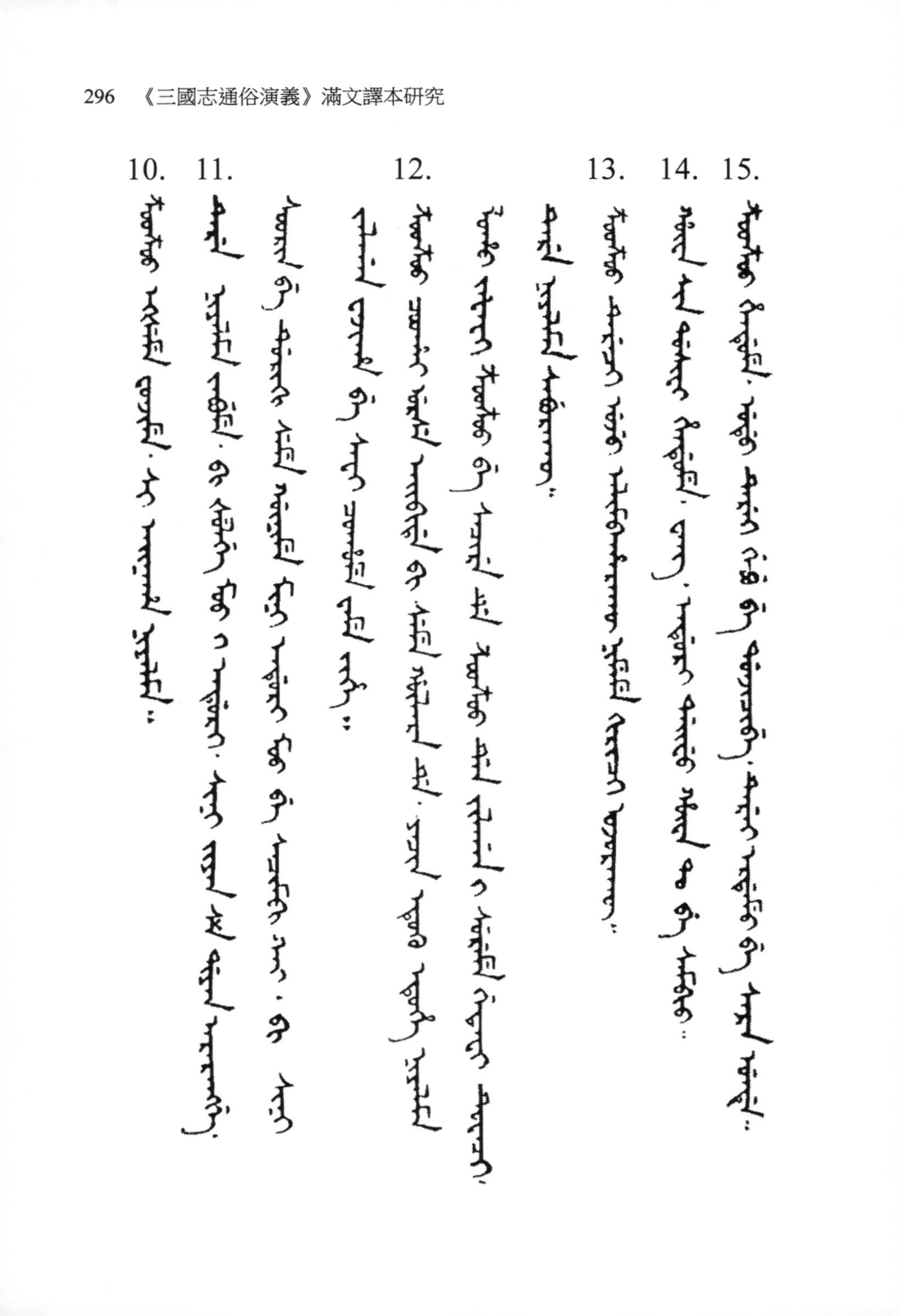

10. ts'oots'oo ekšeme fonjime, si ainaha niyalma.
11. tere niyalma jabume, bi šulge moo i enduri, sini jiyan sy diyan ararangge, soorin be duriki seme gūnime, mini enduri moo be sacimbi kai, bi sini jalgan wajiha be safi, cohome wame jihe.
12. ts'oots'oo coohai urse aibide bi seme hūlara de, yacin etuku etuhe niyalma loho jafafi ts'oots'oo be sacire de, ts'oots'oo den jilgan i sureme getefi tuwaci, tere niyalma saburakū.
13. ts'oots'oo tereci uju alimbaharakū nimeme kirici ojorakū.
14. hūwa sin dosifi hendume, wang, enduri daifu hūwa to 〔too〕 be sambio.
15. ts'oots'oo hendume, udu terei gebu be donjicibe, terei erdemu be sara unde.

10.曹操急問之曰：「汝是何人？」
11.其人答曰：「吾乃梨樹之神也。汝蓋建始殿意欲篡逆，却來伐吾神木，吾故知汝數盡，特來殺汝。」
12.曹操呼：「武士安在？」皂衣人仗劍望曹操砍，曹操大叫一聲，忽然驚覺，其人不見。
13.曹操頭腦疼痛不可忍也。
14.華歆入曰：「皇上知有神醫華佗否？」
15.曹操曰：「雖聞其名，未知其才。」

10.曹操急问之曰：「汝是何人？」
11.其人答曰：「吾乃梨树之神也。汝盖建始殿意欲篡逆，却来伐吾神木，吾故知汝数尽，特来杀汝。」
12.曹操呼：「武士安在？」皂衣人仗剑望曹操砍，曹操大叫一声，忽然惊觉，其人不见。
13.曹操头脑疼痛不可忍也。
14.华歆入曰：「皇上知有神医华佗否？」
15.曹操曰：「虽闻其名，未知其才。」

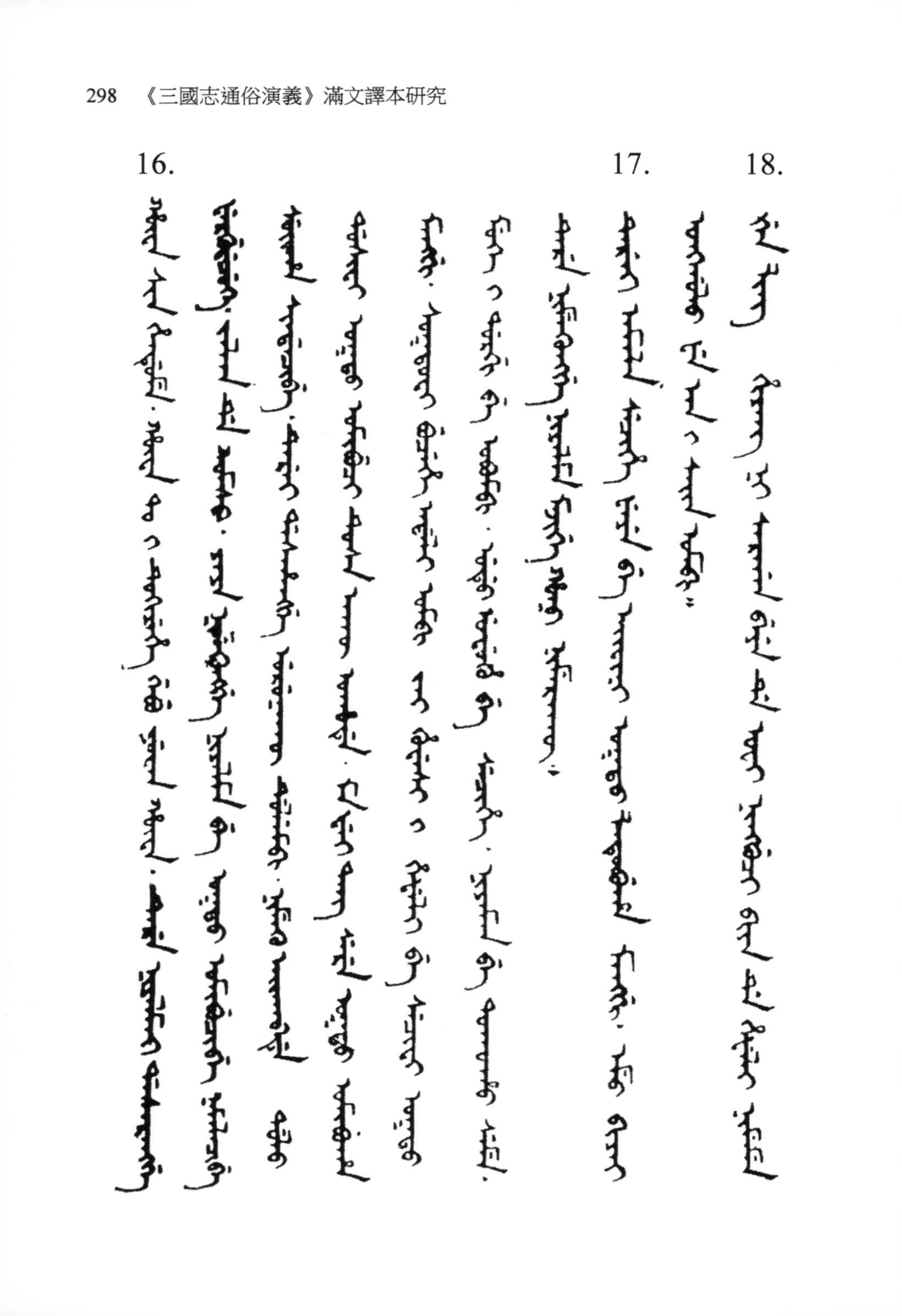

16.

17.

18.

16. hūwa sin hendume, hūwa to〔too〕 i tukiyehe gebu yuwan hūwa, tere niyalmai dasarangge ferguwecuke, jalan de komso, yaya nimekungge niyalma be okto omibucibe, namalacibe, suiha sindacibe, terei dasahangge urunakū dulembi. nimeku aikabade dolo dosifi okto omibuci tusa akū ohode, ma fei tang sere okto omibuha manggi, soktofi bucehe adali ombi, jai huwesi i hefeli be secifi, okto muke i dorgi be obombi, udu ufuhu be secihe, niyaman be tokoho seme, tere nimekungge niyalma majige hono nimerakū.
17. terei amala secihe feye be aifini okto latubuha manggi, emu biyai onggolo fe an i sain ombi.
18. g'an ling hiyang ni sargan beye de ofi ningguci biya de, hefeli nimeme

---

16.華歆曰：「華佗字元化，其人妙手，世之罕有，但有患者，或用藥，或用鍼，或用灸，隨手而愈。若患五臟六腑之疾，藥不能效者，便以麻肺湯飲之，須臾就如醉死，却用尖刀剖開其腹，以藥湯洗臟腑，剝肺剜心，其病人略無疼痛。」
17.然後以藥線縫其口，敷藥末[94]，一個月之內即平復矣。
18.甘陵相夫人有孕六月[95]，腹痛

16.华歆曰：「华佗字符化，其人妙手，世之罕有，但有患者，或用药，或用针，或用灸，随手而愈。若患五脏六腑之疾，药不能效者，便以麻肺汤饮之，须臾就如醉死，却用尖刀剖开其腹，以药汤洗脏腑，剥肺剜心，其病人略无疼痛。」
17.然后以药线缝其口，敷药末，一个月之内即平复矣。
18.甘陵相夫人有孕六月，腹痛

---

94 以藥線縫其口，敷藥末，滿文讀作 "secihe feye be aifini okto latubuha manggi"，意即「將傷口縫合敷藥畢」，句中 "aifini"，當作 "ififi"。
95 有孕，滿文當讀作 "beye de oho"，此作 "beye de ofi"，誤。

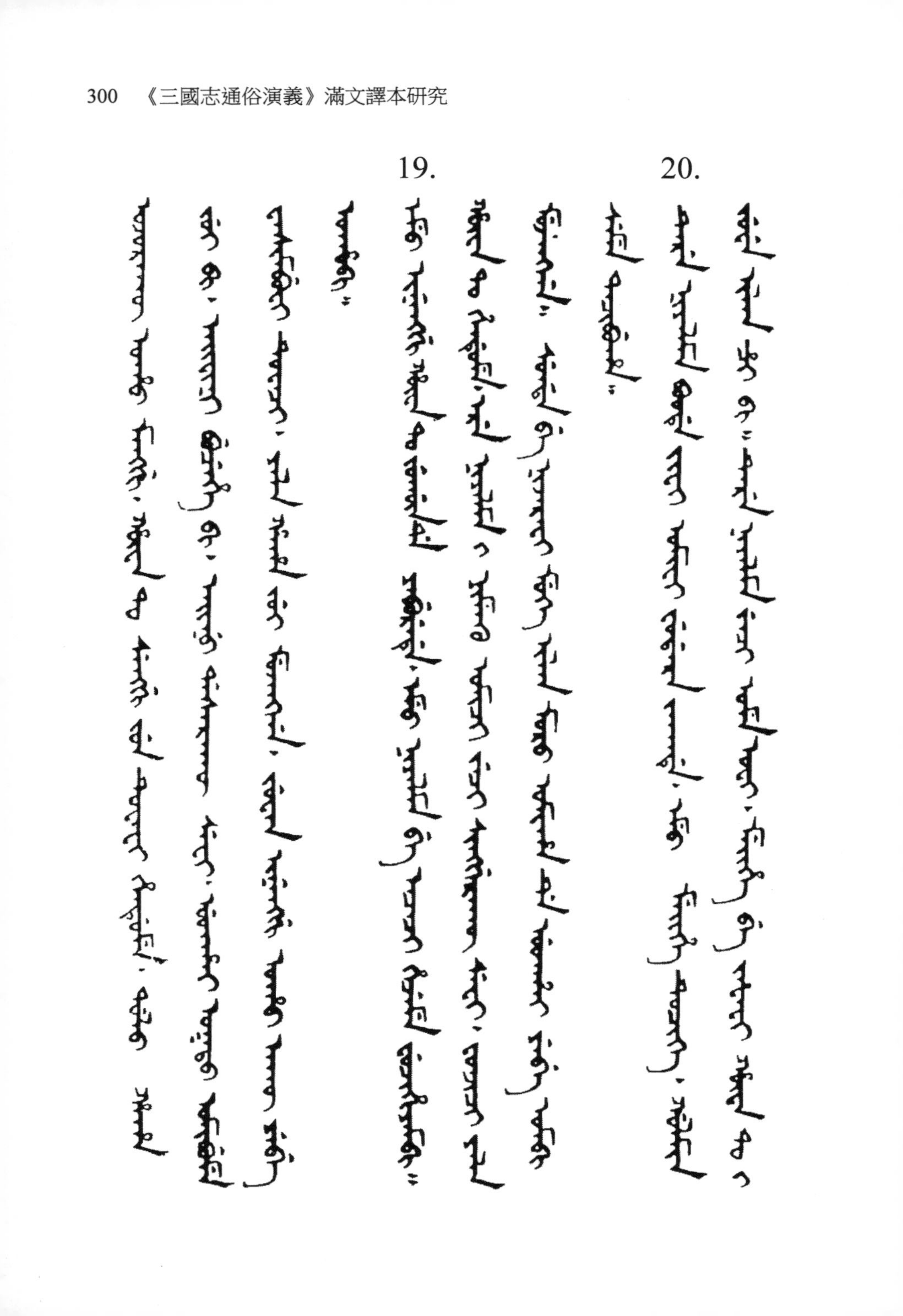

[illegible]

[illegible]

[illegible]

[illegible]

19.

[illegible]

[illegible]

[illegible]

[illegible]

20.

[illegible]

[illegible]

[illegible]

ojorakū oho manggi, hūwa to〔too〕 senggi jun tuwafi hendume, dolo haha jui bi, aifini bucehe bi, ainu dasarakū sefi, uthai okto omibume wasimbufi tuwaci, yala haha jui mujangga, juwan inenggi oho akū yebe ohobi.

19. emu inenggi hūwa to〔too〕 jugūn de yaburede, emu niyalma be acaci hejeme fucihiyambi. hūwa to〔too〕 hendume, ere niyalma i nimeku omici jeci singgerakū sefi, fonjici yala mujangga. sunda be nijarafi muke ilan moro omiha de, uthai yebe ombi seme tacibuha.

20. tere niyalma boode jifi omifi fudara jakade, emu meihe tucike, golmin juwe ilan c'y bi, tere niyalma jeci ome ofi, meihe be jafafi hūwa to〔too〕 i

---

不能安。華佗視其脈曰:「脈中是男胎也,已死多時,何不治療?」遂以藥下之,果男胎,旬日而愈。

19.一日,華佗行於道上,見一人呻吟大聲[96]。華佗曰:「此乃飲食不下之病。」問之,果然。華佗令取蒜虀汁三升[97],即可飲而愈。

20.其人歸家飲之,吐蛇一條,長二、三尺,飲食即下。將蛇赴華佗

不能安。华佗视其脉曰:「脉中是男胎也,已死多时,何不治疗?」遂以药下之,果男胎,旬日而愈。

19.一日,华佗行于道上,见一人呻吟大声。华佗曰:「此乃饮食不下之病。」问之,果然。华佗令取蒜虀汁三升,即可饮而愈。

20.其人归家饮之,吐蛇一条,长二、三尺,饮食即下。将蛇赴华佗

---

96 呻吟大聲,滿文讀作"hejeme fucihiyambi",意即「喘氣咳嗽」。
97 蒜,規範滿文讀作"suwanda",此作"sunda",誤。

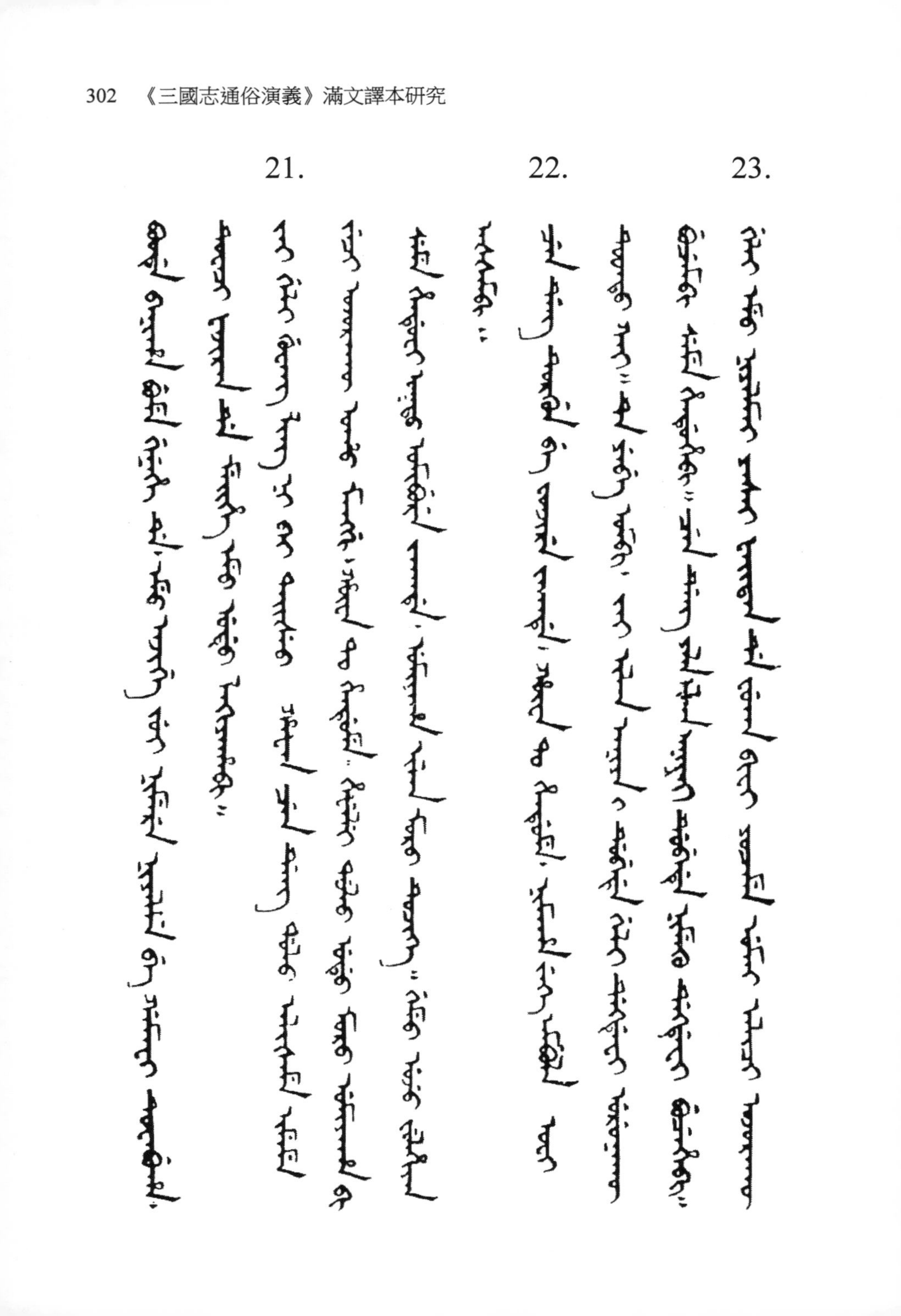

21.

[illegible]

22.

[illegible]

23.

[illegible]

boode baniha bume genehe de, emu ajige jui nimere niyalma be gamafi tuwabuha, tuwaci fajiran de meihe emu udu lakiyahabi.

21. jai geli guwang ling ni bai taišeo hafan cen deng dolo ališame nimeme jeci ojorakū oho manggi, hūwa to〔too〕hendume, hefeli dolo udu moro umiyaha bi seme hendufi, okto omibure jakade, umiyaha ilan moro tucike, gemu uju fulhiyan〔fulgiyan〕 aššambi.

22. cen deng turgun be fonjire jakade, hūwa to〔too〕hendume, nimaha jeke ambula ofi tuttu kai. te yebe ombi, jai ilan aniya i dubede geli dekdefi urunakū bucembi seme henduhebi. cen deng yala ilan aniyai dubede nimeku dekdefi bucehebi.

23. geli emu niyalmai yasai faitan de fuka bifi yocame umai alici ojorakū

家致謝，一小兒引患者視之，見數條蛇懸於壁上。

21.又有廣陵太守陳登，心中煩懣，不能飲食。華佗曰：「胸中有蟲數升[98]。」華佗以藥飲之，吐蟲三升，皆赤頭首尾動搖。

22.陳登問其故，華佗曰：「此乃魚腥之毒[99]，今日雖可，三年之後，又發必死也。」後陳登果三年而死。

23.又有一人眉間生一瘤[100]，癢不可當，

家致谢，一小儿引患者视之，见数条蛇悬于壁上。

21.又有广陵太守陈登，心中烦懑，不能饮食。华佗曰：「胸中有虫数升。」华佗以药饮之，吐虫三升，皆赤头首尾动摇。

22.陈登问其故，华佗曰：「此乃鱼腥之毒，今日虽可，三年之后，又发必死也。」后陈登果三年而死。

23.又有一人眉间生一瘤，痒不可当，

---

98 胸中，滿文讀作"hefeli dolo"，意即「腹中」，滿漢文義不合。

99 魚腥之毒，滿文讀作"nimaha jeke ambula ofi"，意即「多吃魚之故」，滿漢文義不合。

100 瘤，滿文讀作"fuka"，意即「人身上長出的腫瘤」。

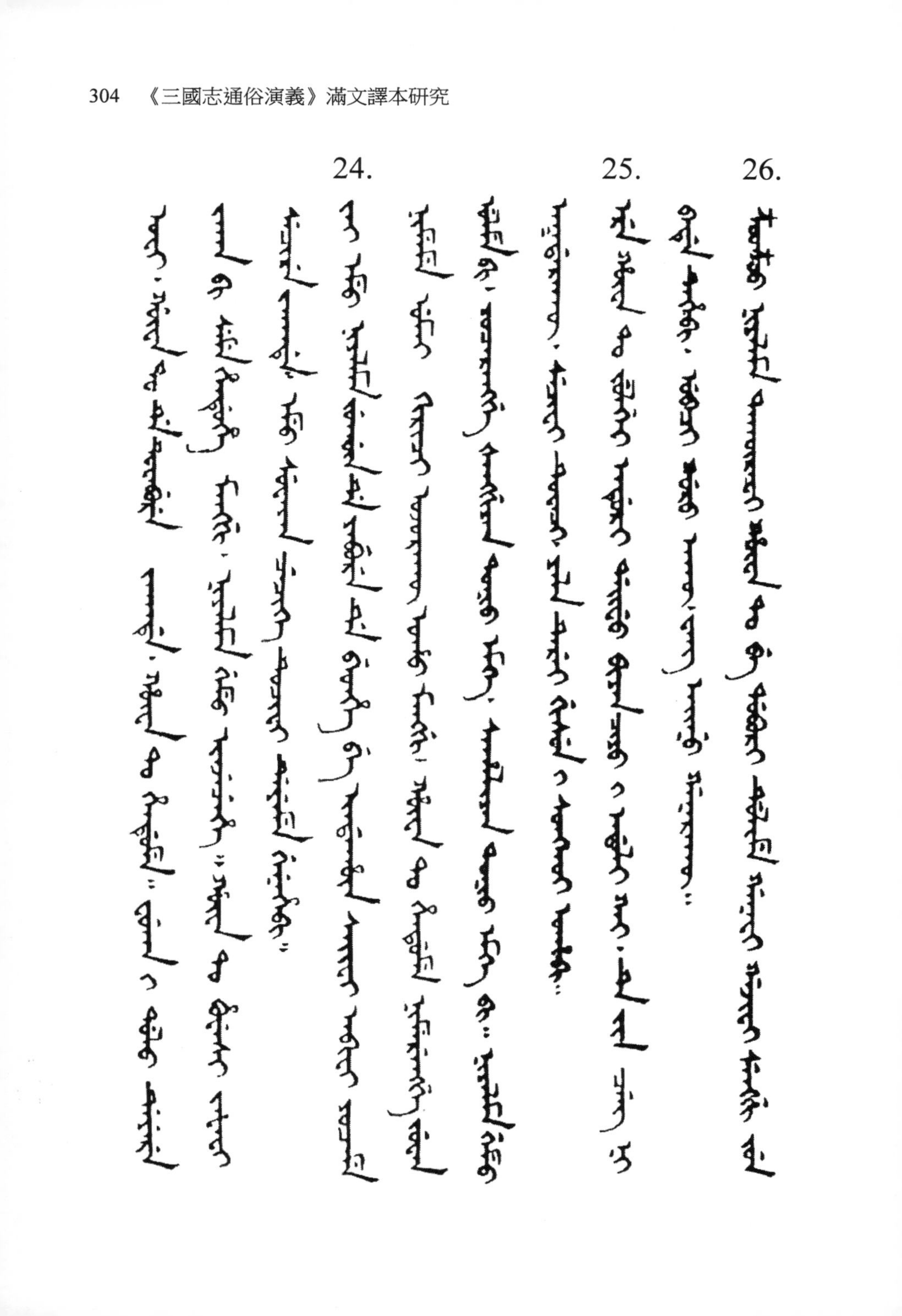

[illegible]

24. [illegible]

25. [illegible]

26. [illegible]

ofi, hūwa to〔too〕 de tuwabure jakade, hūwa to〔too〕 hendume, fuka i dolo deyere jaka bi seme henduhe manggi, niyalma gemu injecehe, hūwa to〔too〕 huwesi jafafi secire jakade, emu suwayan cecike tucifi deyeme genehebi.
24. jai emu niyalma jugūn de yabure de, bethe be, indahūn saifi abifi yocame nimeme umai kirici ojorakū oho manggi, hūwa to〔too〕 hendume, nimerengge juwan ulme bi, yocarangge šanggiyan tonio emke, sahaliyan tonio emke bi. niyalma gemu akdarakū, secifi tuwaci, yala terei gisun i songkoi ohobi.
25. ere hūwa to〔too〕 julgei enduri daifu biyan ciyo i adali kai, te jin ceng ni bade tehebi, ubaci goro akū, wang ainu ganarakū.
26. ts'oots'oo niyalma takūrafi hūwa to〔too〕 be dobori dulime ganafi gajifi, senggi jun

---

令華佗視之。華佗曰：「瘤內有飛物。」人皆笑之，華佗以刀割開，一黃雀飛去。
24.有一人在途，被犬咬其足指，隨長一塊痛癢不可當。華佗曰：「疼者有針十箇，癢者有白棋子一枚，黑棋子一枚。」人皆不信，華佗割開，果應其言。
25.「此華佗真乃扁鵲之神醫也，現居金城，離此不遠，大王何不召之？」
26.曹操即差人黑夜請華佗入內，

令华佗视之。华佗曰：「瘤内有飞物。」人皆笑之，华佗以刀割开，一黄雀飞去。
24.有一人在途，被犬咬其足指，随长一块痛痒不可当。华佗曰：「疼者有针十个，痒者有白棋子一枚，黑棋子一枚。」人皆不信，华佗割开，果应其言。
25.「此华佗真乃扁鹊之神医也，现居金城，离此不远，大王何不召之？」
26.曹操即差人黑夜请华佗入内，

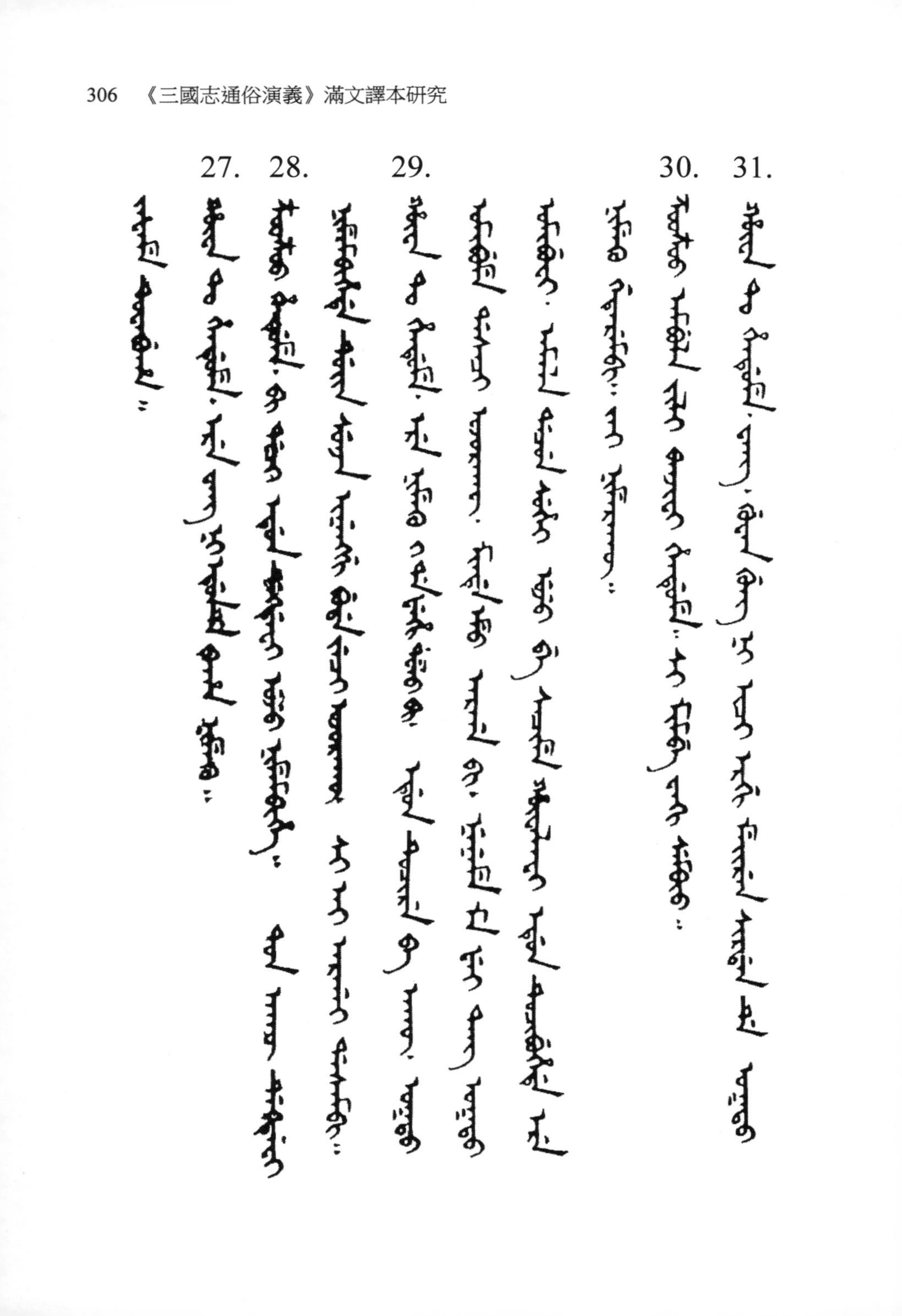

[illegible]

27. [illegible]

28. [illegible]

29. [illegible]

30. [illegible]

31. [illegible]

jafame tuwabuha.
27. hūwa to〔too〕 hendume, ere wang ni edun de baha nimeku.
28. ts'oots'oo hendume, bi daci edun dekdefi uju nimembihe, ton akū dekdefi nimembihede, duin sunja inenggi buda jeci ojorakū, si ai argai dasambi.
29. hūwa to〔too〕 hendume, ere nimeku i da fehi dolo bi, edun tucire ba akū, okto omibume dasaci ojorokū, minde emu arga bi, neneme ma fei tang okto omibufi, amala dacun suhei uju be sacime hūwalafi edun tucibuhede ere nimeku geterembi, jai nimerakū.
30. ts'oots'oo ambula jili banjifi hendume, si mimbe waki sembio.
31. hūwa to〔too〕 hendume, wang, guwan gung ni ici ergi meiren sirdan de okto

---

曹操令診脈視之。
27.華佗曰：「此是王上風所患之病也。」
28.曹操曰：「孤昔日患偏頭風，不時舉發，四、五日不飲食，汝可治之[101]？」
29.華佗曰：「此病根在腦袋中，風涎不能出，枉服湯藥，不可治療，某有一法，先飲麻肺湯，然後用利斧，砍開腦袋，取出風涎，此病可以除根。」
30.曹操大怒曰：「汝要殺孤耶？」
31.華佗曰：「王上曾聞關公中毒箭傷其右臂，

曹操令诊脉视之。
27.华佗曰：「此是王上风所患之病也。」
28.曹操曰：「孤昔日患偏头风，不时举发，四、五日不饮食，汝可治之？」
29.华佗曰：「此病根在脑袋中，风涎不能出，枉服汤药，不可治疗，某有一法，先饮麻肺汤，然后用利斧，砍开脑袋，取出风涎，此病可以除根。」
30.曹操大怒曰：「汝要杀孤耶？」
31.华佗曰：「王上曾闻关公中毒箭伤其右臂，

---

101 汝可治之，滿文讀作“si ai argai dasambi”，意即「你用什麼方法醫治」。

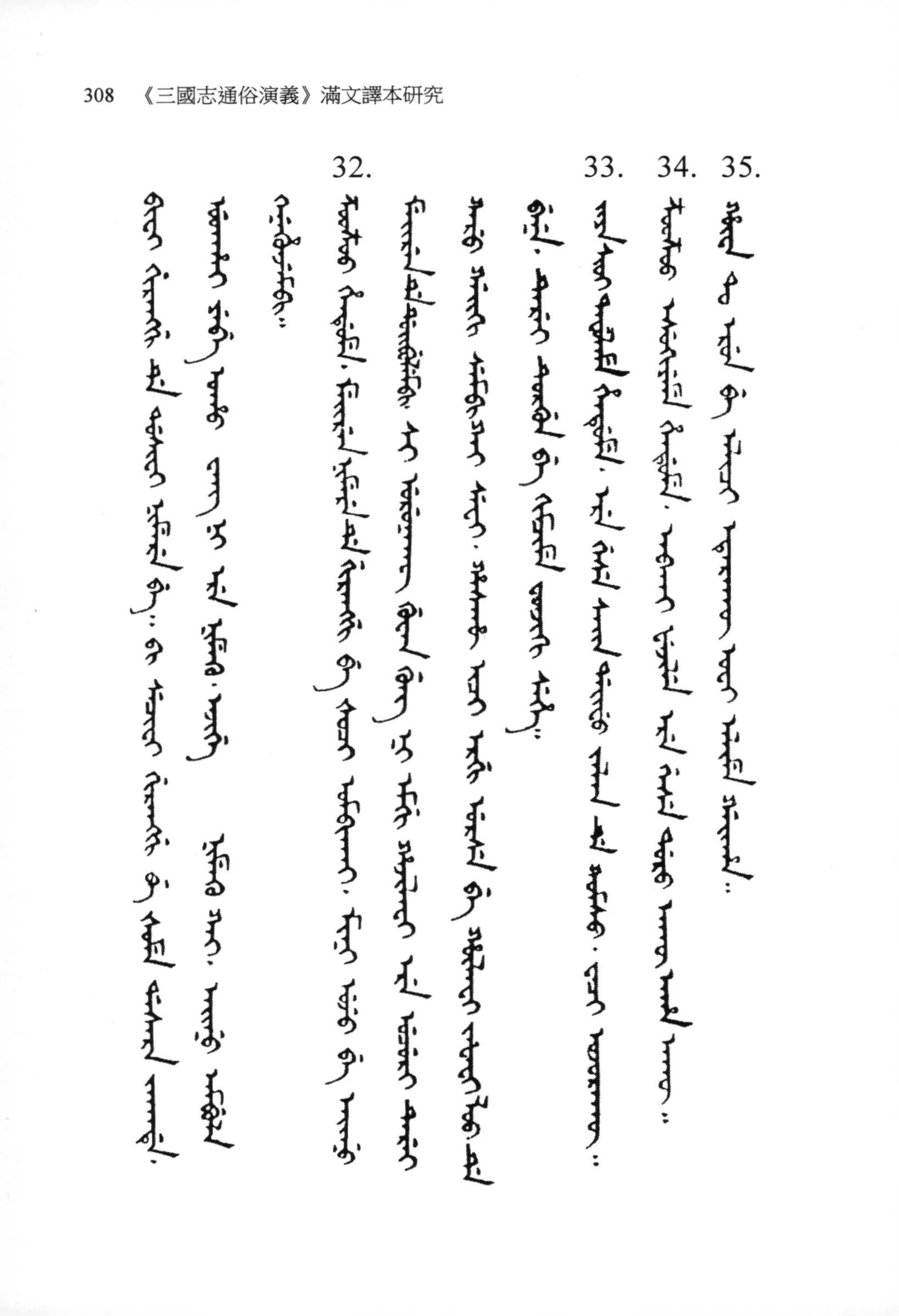

32.

33.

34.

35.

bifi, giranggi de dosifi nimere be, bi secifi giranggi be šome dasara jakade, uthai yebe oho, wang ni ere nimeku, ajige nimeku kai, ainu ambula kenehunjembi.
32. ts'oots'oo hendume, meiren nimere de giranggi be šoci ombikai, mini uju be ainu meiren de duibulembi, si urunakū guwan gung ni emgi hajilafi, ere ucuri terei karu gaiki sembi kai sefi, hashū ici ergi urse be hūlafi jafafi loo de bene, terei turgun be kimcime fonjiki sehe.
33. jiya sioi tafulame hendume, ere gese sain daifu jalan de komso, waci ojorakū.
34. ts'oots'oo esukiyeme hendume, abkai fejile ere gese doro akū aha akū.
35. hūwa to〔too〕 erun be alici eterakū ofi alime gaiha.

痛入骨，某刮骨療毒，自然無憂矣。今王上小可之疾，何多疑焉。」
32.曹操曰：「臂痛可刮骨，孤腦袋安可比臂也。汝必與關公情熟，乘此機會而與其人復仇耶？」呼左右拏下獄中，拷問其情。
33.賈詡諫曰：「似此良醫，世之罕有，未可廢也。」
34.曹操叱之曰：「天下無此鼠輩[102]。」
35.華佗受刑不過，只可屈招。

痛入骨，某刮骨疗毒，自然无忧矣。今王上小可之疾，何多疑焉。」
32.曹操曰：「臂痛可刮骨，孤脑袋安可比臂也。汝必与关公情熟，乘此机会而与其人复仇耶？」呼左右拏下狱中，拷问其情。
33.贾诩谏曰：「似此良医，世之罕有，未可废也。」
34.曹操叱之曰：「天下无此鼠辈。」
35.华佗受刑不过，只可屈招。

---

102 無此鼠輩，滿文讀作“ere gese doro akū aha akū”，意即「無如此無禮奴才」。

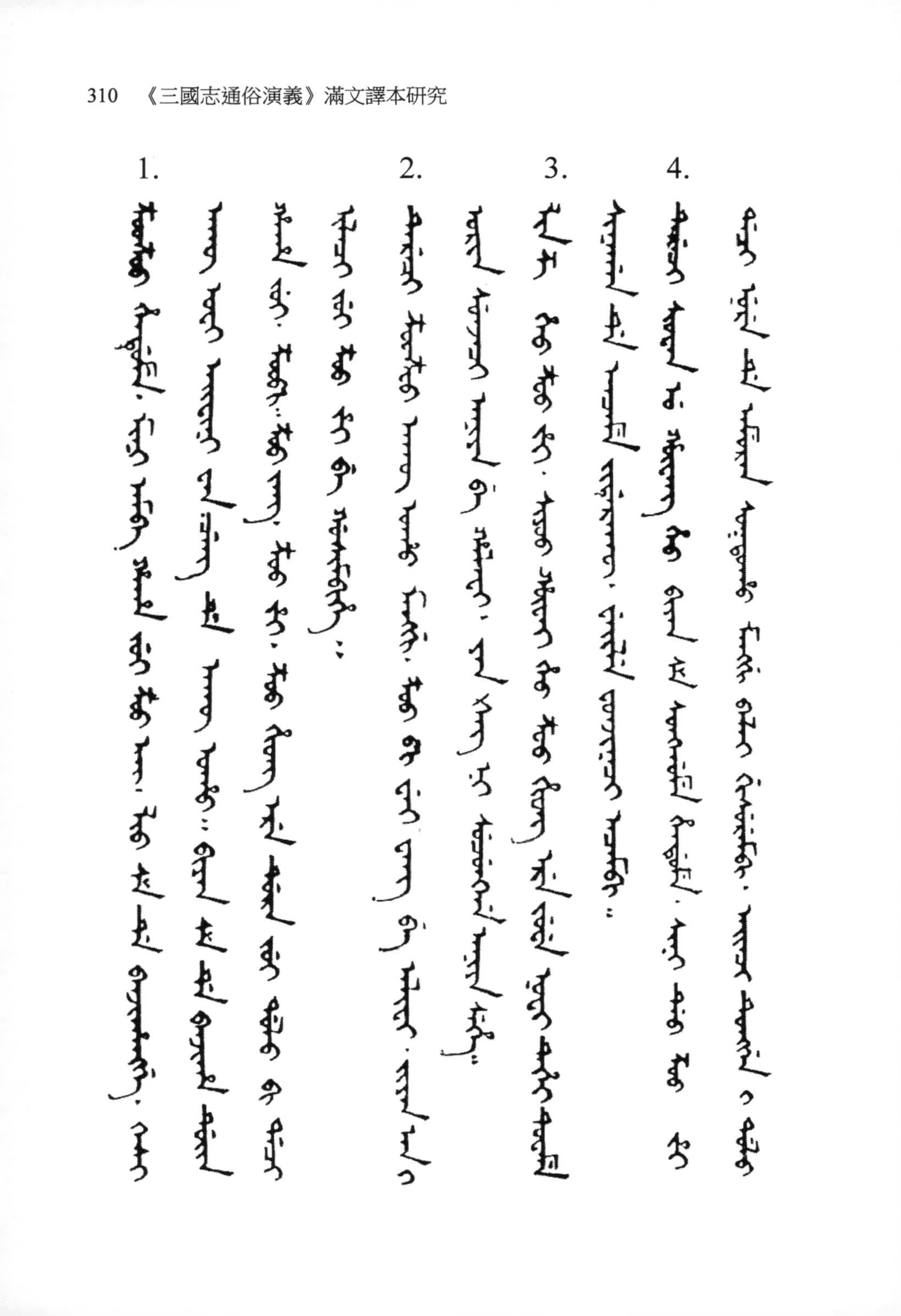

1. [illegible] [illegible] [illegible] [illegible]

2. [illegible] [illegible]

3. [illegible] [illegible]

4. [illegible] [illegible]

二十四、七步成詩

1. ts'oots'oo hendume, mini amba haha jui ts'oo ang, lio sy de banjihangge, kesi akū ofi aifini wan ceng de akū oho. biyan sy de banjiha duin haha jui, ts'oopi. ts'oo jang, ts'oo jy, ts'oo hiong, ere duin jui dolo bi daci ilaci jui ts'oo jy be gosimbihe.
2. tereci ts'oots'oo akū oho manggi, ts'oo pi wei wang be alifi, jiyan an i orin sunjaci aniya be halafi, yan k'ang ni sucungga aniya sehe.
3. lin dz heo ts'oo jy, siyoo hūwai heo ts'oo hiong, ere juwe nofi tehei tuwame sinagan de acame jiderakū, weile fonjinaci acambi.
4. tereci siowan u hūwang heo biyan sy songgome hendume, sini deo ts'oo jy daci nure de amuran soktoho manggi balai gisurembi, ainci tunggen i dolo

---

1.曹操曰:「孤長子曹昂，劉氏所生，不幸早亡沒於宛城。今卞氏生四子，曹丕、曹彰、曹植、曹熊。孤平生所愛第三子曹植。」
2.却說曹操身亡，曹丕受了魏王，改建安二十五年為延康元年。
3.臨淄侯曹植、蕭懷侯曹熊，此二人坐視，不來奔喪理當問罪。
4.却說宣武皇后卞氏哭謂曹丕曰:「汝弟曹植，生平嗜酒，醉後疎狂[103]，蓋因胸中

1.曹操曰：「孤长子曹昂，刘氏所生，不幸早亡没于宛城。今卞氏生四子，曹丕、曹彰、曹植、曹熊。孤平生所爱第三子曹植。」
2.却说曹操身亡，曹丕受了魏王，改建安二十五年为延康元年。
3.临淄侯曹植、萧怀侯曹熊，此二人坐视，不来奔丧理当问罪。
4.却说宣武皇后卞氏哭谓曹丕曰：「汝弟曹植，生平嗜酒，醉后疎狂，盖因胸中

---

103 醉後疎狂，滿文讀作“soktoho manggi balai”，意即「醉後胡言亂語」。

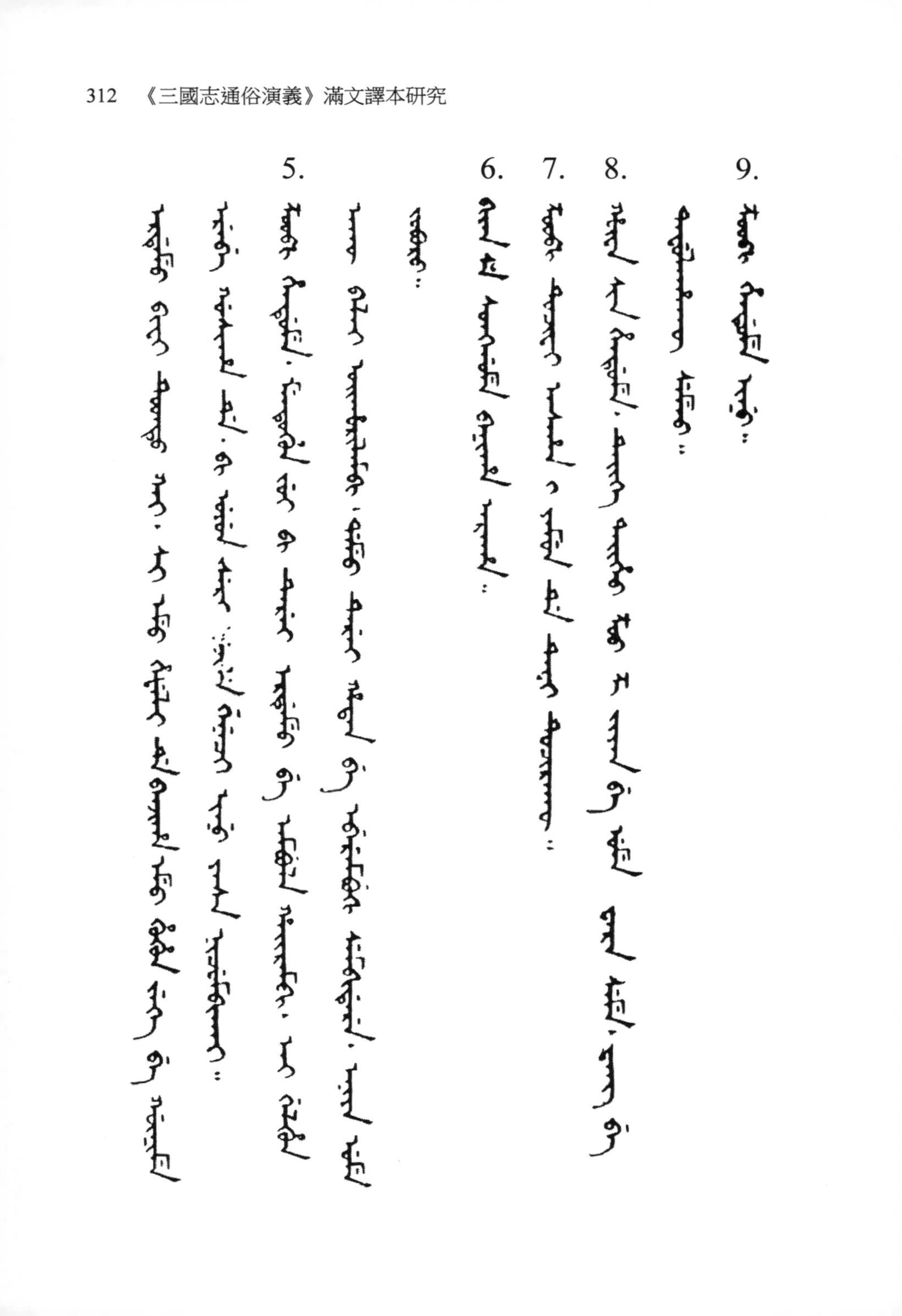

[illegible]

5. [illegible]

6. [illegible]

7. [illegible]

8. [illegible]

9. [illegible]

erdemu bifi tuttu kai, si emu hefeli de banjiha emu huhun jeke be gūnime erebe gosiha de, bi uyun šeri fejile geneci inu yasa nicumbikai.

5. ts'oopi hendume, mentuhun jui bi terei erdemu be ambula hairambi, ai gelhun akū balai oihorilambi, damu terei hatan be eberembuki sembidere. eniye ume joboro.
6. biyan sy songgome baniha araha.
7. ts'oopi tucifi ashan i yamun de tefi tucirakū.
8. hūwa sin hendume, teike taiheo ts'oo dz jiyan be ume wara seme, wang be tafulahakū semeo.
9. ts'oopi hendume, inu.

之才，故放肆也，汝可念同胞共乳之情，憐此一命[104]，吾至九泉，亦瞑目也。」

5.曹丕曰:「愚兒深愛其才,安肯造次廢之,惟欲戒其性也[105]。母親勿憂。」
6.卞氏泣淚謝之。
7.曹丕出偏殿不朝。
8.華歆問曰:「適來莫非太后勸王上勿廢子建乎[106]？」
9.曹丕曰:「然。」

之才，故放肆也，汝可念同胞共乳之情，怜此一命，吾至九泉，亦瞑目也。」

5.曹丕曰：「愚儿深爱其才，安肯造次废之，惟欲戒其性也。母亲勿忧。」
6.卞氏泣泪谢之。
7.曹丕出偏殿不朝。
8.华歆问曰：「适来莫非太后劝王上勿废子建乎？」
9.曹丕曰：「然。」

---

104 憐此一命，未譯出滿文。

105 惟欲戒其性也，滿文讀作"damu terei hatan be eberembuki sembidere"，意即「惟欲挫其暴躁之性也」。

106 勿廢子建，滿文讀作"ts'oo dz jiyan be ume wara"，意即「勿殺曹子建」。

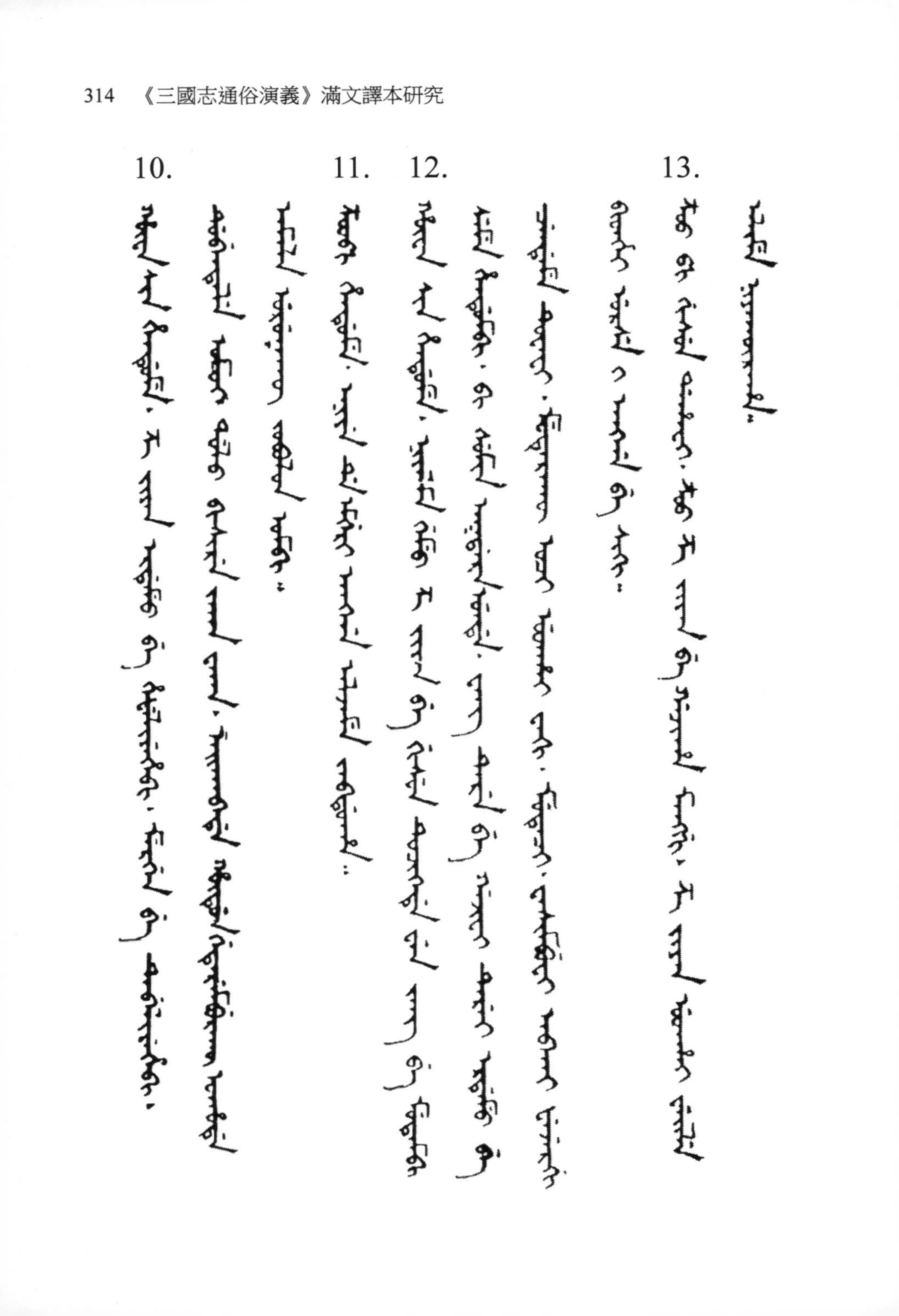

10. hūwa sin hendume, dz jiyan erdemu be hefeliyehebi, mergen be tebeliyehebi, dubentele omoi dolo bisire jaka waka, aikabade hūdun geteremburakū ohode amala urunakū jobolon ombi.
11. ts'oopi hendume, eniye de emgeri angga aljame jabduha.
12. hūwa sin hendume, niyalma gemu dz jiyan be gisun tucikede wen jang be mutembi seme hendumbi, bi šumin akdara unde, wang tere be gajifi terei erdemu be cendeme tuwafi, muterakū oci uthai waki, muteci wasimbufi abkai fejergi bithei urse i angga be siki.
13. ts'oo pi gisun dahafi, ts'oo dz jiyan be gajiha manggi, dz jiyan uthai weile alime niyakūraha.

10.華歆曰：「子建懷才抱智，終非池中之物也，若不早除，必為後患。」
11.曹丕曰：「已許母矣。」
12.華歆曰：「人皆言子建，出口成章，臣未深信，王上可召入以才試之，若不能即殺之；若果能則貶之，以絕天下文人之口。」
13.曹丕從之，遂召曹子建入內。子建拜伏請罪。

10.华歆曰：「子建怀才抱智，终非池中之物也，若不早除，必为后患。」
11.曹丕曰：「已许母矣。」
12.华歆曰：「人皆言子建，出口成章，臣未深信，王上可召入以才试之，若不能即杀之；若果能则贬之，以绝天下文人之口。」
13.曹丕从之，遂召曹子建入内。子建拜伏请罪。

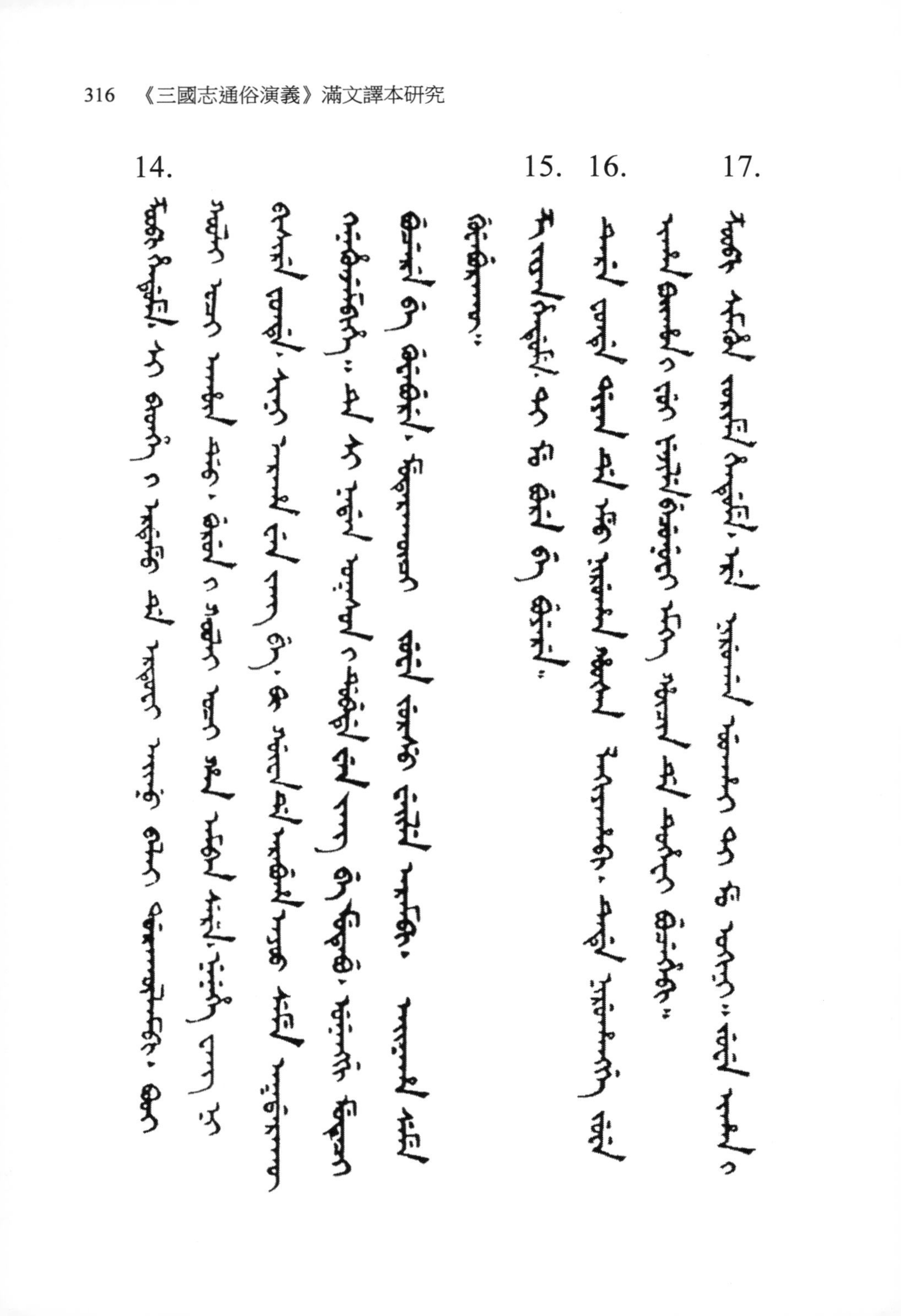

14.

15.

16.

17.

14. ts'oopi hendume, si bithe i erdemu de ertufi ainu balai dorakūlambi, booi kooli oci ahūn deo, gurun i kooli oci han amban sere, nenehe wang ni bisire fonde, sini araha wen jang be, bi gūwa de arabuha ayoo seme akdarakū kenehunjembihe. te si nadan okson i dubede wen jang be mutebu, unenggi muteci bucere be guwebure, muterakūci juwe jursu weile arambi, ainaha seme guweburakū.
15. dz jiyan hendume, ti mu bure be buyere.
16. tere fonde diyan de emu niruhan〔nirugan〕 hoošan lakiyahabi, tede niruhangge juwe ihan boihon i fui fejile becunufi emke hūcin de tuhefi bucehebi.
17. ts'oopi simhun jorime hendume, ere nirugan uthai ti mu okini. juwe ihan i

---

14.曹丕曰：「汝倚仗文才，安敢無禮？以家法則兄弟，以國法則君臣。昔先君在日，汝常恃文章，吾深疑汝必用他人代筆，吾今令汝七步成章，若果能，則免一死；若不能，則二罪俱罰，決不輕恕也。」
15.子建曰：「願題乞題目。」
16.是時，殿上懸一水墨畫，畫着兩隻牛鬥於土墻之下，一牛墜井而亡。
17.曹丕指而言曰：「以此畫為題，

14.曹丕曰：「汝倚仗文才，安敢无礼？以家法则兄弟，以国法则君臣。昔先君在日，汝常恃文章，吾深疑汝必用他人代笔，吾今令汝七步成章，若果能，则免一死；若不能，则二罪俱罚，决不轻恕也。」
15.子建曰：「愿题乞题目。」
16.是时，殿上悬一水墨画，画着两只牛斗于土墙之下，一牛坠井而亡。
17.曹丕指而言曰：「以此画为题，

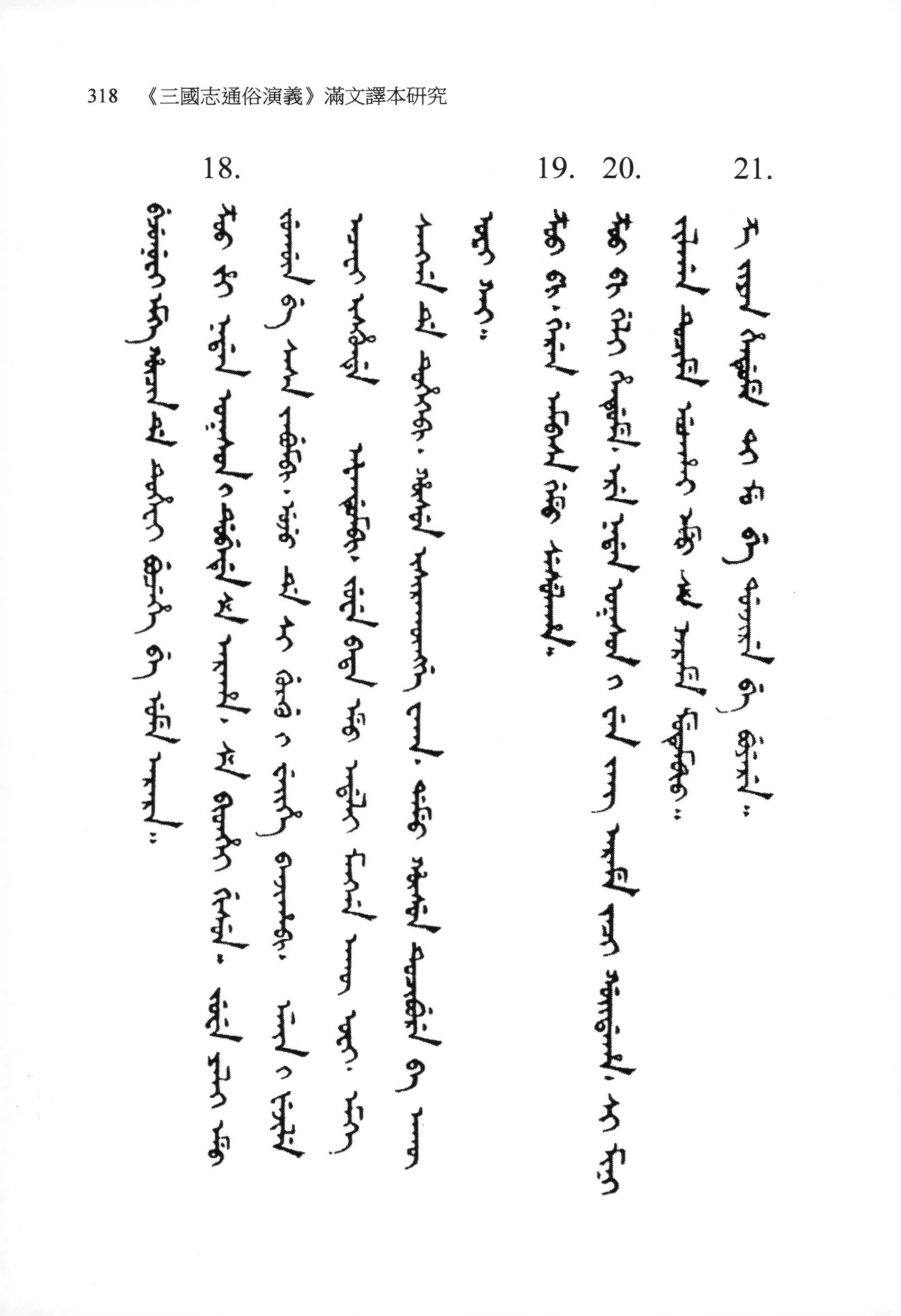

18. [illegible]

[illegible]

[illegible]

[illegible]

[illegible]

[illegible]

19. [illegible]

20. [illegible]

21. [illegible]

[illegible]

becunufi emke hūcin de tuhefi bucehe be ume arara.
18. ts'oo jy nadan okson i dubede sy〔ši〕 araha, sy〔ši〕 bithei gisun, juwe yali emu jugūn be sasa yabumbi, uju de si gurgu i weihe banjihabi, alin i fejile acafi ishunde afandumbi, juwe bata emu adali mangga akū ofi, emke sangga de tuhekebi, hūsun isirakūngge waka, damu hūsun tucibure ba akū ofi kai.
19. ts'oo pi, geren ambasa gemu sesulaha.
20. ts'oo pi geli hendume, ere nadan okson i wen jang arame jaci goidaha, si mini jilgan tucime uthai emu sy〔ši〕 arame mutembio.
21. dz jiyan hendume, ti mu be donjire be buyere.

詩中不許犯着二牛鬥墻下，一牛墜井死字樣。」
18.曹植行七步，其詩已成。詩曰：「兩肉齊道行，頭上帶兕骨[107]。相遇由山下，欻起相搪突。二敵不俱剛，一肉臥土窟。非是肉不如，盛氣不洩畢。」
19.曹丕及群臣皆驚。
20.曹丕又問曰：「此七步成章遲也，汝可應聲而作詩一首否？」
21.子建曰：「願聞題目。」

诗中不许犯着二牛斗墙下，一牛坠井死字样。」
18.曹植行七步，其诗已成。诗曰：「两肉齐道行，头上带兕骨。相遇由山下，欻起相搪突。二敌不俱刚，一肉卧土窟。非是肉不如，盛气不泄毕。」
19.曹丕及群臣皆惊。
20.曹丕又问曰：「此七步成章迟也，汝可应声而作诗一首否？」
21.子建曰：「願聞題目。」

---

107 兕骨，滿文讀作“si gurgu i weihe”，意即「犀獸之角」。

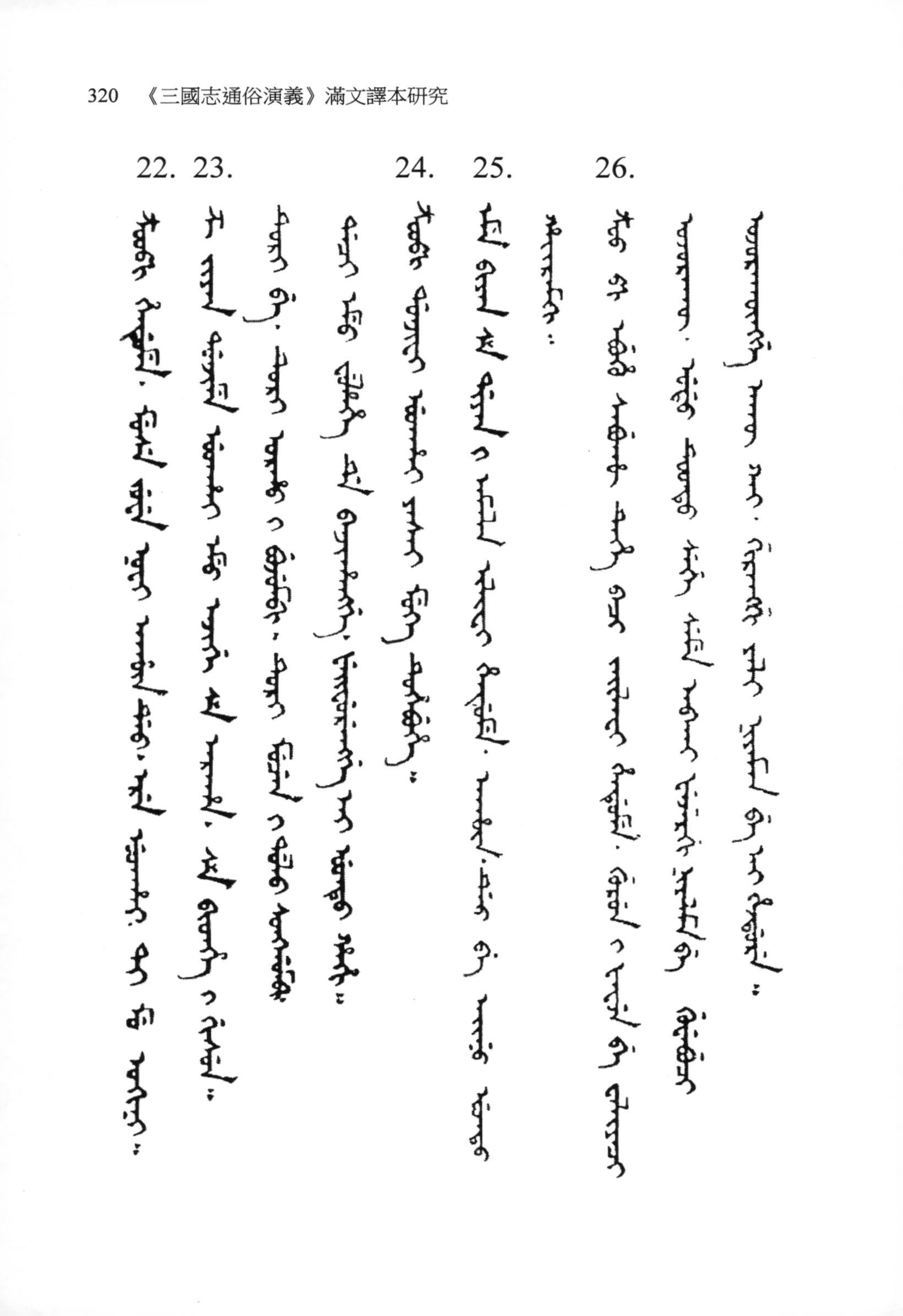

22. [illegible]

23. [illegible]

24. [illegible]

25. [illegible]

26. [illegible]

22. ts'oopi hendume, muse juwe nofi ahūn deo, ere uthai ti mu okini.
23. dz jiyan donjime uthai emu ajige sy〔 ši 〕 araha, sy〔 ši 〕 bithe i gisun, turi be turi orho i bujumbi, turi mucun i dolo songgombi. daci emu fulehe de banjihangge, feifurengge ai uttu hahi.
24. ts'oopi donjifi uthai yasai muke tuhebuhe.
25. eme biyan sy diyan i amala ilifi hendume, ahūn, deo be ainu uttu hafirambi.
26. ts'oo pi ebuhu sabuhū tehe baci jailafi hendume, gurun i fafun be waliyaci ojorakū, udu tuttu sehe seme abkai fejergi niyalma be guwebuci ojorakūngge akū kai, giranggi yali niyaman be ai hendure.

22.曹丕曰：「吾與汝乃兄弟也，以此為題。」
23.子建聽畢，遂占小詩曰：「煑豆燃豆萁，豆在釜中泣。本是同根生，相煎何太急。」
24.曹丕聞之，潸然淚下。
25.其母卞氏於殿後曰：「兄何逼弟之甚耶？」
26.曹丕慌忙離座而告曰：「國法不可廢也，然則孤於天下，無所不容也，何況骨肉之親乎？」

22.曹丕曰：「吾与汝乃兄弟也，以此为题。」
23.子建听毕，遂占小诗曰：「煑豆燃豆萁，豆在釜中泣。本是同根生，相煎何太急。」
24.曹丕闻之，潸然泪下。
25.其母卞氏于殿后曰：「兄何逼弟之甚耶？」
26.曹丕慌忙离座而告曰：「国法不可废也，然则孤于天下，无所不容也，何况骨肉之亲乎？」

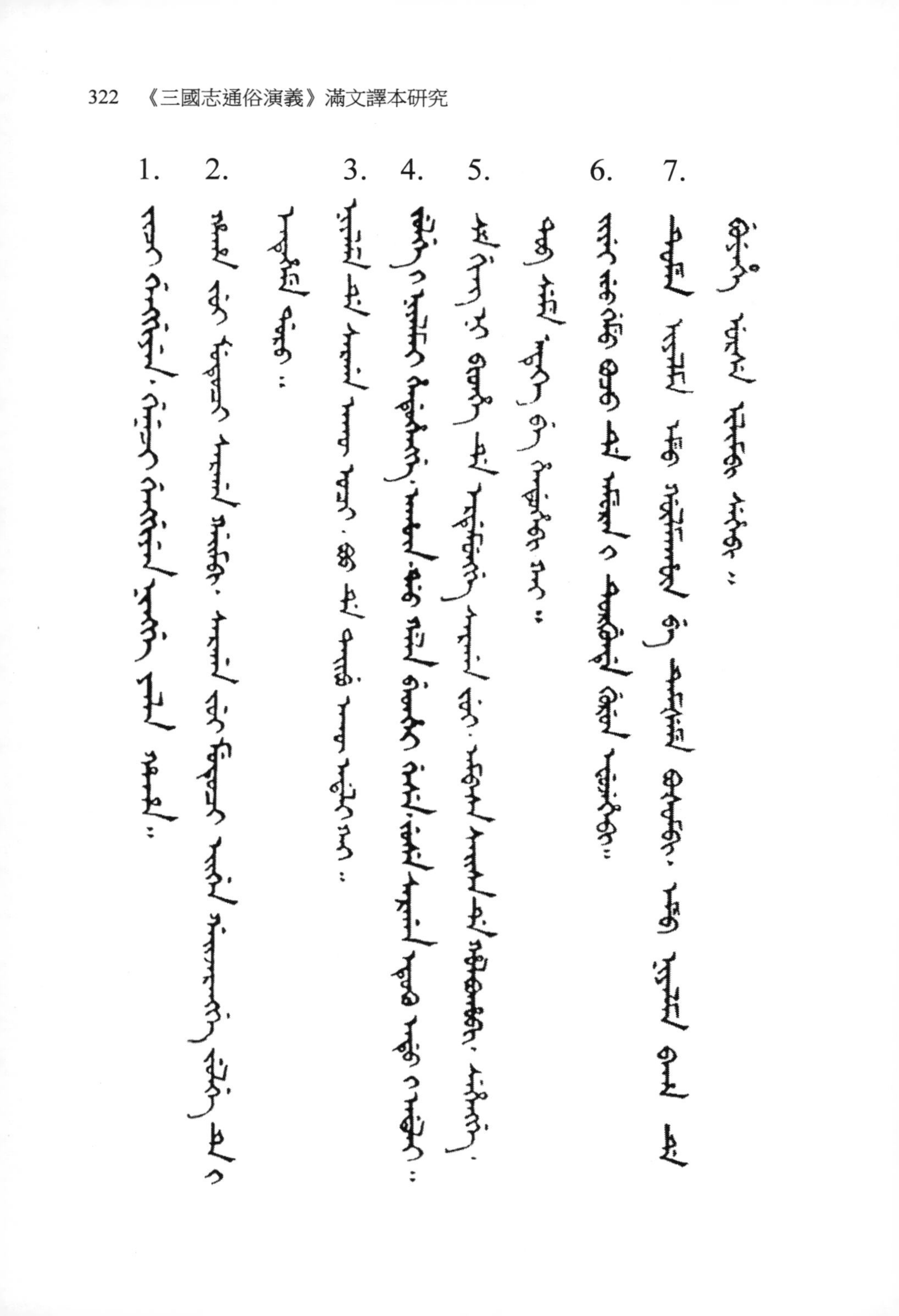

二十五、來去明白

1. jici genggiyen, geneci genggiyen ningge yala haha.
2. haha jui mutuci sargan gaimbi, sargan jui mutuci eigen gaijarangge, julge te i enteheme doro.
3. niyalma de sargan akū oci, boo de taibu akū adali kai.
4. julge i niyalmai henduhengge, ahūn, deo gala bethei gese, juse sargan etuku adu i adali.
5. sy〔ši〕 ging ni bithe de, erdemungge sargan jui, ambasa saisa de holbohobi sehengge, tob seme eteke be henduhebi kai.
6. jiyei juo gemu boco de amuran i turgunde gurun efujehebi.
7. tumen niyalma emu gūlmahūn be temšeme bošombi, emu niyalma baha de, buyehe urse ilimbi sehebi.

1.來去明白，乃丈夫也。
2.男大須婚，女大須嫁，古今常理。
3.人若無妻，如屋無樑。
4.古人有云：「兄弟如手足，妻子如衣服。」
5.《詩》云：「所謂淑女，以配君子。」正此之謂也。
6.桀、紂皆因好色而亡國。
7.萬人爭逐一兔，一人獲之，貪者遂止。

1.来去明白，乃丈夫也。
2.男大须婚，女大须嫁，古今常理。
3.人若无妻，如屋无梁。
4.古人有云：「兄弟如手足，妻子如衣服。」
5.《诗》云：「所谓淑女，以配君子。」正此之谓也。
6.桀、纣皆因好色而亡国。
7.万人争逐一兔，一人获之，贪者遂止。

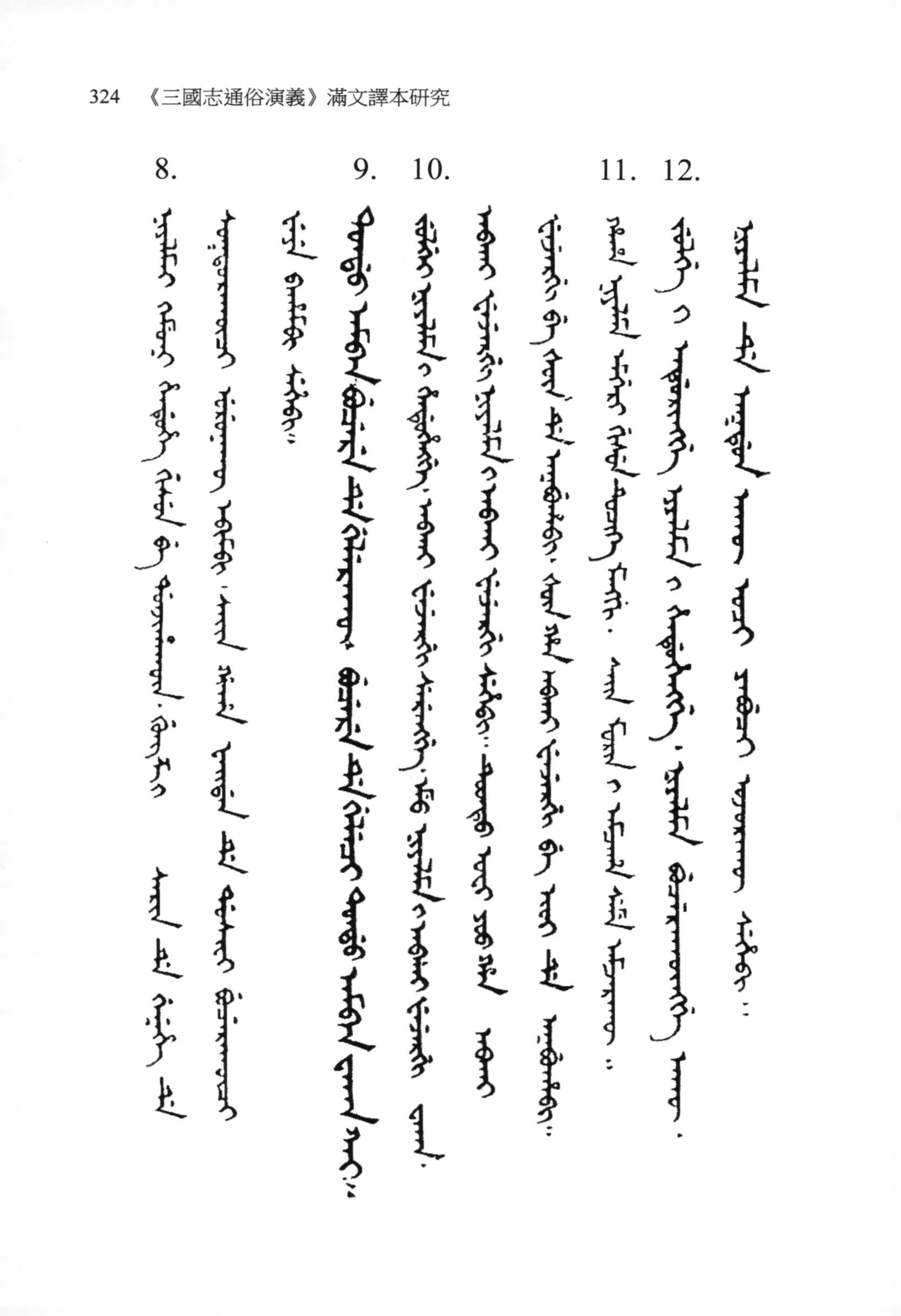

8. [illegible]

9. [illegible]

10. [illegible]

11. [illegible]

12. [illegible]

8. niyalmai kemuni henduhe gisun be donjihakūn, gung dz i sarin de genehe de soktorakūci urunakū ebimbi, sain haha faidan de dosifi bucerakūci feye bahambi sehebi.
9. tondo amban bucere de gelerakū, bucere de geleci tondo amban waka kai.
10. julgei niyalma i henduhengge, abkai fejergi serengge, emu niyalma i abkai fejergi waka, abkai fejergi niyalma i abkai fejergi sehebi, tuttu ofi yoo han abkai fejergi be šūn de anabuhabi, šūn han abkai fejergi be ioi de anabuhabi.
11. haha niyalma emgeri gisun tucike manggi, sain morin i amcaha seme amcarakū.
12. julge i enduringge niyalma i henduhengge, niyalma bucerakūngge akū, niyalma de akdun akū oci yabuci ojorakū sehebi.

---

8. 豈不聞俗語云：「公子登筵，不醉則飽，壯士臨陣，不死即傷。」
9. 忠臣不怕死，怕死不忠臣。
10. 古人云：「天下者非一人之天下，乃天下人之天下也」，故堯以天下禪於舜，舜以天下禪於禹。
11. 大丈夫一言既出，駟馬難追[108]。
12. 古聖人云：「人自古皆有死，人無信不立。」

---

8. 岂不闻俗语云：「公子登筵，不醉则饱，壮士临阵，不死即伤。」
9. 忠臣不怕死，怕死不忠臣。
10. 古人云：「天下者非一人之天下，乃天下人之天下也」，故尧以天下禅于舜，舜以天下禅于禹。
11. 大丈夫一言既出，驷马难追。
12. 古圣人云：「人自古皆有死，人无信不立。」

---

108 駟馬難追，滿文讀作“sain morin i amcaha seme amcarakū”，意即「好馬難追」。

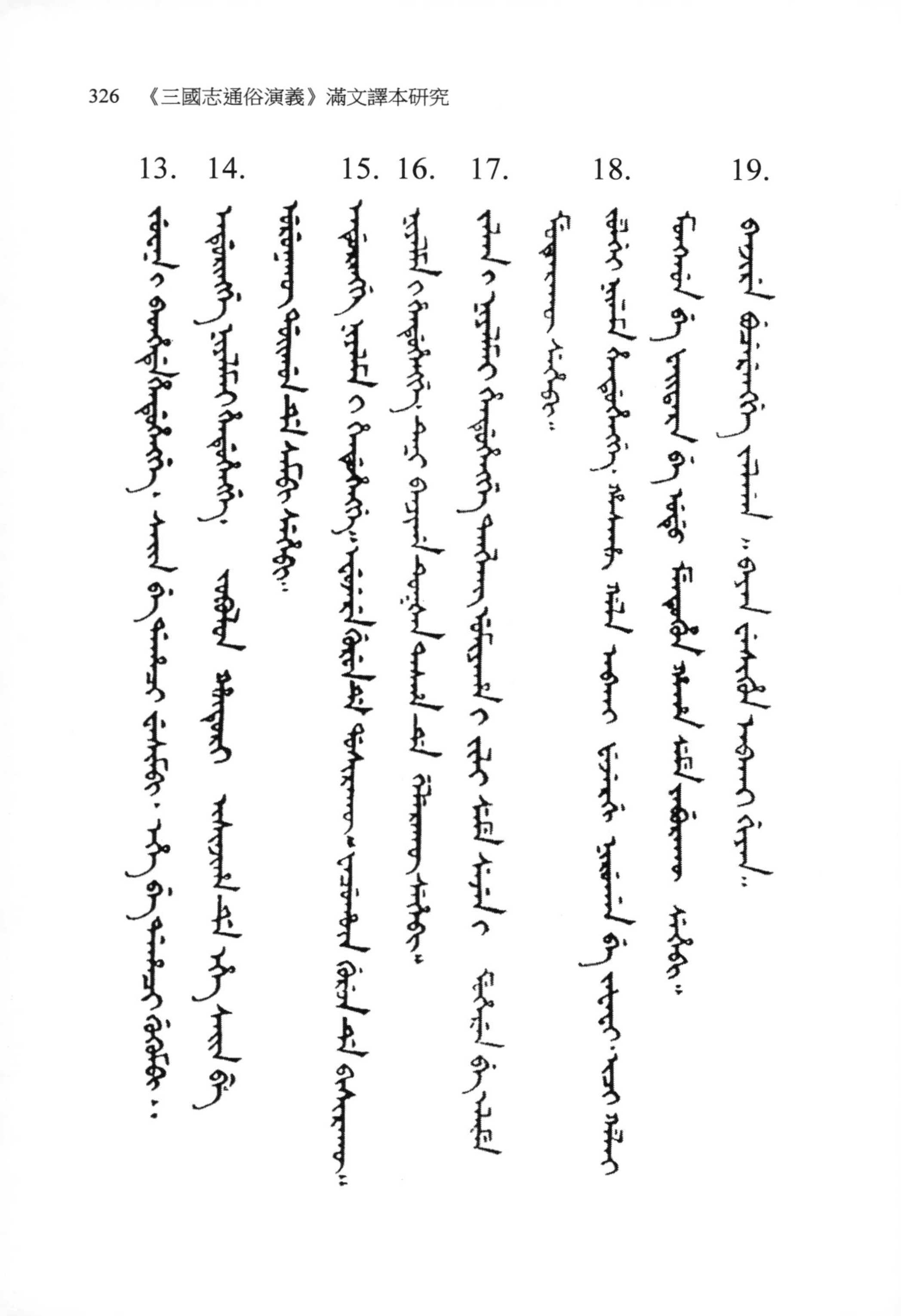

13. [illegible]

14. [illegible]

15. [illegible]

16. [illegible]

17. [illegible]

18. [illegible]

19. [illegible]

13. juwaŋ̱ i bithede henduhengge, sain be dahaci wesimbi, ehe be dahaci gukumbi.
14. enduringge niyalmai henduhengge, jobolon hūturi isinjiha de, ehe sain be urunakū doigon de sambi sehebi.
15. enduringge niyalma i henduhengge, efujere gurun de dosirakū, facuhūn gurun de bisirakū.
16. niyalma i henduhengge, teni banjiha tukšan, tasha de gelerakū sehebi.
17. jalan i niyalmai henduhengge, tanglang umiyaha i jili seme, sejen i muheren be alime muterakū sehebi.
18. julgei niyalma henduhengge, hashū gala abkai fejergi nirugan be jafafi, ici galai monggon be faitara be, udu mentuhun haha seme yaburakū sehebi.
19. banjire bucerengge jalgan, bayan wesihun abkai giyan.

13.傳曰：「從善如登，從惡如崩。」
14.聖人有云：「禍福將至，善必先知之，不善必先知之。」
15.聖人有云：「危邦不入，亂邦不居。」
16.俗云：「初生之犢，不懼于虎。」
17.世人有云：「螳螂之忿，安當車轍。」
18.先民有言：「左手據天下圖，右手刎咽喉[109]，愚夫不為也。」
19.生死有命，富貴在天。

13.传曰：「从善如登，从恶如崩。」
14.圣人有云：「祸福将至，善必先知之，不善必先知之。」
15.圣人有云：「危邦不入，乱邦不居。」
16.俗云：「初生之犊，不惧于虎。」
17.世人有云：「螳螂之忿，安当车辙。」
18.先民有言：「左手据天下图，右手刎咽喉，愚夫不为也。」
19.生死有命，富贵在天。

---

109 刎咽喉，滿文讀作“monggon be faitara”，意即「刎頸項」。

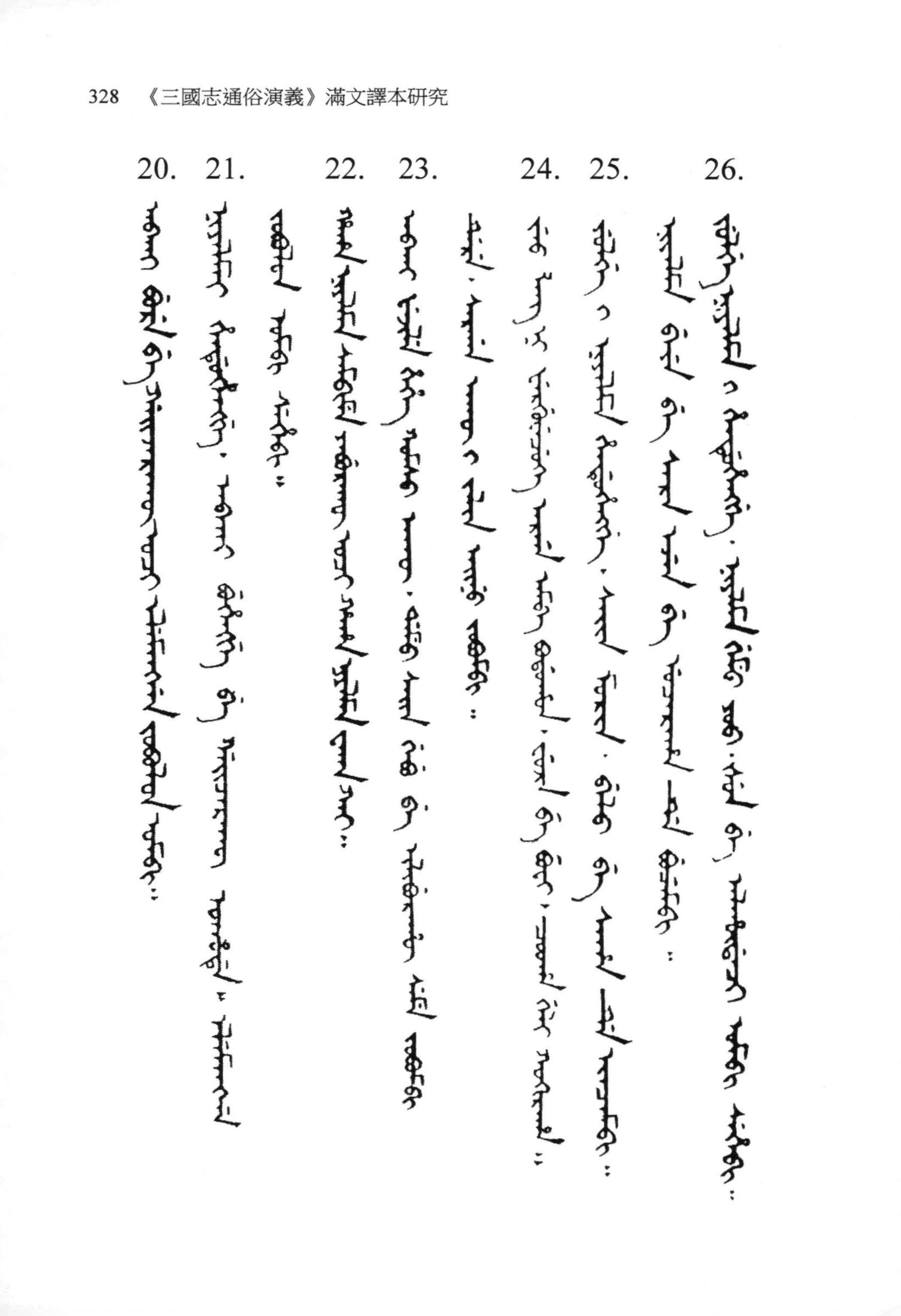

20. [illegible]

21. [illegible]

22. [illegible]

23. [illegible]

24. [illegible]

25. [illegible]

26. [illegible]

20. abkai bure be gaijarakū oci elemangga jobolon ombi.
21. niyalmai henduhengge, abkai buhengge be gaijarakū ohode, elemangga jobolon ombi sehebi.
22. haha niyalma sambime yaburakū oci haha niyalma waka kai.
23. abkai fejile hehe komso akū, damu sain gebu be iliburahū seme jobombi dere, sargan akū i jalin ainu jobombi.
24. jeo lang ni ferguwecuke arga amba bodogon, fujin be bufī, cooha geli kokiraha.
25. julge i niyalma henduhengge, sain morin, belo be saha de incambi, niyalma beye be sara ejen be ucaraha de bucembi.
26. julge niyalma i henduhengge, niyalma gemu yoo, šun〔šūn〕 be alhūdaci ombi sehebi.

20.所謂：「天與不取，反受其禍。」
21.諺語云：「天與勿取，反受其咎。」
22.大丈夫知而不為，非丈夫也。
23.天下女子不少，但恐名譽不立，何患無妻子乎？
24.周郎妙計高天下，陪了夫人又折兵。
25.古人云：「馬逢伯樂而嘶，人遇知己而死。」
26.古人云：「人皆可以為堯舜。」

20.所谓：「天与不取，反受其祸。」
21.谚语云：「天与勿取，反受其咎。」
22.大丈夫知而不为，非丈夫也。
23.天下女子不少，但恐名誉不立，何患无妻子乎？
24.周郎妙计高天下，陪了夫人又折兵。
25.古人云：「马逢伯乐而嘶，人遇知己而死。」
26.古人云：「人皆可以为尧舜。」

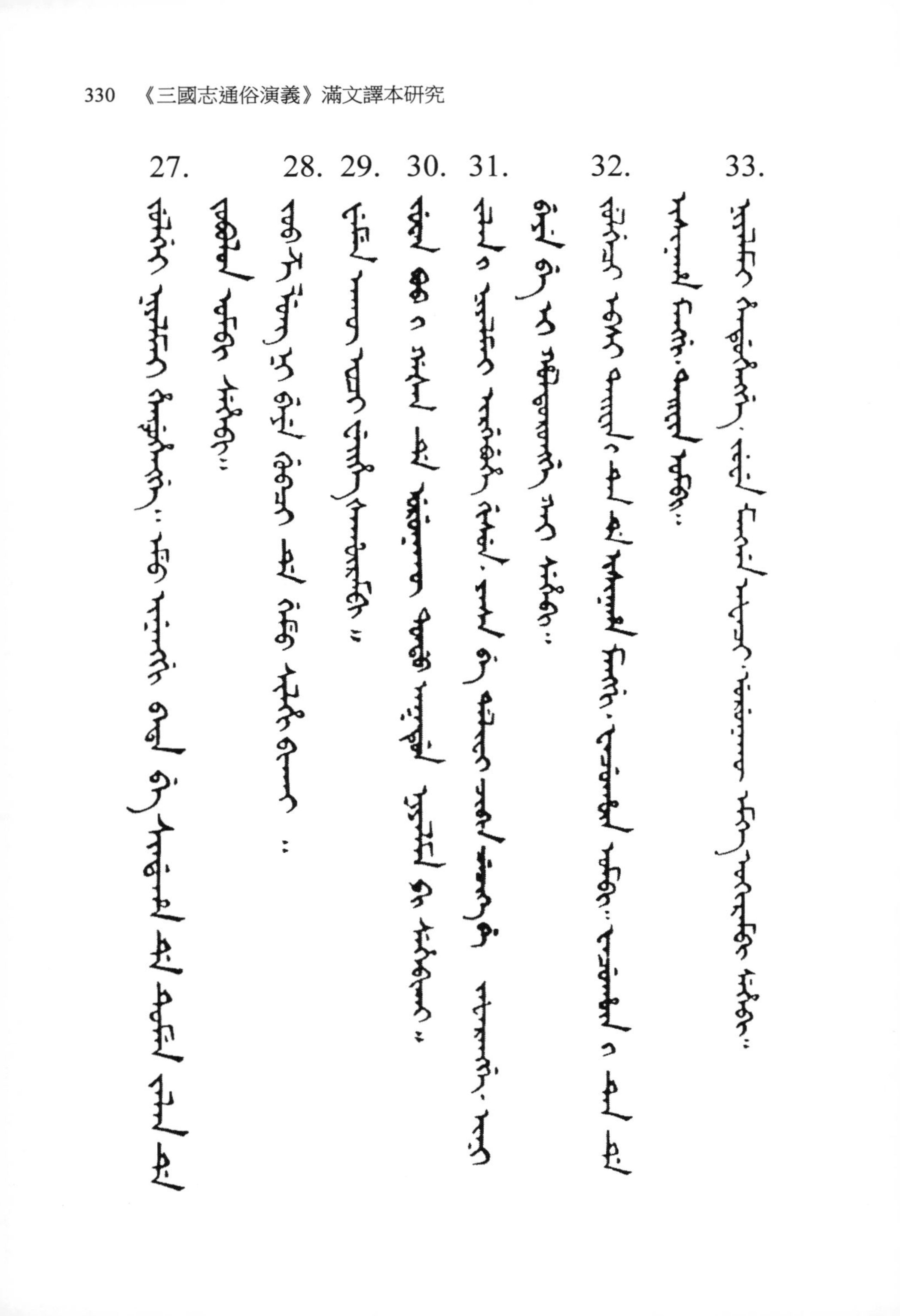

27. [illegible]

28. [illegible]

29. [illegible]

30. [illegible]

31. [illegible]

32. [illegible]

33. [illegible]

27. julgei niyalmai henduhengge, emu inenggi bata be sindaha de tumen jalan de jobolon ombi sehebi.
28. joo dz lung ni beye gubci de gemu silhi bikai.
29. femen akū oci weihe šahūrambi.
30. juwan boo i gašan de urunakū tondo akdun niyalma bi sehebikai.
31. jalan i niyalmai irgebuhe gisun, yasa be dalifi cibin cecike be jafarangge, ini beye be i holtorongge kai sehebi.
32. julgeci ebsi taifin i ten de isinaha manggi, facuhūn ombi. facuhūn i ten de isinaha manggi, taifin ombi.
33. niyalmai henduhengge, juwe mangga afaci, urunakū emke okirambi〔kokirambi〕 sehebi.

27.古人云:「一日縱敵,萬世之患。」
28.趙子龍一身都是膽也。
29.唇亡則齒寒。
30.十室之邑,必有忠信。
31.俗話說:「自掩其目去補雀,是自欺也。」
32.自古以來,治極生亂,亂極生治。
33.俗云:「兩強相鬥,必有一傷。」

27.古人云:「一日纵敌,万世之患。」
28.赵子龙一身都是胆也。
29.唇亡则齿寒。
30.十室之邑,必有忠信。
31.俗话说:「自掩其目去补雀,是自欺也。」
32.自古以来,治极生乱,乱极生治。
33.俗云:「两强相斗,必有一伤。」

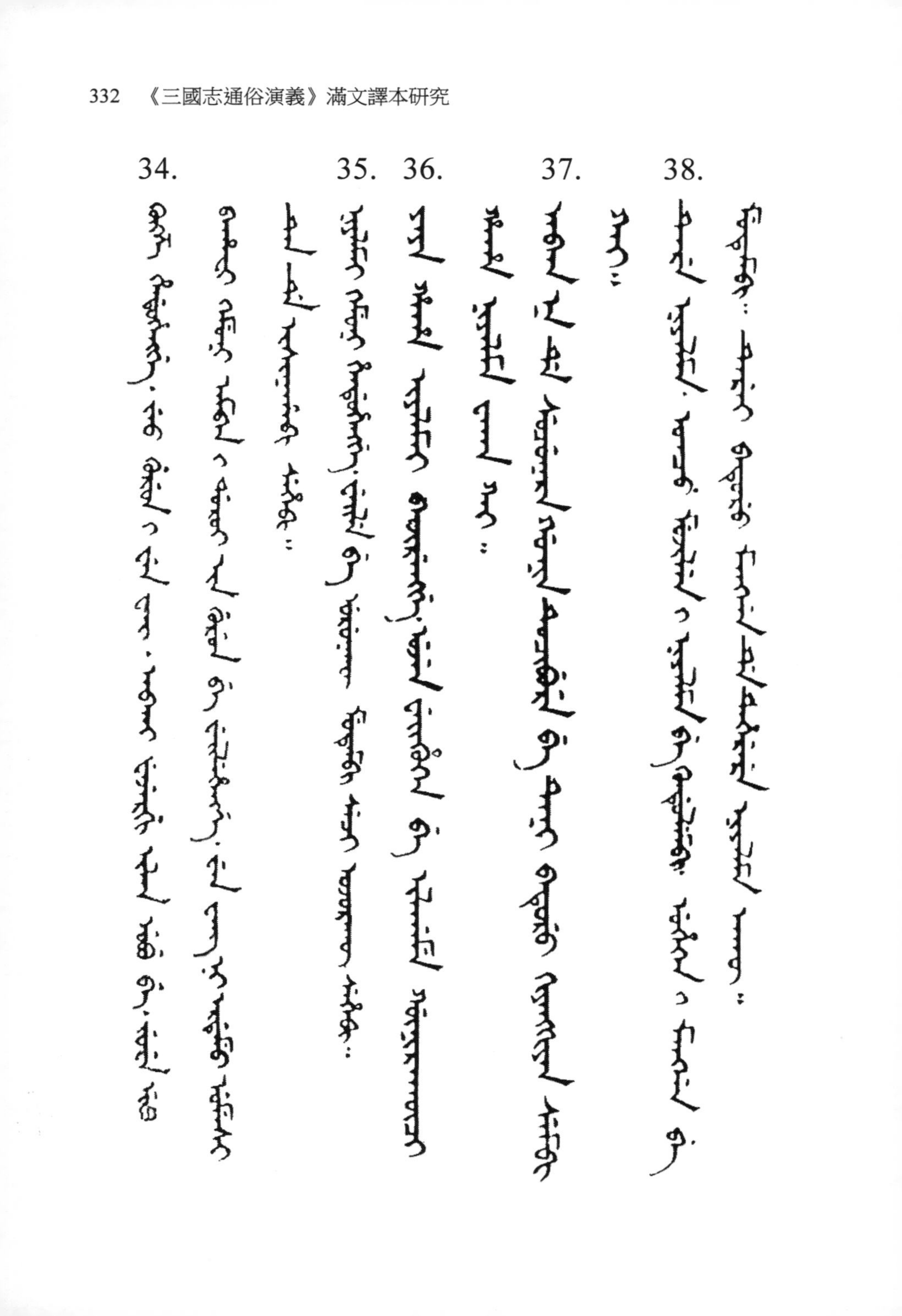

34. kungdz henduhengge, jeo gurun i wen wang, abkai fejergi ilan ubu be, juwe ubu bahafi kemuni amban i doroi in gurun be weilehengge, wen wang ni erdemu umesi ten de isinahabi sehebi.
35. niyalmai kemuni henduhengge, weile be urunakū mutembi seci ojorakū sehebi.
36. yaya haha niyalmai banjirengge, ujen weihuken be ilgame gūnirakūci haha niyalma waka kai.
37. abka na de sucunara gūnin tucibure be teni baturu kiyangkiyan sembi kai.
38. tere niyalma onco mujilen i niyalma be kundulembi, uheken i mangga be mutembi, terei baturu mangga de teherere niyalma akū.

34.孔子云：「周文王三分天下有其二，以服事殷[110]，文王之德，其可謂至德也。」
35.俗語云：「事無必取。」
36.凡大夫處世，不分輕重，非丈夫也。
37.有吞吐天地之志，方可為英雄也。
38.斯人寬以待人，柔能克剛，英雄莫敵。

34.孔子云：「周文王三分天下有其二，以服事殷，文王之德，其可谓至德也。」
35.俗语云：「事无必取。」
36.凡大夫处世，不分轻重，非丈夫也。
37.有吞吐天地之志，方可为英雄也。
38.斯人宽以待人，柔能克刚，英雄莫敌。

---

110 以服事殷，滿文讀作“kemuni amban i doroi in gurun be weilehengge”，意即「猶以臣道服事殷朝」。

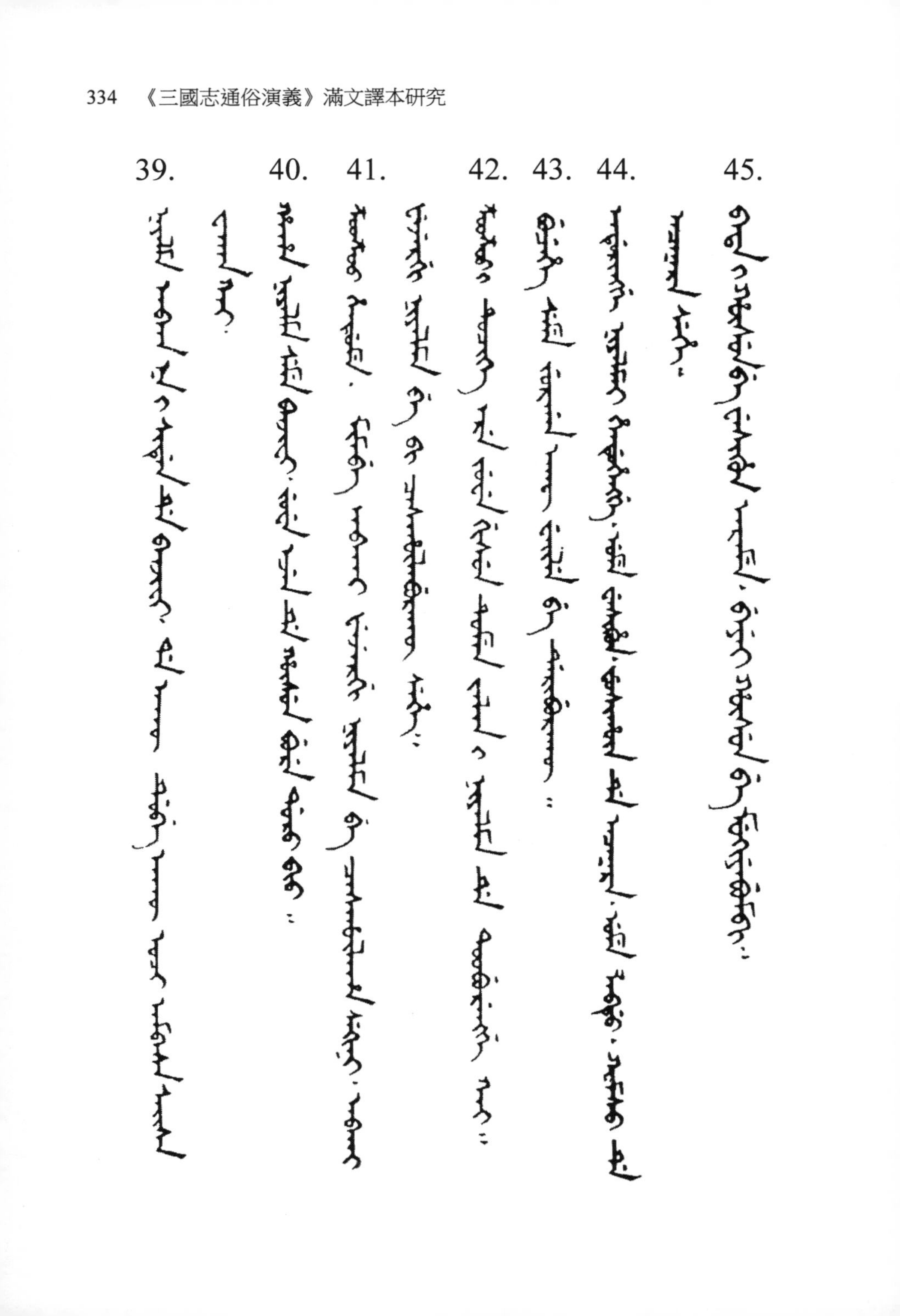

39. [illegible]

40. [illegible]

41. [illegible]

42. [illegible]

43. [illegible]

44. [illegible]

45. [illegible]

39. niyalma abka na i siden de banjifi, da akū dube akū oci ambasa saisa waka kai.
40. haha niyalma seme banjifi, juwe ejen de hūsun bure doro bio.
41. ts'oots'oo hendume, mimbe abkai fejergi niyalma be cashūlaha sekini, abkai fejergi niyalma be bi cashūlaburakū sehe.
42. ts'oots'oo i tucike ere juwe gisun tumen jalan i niyalma de tooburengge kai.
43. bucehe seme jurgan akū weile be deriburakū.
44. enduringge niyalmai henduhengge, ume wesihun, fusihūn de acanara, ume labdu, komso de acanara sehe.
45. bata i hūsun be wesihun arame, beyei hūsun be mukiyebumbi.

39.人生于天地之間，無始終者非君子也。
40.大丈夫在世，豈有事二主之理？
41.曹操曰：「寧使我負天下人，休教天下人負我。」
42.曹操說出這兩句言語，教萬代人罵。
43.寧死不為非義之事。
44.聖人有云：「毋以貴下賤，毋以眾下寡。」
45.長敵人銳氣，滅自己威風。

39.人生于天地之间，无始终者非君子也。
40.大丈夫在世，岂有事二主之理？
41.曹操曰：「宁使我负天下人，休教天下人负我。」
42.曹操说出这两句言语，教万代人骂。
43.宁死不为非义之事。
44.圣人有云：「毋以贵下贱，毋以众下寡。」
45.长敌人锐气，灭自己威风。

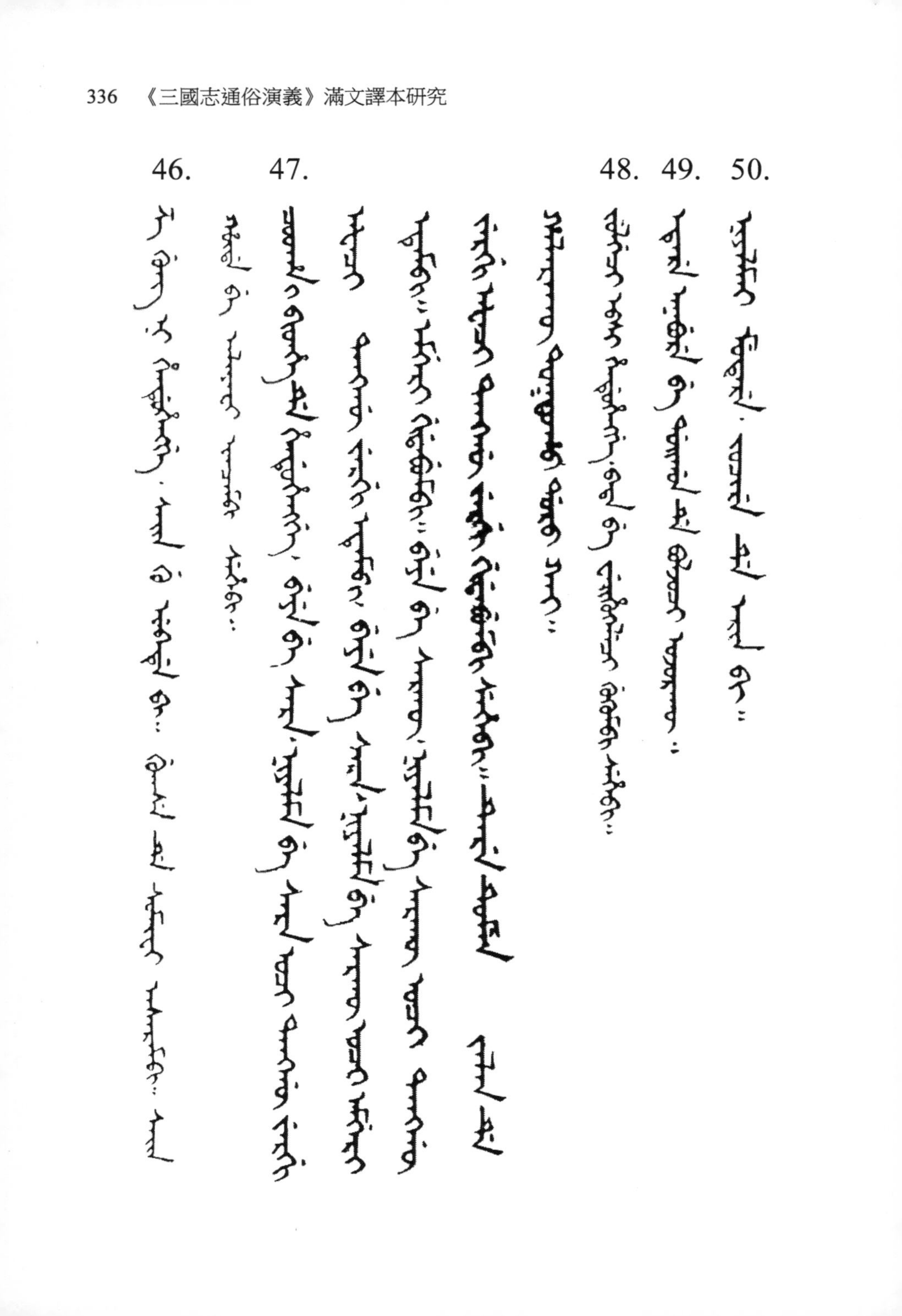

46. [illegible]

47. [illegible]

48. [illegible]

49. [illegible]

50. [illegible]

46. dz gung ni henduhengge, sain gu ubade bi, guise de somifi asarambi, sain hūda be aliyafi uncambi sehebi.
47. cooha i bithe de henduhengge, beye be sara, niyalma be sara oci tanggū jergi afaci tanggū jergi etembi. beye be sara, niyalma be sarkū oci emgeri etembi, emgeri gidabumbi. beye be sarkū, niyalma be sarkū oci tanggū jergi afaci tanggū jergi gidabumbi sehebi. tere tumen jalan de halarakū toktoho doro kai.
48. julgeci ebsi henduhengge, bata be weihukeleci gukumbi sehebi.
49. etere anabure be doigon de boljoci ojorakū.
50. niyalmai mutere, jocire de erin bi.

46.子貢云：「有美玉于斯，韞匵〔櫝〕而藏諸，求善價而沽之。」
47.兵書云：「知己知彼，百戰百勝；知己不知彼，一勝一負；不知己不知彼，百戰百敗。」此萬古不易之理也。
48.自古云：「欺敵者亡[111]。」
49.勝負不可預定。
50.成敗有時。

46.子贡云：「有美玉于斯，韫匮〔椟〕而藏诸，求善价而沽之。」
47.兵书云：「知己知彼，百战百胜；知己不知彼，一胜一负；不知己不知彼，百战百败。」此万古不易之理也。
48.自古云：「欺敌者亡。」
49.胜负不可预定。
50.成败有时。

---

111 欺敵者亡，滿文讀作“bata be weihukeleci gukumbi”，意即「輕敵者亡」。

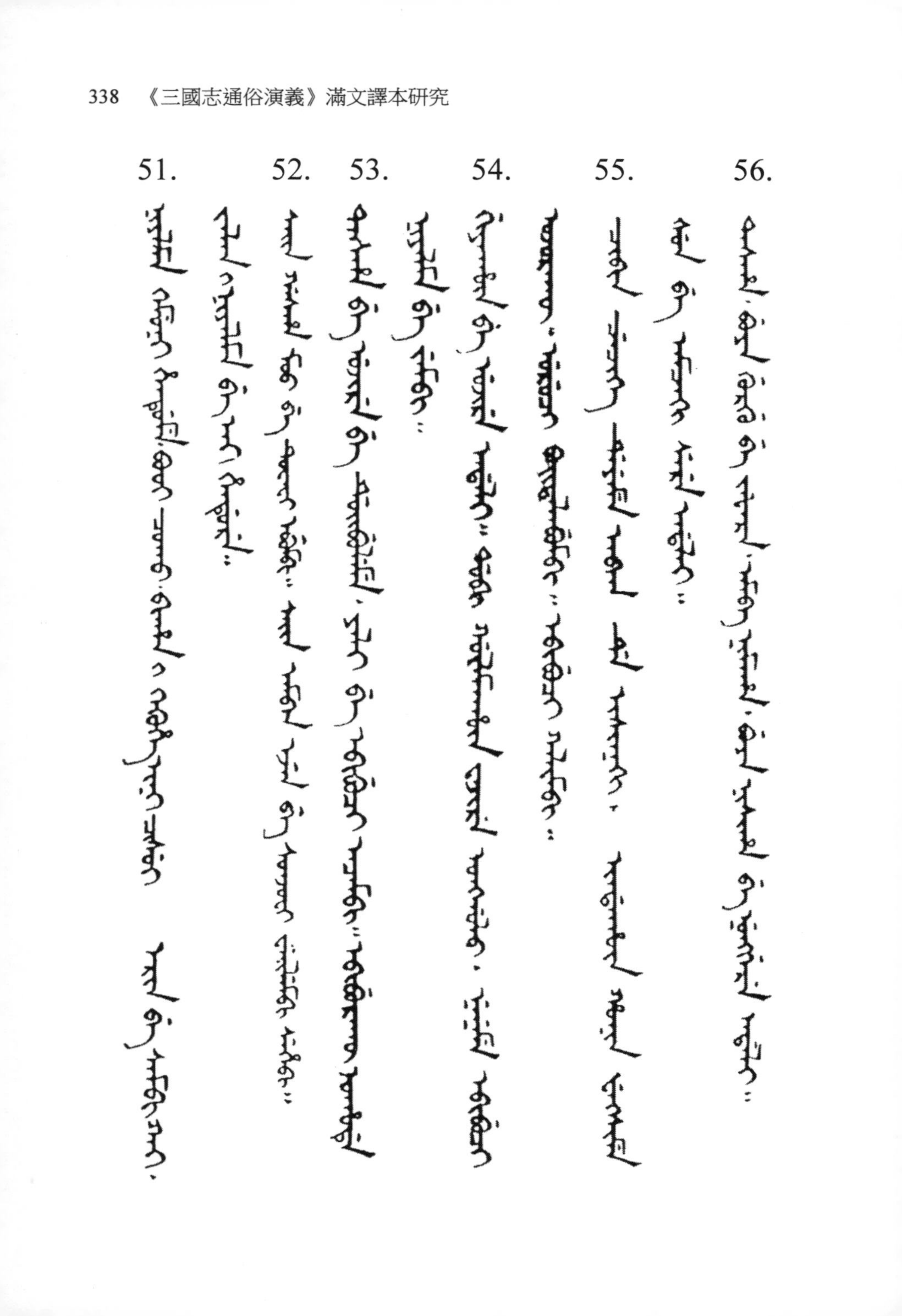

51. [illegible]

52. [illegible]

53. [illegible]

54. [illegible]

55. [illegible]

56. [illegible]

51. niyalma kemuni hendume, booi coko, bihan i kekuhe ini cisui erin be sambi kai, jalan i niyalma be ai hendure.
52. sain gasha moo be tuwafi ebumbi, sain amban ejen be sonjofi weilembi sehebi.
53. tasha be ujire be duibuleme, yali be ebibuci acambi. ebiburakū ohode niyalma be jembi.
54. giyahūn be ujire adali, dobi, gūlmahūn wajire onggolo, neneme ebibuci ojorakū, uruci baitalabumbi, ebibuci kalimbi.
55. cibin cecike deyeme abka de isinaki, indahūn, honin feksime šun be amcaki sere adali.
56. tasha, buya gurgu be jafara, amba nimaha, buya nisiha be nunggere adali.

51.人常云：「家雞、野鵲尚自知時，何況為人在世乎？」
52.良禽相木而棲，賢臣擇主而事。
53.譬如養虎，當飽其肉，不飽則將噬人。
54.如養鷹，狐兔未息，不可先飽，饑則為用，飽則颺去。
55.正如燕雀之物而慕冲天之棲，犬羊之蹄而移近日之步。
56.虎踞鯨吞[112]。

51.人常云：「家鸡、野鹊尚自知时，何况为人在世乎？」
52.良禽相木而栖，贤臣择主而事。
53.譬如养虎，当饱其肉，不饱则将噬人。
54.如养鹰，狐兔未息，不可先饱，饥则为用，饱则扬去。
55.正如燕雀之物而慕冲天之栖，犬羊之蹄而移近日之步。
56.虎踞鲸吞。

---

112 虎踞鯨吞，滿文讀作“tasha, buya gurgu be jafara, amba nimaha, buya nisiha be nunggere adali”，意即「如同虎捉小獸，大魚吞小魚」。

57.

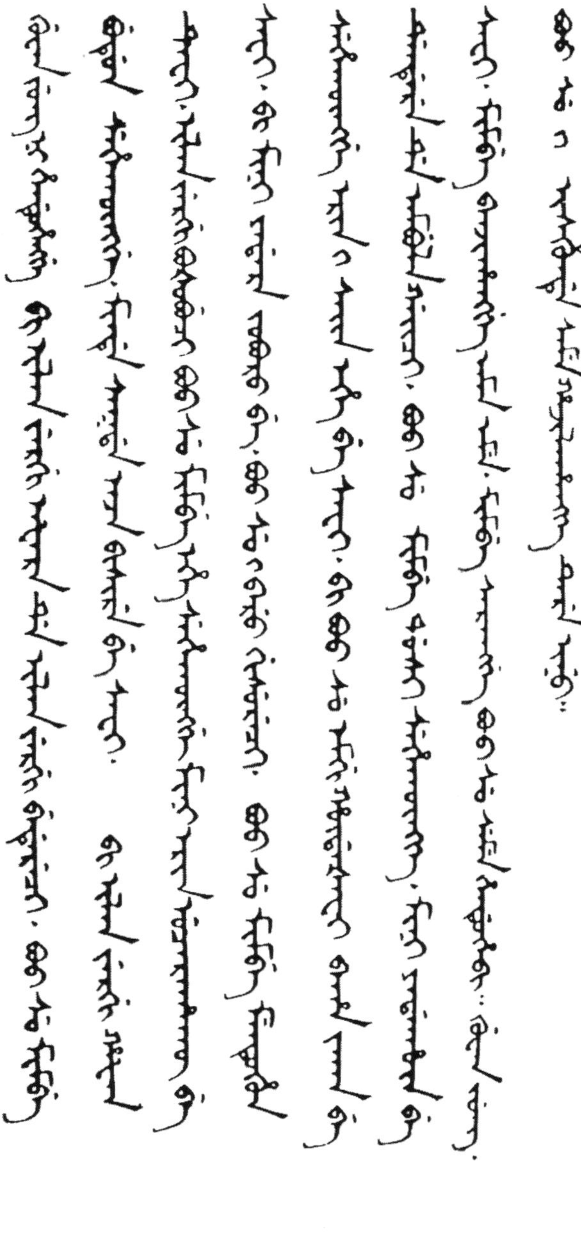

58.

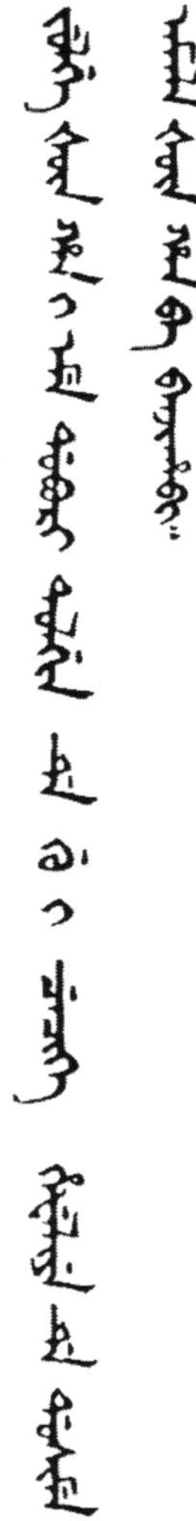

57. guwan jung ni henduhengge, bi ilan jergi afara de ilan jergi bedereci, boo su〔šū〕 mimbe budun sehekūngge, minde sakda aja bisire be safi, bi ilan jergi hafan tefi, ilan jergi bošobuci, boo su〔šū〕 mimbe ehe sehekūngge, mini erin ucarahakū be safi, bi mini yadara joboro be, boo su〔šū〕 i baru gisureci, boo su〔šū〕 mimbe mentuhun sehekūngge, erin i sain ehe be safi, bi boo su〔šū〕 emgi hūdašafi baha jaka be dendere de ambula gaici, boo su〔šū〕 mimbe dosi sehekūngge, mini yadahūn be safi, mimbe banjihangge ama eme, mimbe sarangge boo su〔šū〕 seme henduhebi. guwan jung, boo su〔šū〕 i ishunde same hajilahangge tere inu.

58. julge šūn han i eme dobori tolgin de gu i cecike hefeliye de dosime tolgifi, amala šūn han be banjihabi.

57.管仲嘗言：「吾三戰三退，鮑叔不以我為懦，知我有老母也。吾嘗三仕三見逐，鮑叔不以我為不肖，知我不遇時也。吾嘗與鮑叔談論身極困乏，鮑叔不以我為愚，知時有利不利也。吾嘗與鮑叔賈分利多，鮑叔不以我為貪[113]，知我貧也。生我者父母，知我者鮑叔。」此則有管鮑相知之交也。

58.昔舜母夜夢玉雀入懷，而生舜帝。

57.管仲尝言：「吾三战三退，鲍叔不以我为懦，知我有老母也。吾尝三仕三见逐，鲍叔不以我为不肖，知我不遇时也。吾尝与鲍叔谈论身极困乏，鲍叔不以我为愚，知时有利不利也。吾尝与鲍叔贾分利多，鲍叔不以我为贪，知我贫也。生我者父母，知我者鲍叔。」此则有管鲍相知之交也。

58.昔舜母夜梦玉雀入怀，而生舜帝。

---

113 不以我為貪，句中「貪」，規範滿文讀作“doosi”，此作“dosi”，異。

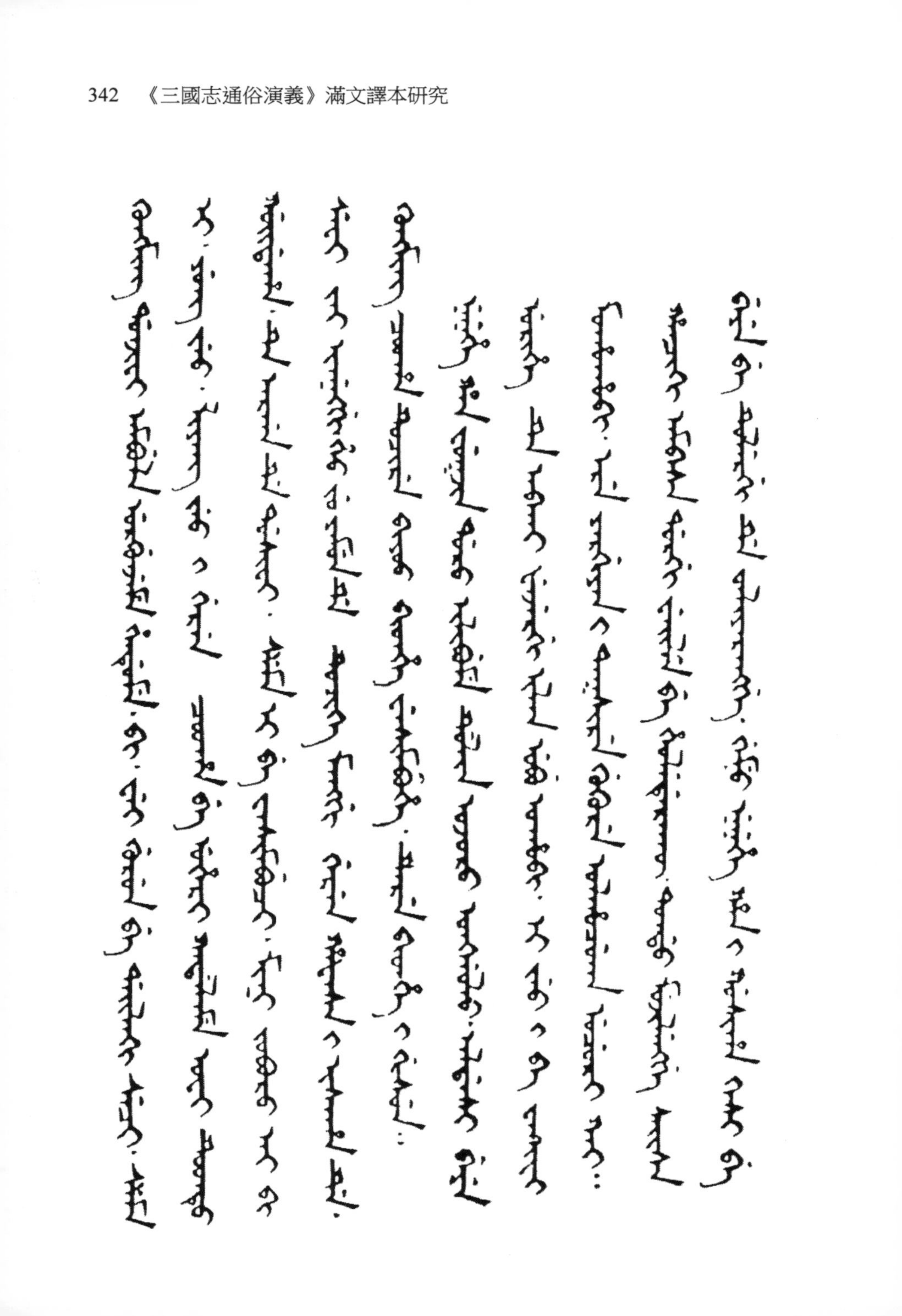

二十六、出師上表

kungming donjifi ambula urgunjeme hendume, bi, wei gurun be dailaki seci, syma i , yung jeo, liyang jeo i geren cooha be uheri kadalame ofi tuttu goidaha, te arga de dosifi. syma i be wasimbuci, mini joboro ai bi sefi, jai inenggi heo ju yamun de tucike manggi, geren hafasa i isaha de, kungming cooha tucire biyoo bithe wesimbuhe, tere bithe i gisun,

> nenehe han fukjin doro ilibume dulin ojoro onggolo, aldasi beye urihe, te abki fejergi ilan ubu ohobi, i jeo i ba wasifi mohohobi, ere yargiyan i taksire gukure olhocuka ucuri kai. hanciki ambasa dorgi weile be heolederakū, tondo mujilengge saisa beye be tulergi de waliyarangge, gemu nenehe han i gosiha kesi be

---

孔明聞之大喜曰：「吾欲伐魏久矣，奈有司馬懿總雍、涼之兵，今既中計而貶之，吾有何憂也。」次日，後主早朝，大會官僚。孔明上〈出師表〉一道，表曰：

> 先帝創業未半，而中道崩殂，今天下三分，益州疲敝，此誠危急存亡之秋也。然侍衛之臣不懈於內，忠志之士忘身於外者，蓋追先帝之殊遇，

孔明闻之大喜曰：「吾欲伐魏久矣，奈有司马懿总雍、凉之兵，今既中计而贬之，吾有何忧也。」次日，后主早朝，大会官僚。孔明上〈出师表〉一道，表曰：

> 先帝创业未半，而中道崩殂，今天下三分，益州疲敝，此诚危急存亡之秋也。然侍卫之臣不懈于内，忠志之士忘身于外者，盖追先帝之殊遇，

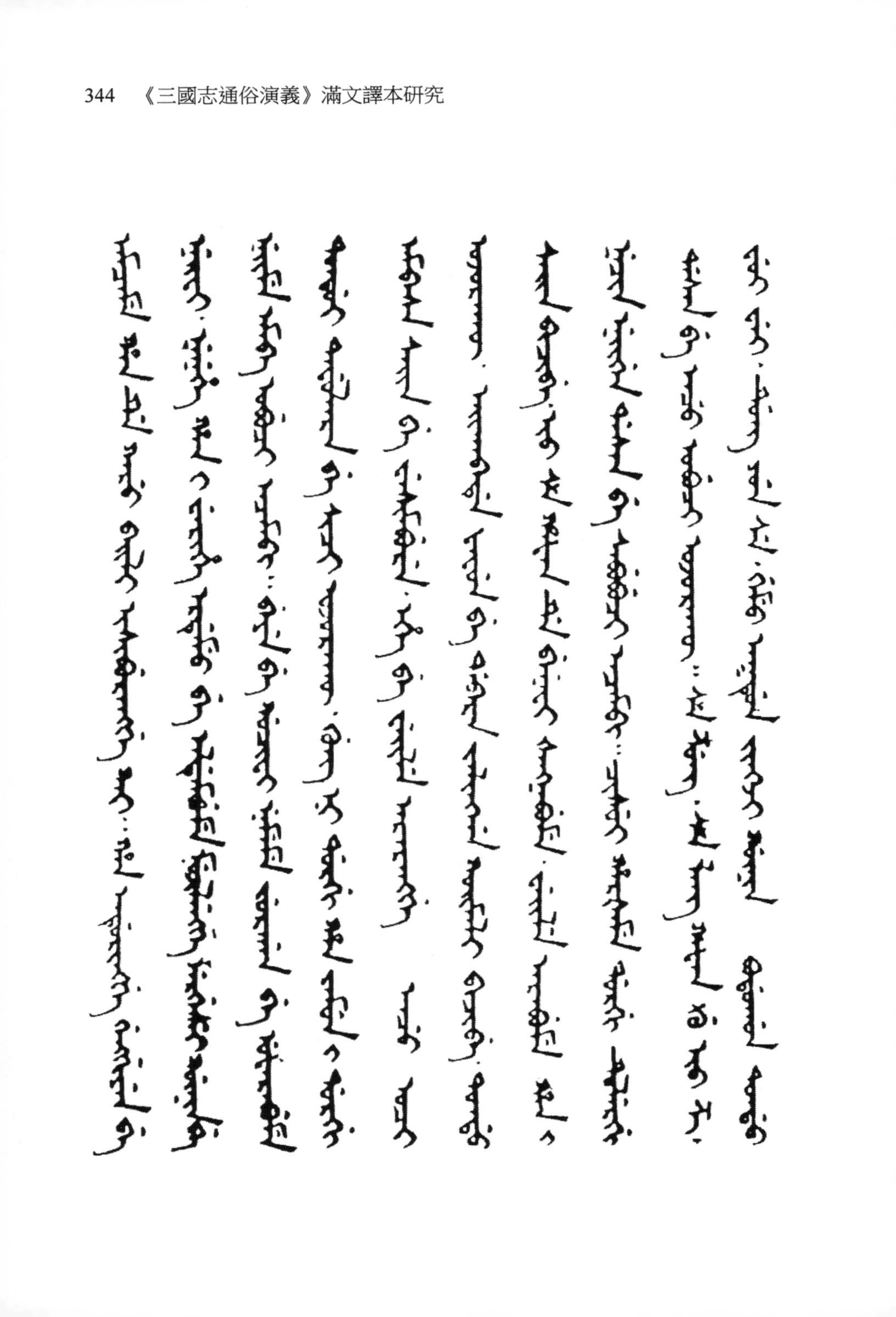

amcame han de karu baili isiburangge kai. han enduringge genggiyen be neifi, nenehe han i werihe erdemu be eldembume, mujilengge mergesei gūnin be neime amba obuci acambi. beye be gocifi nememe jurgan be ufarabume tondoi tafulara be sici ojorakū, gung ni dorgi han yamun i dorgi ambasa sain be wesimbure, ehe be weile ararangge encu oci ojorakū. aikabade fafun be dabara jalingga koimali bicibe, tondo sain bicibe, io sy hafan de benefi šangnabume, weile arabume han i necin neigen dasan be sabubuci acambi. cisui haršame dorgi tulergi dasan be encu obuci ojorakū. sy dzung, sy lang hafan g'o io dz, fui wei, dung yun se, gemu akdun jingji gūnin bodogon tondo

---

欲報之於陛下也。誠宜開張聖聽[114]，以廣先帝遺德，恢弘志士之氣，不宜妄自菲薄，引喻失義，以塞忠諫之路也。宮中府中，俱為一體，陟黜臧否，不宜異同。若有作奸犯科及為忠善者，宜付有司，論其刑賞，以昭陛下平明之治，不宜偏私，使內外異法也。侍中、侍郎郭攸之、費禕、董允等，此皆良實，志慮忠純，

欲报之于陛下也。诚宜开张圣听，以广先帝遗德，恢弘志士之气，不宜妄自菲薄，引喻失义，以塞忠谏之路也。宫中府中，俱为一体，陟黜臧否，不宜异同。若有作奸犯科及为忠善者，宜付有司，论其刑赏，以昭陛下平明之治，不宜偏私，使内外异法也。侍中、侍郎郭攸之、费祎、董允等，此皆良实，志虑忠纯，

---

114 開張聖聽，滿文讀作"han enduringge genggiyen be neifi"，意即「陛下開張聖明」。

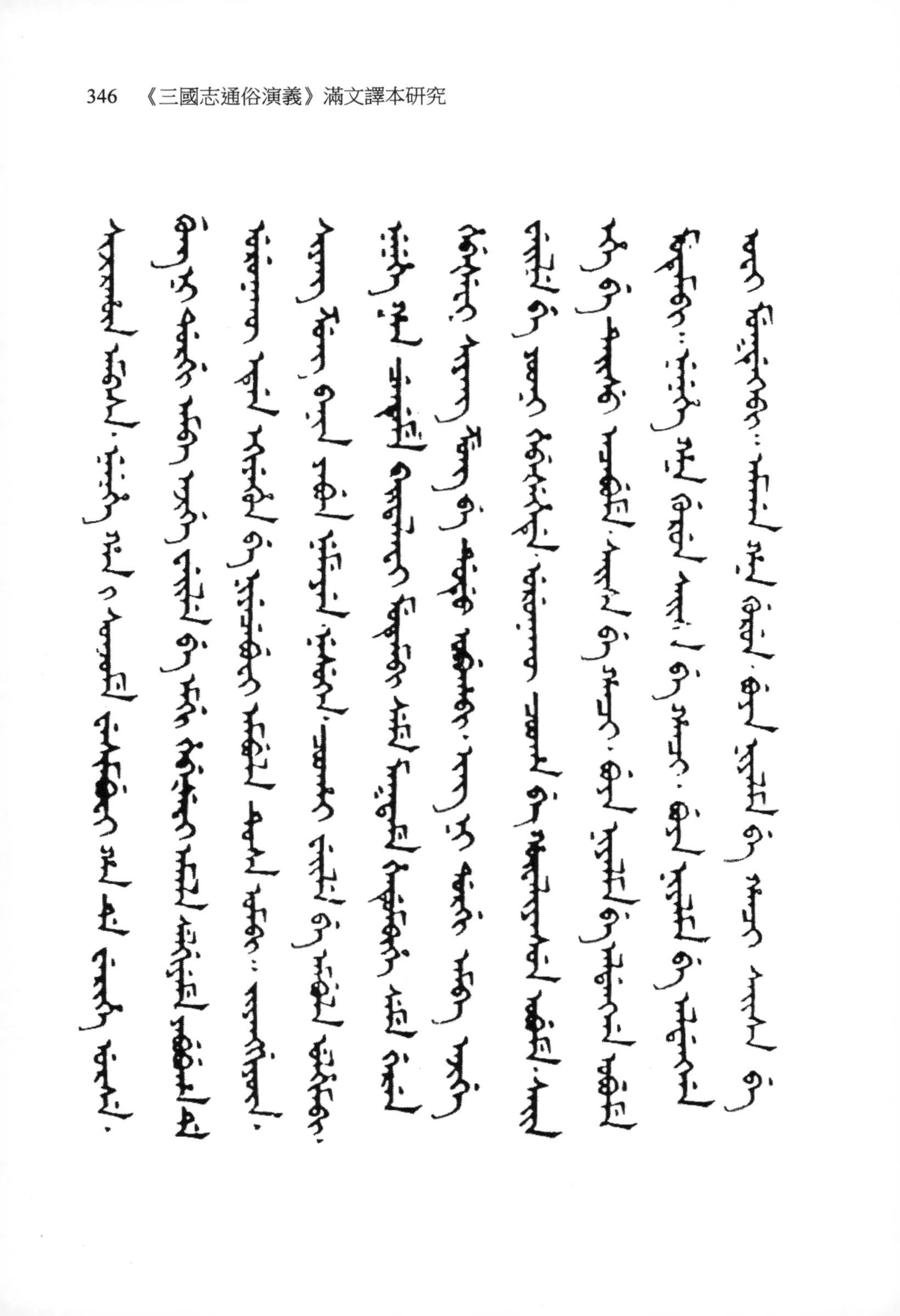

sijirhūn ambasa, nenehe han i sonjome wesimbufi han de werihe urse, gung ni dorgi amba ajige weile be emgi hebešefi, amala selgiyeme yabubuha de, urunakū eden ekiyehun be niyecebufi ambula tusa ombi. jiyanggiyūn, siyang dzung banin yabun nemeyen nesuken, coohai weile be ambula ulhimbi, nenehe han cendeme baitalafi mutembi seme maktame hendumbihe seme, geren hebešefi siyang dzung be dudu obuhabi. ing ni dorgi amba ajige weile be yooni hebešehede, urunakū cooha be hūwaliyasun obume, sain ehe be teisu acabume, saisa be hanci, buya niyalma be aldangga obume mutembi. nenehe han̲ gurun saisa be hanci, buya niyalma be aldangga ofi mukdekebi. amaga han̲ gurun, buya niyalma be hanci saisa be

---

是以先帝簡拔以遺陛下。愚以為宮中之事，事無大小，悉以咨之，然後施行，必能裨補闕漏，有所廣益。將軍向寵，性行淑均，曉暢軍事，試用於昔日，先帝稱之曰能，是以眾議舉寵為督。愚以為營中之事，事無大小，悉以咨之，必能使行陣和睦，優劣得所。親賢臣，遠小人，此先漢所以興隆也；親小人，遠賢臣，此後漢所以傾頹也。

是以先帝简拔以遗陛下。愚以为宫中之事，事无大小，悉以咨之，然后施行，必能裨补阙漏，有所广益。将军向宠，性行淑均，晓畅军事，试用于昔日，先帝称之曰能，是以众议举宠为督。愚以为营中之事，事无大小，悉以咨之，必能使行阵和睦，优劣得所。亲贤臣，远小人，此先汉所以兴隆也；亲小人，远贤臣，此后汉所以倾颓也。

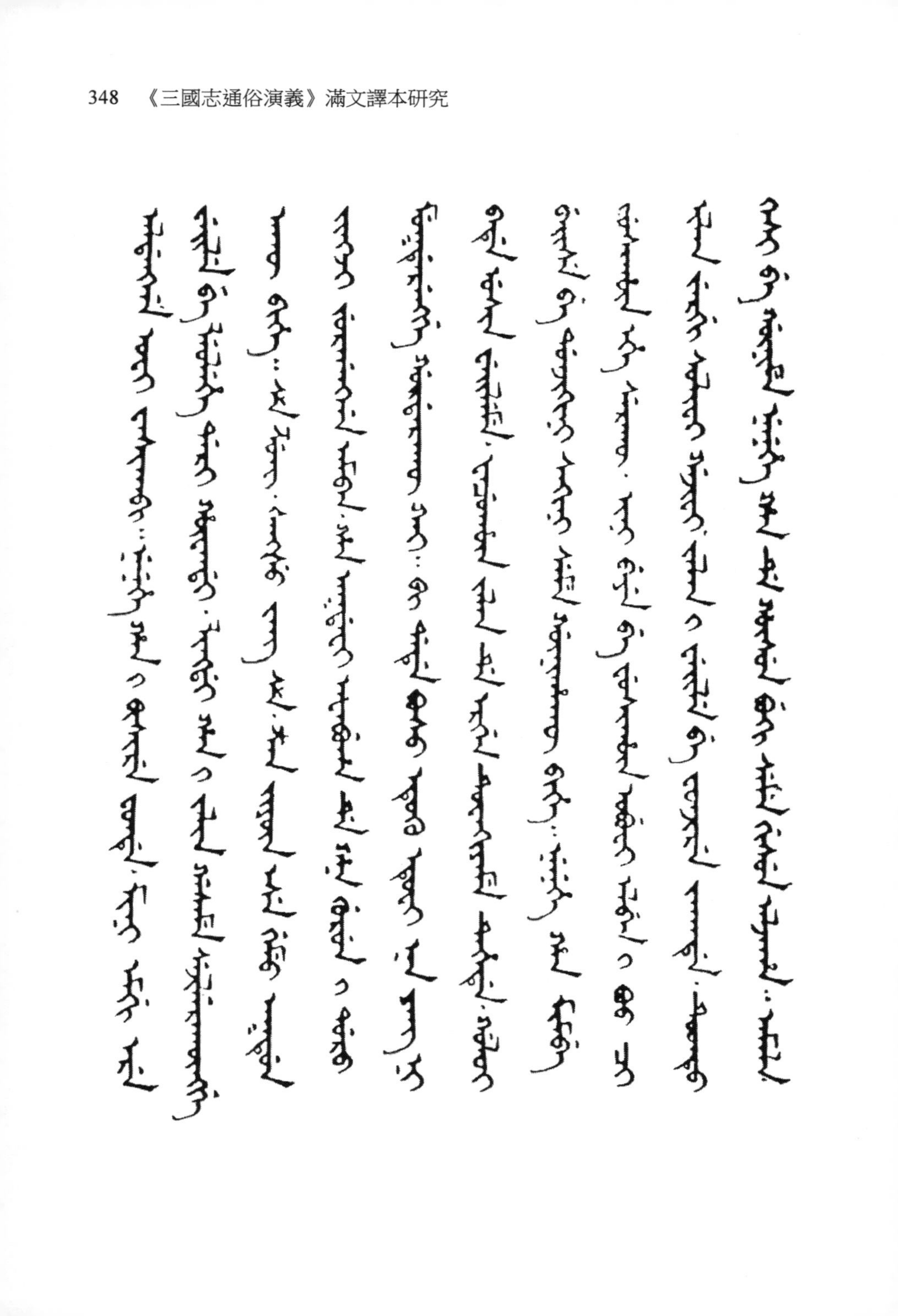

[illegible]

aldangga ofi wasikabi. nenehe han i bisire fonde, mini emgi ere weile be leolehe dari hūwandi, lingdi han i jalin gasame sejilerakūngge akū bihe. sy dzung, šangšu, jang sy, ts'an jiyūn ese gemu akdun jingji jurgangga amban, han akdafi afabuha de haṉ gurun i doro mukderengge goidarakū kai. bi dade boso etuku etufi nan yang ni bade usin weileme, facuhūn jalan de ergen tuwakiyame tehede, goloi beise be donjikini sakini seme gūnihakū bihe. nenehe han mimbe fusihūn ehe serakū, ini beye be fusihūn obufi elben i boo ci ilan jergi solifi gajifi, jalan i weile be fonjire jakade, tuttu kesi be gūnime nenehe han de hūsun buki seme gisun aljaha. amala

---

先帝在時，每與臣論此事，未嘗不歎息痛恨於桓、靈也。侍中、尚書、長史、參軍，此悉貞亮死節之臣也，陛下親之、信之，則漢室之隆，可計日而待也。臣本布衣，躬耕南陽，苟全性命於亂世，不求聞達於諸侯。先帝不以臣鄙猥，躬自枉屈，三顧臣於草廬之中，諮臣以當世之事，由是感激，許先帝以驅馳，

先帝在时，每与臣论此事，未尝不叹息痛恨于桓、灵也。侍中、尚书、长史、参军，此悉贞亮死节之臣也，陛下亲之、信之，则汉室之隆，可计日而待也。臣本布衣，躬耕南阳，苟全性命于乱世，不求闻达于诸侯。先帝不以臣鄙猥，躬自枉屈，三顾臣于草庐之中，谘臣以当世之事，由是感激，许先帝以驱驰，

[Manchu script text, 9 columns, read right to left]

gukure efujere forgon be ucarafi, cooha gidabuha ucuri tušan be bufi joboro suilara de hese be afabufi orin emu aniya oho. nenehe han mini ginggun olhoba be safi, tuttu urire de amba weile be afabuha. hese be aliha ci ebsi, inenggi dobori akū jobome gūnime, afabuha babe sartaburahū, nenehe han i genggiyen be efulerahū seme, tuttu ofi sunja biya de lu sui bira be doofi, orho banjirakū bade šumin dosifi, julergi babe toktobuha. te cooha geren oho, agūra yongkiyaha ucuri, mini lata moyo hūsun be

---

後值傾覆，受任於敗軍之際，奉命於危難之間，邇來二十有一年矣。先帝知臣謹慎，故臨崩寄臣以大事也。受命以來，夙夜憂慮，恐付托不效[115]，以傷先帝之明，故五月渡瀘，深入不毛[116]。今南方已定，兵甲已足，

后值倾覆，受任于败军之际，奉命于危难之间，迩来二十有一年矣。先帝知臣谨慎，故临崩寄臣以大事也。受命以来，夙夜忧虑，恐付托不效，以伤先帝之明，故五月渡泸，深入不毛。今南方已定，兵甲已足，

---

115 恐付托不效，滿文讀作“afabuha babe sartaburahū”，意即「恐貽誤付托」。

116 深入不毛，滿文讀作“orho banjirakū bade šumin dosifi”，意即「深入不長草之處」。案：緬甸境內新街，又稱八莫，疑「不毛」與「八莫」同音異譯，深入不毛，即深入八莫。

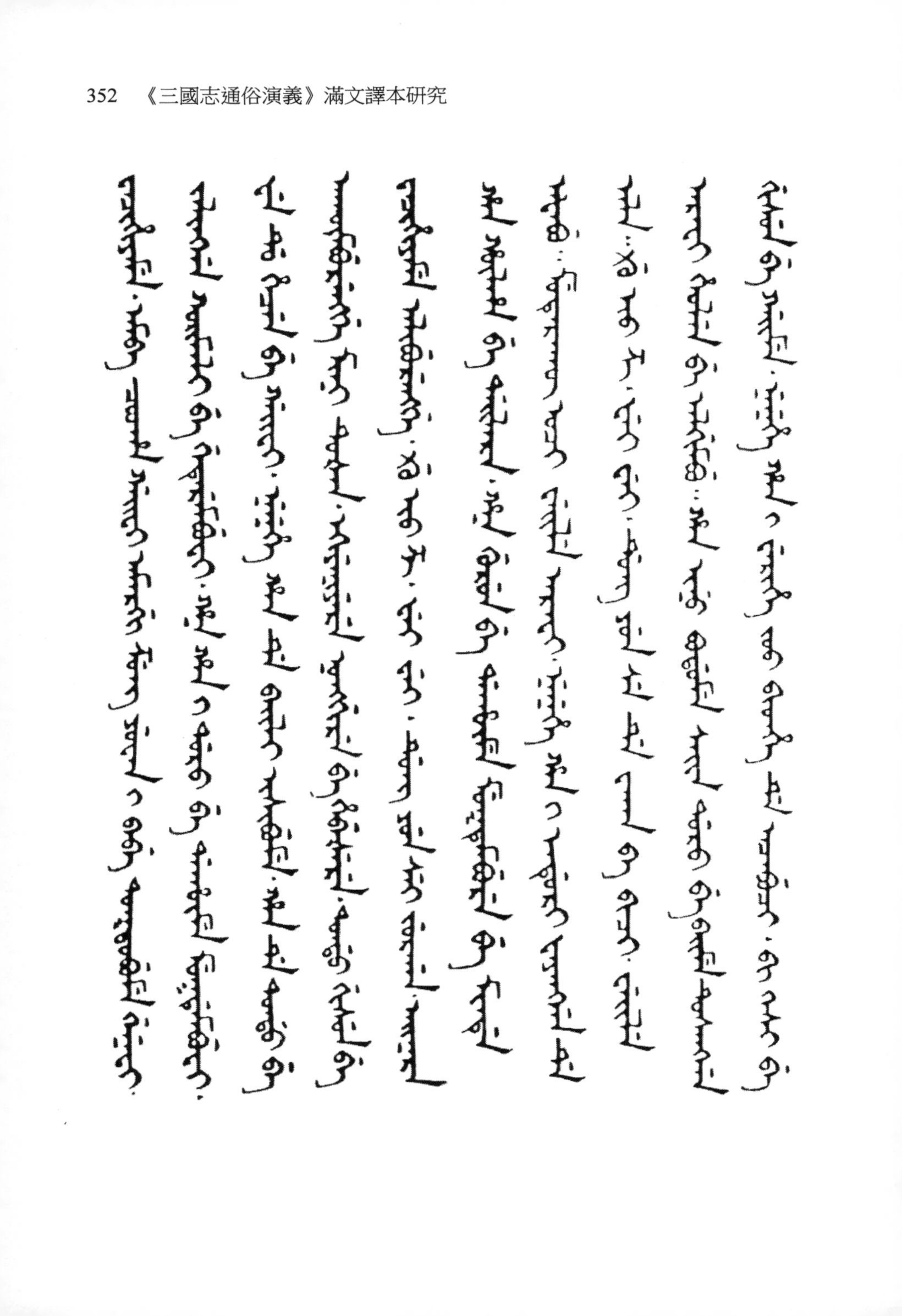

wacihiyame, amba cooha gaifi amargi dzung yuwan i babe toktobume genefi, jalingga koimali be geterembufi, han̠ han i doro be dahūme mukdembufi, fe du hecen be gaifi, nenehe han de baili isibume, han de tondo be akūmburengge mini tušan, ekiyeniyere nonggire be hebešere, tondo gisun be wacihiyame aliburengge, g'o io dz, fei wei, dung yun sei jurgan. ainara han hūlha be dailara, han̠ gurun be dahūme mukdembure be minde afabu. muterakū oci weile arafi, nenehe han i enduri fayangga de ala. g'o io dz, fei wei, dung yun se de waka ba bici, weile arafi heolen be algimbu. han inu bodome sain doro be baime, tusangga gisun be gaime, nenehe han i werihe joo bithe de acabuci, bi kesi be

---

當獎率三軍北定中原，庶竭駑鈍，攘除奸凶，以復興漢室，還於舊都，此臣所以報先帝，而忠陛下之職分也。至於斟酌損益，進盡忠言，則攸之、禕、允之任也。願陛下託臣以討賊興復之效，不效則治臣之罪，以告先帝之靈；責攸之、禕、允等之咎，以彰其慢。陛下亦宜自謀，以諮諏善道，察納雅言，深追先帝遺詔，

当奖率三军北定中原，庶竭驽钝，攘除奸凶，以复兴汉室，还于旧都，此臣所以报先帝，而忠陛下之职分也。至于斟酌损益，进尽忠言，则攸之、祎、允之任也。愿陛下托臣以讨贼兴复之效，不效则治臣之罪，以告先帝之灵；责攸之、祎、允等之咎，以彰其慢。陛下亦宜自谋，以谘诹善道，察纳雅言，深追先帝遗诏，

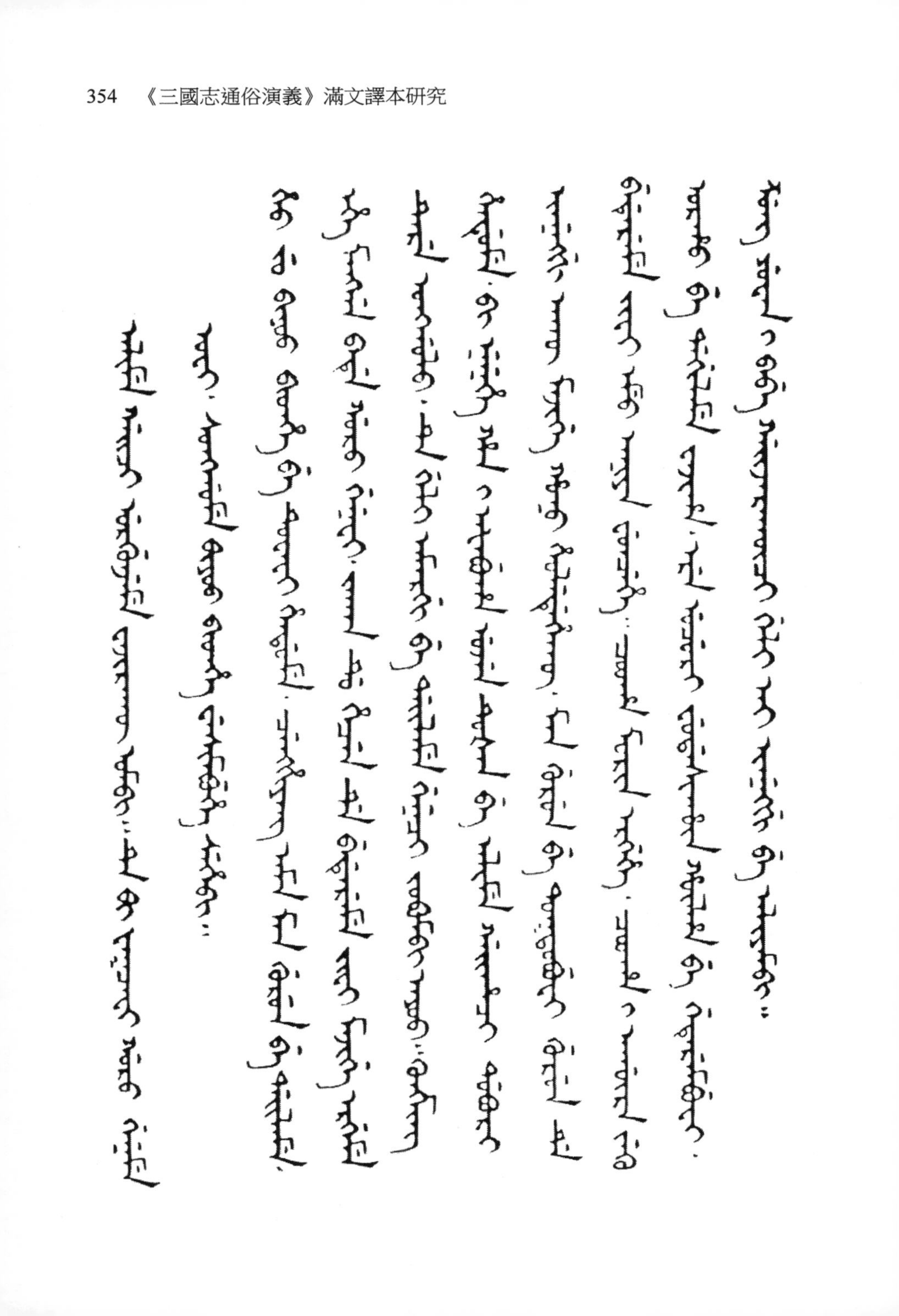

[illegible]

alime gaici urgunjeme wajirakū ombi. te bi fakcafi goro geneme ofi, songgome biyoo bithe wesimbuhe sehebi.

heo ju biyoo bithe be tuwafi hendume, cenghiyang ama man gurun be dailame, ehe mangga bade goro genefi, jakan du hecen de bedereme jifi majige ergeme tere onggolo, te geli amargi be dailame geneci jobombi ayoo. kungming hendume, bi nenehe han i afabuha ujen tušan be alime gaihaci dobori inenggi akū majige hono heoledehekū, man gurun be toktobufi gurun de bedereme jifi emu aniya funcehe. cooha morin ergehe, cooha i agūra, jeku orho be dagilame wajiha, ere ucuri fudasihūn hūlha be geterembufi, dzung yuwan i babe gaijarakūci geli ai inenggi be aliyambi.

臣不勝受恩感激。今當遠離，臨表涕泣，不知所云，謹表[117]。

後主覽表而言曰：「相父征蠻，遠涉艱難，方始回都，坐未安席，今又欲北征，恐勞神思也。」孔明曰：「臣受先帝託孤之重，夙夜未嘗有息，平蠻回國，一載有餘矣。軍馬已銳，器械已足，糧草之類，盡皆完備，不就此時討逆，恢復中原，更待何日也？」

臣不胜受恩感激。今当远离，临表涕泣，不知所云，谨表。

后主览表而言曰：「相父征蛮，远涉艰难，方始回都，坐未安席，今又欲北征，恐劳神思也。」孔明曰：「臣受先帝托孤之重，夙夜未尝有息，平蛮回国，一载有余矣。军马已锐，器械已足，粮草之类，尽皆完备，不就此时讨逆，恢复中原，更待何日也？」

---

117 臨表涕泣，不知所云，謹表，滿文讀作“songgome biyoo bithe wesimbuhe”，意即「涕泣進呈表文」。

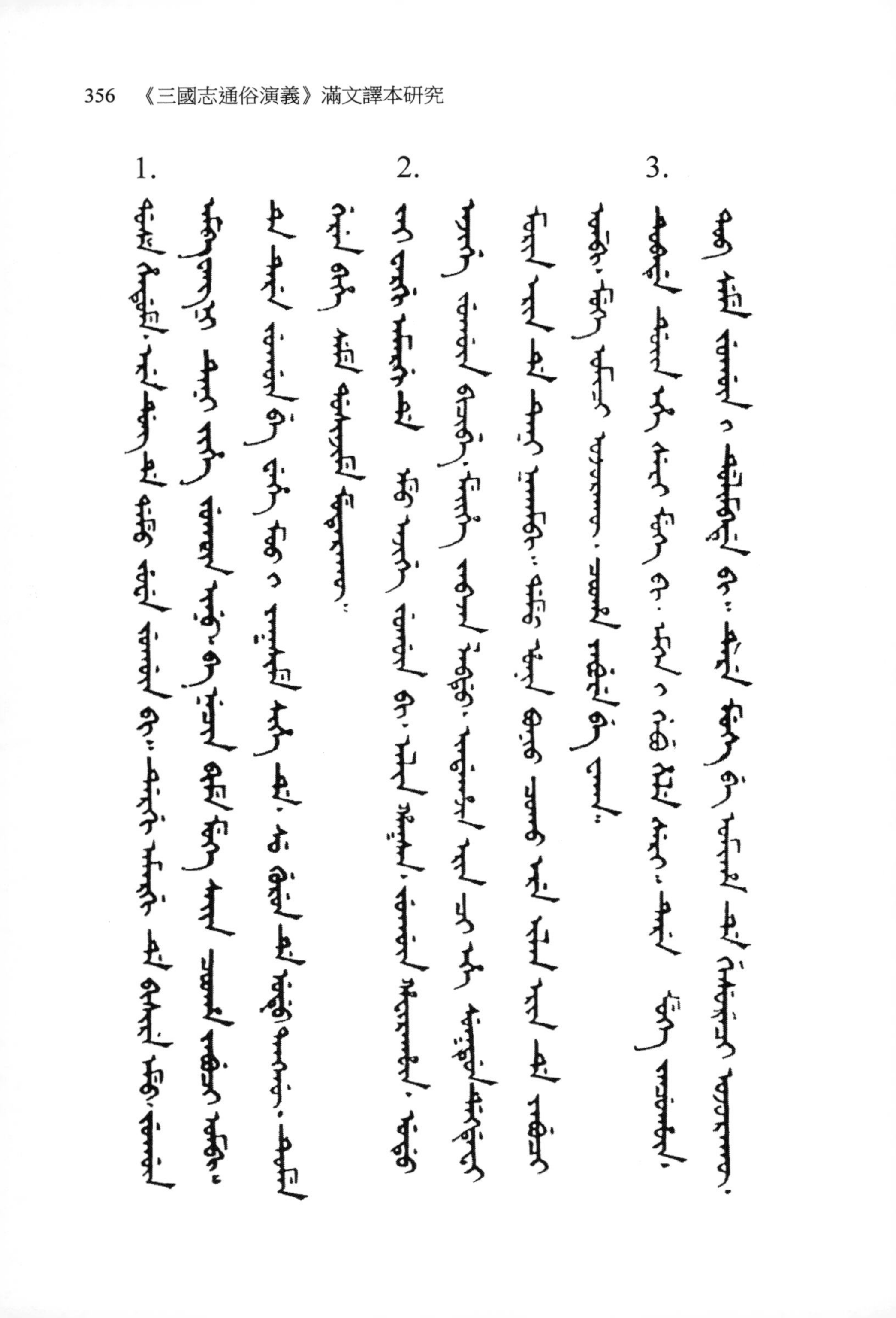

1.

[illegible]

2.

[illegible]

3.

[illegible]

二十七、深入不毛

1. dosy hendume, ere dung de damu juwe jugūn bi. dergi amargi de bisire emu jugūn amba wang ni teni jihe jugūn inu. ba necin bime muke sain cooha yabuci ombi. te tere jugūn be wehe moo i yaksime sihe de, su〔šu〕 gurun de udu tanggū tumen geren bihe seme dosinjime muterakū.
2. jai wargi amargi de emu ajige jugūn bi, alin haksan, jugūn hafirahūn, udu ajige jugūn bicibe, meihe jabjan labdu, indahūn erin ci ehe sukdun dekdefi morin erin de teni nakambi. damu honin bonio coko ere ilan erin de yabuci ombi, muke omici ojorakū, cooha yabure be waka.
3. tubade duin ehe šeri muke bi, emken i gebu hele šeri. tere muke jancuhūn, tob seme jugūn i dulimbade bi, tere muke be omiha de gisureci ojorakū,

---

1.朵思曰：「此洞中止有兩條大路，東北上一條路，就是大王所來之路，地勢平坦，水甜，人馬可行，若以木石壘斷洞口[118]，蜀雖有百萬之眾，不能進也。
2.西北上有一條小路，山險嶺惡，道路窄狹，其中雖有小路，多藏蟒蛇惡蝎，黃昏時分[119]，煙瘴大起，直至午時方收，惟未申酉三時，可以往來，水不可飲，人馬難行。
3.此處便有四箇毒泉：一名啞泉，其水頗甜，正在當道，人若飲之，則不能言，

1.朵思曰：「此洞中止有两条大路，东北上一条路，就是大王所来之路，地势平坦，水甜，人马可行，若以木石垒断洞口，蜀虽有百万之众，不能进也。
2.西北上有一条小路，山险岭恶，道路窄狭，其中虽有小路，多藏蟒蛇恶蝎，黄昏时分，烟瘴大起，直至午时方收，惟未申酉三时，可以往来，水不可饮，人马难行。
3.此处便有四个毒泉：一名哑泉，其水颇甜，正在当道，人若饮之，则不能言，

---

118 洞口，滿文當讀作“dung ni angga”，此作“tere jugūn”，意即「其路」，滿漢文義不合。
119 黃昏時分，滿文當讀作“yamjishūn erin”，此作“indahūn erin”，意即「戌時」，滿漢文義不合。

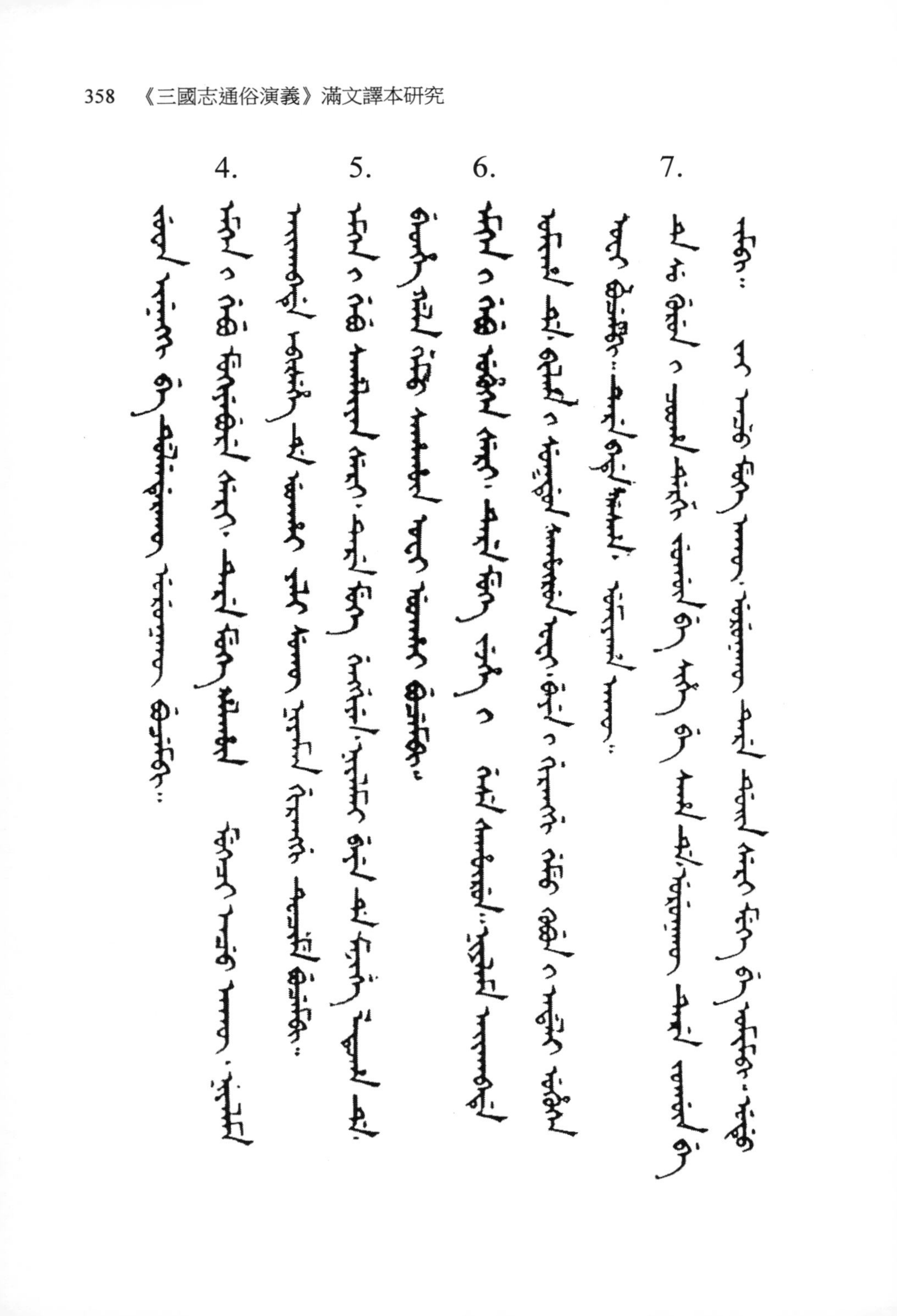

[illegible]

4. [illegible]

[illegible]

5. [illegible]

[illegible]

6. [illegible]

[illegible]

7. [illegible]

[illegible]

juwan inenggi be dulenderakū urunakū bucembi.

4. emken i gebu mukiyebure šeri, tere muke halhūn mukeci encu akū, niyalma aikabade ebišehe de uthai yali sukū niyaman giranggi tucime bucembi.

5. emken i gebu sahaliyan šeri, tere muke genggiyen, niyalmai beye de majige latuha de, bethe gala gemu sahahūn ofi uthai bucembi.

6. emken i gebu uhuken šeri, tere muke juhe i gese šahūrun, niyalma aikabade omiha de, bilha i sukdun šahūrun ofi, beye i giranggi gemu kubun i adali uhuken ofi bucembi. tere bade gasha, umiyaha akū.

7. te su gurun i cooha dergi jugūn be sihe be saha de, urunakū tere jugūn be jimbi. jai encu muke akū, urunakū tere duin šeri muke be omimbi, udu

---

不過旬日必死。

4.一曰：滅泉，其水與湯無異，人若沐浴，則皮肉皆爛[120]，見骨必死。

5.一曰：黑泉，其水澂清，人若濺之在身，則手足皆黑而死。

6.一曰：柔泉，其水如冰，人若飲之，咽喉則無暖氣，身軀軟弱如綿而死。此處蟲鳥皆無。

7.今蜀兵見東路截斷，必從西路而入[121]，于路無水，若見此四泉之水，必然飲也。

不过旬日必死。

4.一曰：灭泉，其水与汤无异，人若沐浴，则皮肉皆烂，见骨必死。

5.一曰：黑泉，其水澄清，人若溅之在身，则手足皆黑而死。

6.一曰：柔泉，其水如冰，人若饮之，咽喉则无暖气，身躯软弱如绵而死。此处虫鸟皆无。

7.今蜀兵见东路截断，必从西路而入，于路无水，若见此四泉之水，必然饮也。

---

120 皮肉皆爛，滿文讀作“yali sukū niyaman”，句中“niyaman”，字誤，當作“niyame”。

121 西路，滿文讀作“tere jugūn”，句中“tere”，當作“wargi”。

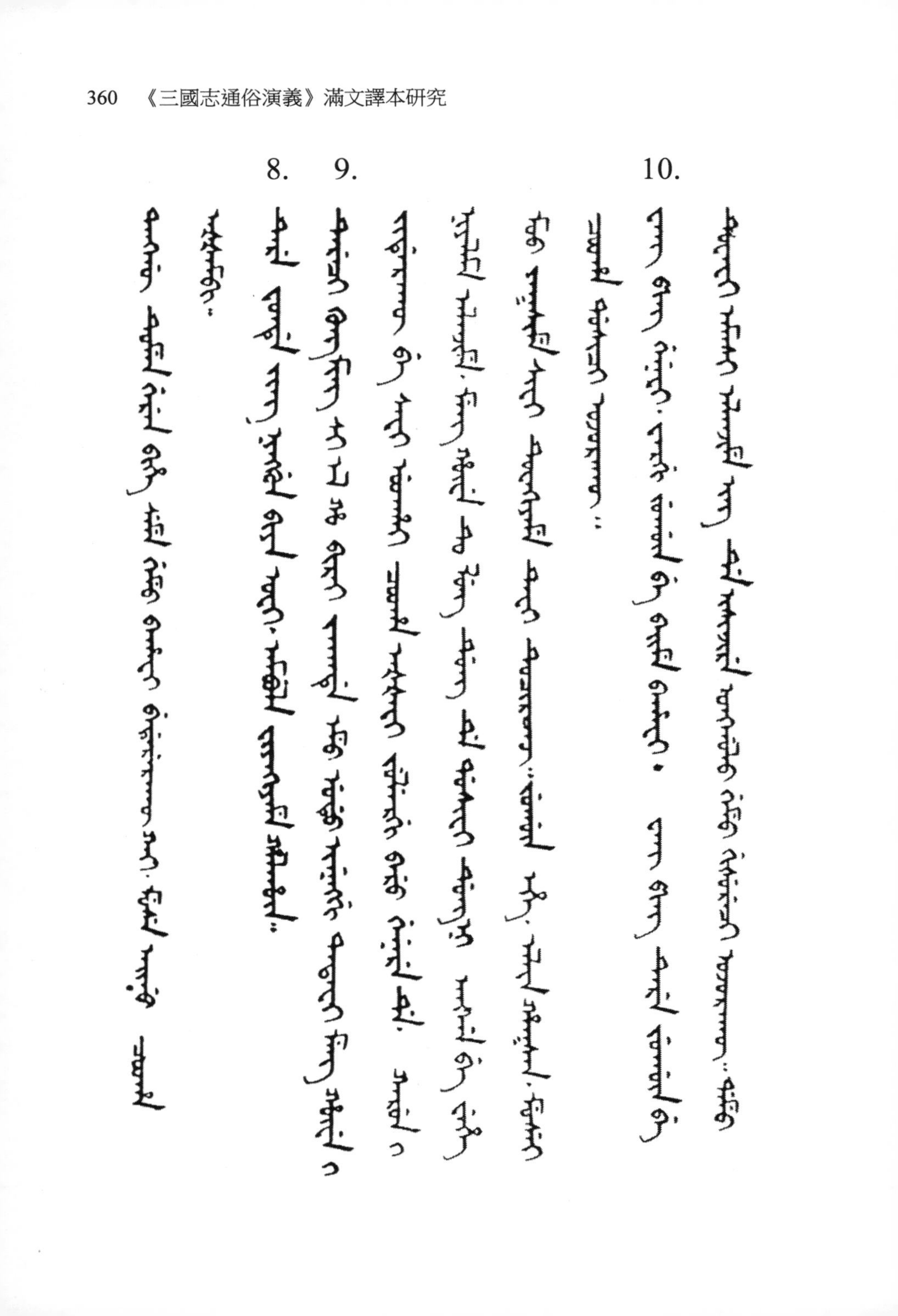

[illegible]

8. [illegible]

9. [illegible]

10. [illegible]

tanggū tumen geren bihe seme gemu bahafi bedererakū kai, muse ainu cooha aššambi.

8. tere fonde jing ninggun biya ofi, ambula fiyakiyame halhūn.

9. tereci kung ming si el ho birai jakade emu udu inenggi tatafi, meng hūwe i jiderakū be safi, uthai cooha aššafi julergi baru genere de, karun i niyalma alanjime, meng hūwe tu lung dung de dosifi dung ni angga be wehe moo yaksime sifi tuwakiyame tefi tucirakū. jugūn ehe, alin haksan, musei cooha dosici ojorakū.

10. wang ping genefi, wargi jugūn be baime bahafi, wang ping tere jugūn be tuwafi amasi alanjime, ing de isinjire onggolo gemu gisureci ojorakū, damu

---

雖百萬之眾，皆無歸矣，何用刀兵耶[122]？」

8.此時正當六月，甚是炎熱。

9.却說孔明在西洱河屯數日，不見孟獲來，遂起兵往前進發，哨馬飛來報說：「孟獲退在禿龍洞中，將洞口壘斷，守之不出，路惡嶺峻，不能前進。」

10.王平尋得西路，王平探有此路回報，比及到寨，皆不能言，

虽百万之众，皆无归矣，何用刀兵耶？」

8.此时正当六月，甚是炎热。

9.却说孔明在西洱河屯数日，不见孟获来，遂起兵往前进发，哨马飞来报说：「孟获退在秃龙洞中，将洞口垒断，守之不出，路恶岭峻，不能前进。」

10.王平寻得西路，王平探有此路回报，比及到寨，皆不能言，

---

122 何用刀兵，滿文讀作“muse ainu cooha aššambi”，意即「吾等何用動武」。

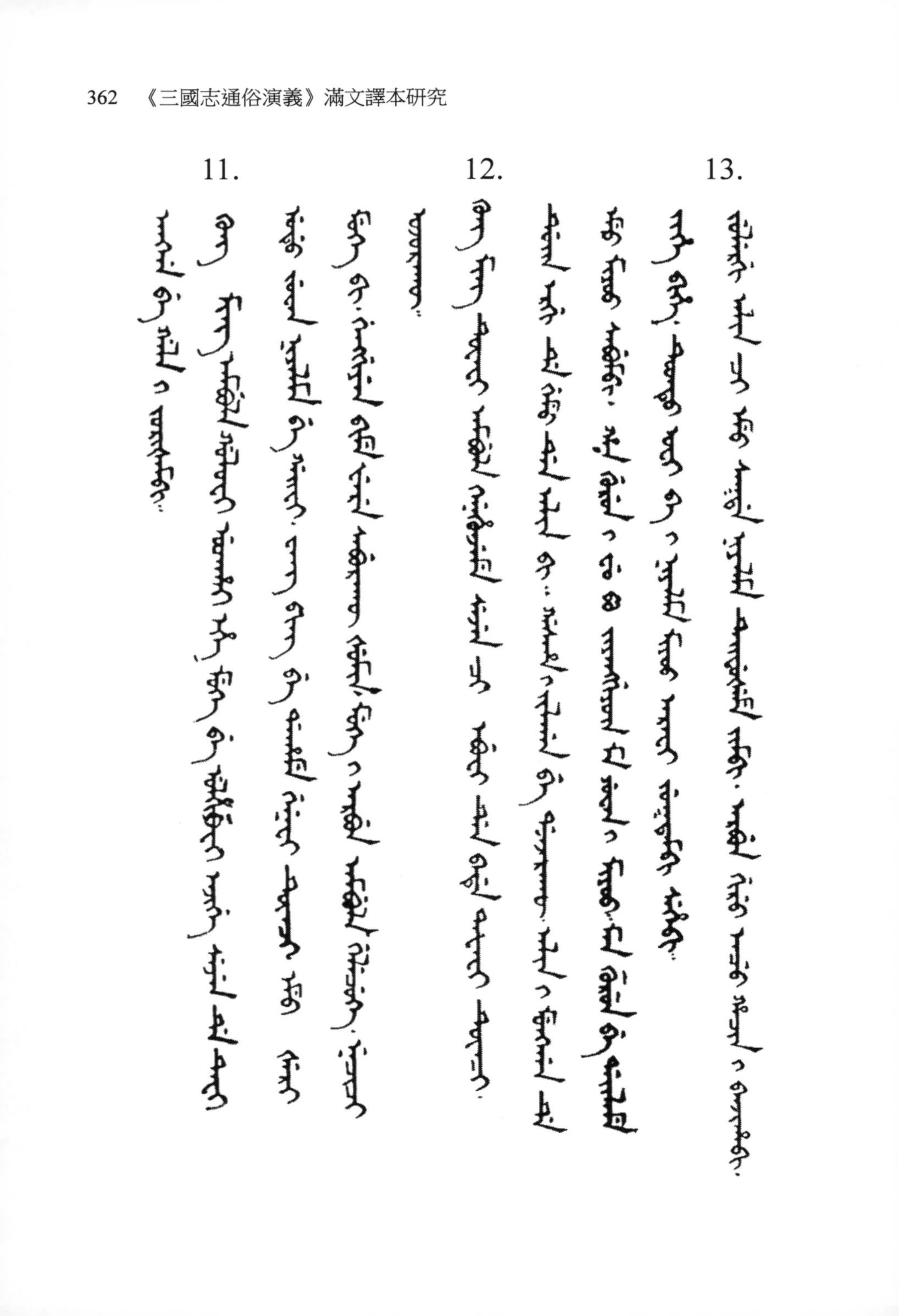

[illegible]

11. [illegible]

12. [illegible]

13. [illegible]

angga be gala i jorišambi.

11. kung ming ambula golofi uthai ehe muke be ulhibufi, ajige sejen de tefi udu juwan niyalma be gaifi, wang ping be dahame genefi tuwaci, emu šeri muke bi, genggiyen bime fere saburakū šumin, muke i arbun ambula gelecuke, necici ojorakū.

12. kung ming tuwafi ambula kenehunjeme sejen ci ebufi den bade tafafi tuwaci, duin ergi de gemu den alin bi. gasha i jilgan be donjirakū, alin i munggan de emu miyoo sabumbi, haṉ gurun i fu po jiyanggiyūn ma yuwan i miyoo, man gurun be dailame jihe bihe, tuttu ofi ba i niyalma miyoo arafi juktembi sehebi.

13. julergi alin ci emu sakda niyalma teifušeme jimbi, arbun giru encu hacin i banjihabi.

但指口而已。

11.孔明大驚，知是中毒，乃自駕小車，引數十人前來隨王平看時，見一潭清水，深不見底，水氣凜凜，軍不敢試。

12.孔明視之，甚疑，下車，登高望之，四壁峯嶺，鳥雀不聞[123]，望見遠遠山崗之上有一古廟，乃漢伏波將軍馬援之廟，因平蠻夷到此，土人立廟祀之。

13.對山一老叟扶杖而來，形容甚異，

但指口而已。

11.孔明大惊，知是中毒，乃自驾小车，自变量十人前来随王平看时，见一潭清水，深不见底，水气凛凛，军不敢试。

12.孔明视之，甚疑，下车，登高望之，四壁峯岭，鸟雀不闻，望见远远山岗之上有一古庙，乃汉伏波将军马援之庙，因平蛮夷到此，土人立庙祀之。

13.对山一老叟扶杖而来，形容甚异，

---

123 鳥雀不聞，滿文讀作“gasha i jilgan be donjirakū”，意即「不聞鳥聲」。

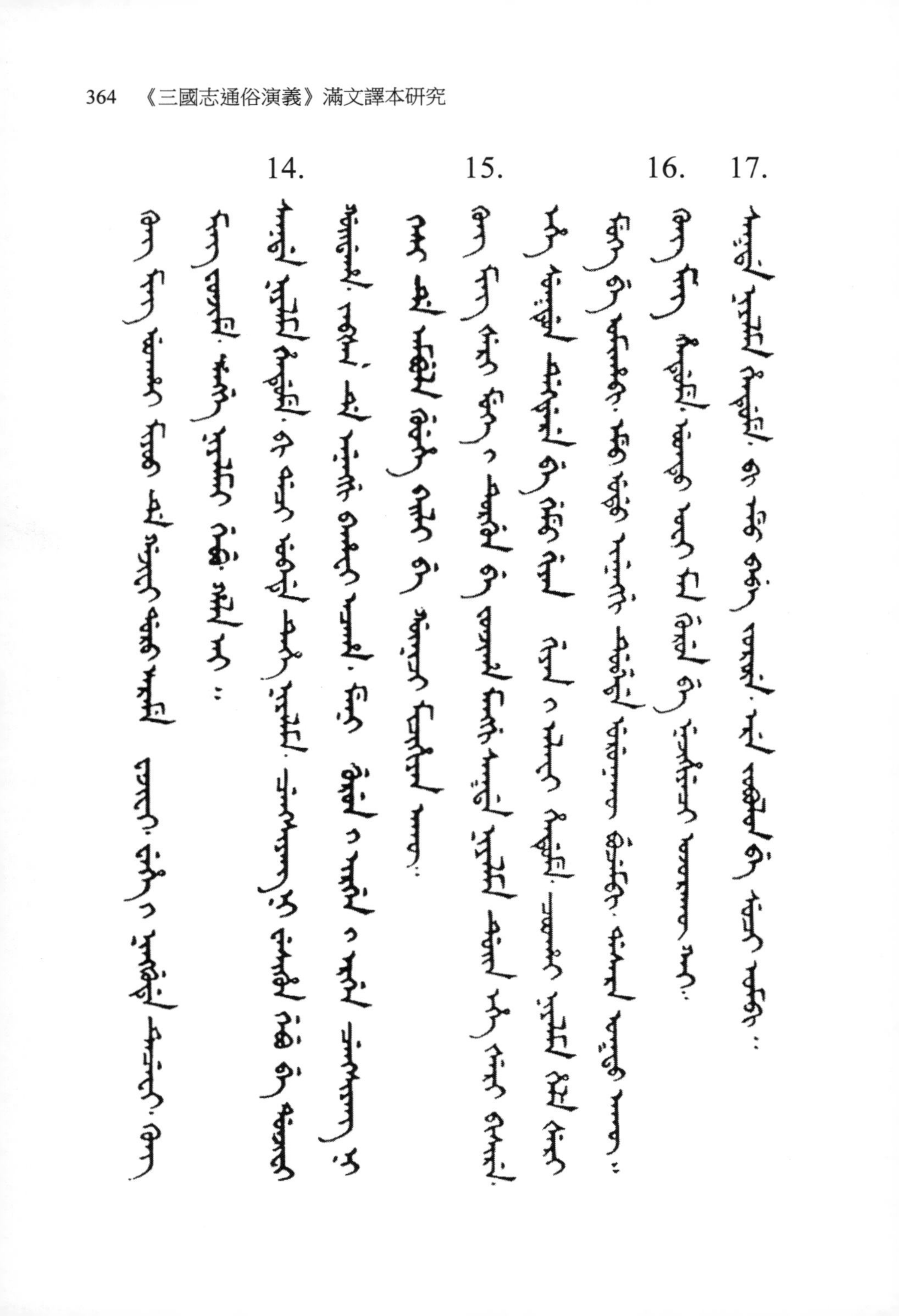

kung ming uthai miyoo de gajifi doro arame wajifi, wehe i ninggude tecefi, kung ming fonjime, sengge niyalmai gebu, hala ai?

14. sakda niyalma hendume, bi daci ubade tehe niyalma, cengsiyang ni wesihun gebu be donjifi goidaha, jabšan de enenggi bahafi acaha, meni gurun i irgen i ergen cengsiyang ni kesi de ambula guwehe baili be gūnici micihiyan akū.

15. kung ming šeri muke i turgun be fonjiha manggi, sakda niyalma duin ehe šeri bisire, ehe sukdun dekdere be gemu giyan giyan i alafi hendume, coohai niyalma hele šeri muke be omihabi, emu udu inenggi dubede urunakū bucembi, dasara okto akū.

16. kung ming hendume, uttu ofi man gurun be necihiyeci ojorakū kai.

17. sakda niyalma hendume, bi emu babe jorire, ere jobolon be suci ombi.

孔明請老叟入廟禮畢，對坐于石上。孔明問曰：「杖者何人也？」

14.老叟曰：「老夫居此處，久聞丞相隆名，幸得拜見，蠻夷之徒，多蒙丞相活命，皆感恩不淺。」

15.孔明問泉水之故，老叟將所有四泉瘴氣甚起一一告曰：「軍士飲了啞泉之水，不數日必死，無藥可治。」

16.孔明曰：「如此則蠻夷不可平矣。」

17.老叟曰：「老夫指引一處，足可以解之。」

孔明请老叟入庙礼毕，对坐于石上。孔明问曰：「杖者何人也？」

14.老叟曰：「老夫居此处，久闻丞相隆名，幸得拜见，蛮夷之徒，多蒙丞相活命，皆感恩不浅。」

15.孔明问泉水之故，老叟将所有四泉瘴气甚起一一告曰：「军士饮了哑泉之水，不数日必死，无药可治。」

16.孔明曰：「如此则蛮夷不可平矣。」

17.老叟曰：「老夫指引一处，足可以解之。」

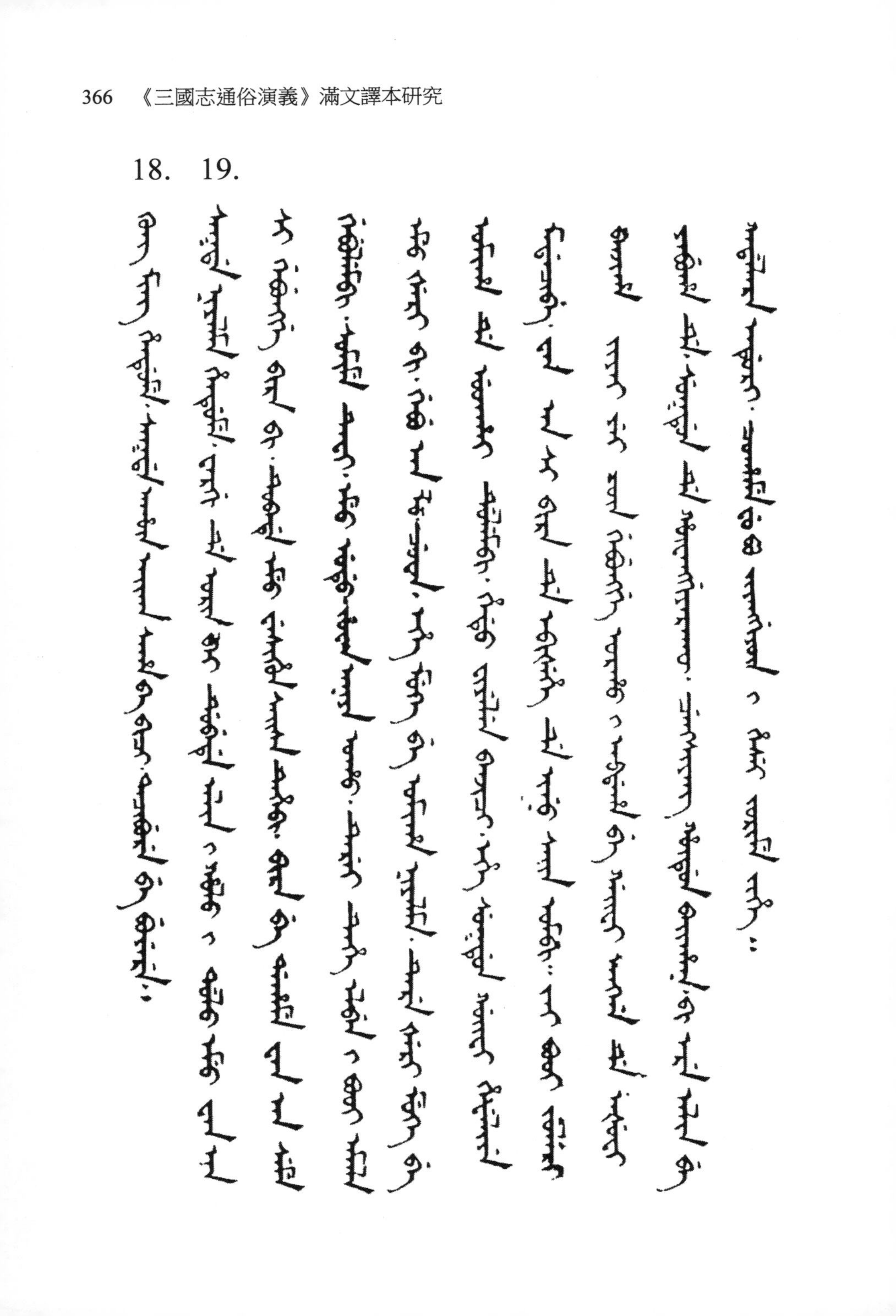

18. 19.

[illegible]

18. kung ming hendume, sakda ahūn aika saha ba bici, tacibure be buyere.
19. sakda niyalma hendume, wargi de orin bai dubede alin i holo i dolo emu wan an si gebungge bira bi, tubade emu wesihun saisa tehebi, bira be dahame wan an seme gebulembi, somime tefi, emu udu juwan aniya oho. terei tehe elben i booi amala emu šeri bi, gebu an lo cuwan, ehe muke be omiha niyalma, tere šeri muke be omiha de uthai dulembi. hedu fiyelen banjici, ehe sukdun goifi hefeliye madacibe. wan an si bira de ebišehe de inu sain ombi. jai booi juleri banjiha jiyai yei yūn gebungge orho i abdaha be gaifi, angga de ašufi yabuha de sukdun de hūwanggiyarakū, cengsiyang hūdun baihana. bi ere alin be kadakara enduri, cohome fu po jiyanggiyūn i hesei jorime jihe.

18.孔明曰:「老丈有何高見，萬乞教之。」
19.老叟曰:「此去正西二十里山谷中，有一溪名曰萬安溪，上有高士因溪號萬安，隱居有十餘年矣。草庵後有一泉，名安樂泉。人若中毒，則吸其水飲之，自然無事也。有人或生疥癩，或感瘴氣[124]，于萬安溪内浴之，自然無事也。更兼庵前有一等草，名曰:薤葉芸香，人若口含一葉，則瘴氣不染也，丞相可速往求之。吾乃本處山神，奉伏波將軍之命，特來指引。」

18.孔明曰：「老丈有何高见，万乞教之。」
19.老叟曰：「此去正西二十里山谷中，有一溪名曰万安溪，上有高士因溪号万安，隐居有十余年矣。草庵后有一泉，名安乐泉。人若中毒，则吸其水饮之，自然无事也。有人或生疥癞，或感瘴气，于万安溪内浴之，自然无事也。更兼庵前有一等草，名曰：薤叶芸香，人若口含一叶，则瘴气不染也，丞相可速往求之。吾乃本处山神，奉伏波将军之命，特来指引。」

---

124 或感瘴氣，滿文讀作“ehe sukdun goifi hefeliye madacibe”，意即「或中惡氣腹脹」。

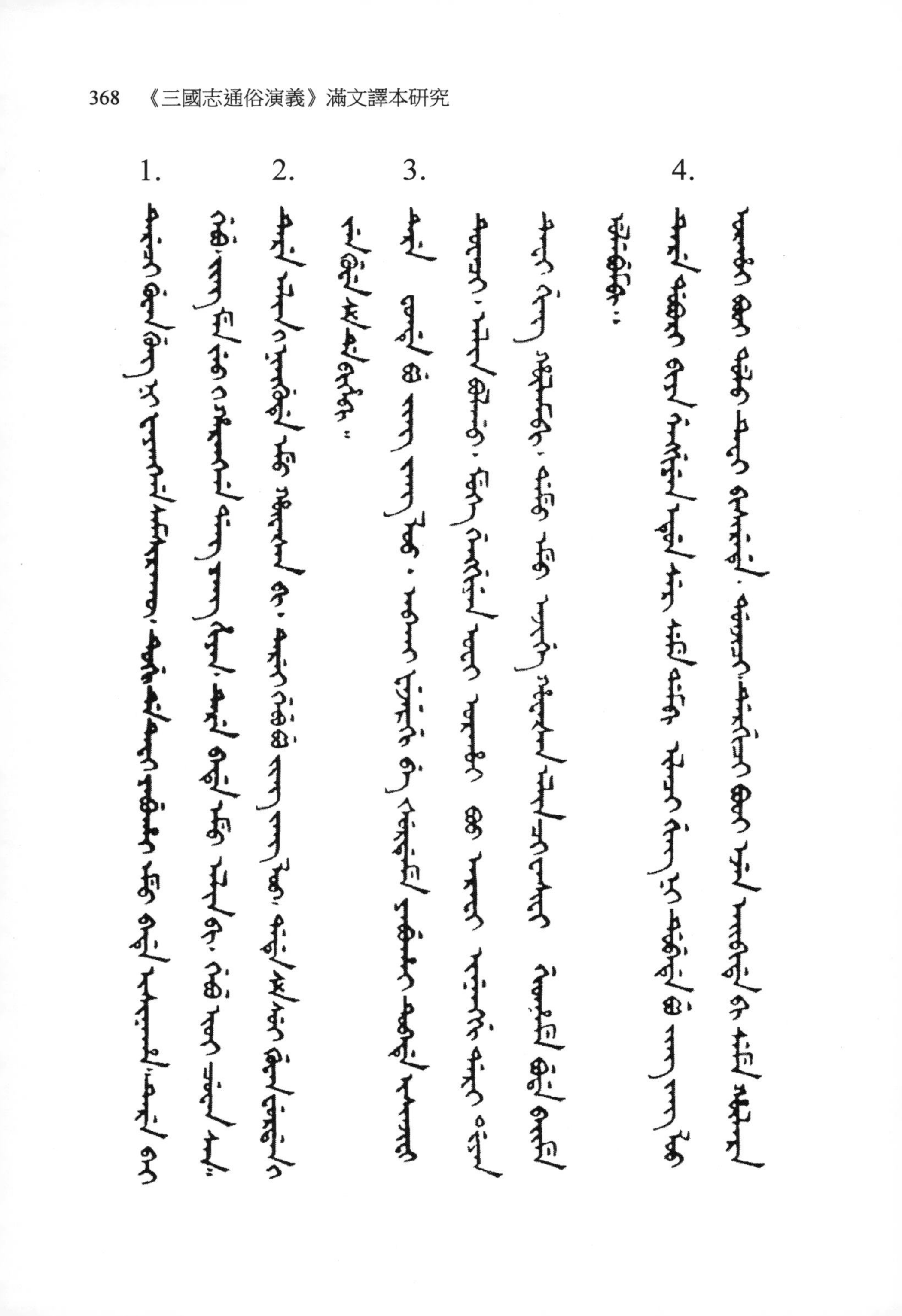

1. [illegible]

2. [illegible]

3. [illegible]

4. [illegible]

二十八、關公顯聖

1. tereci guwan gung ni fayangga samsirakū, tugi de tefi yabuhai emu bade isinaha, tere bai gebu jing men jeo i harangga dang yang hiyan, tere bade emu alin bi, gebu ioi cuwan san〔šan〕.
2. tere alin i ninggude emu hūwašan bi, terei gebu pu jing jang loo, dade sy sui guwan furdan i jen guwe sy de bihebi.
3. tere fonde pu jing jang loo, abkai fejergi be šurdeme yabuhai tubade isinjifi tuwaci, alin bolgo, muke genggiyen ofi orhoi boo arafi, inenggi dari diyan tefi ging hūlambi, damu emu ajige hūwašan alin ci wasifi giohame buda baime ulebumbi.
4. tere dobori biya genggiyen edun ser seme dambi, ilaci ging ni dubede pu jing jang loo orhoi booi dolo tefi bisirede, donjici, dergici booi ejen aibide bi seme hūlara

---

1.却說關公一魂不散，蕩蕩悠悠[125]，直至一處，荊門州當陽縣，一座山，名為玉泉山。
2.山上一僧，名普靜，原在汜水關鎮國寺。
3.是時，普靜禪師雲遊天下，來到此處，見山明水秀，就此結艸為菴，每日坐禪參道，止有一小行者下山，化飯度日。
4.是夜，月白風清，正當三更，普靜禪師正在菴中坐定，聞上有呼家主何在之聲，

1.却说关公一魂不散，荡荡悠悠，直至一处，荆门州当阳县，一座山，名为玉泉山。
2.山上一僧，名普静，原在汜水关镇国寺。
3.是时，普静禅师云游天下，来到此处，见山明水秀，就此结艹为庵，每日坐禅参道，止有一小行者下山，化饭度日。
4.是夜，月白风清，正当三更，普静禅师正在庵中坐定，闻上有呼家主何在之声，

---

125 蕩蕩悠悠，滿文讀作“tugi de tefi yabuhai”，意即「坐在雲上而行」。

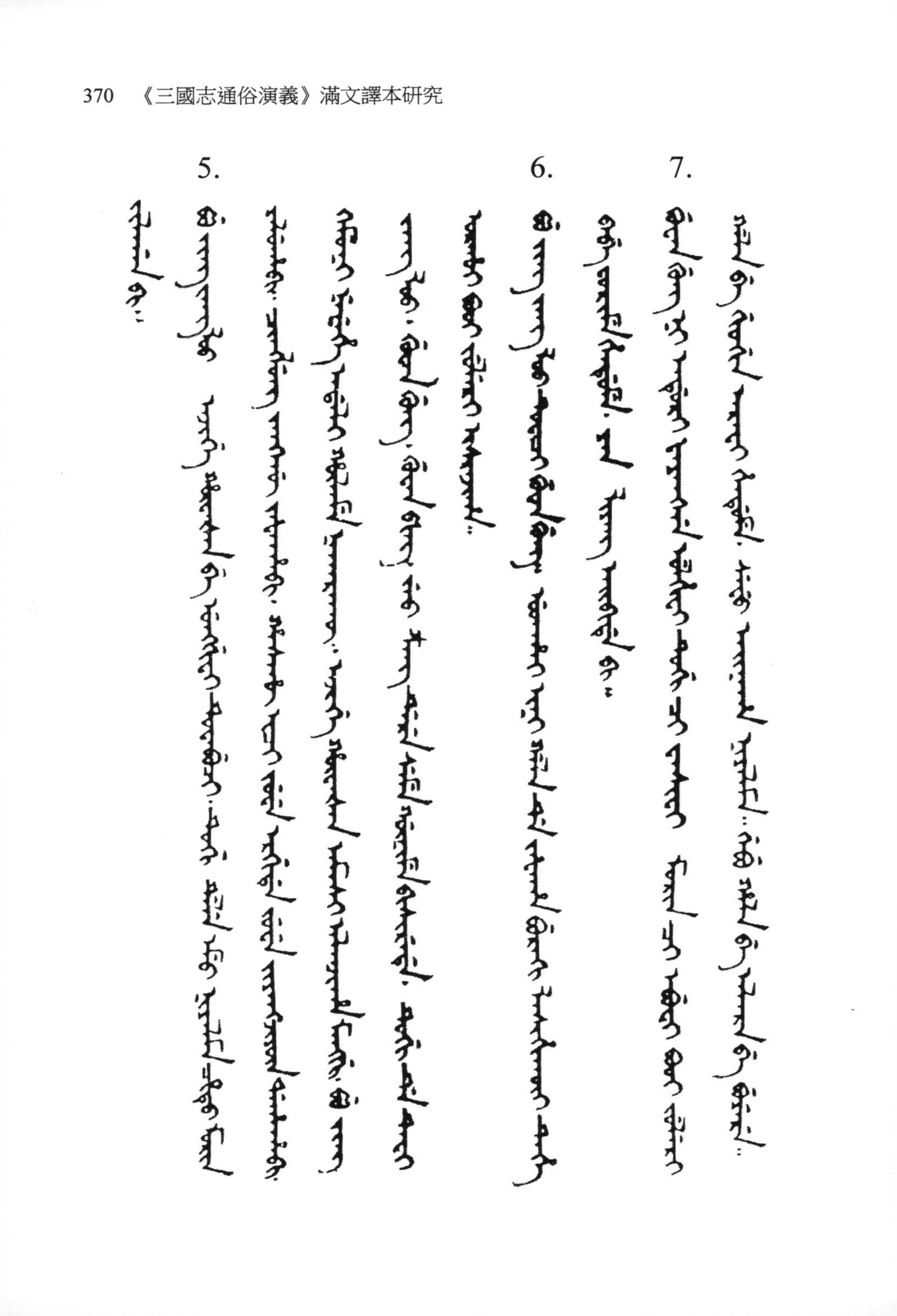

[illegible]

5. [illegible]

6. [illegible]

7. [illegible]

jilgan bi.

5. pu jing jang loo ajige hūwašan be unggifi tuwabuci, tugi dele emu niyalma c'ytu morin yaluhabi, cinglung janggū jafahabi, hashū ici juwe ergide juwe jiyangjiyūn dahahabi, kemuni nenehe adali hūlame nakarakū. ajige hūwašan amasi alanjiha manggi, pu jing jang loo, guwan gung, guan ping, jeo ts'ang dere seme gūnime bisirede, tugi de tefi orhoi booi juleri isinjiha.
6. pu jing jang loo tuwaci guwan gung, uthai ini gala de jafaha buraki lasihikūi tehe babe forime hendume, yan liyang aibide bi.
7. guwan gung ni enduri fayangga ulhifi tugi ci wasifi morin ci ebufi booi juleri gala be giogin arafi hendume, sefu ainaha niyalma, gebu hala be alara be buyere.

5.普靜長老使小行者視之，見雲中一人騎赤兔馬，提青龍刀，有二將相從左右，仍如前呼之不已。小行者回稟畢，普靜長老意以為關公、關平、周倉，坐于雲頭來到草菴之前。
6.普靜長老見是關公，遂以手中麈尾擊其戶曰:「顏良安在？」
7.關公英魂頓悟，即落雲下馬合掌立于菴前曰:「吾師何人？願求清號[126]。」

5.普静长老使小行者视之，见云中一人骑赤兔马，提青龙刀，有二将相从左右，仍如前呼之不已。小行者回禀毕，普静长老意以为关公、关平、周仓，坐于云头来到草庵之前。
6.普静长老见是关公，遂以手中麈尾击其户曰:「颜良安在？」
7.关公英魂顿悟，即落云下马合掌立于庵前曰:「吾师何人？愿求清号。」

---

126 願求清號，句中「清號」，滿文讀作“gebu hala”，意即「姓名」。

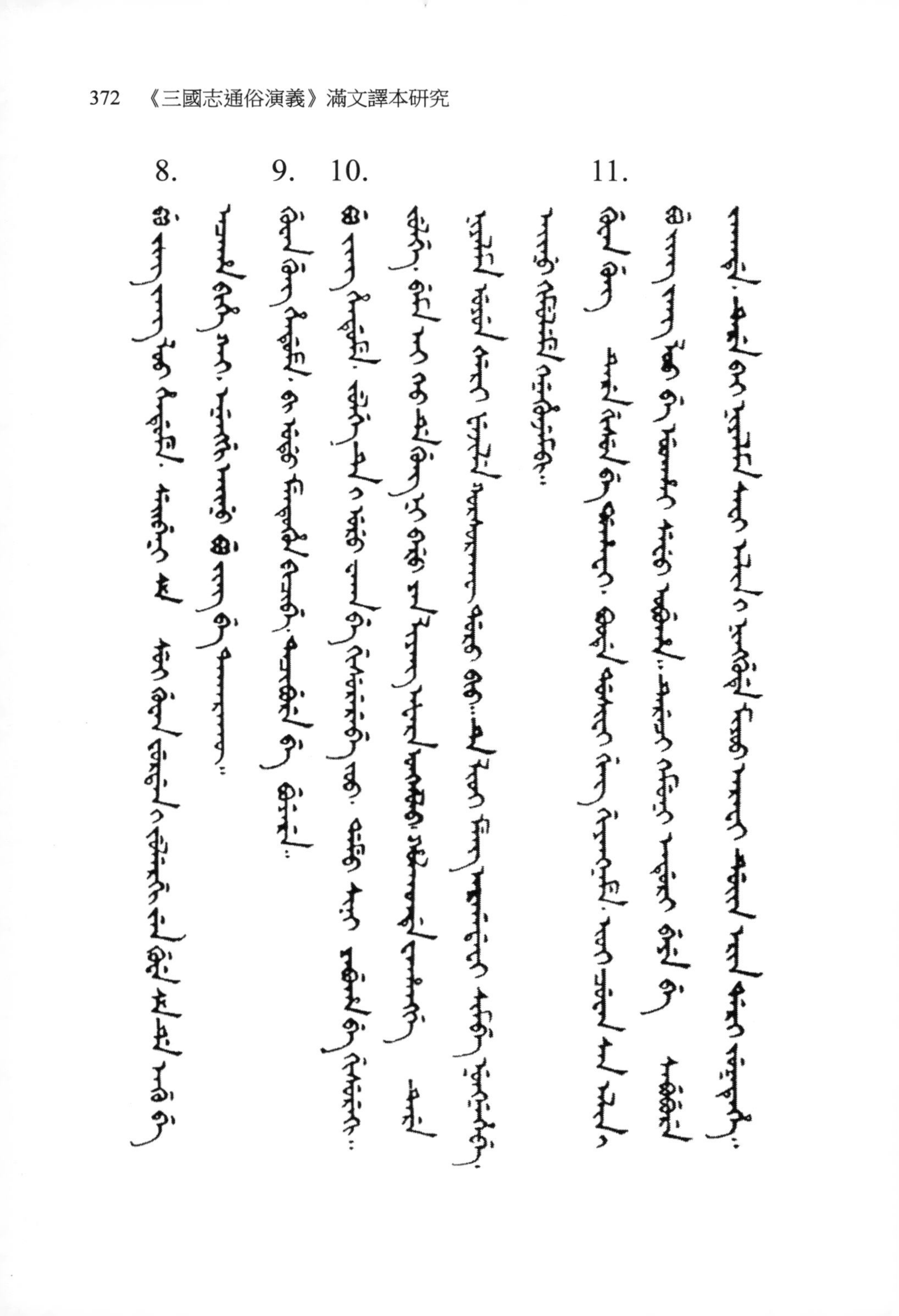

8.

9.

10.

11.

8. pu jing jang loo hendume, seibeni sy sui guwan furdan i julergi jen guwe sy de agu be acaha bihe kai, enenggi ainu pu jing be takarakū.
9. guwan gung hendume, bi udu mentuhun bicibe, tacibure be buyere.
10. pu jing hendume, julge te i uru waka be gisurerebe joo, damu sini yabuha be gisureki. julge bema ai keo de gung ni baru yan liyang afara onggolo, holkonde wahangge tere niyalma uyun šeri fejile korsorakū doro bio. te lioi meng argadafi simbe nongnehebe, ainu kimuleme kenehunjembi.
11. guwan gung tere gisun be dahafi, boode dosifi ging giyangname, ioi cuwan san〔šan〕 alin i pu jing jang loo be uthai sefu obuha. tereci kemuni enduri beye be sabubure jakade, tere bai niyalma safi alin i ninggude miyoo arafi duin erin dari juktehe.

8.普靜長老曰：「汜水關前鎮國寺中，曾與君侯相會，今日何不識普靜也？」
9.關公曰：「某雖愚魯，願聽教誨。」
10.普靜曰：「昔非今是，一切休論，只以公所行言之。向日白馬隘口，顏良並不與公相鬥，忽然刺之，此人于九泉之下，安得而不抱恨哉！今日呂蒙以詭計害公，安足較也，公何必疑惑。」
11.于是關公遂從其言，入菴講佛法，即拜玉泉山普靜長老為師，後往往顯聖[127]，鄉人累感其德，就于山頂上建廟，四時致祭。

8.普静长老曰：「汜水关前镇国寺中，曾与君侯相会，今日何不识普静也？」
9.关公曰：「某虽愚鲁，愿听教诲。」
10.普静曰：「昔非今是，一切休论，只以公所行言之。向日白马隘口，颜良并不与公相斗，忽然刺之，此人于九泉之下，安得而不抱恨哉！今日吕蒙以诡计害公，安足较也，公何必疑惑。」
11.于是关公遂从其言，入庵讲佛法，即拜玉泉山普静长老为师，后往往显圣，乡人累感其德，就于山顶上建庙，四时致祭。

---

127 顯聖，滿文讀作"enduri beye be sabubure"，意即「顯現神身」。

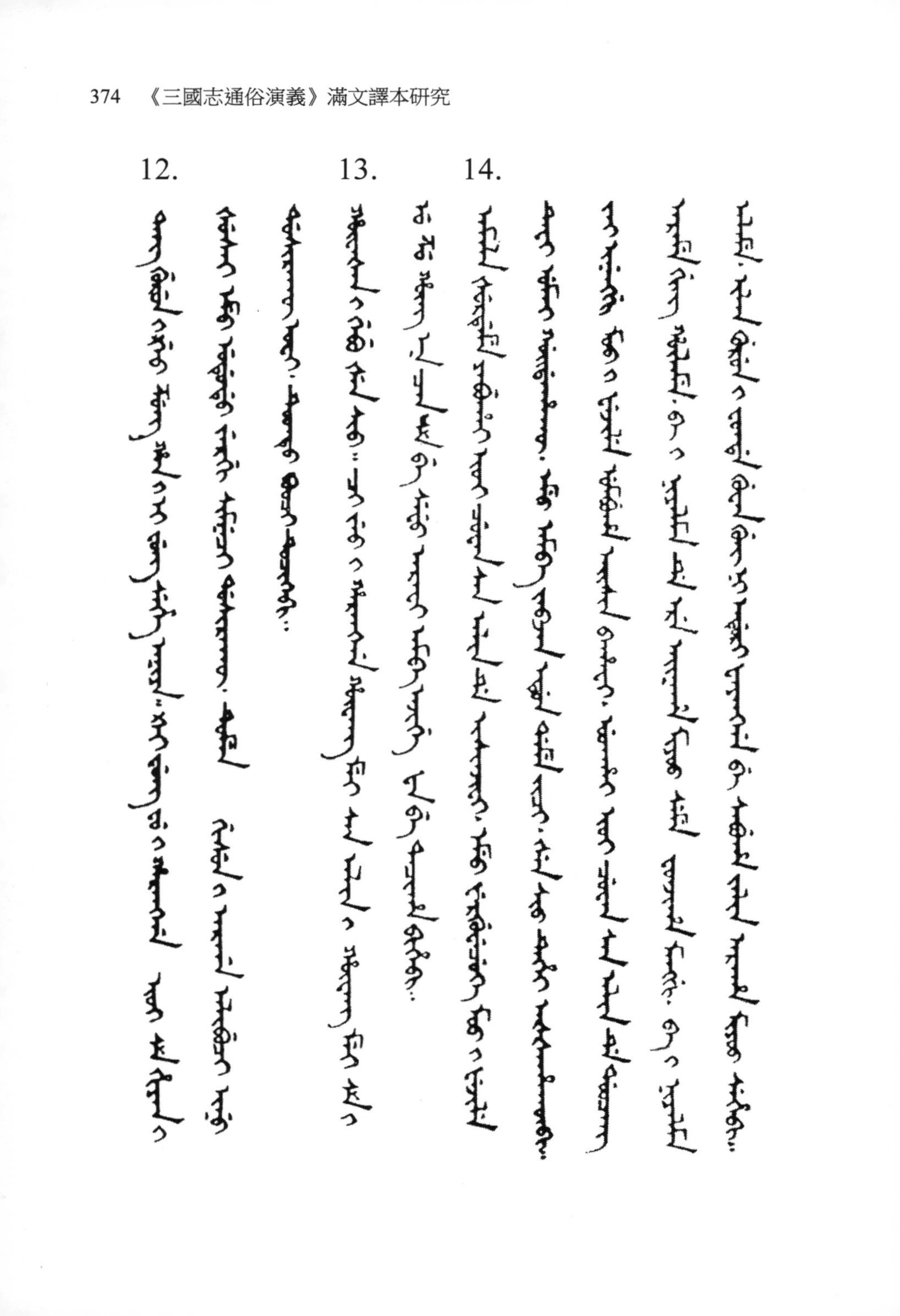

12.

13.

14.

12. tang gurun i g'ao dzung han i i fung sehe aniya, k'ai fung fu i harangga ioi sy hiyan i šusai emu ududu jergi simneci dosirakū, tumen gisun i arga alibuci inu dosirakū ofi, tuttu booci tucikebi.
13. hūwašan i gebu šen sio. ci jeo i harangga hūwang mei san〔šan〕alin i hūwang mei sy i u dzu hūng en̲ can sy be sefu arafi, amba ajige fa be taciha bihebi.
14. amala šurdeme yabuhai ioi cuwan san〔šan〕alin de isinjifi, emu ferguwecuke moo i fejile tefi umai goidahakū, emu amba jabjan edun dame jici, šen sio tehei aššahakūbi. jai inenggi moo i fejile umbuha aisin bahafi, uthai ioi cuwan san〔šan〕alin de doocang arame ging hūlame, ba i niyalma de ere ainaha miyoo seme fonjiha manggi, ba i niyalma alame, ilan gurun i fonde guwan gung ni enduri fayangga be sabuha jalin araha miyoo sehebi.

12.大唐高宗儀鳳年間，開封府尉氏縣有一秀才，累舉不第。上萬言策，皆不中選，遂乃出家。
13.法名神秀，拜蕲州黃梅山黃梅寺五祖弘恩禪師為師，學大小乘之法[128]。
14.後雲遊至玉泉山，隨坐于怪樹之下，見一大蟒，神秀端然不動。次日，樹下得金一藏，就于玉泉山創建道場。因問鄉人此何廟宇？鄉人答曰：「乃三國時關公顯聖之祠也。」

12.大唐高宗仪凤年间，开封府尉氏县有一秀才，累举不第。上万言策，皆不中选，遂乃出家。
13.法名神秀，拜蕲州黄梅山黄梅寺五祖弘恩禅师为师，学大小乘之法。
14.后云游至玉泉山，随坐于怪树之下，见一大蟒，神秀端然不动。次日，树下得金一藏，就于玉泉山创建道场。因问乡人此何庙宇？乡人答曰：「乃三国时关公显圣之祠也。」

---

128 大小乘之法，滿文當讀作“amba ajige kulge i nomun”，此作“amba ajige fa”，文義不明。

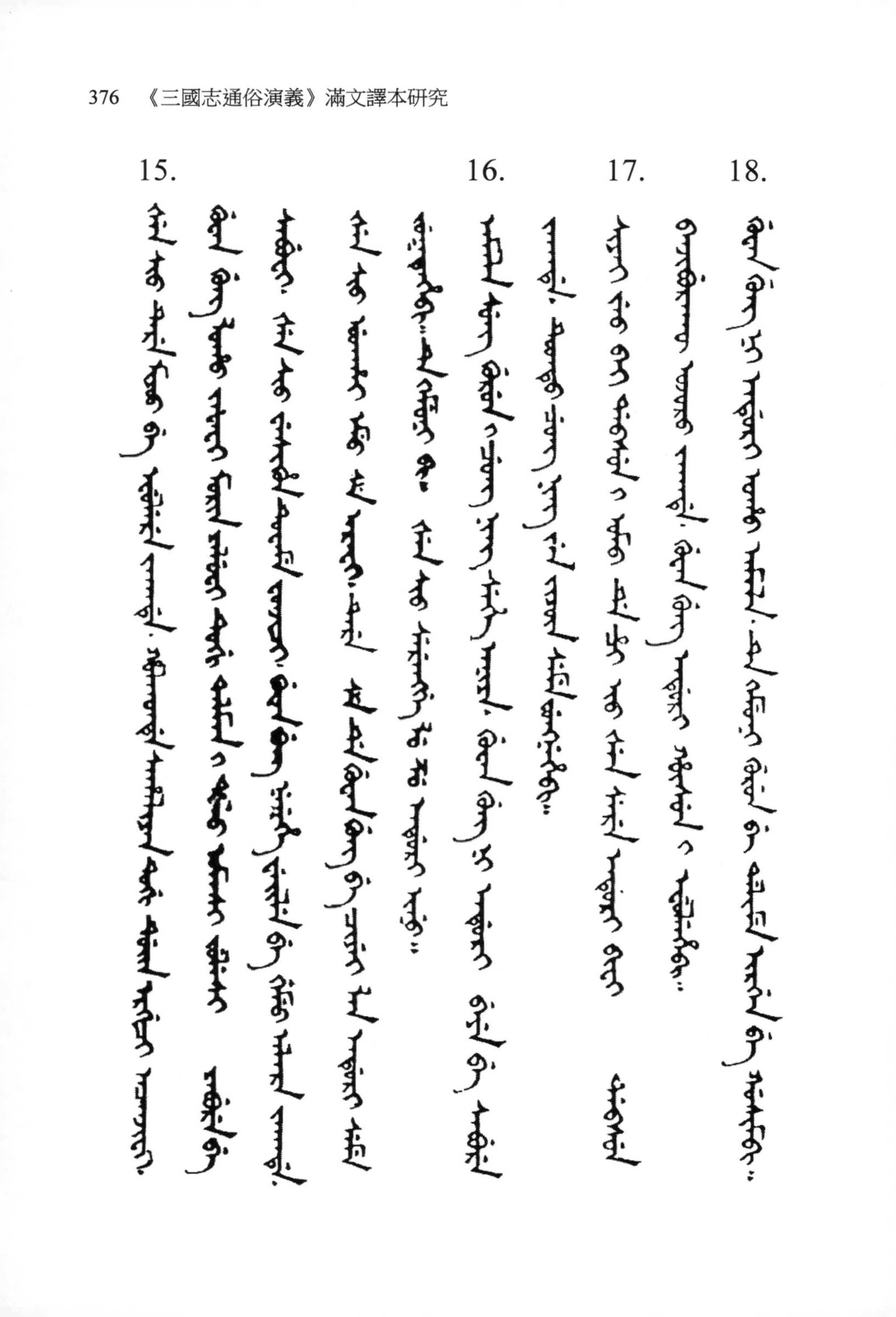

15.

ᠵᠠᠩ ᡶᡝᡳ [illegible]

16.

[illegible]

17.

[illegible]

18.

[illegible]

15. šen sio tere miyoo be efulere jakade, holkonde sahaliyan tugi duin ergici acanjifi, guwan gung loho jafafi morin yalufi tugi talman i dolo amasi julesi yabure be sabufi, šen sio wesihun tuwame fonjici, guwan gung nenehe weile be gemu alara jakade, šen sio uthai emu sy arafi, tere sy de guwan gung be ciyei lan enduri seme juktehebi. te kemuni bi. šen sio serengge lu dzu enduri inu.
16. amala sung gurun i cung ning sehe aniya, guwan gung ni enduri beye be sabure jakade, tuttu cung ning jen jiyūn seme fungnehebi.
17. siyai jeo bai dabsun i omo de c'y io šen sere enduri bifi dabsun banjiburakū ojoro jakade, guwan gung enduri hūsun i efulehebi.
18. gurun gung ni enduri oho amala, te kemuni gurun be dalime irgen be gosimbi.

15.神秀拆毀其祠，忽然陰雲四合，見關公提刀躍馬，于黑雲之中，往來馳騁。神秀仰面問之，關公具言前事。神秀即破土建寺，就令關公為本寺伽藍[129]，至今古跡尚在。
16.後宋朝崇寧年間，關公出現顯聖，故封為崇寧真君。
17.因解州鹽池蚩尤作耗[130]，乃關公神力破之。
18.自關公歸神之後，至今護國祐民。

15.神秀拆毁其祠，忽然阴云四合，见关公提刀跃马，于黑云之中，往来驰骋。神秀仰面问之，关公具言前事。神秀即破土建寺，就令关公为本寺伽蓝，至今古迹尚在。
16.后宋朝崇宁年间，关公出现显圣，故封为崇宁真君。
17.因解州盐池蚩尤作耗，乃关公神力破之。
18.自关公归神之后，至今护国佑民。

---

129 伽藍，係梵文“samghārāma”，音譯作「僧伽藍摩」，簡稱「伽藍」，此滿文讀作“ciyei lan enduri”，意即「佛寺守護神」。

130 蚩尤作耗，滿文讀作“c'y io šen sere enduri bifi dabsun banjiburakū ojoro”，意即「有蚩尤神無法製鹽」。

1.

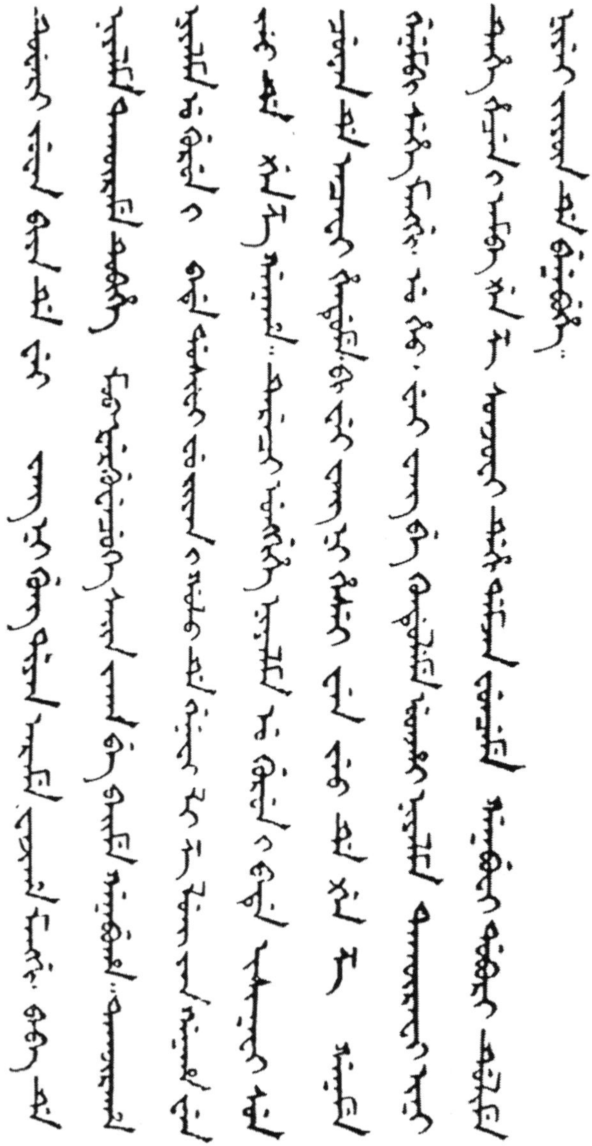

2.

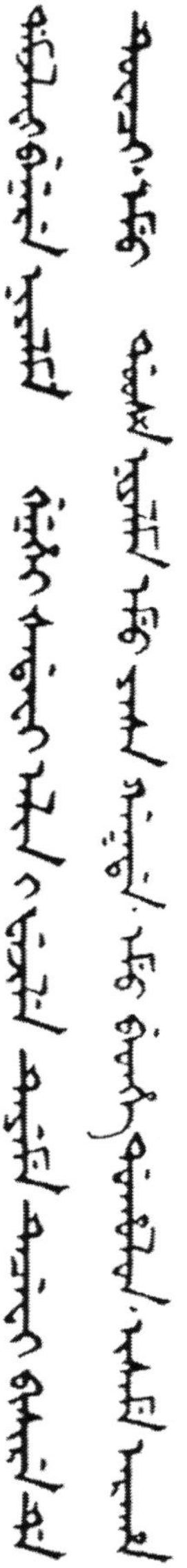

二十九、遁甲天書

1. tuweri juwan biya de wei wang ni gung diyan arame wajiha manggi, baba de niyalma takūrame tubihe moo ferguwecuke sain jaka be baime ganabuha. takūraha niyalma u gurun i bade dosifi, fu jiyan i golo de genefi li dz, lung yan ganaha, wen jeo de g'an dz ganaha. tereci unggihe niyalma u gurun i bade isinafi sun cuwan de acafi hendume, bi wei wang ni hesei wen jeo de g'an dz ganame genembi sehe manggi, u heo, wei wang be kunduleme uthai niyalma takūrafi, ini tehe hecen i amba g'an dz sonjofi dehi damjan funceme ganabufi, dobori dulime niyei jiyūn de benebuhe.
2. damjalafi benere niyalma genehei šadafi alin i fejile teyeme tecefi bisire de tuwaci, emu doosy niyalma emu yasa gakda, emu bethe doholon, isame araha

---

1.冬十月，魏王宮成，差人往各處取果木珍奇之物，使人入吳地，往福建取荔枝、龍眼，溫州取柑子。且說一行人到吳地，見了孫權，傳魏王令旨要往溫州取柑子。那時吳侯正尊讓魏王，便令人於本城選了大柑子四十餘擔，星夜送往鄴郡。
2.脚夫正挑擔而行，眾人疲困，歇于山脚下，見一道士，眇一目，跛一足，

1.冬十月，魏王宫成，差人往各处取果木珍奇之物，使人入吴地，往福建取荔枝、龙眼，温州取柑子。且说一行人到吴地，见了孙权，传魏王令旨要往温州取柑子。那时吴侯正尊让魏王，便令人于本城选了大柑子四十余担，星夜送往邺郡。
2.脚夫正挑担而行，众人疲困，歇于山脚下，见一道士，眇一目，跛一足，

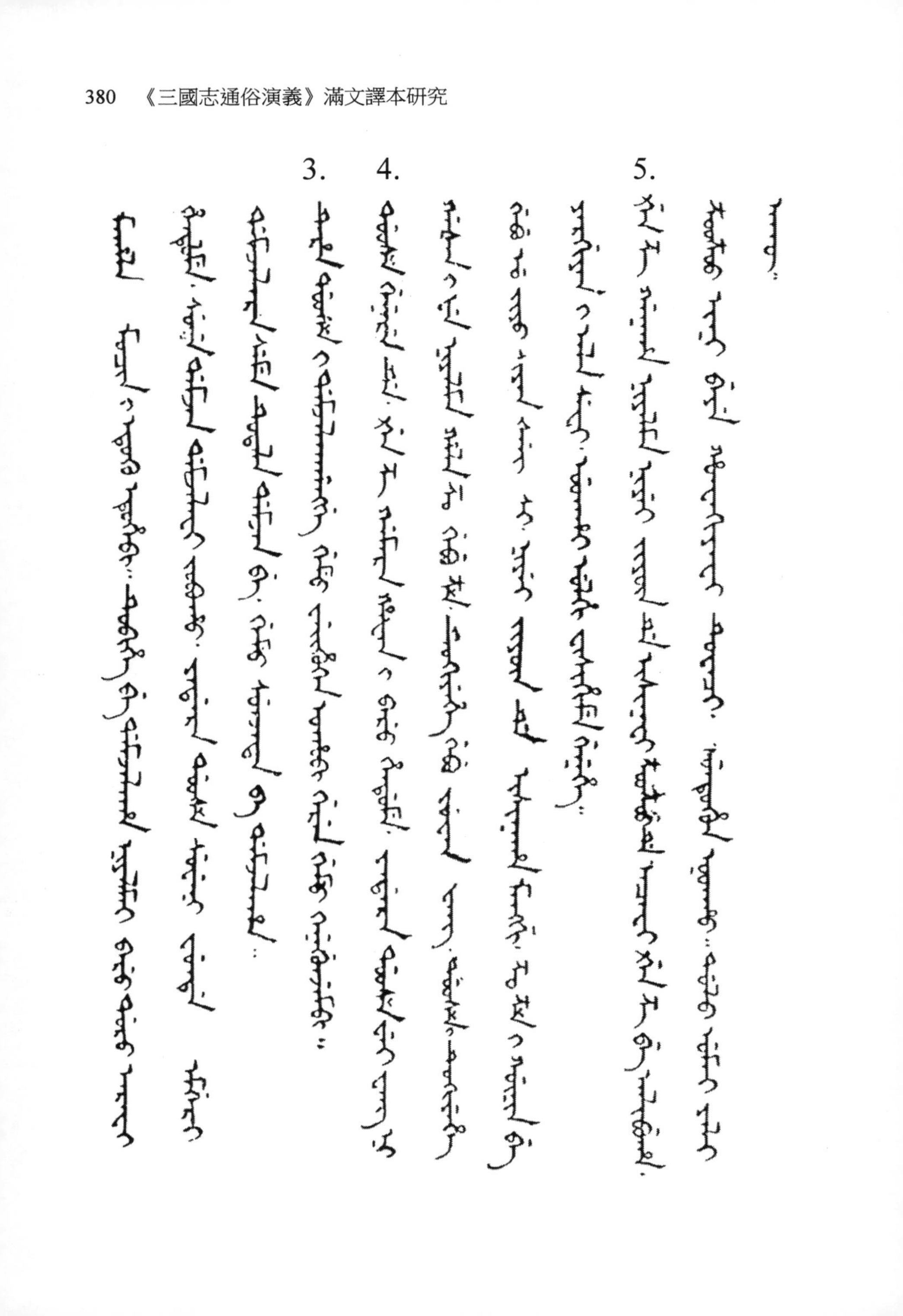

[illegible]

3. [illegible]

4. [illegible]

5. [illegible]

mahala, mocin i etuku etuhebi. tubihe be damjalaha niyalmai baru doro arafi hendume, suwe damjan damjalafi joboho, yadara doosy suweni funde emgeri damjalara seme, tutala damjan be gemu sunjata ba damjalaha.

3. tere doosy i damjalahangge gemu weihuken ohobi, geren gemu kenehunjembi.
4. doosy genere de, g'an dz gamara hafan i baru hendume, yadara doosy wei wang ni gašan i fe niyalma hala dzo, gebu ts'y, tukiyehe gebu yuwan fang, doosy i tukiyehe gebu u jiyo siyan šeng, si niyei jiyūn de isinaha manggi, dzo ts'y i gūnin be yargiyan i ala sefi, uthai ulhi fisihime genehe.
5. g'an dz ganaha niyalma niyei jiyūn de isinafi, ts'oots'oo de acafi g'an dz be alibuha. ts'oots'oo ini beye hūwakiyafi tuwaci, untuhun notho. dolo umai yali akū.

白藤冠，青懶衣，來與脚夫作禮，言曰：「你等挑擔生受，貧道都替你挑一肩。」每擔各挑五里。

3.但是，道士挑過的擔兒都輕了，眾人皆疑。
4.道士臨去，與領柑子官說：「貧道乃魏王鄉中故人，姓左，名慈，字元放，道號烏角先生。如你到鄴郡，可說左慈申意。」遂拂袖而去。
5.取柑人至鄴郡，見曹操呈上柑子。曹操親剖之，但只空殼，內並無肉。

白藤冠，青懒衣，来与脚夫作礼，言曰：「你等挑担生受，贫道都替你挑一肩。」每担各挑五里。

3.但是，道士挑过的担儿都轻了，众人皆疑。
4.道士临去，与领柑子官说：「贫道乃魏王乡中故人，姓左，名慈，字符放，道号乌角先生。如你到邺郡，可说左慈申意。」遂拂袖而去。
5.取柑人至邺郡，见曹操呈上柑子。曹操亲剖之，但只空壳，内并无肉。

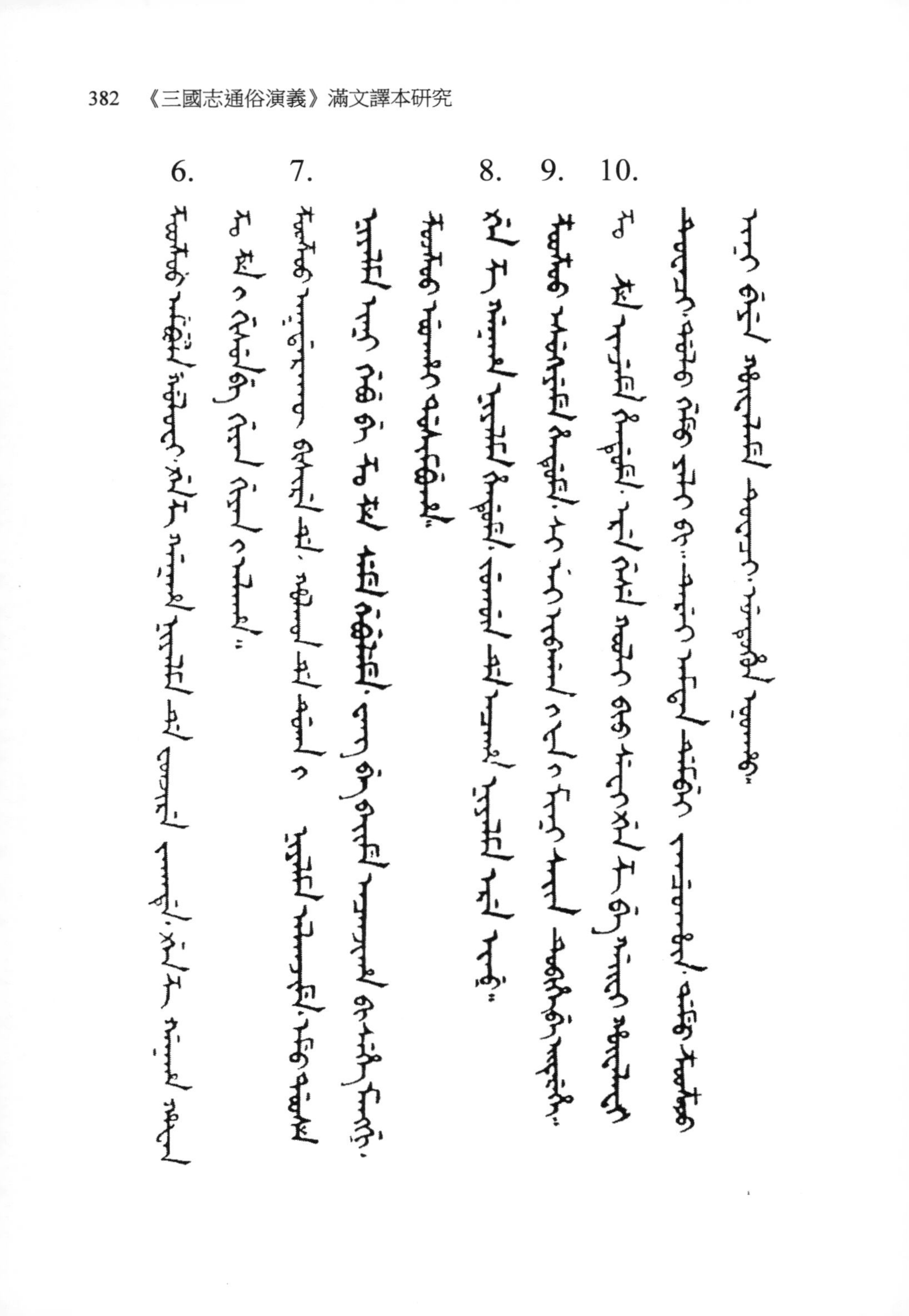

[illegible]

10. [illegible]

9. [illegible]

8. [illegible]

7. [illegible]

6. [illegible]

6. ts'oots'oo ambula golofi, g'an dz ganaha niyalma de fonjire jakade, g'an dz ganaha hafan dzo ts'y i gisun be giyan giyan i alaha.
7. ts'oots'oo akdarakū bisire de, holkon de dukan i niyalma alanjime, emu doosy niyalma ini gebu be dzo ts'y seme gebuleme, wang be baime acanjiha bi sehe manggi, ts'oots'oo uthai dosimbuha.
8. g'an dz ganaha niyalma hendume, jugūn de acaha niyalma ere inu.
9. ts'oots'oo esukiyeme hendume, si ai ibagan i fa i mini sain tubihe be eiterehe.
10. dzo ts'y injeme hendume, ere gese kooli bio sefi, g'an dz be gaifi hūwalafi tuwaci, dolo gemu yali bi. terei amtan dembei jancuhūn, damu ts'oots'oo ini beye hūwalame tuwaci, untuhun notho.

---

6. 曹操大驚，怪問取柑人，取柑官以左慈之言對之。
7. 曹操未肯信，門吏忽報：「有一道士自稱左慈，求見王上。」曹操召入。
8. 取柑人曰：「正是途中所見之人。」
9. 曹操叱之曰：「汝以何妖術攝我佳果[131]？」
10.左慈笑曰：「豈有此事？」取柑剖之，皆有肉，其味甚甜。但曹操自剖者皆空殼。

---

6. 曹操大惊，怪问取柑人，取柑官以左慈之言对之。
7. 曹操未肯信，门吏忽报：「有一道士自称左慈，求见王上。」曹操召入。
8. 取柑人曰：「正是途中所见之人。」
9. 曹操叱之曰：「汝以何妖术摄我佳果？」
10.左慈笑曰：「岂有此事？」取柑剖之，皆有肉，其味甚甜。但曹操自剖者皆空壳。

---

131 攝我佳果，滿文讀作“mini sain tubihe be eiterehe”，意即「哄騙了我的佳果」。

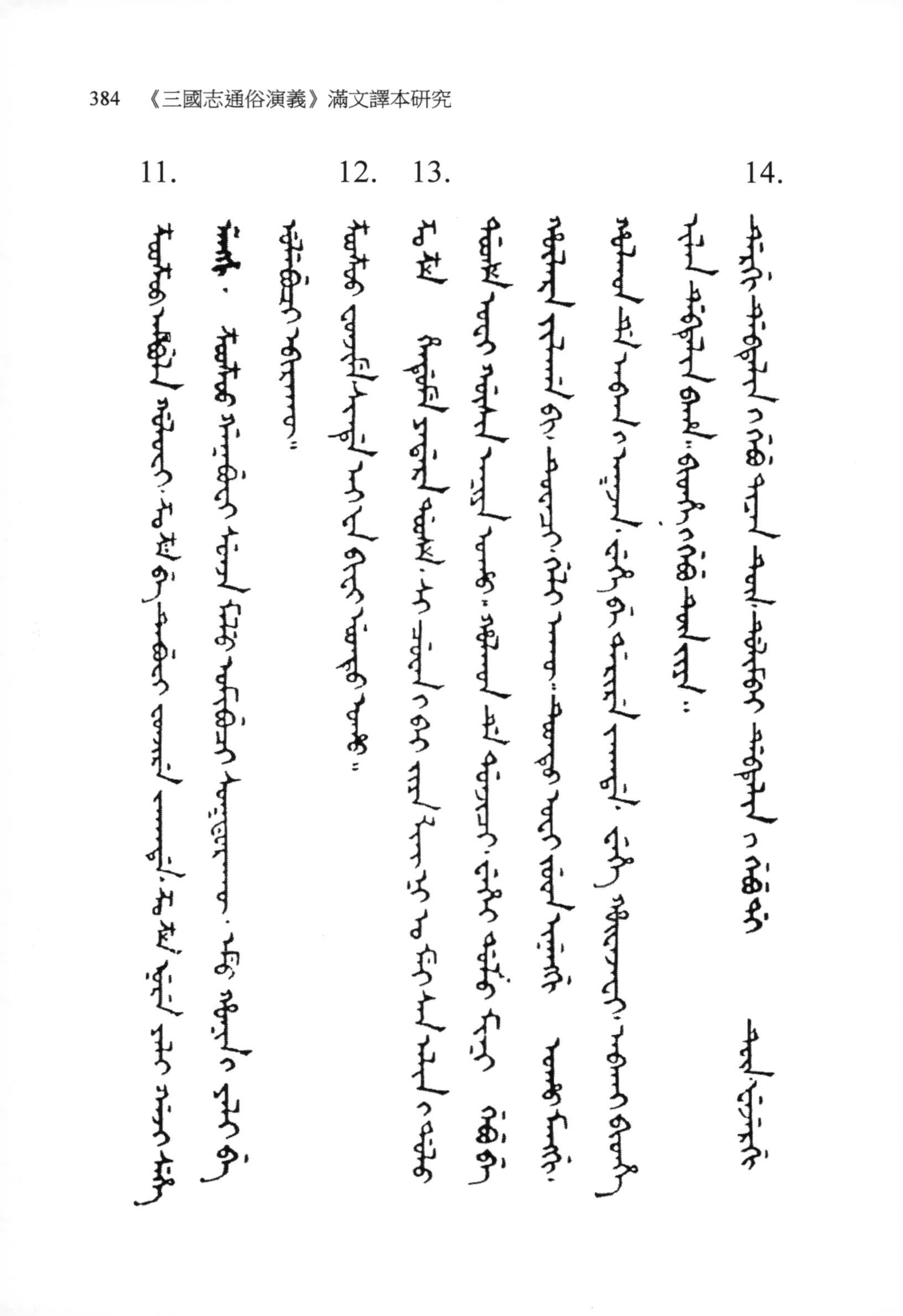

11. ts'oots'oo ambula golofi, dzo ts'y be tebufi fonjire jakade, dzo ts'y nure yali gaji sehe manggi, ts'oots'oo ganabufi sunja malu omibuci soktorakū, emu honin i yali be ulebuci ebirakū.
12. ts'oots'oo fonjime, sinde ai fa bifi uttu oho.
13. dzo ts'y hendume, yadara doosy, si cuwan i bai jiya ling ni o mei san〔šan〕 alin i dolo doosy ofi gūsin aniya oho, holkon de donjici, wehei dolo mini gebu be hūlara jilgan bi, tuwaci, geli akū, tuttu ofi juwan inenggi oho manggi, holkon de abka i akjan, wehe be darire jakade, wehe hūwajafi, abkai bithe ilan debtelin baha. bithe i gebu tūn jiya.
14. dergi debtelin i gebu tiyan tūn, dulimbai debtelin i gebu di tūn, fejergi

---

11.曹操大驚，賜左慈坐而問之，左慈索酒肉。曹操令取之，飲酒五斗不醉，肉食全羊不飽。
12.曹操問曰：「汝有何術，以至于此。」
13.左慈曰：「貧道於西川嘉陵峨眉山中，學道三十年，忽聞石壁中有聲，呼我之名，及視，不見，如此者數餘日；忽有天雷，震碎石壁，得天書三卷，名曰：《遁甲》。」
14.上卷名〈天遁〉，中卷名〈地遁〉，

11.曹操大惊，赐左慈坐而问之，左慈索酒肉。曹操令取之，饮酒五斗不醉，肉食全羊不饱。
12.曹操问曰：「汝有何术，以至于此。」
13.左慈曰：「贫道于西川嘉陵峨眉山中，学道三十年，忽闻石壁中有声，呼我之名，及视，不见，如此者数余日；忽有天雷，震碎石壁，得天书三卷，名曰：《遁甲》。」
14.上卷名〈天遁〉，中卷名〈地遁〉，

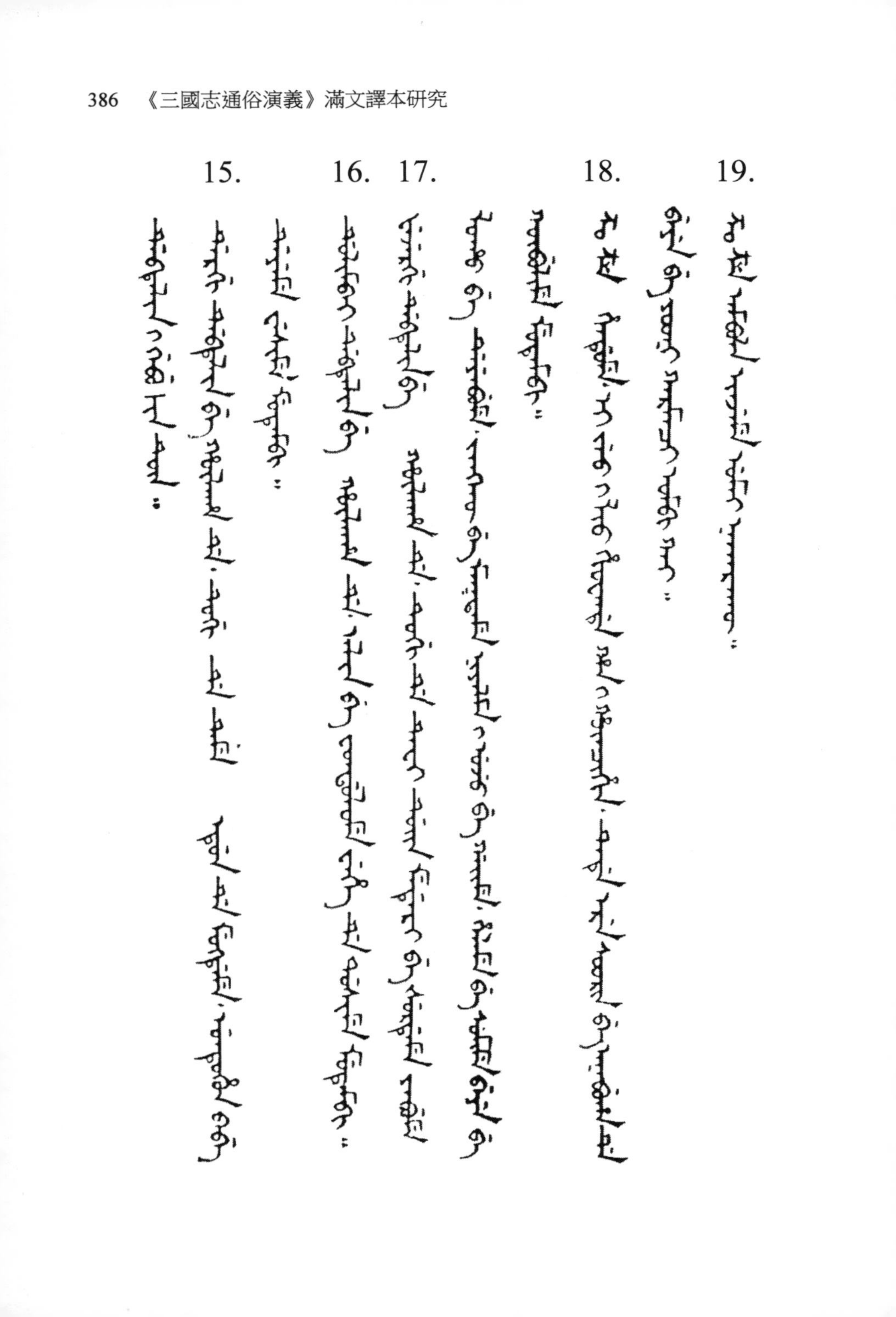

15. [illegible]

16. [illegible]

17. [illegible]

18. [illegible]

19. [illegible]

debtelin i gebu žin tūn.

15. dergi debtelin be hūlaha de, tugi de teme edun de mukdeme, untuhun babe deyeme wesime mutembi.
16. dulimbai debtelin be hūlaha de, alin be fondolome wehe de dosime mutembi.
17. fejergi debtelin be hūlaha de, tugi de tefi duin mederi be šurdeme yabume, loho be deyebume jangkū be maktame, niyalma i uju be gaime, helmen be somime beye be kūbulime mutembi.
18. dzo ts'y hendume, i jeo i lio hiowande han i hūncihin, tede ere soorin be anabuha de, beye be yooni karmaci ombi kai.
19. dzo ts'y ambula injeme umai nakarakū.

下卷名〈人遁〉。
15.讀上卷，能騰雲跨風，飛升太虛。
16.讀中卷，能穿山透石。
17.讀下卷，能雲遊四海，飛劍擲刀，取人首級，藏形變身[132]。
18.左慈曰：「益州劉玄德乃漢室之冑，何不讓此位與之，可保全身矣。」
19.左慈大笑不止。

下卷名〈人遁〉。
15.读上卷，能腾云跨风，飞升太虚。
16.读中卷，能穿山透石。
17.读下卷，能云游四海，飞剑掷刀，取人首级，藏形变身。
18.左慈曰：「益州刘玄德乃汉室之胄，何不让此位与之，可保全身矣。」
19.左慈大笑不止。

---

132 藏形，滿文讀作“helmen be somime”，意即「藏影」。

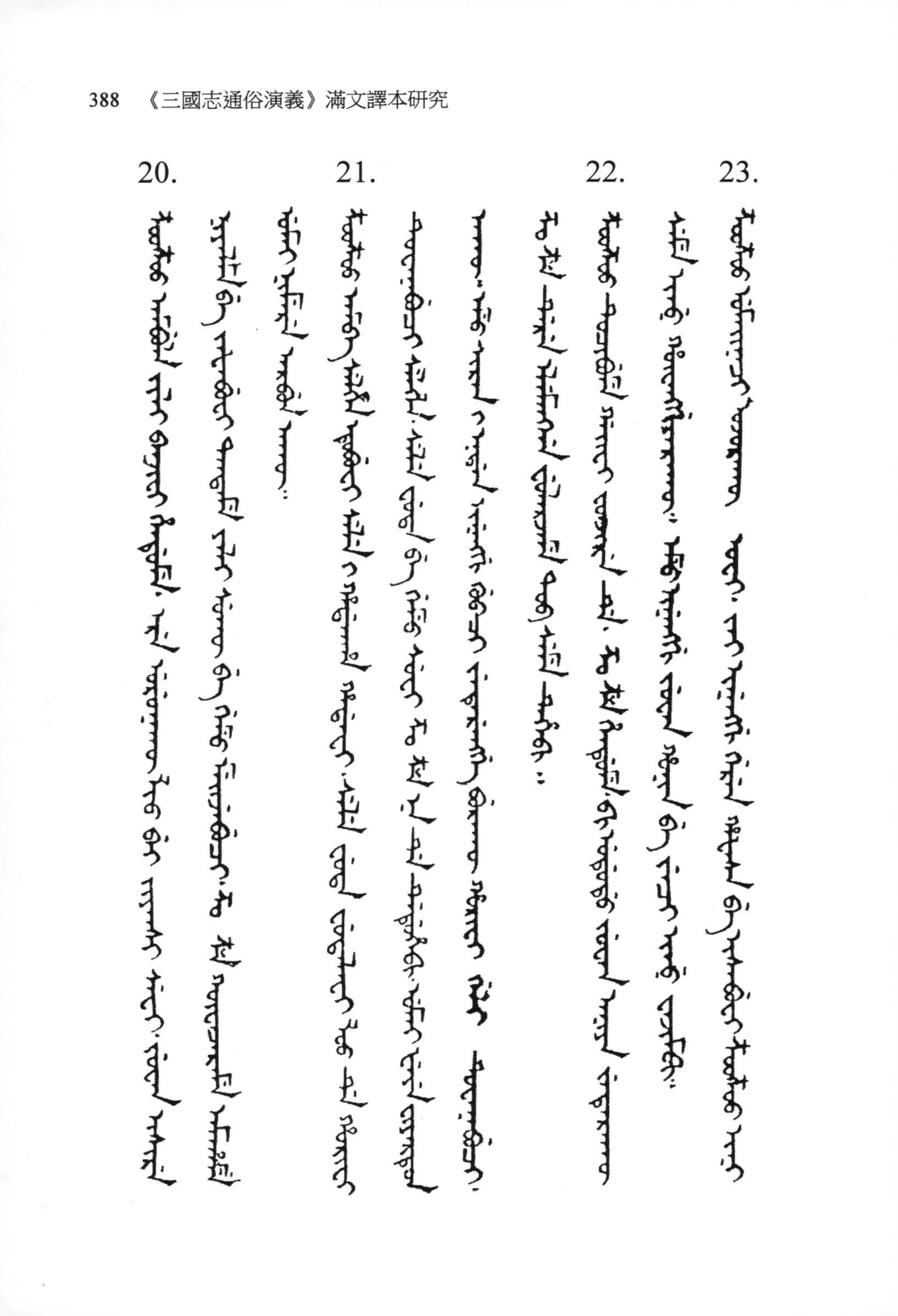

20. [illegible]

21. [illegible]

22. [illegible]

23. [illegible]

20. ts'oots'oo ambula jili banjifi hendume, ere urunakū lio bei jiyansi sefi, juwan isire niyalma be jafabufi tantame, yali sukū be gemu meijebuci, dzo ts'y kūwacarame amhame umai nimere arbun akū.
21. ts'oots'oo amba selhen etubufi, sele i hadahan hadafi, sele futa futalafi, loo de horifi tuwanabuci, selhen, sele futa be gemu sufi, dzo ts'y na de deduhebi, umai feye fiyartun akū. emu siran i nadan inenggi gubci jeterengge burakū horifi geli tuwanabuci, dzo ts'y dere elemangga fularjame tob seme tehebi.
22. ts'oots'oo tucibume gaifi fonjire de, dzo ts'y hendume, bi ududu juwan aniya jeterakū seme inu hūwanggiyarakū. emu inenggi juwan honin be jeci inu wajimbi.
23. ts'oots'oo umainaci ojorakū ofi, jai inenggi geren hafasa be isabufi, ts'oots'oo ini

---

20.曹操大怒曰：「此正是劉備之細作。」令十數獄卒拷之，但見皮肉粉碎，左慈齁齁熟睡[133]，全無痛楚。
21.曹操取大枷，鐵釘釘了，鐵鎖鎖了，送入牢中監收，令人看守。只見枷鎖盡落，左慈臥於地上，並無痕傷，一連監禁七日，並不與食。及看時，左慈端坐於地上，面皮轉紅。
22.曹操取出問之，左慈曰：「我數十年不食亦不妨，日食十羊亦能盡。」
23.曹操無可奈何，次日，諸官皆至，曹操

20.曹操大怒曰：「此正是刘备之细作。」令十数狱卒拷之，但见皮肉粉碎，左慈齁齁熟睡，全无痛楚。
21.曹操取大枷，铁钉钉了，铁锁锁了，送入牢中监收，令人看守。只见枷锁尽落，左慈卧于地上，并无痕伤，一连监禁七日，并不与食。及看时，左慈端坐于地上，面皮转红。
22.曹操取出问之，左慈曰：「我数十年不食亦不妨，日食十羊亦能尽。」
23.曹操无可奈何，次日，诸官皆至，曹操

---

133 齁齁熟睡，規範滿文讀作“hūwacarame amgame”，此作“kūwacarame amhame”，異。

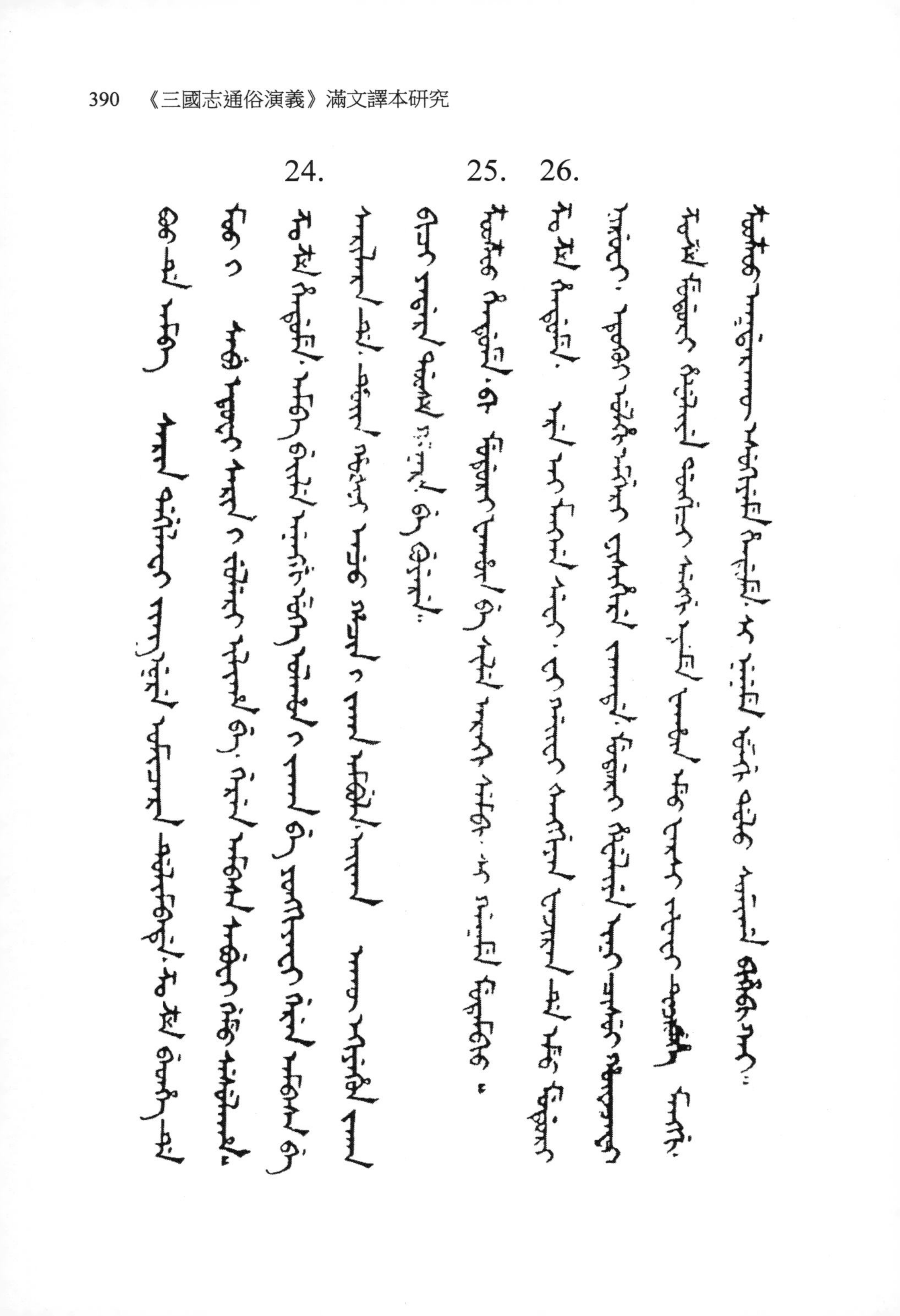

[illegible]

24. [illegible]

25. [illegible]

26. [illegible]

boo de amba sarin dagilafi jing nure omicara dulimbade, dzo ts'y bethe de moo i sabu etufi sarin i juleri iliha be, geren ambasa sabufi gemu sesulaha.

24. dzo ts'y hendume, amba beile enenggi muke olhon i jaka be yongkiyafi geren ambasa be sarilara de, duin hošoi encu hacin i jaka ambula, aika akū ekiyehun jaka bici yadara doosy ganara be buyere.

25. ts'oots'oo hendume, bi muduri fahūn be sile araki sembi, si ganame mutembio.

26. dzo ts'y hendume, ere ai mangga sefi, fi gaifi šanggiyan fajiran de emu muduri nirufi, etukui ulhi emgeri fisihire jakade, muduri hefeliye ini cisui hūwajafi, dzo ts'y muduri hefeliye dorgici senggi eyeme fahūn emu farsi jafafi tucibuhe manggi, ts'oots'oo akdarakū esukiyeme hendume, si neneme ulhi dolo somiha bihebi kai.

王宮大宴，正行酒間，左慈足穿木履，立于筵前，眾官驚怪。

24.左慈曰：「大王今日水陸俱備，大宴群臣，四方異物極多，內中欠少何物？貧道願取之。」

25.曹操曰：「我要龍肝作羹，汝能取否？」

26.左慈曰：「有何難哉？」取墨筆於粉墻上畫一條龍，以袍袖一拂，龍腹自開，左慈于龍腹中提出龍肝一副，鮮血尚流。曹操不信，叱之曰：「汝先藏於袖中耳！」

王宫大宴，正行酒间，左慈足穿木履，立于筵前，众官惊怪。

24.左慈曰：「大王今日水陆俱备，大宴群臣，四方异物极多，内中欠少何物？贫道愿取之。」

25.曹操曰：「我要龙肝作羹，汝能取否？」

26.左慈曰：「有何难哉？」取墨笔于粉墙上画一条龙，以袍袖一拂，龙腹自开，左慈于龙腹中提出龙肝一副，鲜血尚流。曹操不信，叱之曰：「汝先藏于袖中耳！」

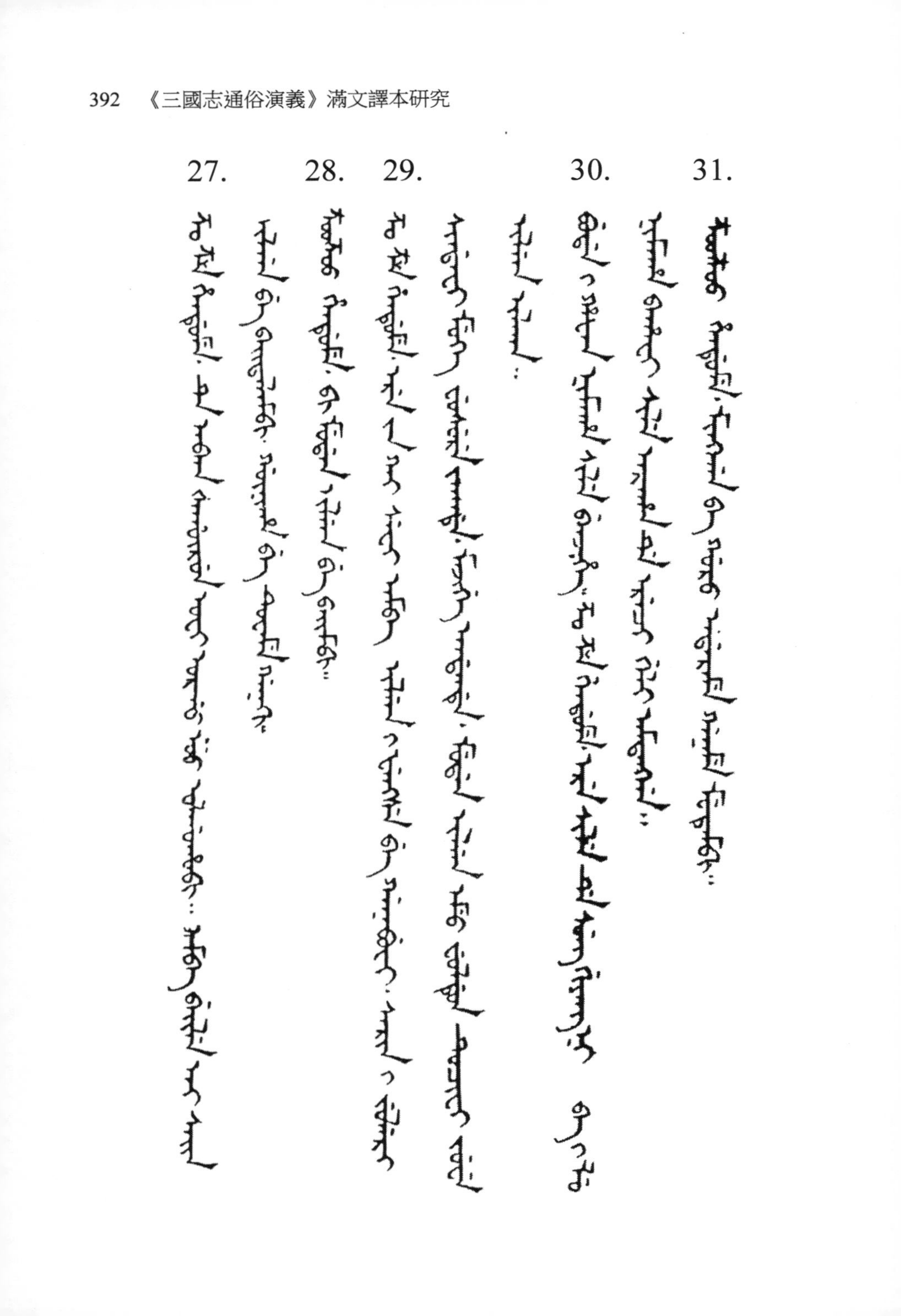

27. dzo ts'y hendume, te abka šahurun ofi orho moo olgohobi. amba beile ai sain ilga be baitalambi, gūniha be tuwame ganaki.
28. ts'oots'oo hendume, bi mudan〔modan〕ilga be baimbi.
29. dzo ts'y hendume, ere ja kai sefi, amba ilga i fengse be ganabufi, sarin i juleri sindafi, muke fusure jakade, majige andande, mudan ilga emu fuldun tucifi juwe ilga ilaka.
30. buda i hafan nimaha sile benjihe. dzo ts'y hendume, ere sile de sung giyang ni ba i lu nimaha bahafi, sile araha de ereci geli amtangga.
31. ts'oots'oo hendume, minggan ba goro adarame ganame mutembi.

27.左慈曰：「即日天寒，草木枯死，大王要甚好花，隨意所欲。」
28.曹操曰：「吾只要牡丹花。」
29.左慈曰：「易哉！」令取大花盆，放筵前，以水噀之[134]，頃刻發出牡丹一枝，開放雙花。
30.庖官進魚鱠。左慈曰：「此鱠得松江，鱸魚做之尤美。」
31.曹操曰：「千里之隔，安能取之？」

27.左慈曰：「即日天寒，草木枯死，大王要甚好花，随意所欲。」
28.曹操曰：「吾只要牡丹花。」
29.左慈曰：「易哉!」令取大花盆，放筵前，以水噀之，顷刻发出牡丹一枝，开放双花。
30.庖官进鱼鲙。左慈曰：「此鲙得松江，鲈鱼做之尤美。」
31.曹操曰：「千里之隔，安能取之？」

---

134 以水噀之，滿文讀作“muke fusure”，意即「用水噴灑」。

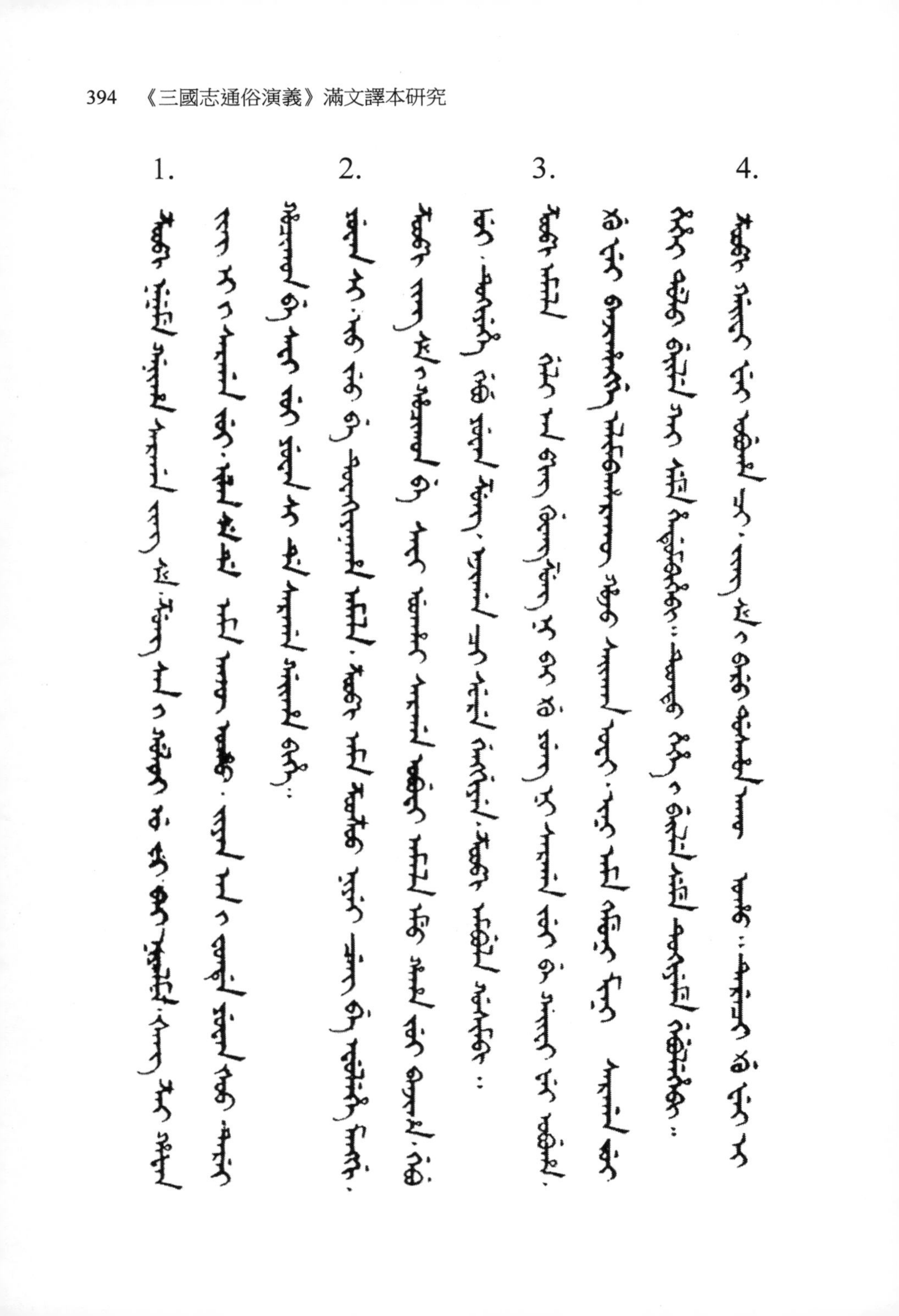

1\.

[illegible]

[illegible]

[illegible]

2\.

[illegible]

[illegible]

[illegible]

3\.

[illegible]

[illegible]

[illegible]

4\.

[illegible]

三十、不殺小鹿

1. ts'oopi neneme gaiha sargan jing sy, dzung san〔šan〕i goloi u ji bai niyalma, šang ts'ai hafan jeng i i sargan jui, ilan se de ama akū oho, jiyan an i fonde yuwan šoo terei hocikon be safi, jui yawan si de sargan gaiha bihe.
2. yuwan si, io jeo be tuwakiyanaha amala, ts'oopi ama ts'oots'oo niyei ceng be efulehe manggi, ts'oopi jing sy i hocikon be safi uthai sargan obufi, amala emu haha jui banjiha, gebu žui, tukiyehe gebu yuwan dzung, ajigan ci sure genggiyen, ts'oopi ambula gosimbi.
3. ts'oopi amala geli an ping guwang dzung ni bai g'o yung ni sargan jui be gaifi fei obuha, g'o fei banjihangge alimbaharakū hojo saikan ofi, ini ama kemuni mini sargan jui hehei dolo beile kai seme hendumbihebi. tuttu hehe i beile seme tukiyeme gebulehebi.
4. ts'oopi gaifi fei obuha ci, jing sy i baru doshon akū oho. tereci g'o fei i

---

1.曹丕先納夫人甄氏，乃中山無極人也，上蔡令甄逸之女，自三歲失父。建安中，袁紹知其美娶與子袁熙為婦。
2.袁熙出鎮幽州，曹丕父曹操攻打破鄴城。曹丕見甄氏之美，遂納為妻。後生一子，名叡，字元仲，自幼聰明，曹丕甚愛之。
3.後曹丕又納安平廣宗人郭永之女為貴妃，郭妃極美，其父常曰：「吾女乃女中之王也。」故號為女王。
4.自曹丕納為妃，後因甄夫人失寵，郭妃

1.曹丕先纳夫人甄氏，乃中山无极人也，上蔡令甄逸之女，自三岁失父。建安中，袁绍知其美娶与子袁熙为妇。
2.袁熙出镇幽州，曹丕父曹操攻打破邺城。曹丕见甄氏之美，遂纳为妻。后生一子，名叡，字符仲，自幼聪明，曹丕甚爱之。
3.后曹丕又纳安平广宗人郭永之女为贵妃，郭妃极美，其父常曰：「吾女乃女中之王也。」故号为女王。
4.自曹丕纳为妃，后因甄夫人失宠，郭妃

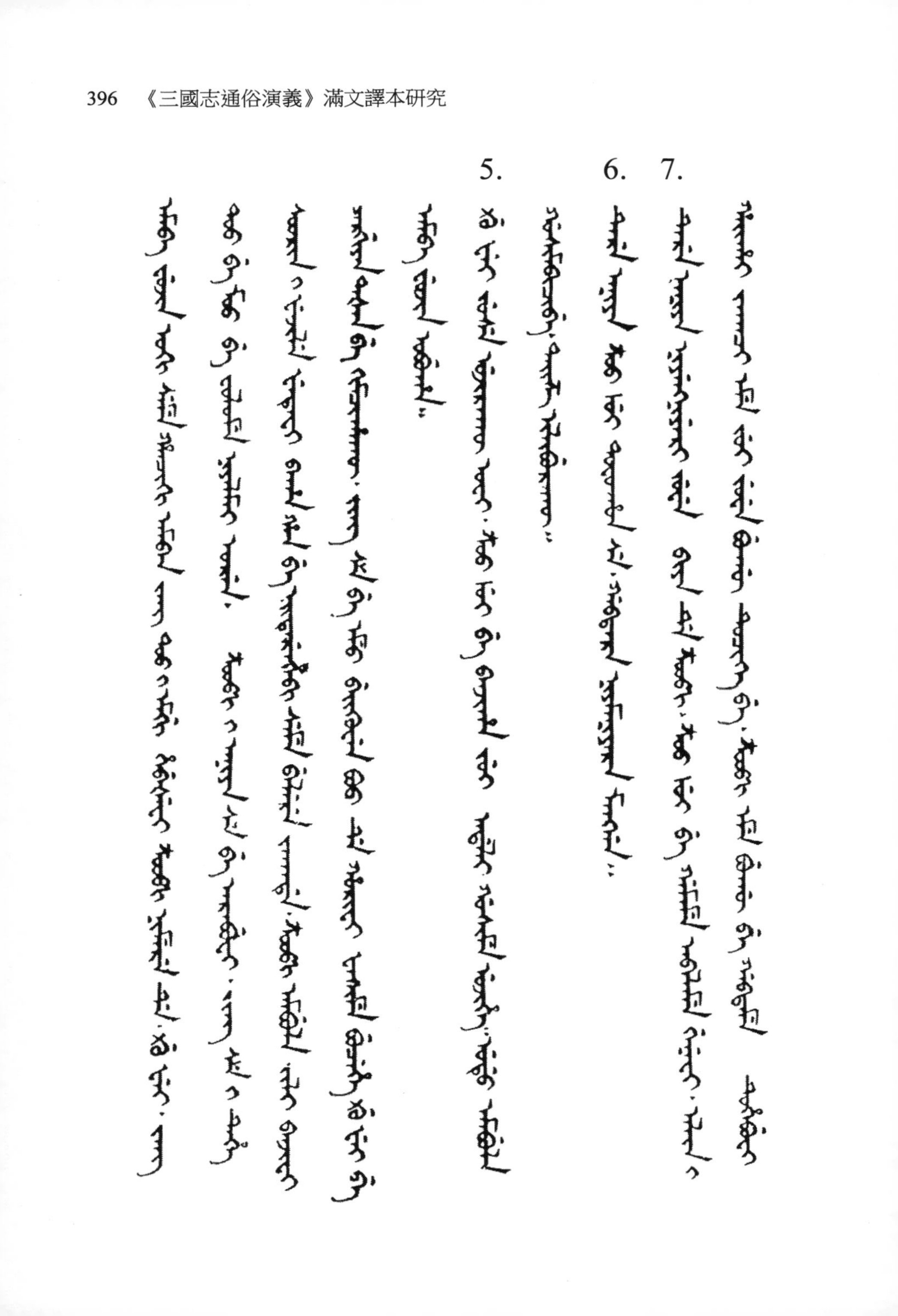

[illegible]
[illegible]
[illegible]
[illegible]
[illegible]

5. [illegible]
[illegible]

6. [illegible]

7. [illegible]
[illegible]

amba fujin oki seme hanciki amban jang too i emgi hebešefi, ts'oopi nimere de, g'o fei, jang too be moo be folome niyalmai oren, ts'oopi i aniya se be arabufi, jing sy i tehe soorin i fejile fetefi baha, han be eiterehebi seme belere jakade, ts'oopi ambula jili banjifi yargiyan tašan be kimcihakū, jing sy be emu beikuwen boo de horifi fasime bucehe, g'o fei be amba fujin obuha.

5. g'o fei juse ujirakū ofi, ts'oo žui be banjiha jui adali gosime ujihe udu ambula gosimbicibe, taidz iliburakū.
6. tere aniya ts'oo žui tofohon se, gabtara niyamniyara mangga.
7. tere aniya niyengniyeri juwe biya de ts'oopi, ts'oo žui be gamame abalame genefi, alin i haihai jakaci eme jui juwe bugū tucike be, ts'oopi eme bugū be gabtame tuhebufi

---

欲謀正宮，却與幸臣張韜商議，時曹丕有疾，郭妃令張韜刻木偶人[135]，上書曹丕年歲，于甄氏座位下掘得，揑造欺君。曹丕大怒，不審虛實，將甄氏勒死於冷宮[136]，立郭氏為后。

5.郭妃因無出，養曹叡為己子，雖甚愛之，不立為嗣。
6.時曹叡年一十五歲，弓馬熟閑。
7.當年春二月，曹丕帶曹叡出獵，行於山塢之間，趕出子母二鹿，曹丕一箭射倒母鹿，

欲谋正宫，却与幸臣张韬商议，时曹丕有疾，郭妃令张韬刻木偶人，上书曹丕年岁，于甄氏座位下掘得，捏造欺君。曹丕大怒，不审虚实，将甄氏勒死于冷宫，立郭氏为后。

5.郭妃因无出，养曹叡为己子，虽甚爱之，不立为嗣。
6.时曹叡年一十五岁，弓马熟闲。
7.当年春二月，曹丕带曹叡出猎，行于山坞之间，赶出子母二鹿，曹丕一箭射倒母鹿，

---

135 刻木偶人，句中「偶」，規範滿文讀作“ūren”，此作“oren”，異。
136 勒死，滿文讀作“fasime bucehe”，意即「縊死」，滿漢文義不合。

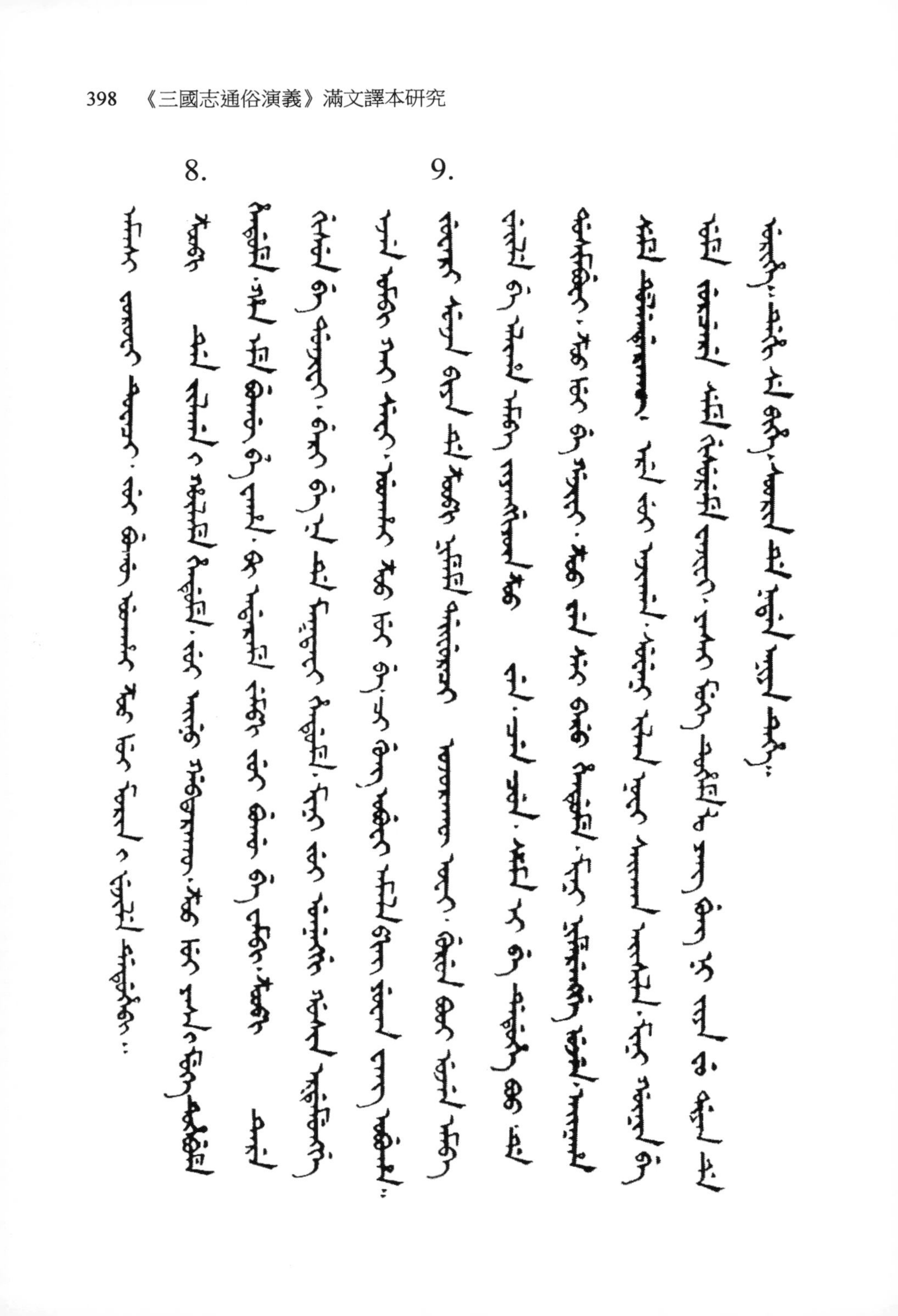

8.

9.

amasi forofi tuwaci, jui bugū uthai ts'oo žui morin i fejile deduhebi.

8. ts'oopi den jilgan i hūlame hendume. jui ainu gabtarakū, ts'oo žui yasa i muke tuhebume hendume, han eme bugū be waha, bi adarame jempi jui bugū be wambi. ts'oopi tere gisun be donjifi, beri be na de maktafi hendume, mini jui unenggi gosin erdemungge ejen ombi kai sefi, uthai ts'oo žui be ci gung obufi, amala ping yuwan wang obuha.
9. juwari sunja biya de ts'oopi nimeme daifuraci ojorakū ofi, gurun booi ujen amba weile be aliha amba jiyanggiyūn ts'oo jen, cen cun, syma i be deduhe boo de dosimbufi, ts'oo žui be gajifi, ts'oo jen sei baru hendume, mini nimerengge ujen, ainaha seme dulenderakū, ere jui ajigan, suweni ilan nofi saikan aisila, mini gūnin be ume jurcere seme gisureme wajifi, yasai muke tuheme lo yang gung ni jiya fu diyan de urihe. dehi se bihe, soorin de nadan aniya tehe.

回視，小鹿臥於曹叡馬下。
8.曹丕大呼曰：「吾兒何不射之？」曹叡泣告曰：「陛下已射其母，臣安忍復殺其子也？」曹丕聞之，擲弓於地曰：「吾兒真乃仁德之主也。」遂立曹叡為齊公，後改為平原王。
9.夏五月，曹丕感傷寒，醫治不可，乃召大將軍曹真、陳群、司馬懿，乃掌國家重大之事，皆入寢宮，曹丕喚曹叡至，乃與曹真等曰：「今朕病已沉重，多是不痊，此子年幼，卿等三人可以輔之，勿負朕心。」墮淚而崩。時年四十歲，歿於洛陽宮嘉福殿，在位七年。

回视，小鹿卧于曹叡马下。
8.曹丕大呼曰：「吾儿何不射之？」曹叡泣告曰：「陛下已射其母，臣安忍复杀其子也？」曹丕闻之，掷弓于地曰：「吾儿真乃仁德之主也。」遂立曹叡为齐公，后改为平原王。
9.夏五月，曹丕感伤寒，医治不可，乃召大将军曹真、陈群、司马懿，乃掌国家重大之事，皆入寝宫，曹丕唤曹叡至，乃与曹真等曰：「今朕病已沉重，多是不痊，此子年幼，卿等三人可以辅之，勿负朕心。」堕泪而崩。时年四十岁，殁于洛阳宫嘉福殿，在位七年。

附錄：關公本傳　李卓吾原評《三國志》滿漢合璧本，卷十六

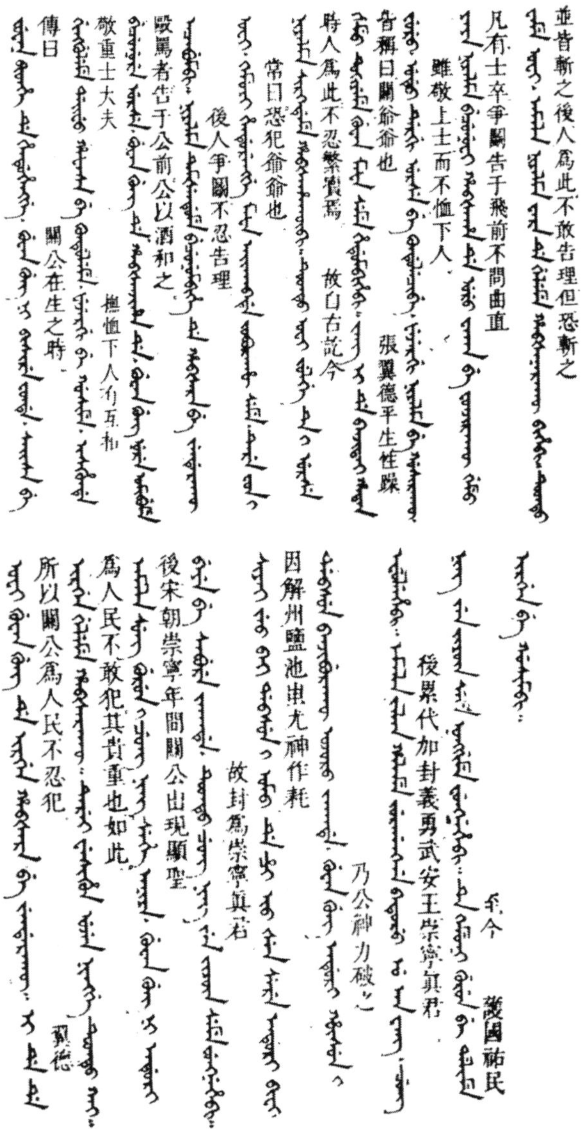

並皆斬之後人爲此不敢告理但恐斬之
凡有士卒爭鬭告于飛前不問曲直
雖敬上士而不恤下人
昔稱曰關爺爺也
張翼德平生性躁
時人爲此不忍繁瀆焉
故白右說今
常曰恐犯爺爺也
後人爭鬭不忍告理
毆罵者告于公前公以酒和之
敬重士大夫
撫恤下人有互相
傳曰
關公在生之時
今
護國祐民
後累代加封義勇武安王崇寧眞君
乃公神力破之
因解州鹽池蚩尤神作耗
故封爲崇寧眞君
後宋朝崇寧年間關公出現顯聖
爲人民不敢犯其貴重也如此
所以關公爲人民不忍犯
劉德

後 記

工欲善其事，必先利其器。為了充實滿文基礎教學，編寫滿文教材，特選錄《三國志通俗演義》滿漢合璧本部分滿文內容，編為三十個子題，轉寫羅馬拼音，照錄漢文，作為本文的附錄，對滿文的學習，或可提供一定的參考價值。本書滿文羅馬拼音及漢文，由國立中正大學博士班林加豐同學、中國文化大學博士班簡意娟同學打字排版，原任駐臺北韓國代表部連寬志先生、國立臺灣師範大學碩士班趙冠中同學協助校對，並承國立臺灣大學中文學系滿文班同學的熱心協助，在此一併致謝。

莊吉發謹識

二〇一八年五月